高等院校经济管理类系列教材

危机管理理论与案例精选精析
（第 2 版）

刘宇霞　张　斌　王　福　主　编

康丽琴　白雪莹　副主编

清华大学出版社

北京

内 容 简 介

本书围绕危机管理程序，从危机管理的主要研究对象(个人、企业、政府)入手，理论结合案例，分为危机管理理论概述与危机管理案例解析两部分共六章内容。其中，上篇危机管理理论概述包括危机及危机管理、危机管理的程序与策略两章内容；下篇危机管理案例解析包括个人危机管理、企业危机管理、公共危机管理、综合案例四章内容。书中每个案例都具有很强的可读性、可操作性、代表性和新颖性，真正做到了"精选"；在把握危机管理基本原理的基础上，对各个案例进行了分析和点评，力求画龙点睛，希望对读者有所启迪。

本书可作为高等院校管理类各专业的教科书，适合本科生、研究生学习使用，也可作为相关专业和管理人员的培训教材，同时还可供社会读者参阅。

图书在版编目(CIP)数据

危机管理理论与案例精选精析/刘宇霞，张斌，王福主编. —2 版. —北京：清华大学出版社，2022.3
高等院校经济管理类系列教材
ISBN 978-7-302-60207-1

Ⅰ. ①危… Ⅱ. ①刘… ②张… ③王… Ⅲ. ①企业管理—高等学校—教材 Ⅳ. ①F272

中国版本图书馆 CIP 数据核字(2022)第 031430 号

责任编辑：孙晓红
装帧设计：李 坤
责任校对：李玉茹
责任印制：朱雨萌
出版发行：清华大学出版社
        网   址：http://www.tup.com.cn, http://www.wqbook.com
        地   址：北京清华大学学研大厦 A 座   邮   编：100084
        社 总 机：010-83470000   邮   购：010-62786544
        投稿与读者服务：010-62776969, c-service@tup.tsinghua.edu.cn
        质量反馈：010-62772015, zhiliang@tup.tsinghua.edu.cn
        课件下载：http://www.tup.com.cn, 010-62791865
印 装 者：三河市天利华印刷装订有限公司
经   销：全国新华书店
开   本：185mm×260mm   印   张：15.25   字   数：371 千字
版   次：2016 年 3 月第 1 版   2022 年 3 月第 2 版   印   次：2022 年 3 月第 1 次印刷
定   价：49.00 元

产品编号：086097-01

前　言

在漫漫的历史长河中，危机的出现与人类长相伴随，人类的发展与危机紧密相关。随着现代化程度的提升，人类逐渐享受到文明和科技带来的成果，战胜危机的能力也显著增强；但与此同时，人们却更加强烈甚至前所未有地感受到危机所带来的冲击和影响，承受着危机所产生的威胁和损害。其原因是多元而复杂的，它涉及人类政治、经济、社会、科技、环境等各个方面、各个领域，既有外界客观因素的作用，也有人的主观认知的影响。但无论如何，危机都已成为当今人类社会共同面临的重大挑战，加强对危机的研究和应对是世界范围内各国政府和人民的理性选择。

危机的本质是风险，危机是风险的极端表现形式。当今时代，人们讨论危机问题一个不可脱离的大背景便是风险社会的日渐形成。在这一真实化的情境下，越来越多的人认识到，要想有效地预防、化解和消弭危机，不仅要更好地理解和管理危机，还要更好地理解和管理风险。与显性、非常态的危机相比，从隐性、常态的风险着手，能够找出各种可能导致危机的风险源，并提前介入干预风险，以将危机遏制于萌芽状态。从这个意义上讲，对风险的管理是实现危机管理目标和价值的最佳路径；也唯有从风险入手，方有可能解决目前和未来我们所面临的风险社会的悖论与困境。

《危机管理理论与案例精选精析(第 2 版)》荟萃了国内外个人、企业以及政府部门在危机管理活动中的典型案例，涵盖了常见危机的类型，以大量翔实、生动的资料为读者展示了多幅精彩的实践画面，从而使读者能够举一反三、触类旁通。同时，在每一章案例前都对危机管理的基本原理和规律进行了重点阐述。为使读者对每个案例所阐述的问题有更深入的了解，案例分为"案例回放""案例分析""思考与讨论"，引导读者对案例进行深入体会与分析，并从中借鉴成功的经验和失败的教训。通过对本书的阅读与学习，读者能够树立强烈的危机意识，并把这种意识贯穿到个人的生活、工作以及各项具体管理工作中，有效地防止危机的发生。

本书的主要特色体现在以下五个方面。

(1) 所选案例全面典型：涵盖近年来广受社会关注的个人危机、企业危机及公共危机的典型案例。

(2) 所做分析系统深入：编者对每一事件的研究，既述宏旨，又探发微，其得到的结论多具有参考价值。

(3) 体例得当，可读性强：编者在具体事件前先以导言揭示该类事件的主要特点和基本应对方法，在事件后又以链接形式介绍类似相关事例供读者参考对比，因而有利于读者系统地把握书中内容并深化认识。

(4) 本书注重理论与实用相结合：融知识体系的介绍于案例当中，能够帮助读者正确掌握危机管理的主要理论与方法，是学习危机管理知识及开展危机管理工作非常好的参考用书。

(5) 本书在附录部分详细地介绍了管理案例教学的方法并提供管理案例教学范例，力图让读者能够切实体会到案例学习的精髓，从而起到应有的作用。

本书进行改版的原因如下。

(1) 在当今国际社会环境下，危机管理的理论实践成果也应与时俱进。

(2) 1998—2020 年国家相继成立应急管理部，增设公共管理一级学科应急管理研究方向，各级院校开设相关学院、专业及课程，这些都产生对相关教材的迫切需求。

(3) 随着社会公众风险危机意识的树立及提升，形成对相关理论实践书籍的阅读需求。

(4) 为使本书的案例具有更高的时效性和完善性，需对内容进行整理、修订。

第 2 版对相关理论方法进行了完善充实；案例部分保留经典，删减陈旧，并不断保持同步更新；适应信息时代世界飞速发展、瞬息万变的特点，与时俱进地充实新类型危机案例，力争起到引领读者识别、分析、解决危机，预防及应对问题；利用现代数据技术创新拓宽图书阅读途径及形式，实现柔性知识空间，为读者提供全新阅读体验。

本书由刘宇霞构思并负责最后统稿，具体编写分工如下：刘宇霞负责编写第一章、第二章、第五章、第六章公共危机部分；张斌负责编写第三章、第四章、第六章个人及企业危机案例；康丽琴、白雪莹参与了第四章部分内容的编写；北京工商大学的郭娜负责编写附录。此外，内蒙古工业大学经济管理学院行政管理专业研究生白雪莹参与了全书的资料收集、整理工作。

在本书的编写过程中，参考借鉴了大量相关的资料及业内专家学者的研究成果，在此特向各位同人表示诚挚的谢意！

尽管作者力求完善，但书中难免存在疏漏和不足，敬请各位读者和同行批评、指正！

编　者

目　　录

上篇　危机管理理论概述

下篇　危机管理案例解析

上篇

危机管理理论概述

第一章　危机及危机管理

【学习要点及目标】

通过本章的学习，掌握危机及危机管理的概念，明确危机的特征、与风险的比较、生命周期、诱因及分类；了解危机管理的性质、特征及其起源与发展。

【关键概念】

危机　危机管理

第一节　危机概述

一、危机的概念与特征

(一)危机的概念

危机(crisis)，最初来源于希腊语，用来表示一些至关重要的、需要立即解决的严重问题。《现代汉语词典》中界定为：危险的根由；严重困难的关头。在学术界，不同的学者站在不同的角度有过不同的定义，主要有下述几种。

赫尔曼(Hermann，1972)将危机定义为某种形势，在这种形势下，其决策主体的根本目标受到威胁，并且作出决策的反应时间很有限，其发生也出乎决策主体的意料。

福斯特(Foster，1980)指出：危机具有四个显著特征，即急需快速作出决策、严重缺乏必要的训练有素的员工、相关物资资源紧缺、处理时间有限。

罗森塔尔(Rosenthal，1989)等人将危机定义为对一个社会系统的基本价值和行为架构产生严重威胁，并且在时间性和不确定性很强的情况下必须对其作出关键性决策的事件。

巴顿(Barton，1993)认为危机是一个会引起潜在负面影响的具有不确定性的大事件，这种事件及其后果可能会对组织及其员工、产品、服务、资产和声誉造成巨大的损害。巴顿给出的危机定义，将危机的影响范围扩大到组织及其员工的声誉方面。

班克思(Banks，1996)对危机的定义也考虑了声誉方面的影响，将危机定义为对一个组织、公司及其产品或名声等产生潜在的负面影响的事故。

里宾杰(Lerbinger，1997)将危机界定为对于企业未来的获利性、成长乃至生存具有潜在威胁的事件。他认为，一个事件发展为危机，必须具备以下三个特征：其一，该事件对企业造成威胁，管理者确信该威胁会阻碍企业目标的实现；其二，如果企业没有采取行动，局面会恶化且无法挽回；其三，该事件具有突发性。

张成福认为所谓危机，就是一种紧急事件或者紧急状态，它的出现和爆发严重影响了社会的正常运转，对生命财产、环境等造成的威胁、损害超出了政府和社会正常状态下的管理能力，要求政府和社会采取特殊的措施加以应对。

综合不同学者对危机的定义，我们认为危机是一种对组织基本目标的实现构成威胁、影响组织的正常运行，要求组织必须在极短的时间内作出关键性决策和进行紧急回应的突发性事件。

这一危机定义强调了以下几点：第一，危机是对组织构成重大威胁的事件，妨碍组织基本目标的实现；第二，危机是一种突发性的事件，往往出乎组织的意料，突如其来；第三，危机给予组织决策和回应的时间很短，对组织的管理能力提出了很强的时间性要求。

(二)危机的特征

认识危机的特征，是组织有效识别危机的前提。通常而言，危机主要有如下特征。

1. 突发性

危机的爆发经常出乎人们的意料，让人难以把握，同时危机爆发的时间、地点以及影响的程度常常是人们始料不及的。例如，突发的地震、洪水等自然灾害，战争、暴乱、民族冲突等政治事件，都具有突发性，使我们防不胜防。

2. 危害性

危机常常是在当事者毫无准备的情况下瞬间爆发的，容易给当事者带来很大的混乱和惊恐，很容易因决策失误造成巨大的损失，危害一个组织或社会的健康发展。对于企业而言，危机爆发之后，不仅会破坏企业当前正常的生产经营秩序，而且会破坏企业可持续发展的基础，会对企业未来的发展造成不利影响，甚至还可能威胁到企业的生存。对于国家或地方而言，危机的爆发会对生命财产、社会秩序、公共安全、基础设施造成严重的破坏，阻碍经济发展、危害公众心理健康。

3. 扩散性

危机的发生、发展具有动态性，这一特性会使危机的后果与影响发生涟漪反应。扩散性包括两类：第一，范围的扩散。由于交通和通信工具的快速发展，人类的活动范围大为拓展，国与国、地区与地区、人与人之间的联系越来越紧密，整个社会乃至整个世界都成为一个有机整体，致使危机在地理上蔓延速度加快，并可能超越国界，在世界范围内造成影响，如 2019 年年底的新冠肺炎造成全球范围内的大流行。第二，类型的扩散。如果事前缺乏准备，事后处置又不当，就有可能引起连锁反应，引发次生危机或衍生危机，从单一型危机演化成复合型危机。由于互为因果，相互叠加、传染和扩散，处置难度加大。新冠肺炎疫情同样具有这一特点，一场传染病引发的公共卫生事件最终演化为全球经济衰退。

4. 公众性

大众传播业的发展、信息传播渠道的多样化、时效的高速化、范围的全球化，使组织危机情境迅速公开化，成为公众关注的焦点，成为各种媒体最佳的"新闻素材"。因此，有人评价说，有关危机的信息传播比危机事件本身发展还要快。在危机信息的传播中，各种媒体最有影响力，因为社会公众有关危机信息的主要来源是各种形式的媒体，而媒体对危机报道内容的选择和对危机报道的态度影响着公众对危机的看法和态度。有些组织在危机爆发后由于不善于与媒体沟通，导致危机不断升级。对于危机的利益相关者而言，由于危机涉及他们的切身利益，因此对危机事态的发展以及组织对危机采取的措施更是十分关注。

5．紧迫性

对组织而言，危机一旦爆发，紧迫性非常强烈。危机的紧迫性具体表现在：第一，危机潜伏期所积蓄的危害性能量在很短的时间内被迅速释放出来，并呈快速蔓延之势，要求组织必须立即采取有效的措施予以处理，任何延迟都会带来更大的损失；第二，危机事件之间具有传导效应，一个已经发生的危机，会像石子投入水中一样引起层层涟漪，如果不对危机的发展势头进行有效遏制，可能会产生一系列的不利影响，导致更大的危机；第三，飞速发展的现代通信技术极大地加快了信息的传播速度，如果危机爆发之后组织反应迟缓，必然会使组织形象在社会公众尤其是利益相关公众心目中一落千丈。为获得社会公众的同情、理解和支持，需要组织迅速对危机作出反应并妥善处理。

6．二重性

正如中国道家老子云："祸兮，福之所倚；福兮，祸之所伏。"危机的英文"crisis"同样暗有所指，本义是十字路口，即作出重大决策的关头，暗含机遇。因此，危机具有危险和机遇双重性质。一方面，危机会给社会和企业带来人员和财产的巨大损失；另一方面，危机也孕育着机遇和转机。如果决策者敢于面对危机，及时采取有效措施加以应对，则不仅能化险为夷、转危为安，而且还可以借此机会进行制度的革新和环境的变革，获得发展的机遇。正如奥古斯丁所说的那样："每一次危机既包括导致失败的根源，又孕育着成功的种子。发现、培育以便收获这个潜在的成功机会，就是危机管理的精髓；而习惯于错误地估计形势，使事态进一步恶化，则是不良危机管理的典型特征。"

二、危机与风险的比较

危机与风险既有联系又有区别。所谓风险(risk)，是指发生对组织不利的事件的可能性。风险是事件发生的概率及其后果的函数，可以用如下公式表示。

$$R=f(P,C)$$

其中，R 表示风险；P(possible)表示事件发生的概率；C(coincident)表示事件所造成的后果。

从定义上看，风险的定义比危机的定义要宽泛。危机具有风险所具有的突发性、危害性等特征，但危机更强调紧迫性。

从时间上看，风险是危机的萌芽阶段，而危机是风险的显性化。因此，风险管理可以被视为危机预警管理的一部分。

对风险防范不善而造成的危害达到较大程度时，危机就会发生。可以说，风险的存在是导致危机发生的前提。对风险进行有效的评估和管理，可以防范危机的发生。组织如若对各种风险熟视无睹，或者对于已经认识到的各种风险不采取有效的措施，今天的风险就会演变为明天的危机。

危机与风险的主要区别表现在：第一，风险是危机的诱因，危机是风险的显性化；第二，并非所有的风险都能引发危机，只有当风险所造成的危害达到一定程度、对组织的基本目标构成威胁时，风险才会演化为危机。

当今社会风险源不断增加：气候变迁、环境恶化、资源紧缺、流行疾病、恐怖主义等问题严重威胁着人类的生存和发展，金融、能源、粮食三大难题交织爆发，人口膨胀、贫困和社会不公正也成为风险的诱因。风险性质发生了变化：与传统风险相比，后工业时代风险的表现形式更复杂、影响更广泛、破坏力更严重，远超人类的认知范围。风险控制难度加大：风险本身的突发性和公众对风险的不当认知和反应，可使原有风险演变成新的社会风险，加大规制成本和规制难度。

三、危机的生命周期

西方学者对于危机的生命周期理论研究较为深入，有奥古斯丁的六阶段论、罗伯特西斯的4R理论、斯蒂文芬克于1986年提出的四阶段论。这些理论主要分析了危机因子从出现到处理结束的过程中呈现的不同生命特征，认为危机从其生成到消亡，形成了一个生命周期。

斯蒂文芬克将危机发展一般所经历的四个阶段，划分为潜伏期、爆发期、持续期和解决期。

1. 潜伏期

大多数危机都有一个从量变到质变的过程。潜伏期是导致危机发生的各种诱因逐渐积累的过程。这时，危机并没有真正发生，但却表现出一些征兆，预示着危机即将来临。有些危机的征兆较为明显，有些危机的征兆则不十分明显，让人难以甄别和判断。在危机爆发之前，如果能及时发现危机的各种征兆，并提前采取措施将危机遏制在萌芽状态，则可以收到事半功倍的效果，避免可能造成的危害。然而，在组织运转顺利的情况下，尤其是当组织迅速扩展的时候，管理层很容易忽视已经出现的各种危机征兆。

2. 爆发期

当各种诱因积累到一定的程度时，就会导致危机的爆发。此时，组织正常的运转秩序遭到破坏，组织形象受损，组织的根本利益受到威胁，在危机的爆发期组织的生存与发展面临着严峻的考验，组织管理层将经受来自各方面利益相关者的巨大压力。在危机爆发之后，如果不立即处理，危机将可能进一步升级，影响范围和影响强度有可能进一步扩大。

3. 持续期

在这一时期，组织必须立即着手对危机进行妥善处理。这个过程包括开展危机调查、进行危机决策、控制危机危害范围与程度、实施危机沟通、开展各种恢复性工作等。持续期是组织强烈震荡的时期，涉及资源调配、人员调整、机构改组等。在这一时期，组织危机处理的决策水平和决策速度至关重要。

4. 解决期

在解决期，危机事态已经得到了控制，危机爆发后所引发的各种显性化问题基本得到解决，危机风暴已经过去，组织管理层所承受的压力减弱。此时，组织要谨防就事论事，要善于通过危机的现象，寻找危机发生的本质原因，并提出有针对性的改进措施，防止危机可能引起的各种后遗症和危机卷土重来。

上述危机的四个发展阶段是危机生命周期的一般表现，但并不是所有危机的必经阶段。有些危机的爆发可能没有任何征兆，或者危机征兆的持续时间极短，跳过了潜伏期；有些危机在潜伏期就被组织觉察并迅速采取了相应的措施，危机被遏制在萌芽状态，不再进入爆发期；有些危机不能得到妥善解决，可能导致组织的破产、倒闭，因此没有解决期。要具体问题具体分析。

四、危机诱因

组织危机的诱因主要可分为两大类，即外部环境变化和内部管理不善。

1. 外部环境变化

外部环境变化包括政治和法律环境的变化、国家经济政策的变化、市场波动、金融风暴、产业竞争环境变化、科学技术的发展、社会文化环境的变迁、媒体负面报道导致的舆论冲击、自然灾害等。外部环境对于组织来说大都是不可控的因素，是企业无法回避的。但组织可以通过建立并完善危机预警机制加强对外部环境变化的监测和预测，并及时作出相应的反应。

2. 内部管理不善

内部管理不善包括管理观念落后、战略选择错误、战略执行不力、机构设置不合理、人际关系不协调、职能管理不到位、基础管理薄弱等。内部管理属于组织可控的因素，组织可以通过完善管理措施减小危机发生的概率。

五、危机分类

1. 按照危机产生的诱因分类

按照危机产生的诱因，可将其划分为下述三类。

(1) 外生型危机。外生型危机是指由于外部环境变化给组织带来的危机。例如，1992年3月，由于轻工业部颁发的《化妆品生产管理条例》和卫生部颁发的《化妆品卫生监督条例》中的部分条款相互冲突，导致上海霞飞等化妆品生产企业蒙受巨大的损失。

(2) 内生型危机。内生型危机是指由于组织内部管理不善所引发的危机。例如，2001年日本雪印牛奶公司的生产线由于没有按照规定的时间进行清洗，导致细菌滋生而造成饮用者大量中毒。

(3) 内外双生型危机。在很多时候，组织之所以陷入危机，往往是外部环境变化和内部管理不善交互作用的结果。内部管理不善使危机爆发的"火药库"不断膨胀，外部环境某一方面的突然变化，则成为危机爆发的直接"导火索"。此时，危机具有内外双生的性质。例如，2008年美国金融危机爆发之后，广东东莞地区大量代工企业纷纷倒闭，大量倒闭了的代工企业都存在内部管理不善、技术创新能力落后等问题，当外部环境变化之后，外部的风吹草动就成为压死骆驼的最后一根稻草。

2．按照危机发生的领域分类

从公共管理的角度审视，按照其发生的领域，危机可以具体划分为政治性危机、社会性危机、宏观经济性危机、生产性危机和自然性危机。不同种类的危机包含的具体内容如下所述。

(1) 政治性危机：战争、革命、武装冲突、政变、政治变革、政策变迁、大规模恐怖主义活动、腐败、其他政治骚乱等。

(2) 社会性危机：社会游行、罢工、社会骚乱、社会热点问题的变迁等。

(3) 宏观经济性危机：恶性通货膨胀、通货紧缩、国际汇率巨变、股票市场大幅震荡、失业率居高不下、利率的大幅度变化等。

(4) 生产性危机：工作场所的安全事故、导致人身伤害的职业病、产品安全事故等。

(5) 自然性危机：干旱、洪涝、地震、火山、台风或龙卷风、泥石流、流行病等。

3．按照危机发生和终结的速度分类

根据其发生和终结的速度，罗森塔尔将危机分为以下四类，如图 1-1 所示。

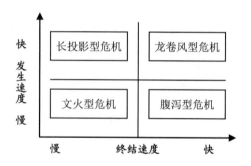

图 1-1　基于发生及终结速度的危机分类

(1) 龙卷风型危机。这类危机来去匆匆，像一阵龙卷风。人质劫持事件即属于此类危机。

(2) 腹泻型危机。这类危机往往酝酿很长的时间，但爆发后结束得很快。军事政变即属于此类危机。

(3) 长投影型危机。这类危机突然爆发，影响深远。2003 年春在我国爆发的非典型性肺炎即属于此类危机。

(4) 文火型危机。这类危机来得慢，去得也慢。旷日持久的巴以冲突是此类危机的典型。

4．按照危机情境中主体的态度分类

按照危机情境中主体的态度，斯塔林斯(Stallings，1990)等人将危机划分为利益一致型危机事件和利益冲突型危机事件，也可以称为非冲突型和冲突型危机事件。

在危机情境中，当所有相关的利益主体具有同质的要求时，就属于利益一致型危机；当各相关的利益主体具有不同的要求，或者说存在着两个或两个以上不同要求的利益主体时，就属于利益冲突型危机。利益一致型危机较为典型的例子是自然灾害，利益冲突型危机较为典型的例子是产品质量索赔。当然，在利益一致型危机和利益冲突型危机之间并不

具有不可逾越的界限，由于看问题的角度不同，同一危机可能具有不同的分类。例如，面对洪水侵害，受灾区的群众共同的愿望是抗洪救灾，洪灾显然具有典型的利益一致型危机的性质；但为减少洪灾损失，面对泄洪地点的抉择时，泄洪地区和其他地区又具有一定的利益冲突，洪灾又具有冲突型危机的特征。

5. 按照主体不同分类

按照主体不同，可将危机划分为三类，即个人危机、企业危机和公共危机。

(1) 个人危机，包括生命安全危机、信息安全危机、信誉危机、职业危机、婚姻危机。

(2) 企业危机，包括战略危机、市场危机、产品危机、财务危机、人力资源危机、法律及制度危机、媒体传播危机。

(3) 公共危机，《中华人民共和国突发事件应对法》将我国目前面临的突发公共危机事件分为自然灾害、事故灾难、公共卫生事件和社会安全事件四大类。其中，自然灾害主要包括水旱灾害、气象灾害、地震灾害、地质灾害、海洋灾害、生物灾害和森林草原火灾等；事故灾难主要包括工矿商贸等企业的各类安全事故、交通运输事故、公共设施和设备事故、环境污染和生态破坏事件等；公共卫生事件主要包括传染病疫情、群体性不明原因疾病、食品安全和职业危害、动物疫情以及其他严重影响公众健康和生命安全的事件；社会安全事件主要包括恐怖袭击事件、经济安全事件、涉外突发事件等。

按照不同的维度，根据不同的判断标准进行分类在认识、判断、区分、应对方面各有所长，同时不同标准的分类也各有交叉，使用主体可以根据自身需求选择采纳。本书在理论及案例部分采用按照危机应对主体的分类方法及体例安排，理由主要有下述三个。

(1) 基于主体分类更有利于主体在危机预防过程中发挥主观能动性，在危机预防第一理念的指导下，根据检测、预警情况对可能发生的危机事件进行预先的控制和防范，以防止危机的发生或者减轻危机发生后的危害后果，如危机管理专家奥斯本(Osborne)和盖布勒(Gabler)所说的："使用少量钱预防，而不是花大量钱治疗。"

(2) 基于主体分类便于从使用者角度明晰自身责任义务，在预防过程中能够引起足够的重视，采取切实有效的措施，在应对方面具有可行的原则、策略、步骤及方法，在危机恢复学习阶段采取更有针对性的手段，真正使主体危机管理能力得到全面提升。

(3) 基于主体分类再次给危机主体敲响警钟：危机划分没有绝对的主次、轻重之分，个人危机、企业危机、公共危机之间存在着内在联系，在特定的情境下由于自身原因，如处理不当或外部因素影响(如媒体传播引发公众高度关注等)，可能会相互转化并进而升级蔓延，因而有关主体在危机应对过程中切莫掉以轻心使危机失控，进而造成重大损失。

第二节 危机管理概述

一、危机管理的概念

对于危机管理(crisis management)的含义，学者从各自研究的侧重点提出了多种不同的见解。

美国学者史蒂文·芬克(Steven Fink)对危机管理的定义是："对于企业前途转折点上的

危机,有计划地消除风险与不确定性,使企业更能掌握自己前途的艺术。"

美国南加州大学的鲍勇剑和陈百助认为,危机管理是一门研究为什么(why)人为造成的危机会发生,什么样(what)的步骤或方法可以避免这些危机发生,以及一旦危机发生,如何(how)控制危机的发展和消除危机的影响的学科。

日本的企管顾问藤井定美认为,所谓危机管理,就是针对那些事先无法预料何时发生,然而一旦发生会对企业经营造成极端危险的各种突发事件的事前事后管理。

国内学者苏伟伦认为,"危机管理是指组织或个人通过危机监测、危机预控、危机决策和危机处理,达到避免、减少危机产生的危害,甚至将危机转化为机会的目的。"

尽管上述定义的表述各不相同,有的侧重危机的规避,有的侧重危机的事中处理,但它们都强调了以下两点:第一,危机管理是一个时间序列,既包括危机爆发前的管理,也包括危机爆发后的管理;第二,危机管理的目的在于减少或消除危机可能带来的危害。

通过对上述定义进行总结,我们认为,对于企业而言,危机管理是指企业在经营过程中,针对可能面临的或正在面临的危机所进行的一系列管理活动的总称,目的在于消除或降低危机所带来的威胁和损失,乃至变危险为机遇。对于政府而言,公共危机管理是指一种有组织有计划持续动态的管理过程。政府针对潜在或当前涉及面较广、影响层面较大的共同危机,在危机发展的不同阶段采取一系列的有效措施,以有效预防和消弭危机。

二、危机管理的性质

鉴于危机给人民的生命、财产、安全所造成的巨大损失,危机会阻碍发展、导致贫困,危机会引发社会和政治的不稳定,危机管理已成为当代国际社会关注的主题,也成为公共管理理论和实务界一直重视的一个领域。所谓的危机管理,是一种有组织、有计划、持续动态的管理过程,政府针对潜在的或者当前的危机,在危机发展的不同阶段采取一系列有效措施,以期有效地预防、处理和消弭危机。危机管理的重点在于:危机信息的获取和预警,危机的准备与预防,危机的控制与回应,危机后的恢复与重建,持续不断的学习与创新。

(一)危机管理的实质是非常态管理

从有序性的角度可以将组织和社会对危机的管理分为两种状态,即常态和非常态。所谓常态,就是组织和社会生活维持正常状态,一切按照原有的节奏运行,井然有序,有条不紊;而非常态就是非正常状态,一般都是由于突发性的危机事件中止了组织和社会的原有进程,扰乱了正常秩序,使其偏离正常轨道。与此相对应,现代管理活动可分为常态管理和非常态管理两类。日常的管理活动都属于常态管理的范畴,而危机管理则属于非常态管理。

第一,危机管理的状态是特殊的。组织和社会的发展是不确定的,从概率上来讲,不可能总是表现为常态,肯定会有非常态发生,这通常是由各种类型的危机事件所引起的,即我们所说的天灾人祸。当然,从总体上看,常态是占据主导地位的。时间上,常态时间远远大于非常态时间;空间上,非常态的范围常常局限于一定区域内。相比较而言,非常态持续的时间较短,影响范围也较小。但随着社会的发展变迁和科技的"双刃剑"效应,人类所面临的风险不断增大，危机的常态化趋势愈加明显，危机管理也越来越朝着常态管理的方向发展。

第二，危机管理的目标是使社会生活恢复到正常状态。在一个组织和社会中，危机事件不可避免，但由危机事件所导致的非常态却是可以管理和控制的。对非常态的管理体现出一个组织和政府的能力和管理水平，特别是领导者的决策水平和执政能力。当危机事件爆发后，社会就会偏离正常轨道，对秩序、安全和稳定造成较大影响，危机管理者有责任、有义务进行切实有效的管理，以恢复正常的均衡、有序状态，这是危机管理的目的所在。从发展的视角来看，其目的还不止恢复原状，而是要汲取教训，从根本上改善脆弱性，提高组织和社会抵御危机的能力。

第三，危机管理经常采用一些非常规的手段。相比常态管理所采用的日常程序和方法，在危机状态下，由于紧急情势的需要，经常不得不通过一些非程序性的、果断的手段来控制局势、缓解危机。这其中以法律手段和行政手段为主，经济手段为辅。公权力的施行具有极大的优先性、紧急性、强制性和权威性，可能会对公民的部分权利造成侵害(但不得突破权利克减的底线，即不得限制和剥夺公民的生命权、健康权、人格尊严等)。尽管如此，为了维护公共利益和绝大多数民众的福祉，这是紧急状态下危机管理者不得不作出的选择。

(二)危机管理是理论与实践、学科与职业的结合

从 20 世纪 60 年代起，西方发达国家开始从多学科、多角度对危机和危机管理进行全方位的研究，使危机管理理论成为一门独立的学科。作为一门学科，危机管理最早产生于对国际关系中政治危机的研究。危机管理理论的提出始于 1962 年的古巴导弹危机，它是指某种冲突状态处于转向战争或和平的关口时，为防止其引发战争而力图控制事态的体系。美国等国在总结历史危机事件的实证研究基础上，结合全球化理论、社会冲突理论、文明冲突理论等相关理论，对危机管理进行了深入研究。该研究主要集中于政府研究机构、非营利组织和科研院所，并得到了很多私营组织的资助。对危机管理的研究越来越成为政府和学术界共同关注的课题。众多研究成果为西方各国建立和完善危机管理体制、机制和制度提供了理论指导，危机管理实践也得到了长足的发展，并日趋成熟。

20 世纪 70 年代后，随着自然灾害、环境污染和资源危机的加深，人类的生存与发展受到更多非战争因素的威胁，危机管理开始逐步将重心转向非军事性危机领域，其标志是美国联邦危机管理局的成立。"9·11"事件后，美国对公共危机管理体系进行了调整和优化，成立了国土安全部，加强了对不同公共危机的专题研究与合作研究，进一步寻求有效应对公共危机的办法和措施。在应急策略、方法和应用方面，注重公共政策、定量化决策分析方法、标准化应急反应系统和综合资源管理系统的研究，并广泛运用信息化技术，从策略和手段上提高国家应对危机的能力。1994 年，我国国务院发展研究中心的魏加宁在《管理世界》第六期发表了题为"危机与危机管理"的文章，此后，各个大学的管理学专家相继进行了研究探讨。危机管理这一概念引起人们的普遍关注和接受，是在 2003 年 SARS 危机之后。也正是从此之后，危机管理在我国才进入了发展的快车道，我国开始组建官方的危机管理研究队伍，一些高校也纷纷建立了危机理论研究机构，危机管理方面的著作陆续出版。同时，已有多个高校开设了应急管理本科专业。

随着全球范围内危机管理实践的不断推进，危机管理越来越朝着职业化的方向发展，

成为一种新兴职业。所谓职业化,就是一种工作状态的标准化、规范化、制度化。职业化包括职业化的素养、职业化的行为规范和职业化的工作技能三方面内容。在美国、澳大利亚等设有危机管理专门机构的国家,危机管理的职业性自不必言;即使在世界上其他国家,也有数量庞大的相关人员在从事着具有危机管理性质的工作,如警察、消防员等,为维护公民福祉而恪尽职守。为确保这一职业的专业化程度,各国都很重视对危机管理从业者的教育和培训。从入行的资格认证把关,到在岗的继续培训,再到定期或不定期的应急演习,自始至终均强调从业者应具有完整的能力结构,符合危机管理的活动要求。各国还为之提供了先进的装备、设施和技术支持,所有这些都极大地促进了危机管理的职业化。

(三)危机管理在公私部门和领域中性质有所不同

危机管理的主体范围极其广泛。我们此处讨论的是公共领域的危机管理,即对社会的基本价值和行为准则架构造成严重威胁、其影响和涉及主体具有社群性这一类公共危机进行的危机管理,这与个人和私营组织所开展的危机管理有所区别。从性质上来说,这实际上是与公共管理和企业管理相类似的问题。

第一,就主体而言,私营组织危机管理的主体是企业等私营组织;而公共危机管理的主体更为多元,包括以政府为核心的广泛的社会力量。第二,就目标而言,私营组织危机管理追求的是自身利益的最大化,在此基础上再兼顾消费者和公众的利益,承担社会责任;而公共危机管理的目标是维护公共利益,增进社会公平,保证公共秩序和公共安全。第三,就手段而言,私营组织危机管理更多的是运用经济手段,通过市场规则来提高自身的竞争力,趋利避害,克服危机;而公共危机管理以法律和行政手段为主,辅之以经济手段。

但公共危机管理和私营组织危机管理也有很多相似或相通之处,主要表现为:第一,危机的影响是相互渗透的,如私营组织危机常常是导致公共危机发生的原因,如强生公司泰诺药片中毒事件、"威望"号油轮泄漏事件等;而公共危机也可能给私营组织带来损失甚至重创,如地震、洪水、火灾等灾害和事故。第二,公私领域危机管理的很多技术、方法和手段也是互通的,包括风险评估、预案制定、预警发布、危机公关等。"公共管理与私人管理在所有重要的层面上都不相同,而在所有不重要的层面上都是相似的",这一论断同样适用于公共危机管理和私营组织危机管理间的比较。

三、危机管理的特征

(一)危机管理处置的时效性

危机具有突发性、紧急性的明显特征,这就迫使危机管理必须讲究时效性。时间就是生命,时间就是效益,危机处置更是如此。一方面,危机发生初期(具体时间需视危机性质和规模而定)是处置危机的关键期,时间拖得越久,处置的难度越大;另一方面,危机发生后可能扩散,出现次生危机或衍生危机,使危机的损失和负面影响加大。因此,有效的危机管理必须在尽可能短的时间内将危机处置妥当。具体来看,危机管理者应当机立断,迅速决策,抓紧落实,并与利害关系者及时进行沟通,从而迅速控制局势和事态的发展。总之,要力争做到危机不扩大、不升级、不蔓延,能否做到这一点,是判断危机处置成功与否的重要标准。当然，在人、财、物等资源紧缺和信息不对称的情况下，片面强调时效性也可能造成严重后果。决策者要收集足够的信息，要评估不同方案的风险，还要承受巨大的心理压力，这都可能导致决策和处置时间的延长。总之，在时效性与科学性之间，危机管理者和决策者必须找到一个适中的平衡点，这才是成功地处置和解决危机的关键。

(二)危机管理过程的阶段性

危机的发生和发展有其生命周期，危机管理也是一个系统的循环过程。按照最简单的三分法，可以将完整的危机管理过程分为事前、事中和事后三个阶段。更普遍的划分方法则是更专业、更具体地将整个危机管理过程分为缓解、准备、回应和恢复四个阶段。所谓危机的缓解，包括消除或减少灾难发生的概率或影响的一切活动。其基本出发点在于：一个社会即使不能预防灾难发生，至少可以通过各种努力减少灾难所造成的损失。所谓危机的准备，是指制订计划，以确定在危机出现的时候如何有效地应对危机，包括危机规划、危机训练、危机管理的资源准备和储备等。所谓危机的回应，是指危机出现以后，政府向危机的受害者提供援助，通过各种反危机的措施，控制和降低危机的损害，它是危机管理过程中最核心、最具挑战性的活动。所谓危机的恢复，是指通过各种措施，恢复正常的社会运作和秩序。这四个阶段是相互联系和循环往复的，体现了完整的、持续的危机管理过程。

(三)危机管理手段的强制性

公共危机管理主要是依靠行使公权力进行的，而公权力是具有强制性的。强制性权力是公权力主体在公共管理中的重要手段。所谓强制性权力，是指社会成员必须绝对服从的权力，这是公权力实现对社会进行有效控制的必要条件。强制性权力的价值，主要体现在它以国家强制力为后盾，有能力限制那些不合作的反社会行为，并保持对全体社会成员所共有的普遍约束力。由于公共危机管理是要应对紧急的、危害性极大的突发事件，因此强制性权力的运用就显得尤其必要。在实际危机管理活动中，政府可以运用行政紧急权力，采取一系列紧急措施，包括大量的即时行政强制措施，如新冠状病毒爆发时，武汉封城；必要时还可中断某些法律规范的实施，甚至暂停或限制公民的部分宪法权利。在危机管理中赋予政府如此广泛的紧急权力，也极大地增强了这种权力对公民权利的威胁性，使其极具恣意和滥用的条件与可能。因此，必须对其加以有效的监督和约束，任何紧急权力的运用都必须符合紧急状态法律的规定。

(四)危机管理技术的专业性

随着更多技术风险所导致的技术灾难的发生，危机管理对技术的要求不断增大，技术含量逐步提高。绝大多数危机管理工作都是由专业应急救援队伍完成的。专业应急救援队伍一般按照专业对口、便于领导、便于训练、便于执行任务的原则组建。专业的划分很细，如消防救援、水(冰)上救援、建筑物倒塌救援、狭窄空间救援、高空救援及生化救援等。由于技术要求的提高，对专业救援人员的素质要求也相应提高。例如，加拿大等国的专业救援人员除了实际救援训练外，还必须学习建筑结构、电气电子设备救援、管道救援、威胁判断、通信等相关的理论课程并通过考试。每类救援人员的资格都有严格的规定，如生化救援人员要同时获得水(冰)上救援、狭窄空间救援、高空救援及生化救援四种资格证书，而且每年训练时间要在 150 小时以上。值得一提的是，尽管救援人员的职业化程度不断提高，但面对更为复杂的专业问题时却往往无法自如应对，这需要来自更高层面的权威指导。对于一些由技术引起或专业领域色彩很强的危机类别，如何处置必须听从相关领域权威专家的意见，由专家参与制定应急方案，指导整个应急过程，从而将应急活动纳入高度专业化的正确轨道。专业知识和技能所蕴藏的巨大力量，在未来的危机管理实践中将愈加得以体现。

(五)危机管理主体的整合性

危机管理是政府的职责，各级政府在危机管理中扮演着十分重要的角色。但是，有效的危机管理需要政府、公民社会、企业、国际社会和国际组织之间的协作，其原因在于危机是没有边界的、受危机影响的是各种利害关系者，危机应对需要调动各种资源。危机管理主体的整合性强调的是一种统一领导、分工协作、利益共享、责任共担的危机管理机制。在全球化时代，一个国家或地区出现的危机，不可避免地会产生国际化的影响，危机的扩散性决定了它关系到全人类共同的安全和利益，需要全人类共同面对。具体来说，就是需要国家和地区间的紧密合作，也包括国际组织的参与。联合国就一直致力于预防和管理各种各样的危机与灾难，联合国人道主义事务协调办公室、联合国难民事务各级委员会、联合国儿童基金会、世界粮食计划署和世界卫生组织都直接介入全球范围的危机和灾难的管理；国际气象组织、国际粮农组织、红十字国际委员会也介入国际和地区性的危机管理事务。一言以蔽之，危机管理已成为全球化时代摆在各个国家和政府以及国际社会面前的新课题，已成为全人类共同面对的机遇和挑战。

第三节　危机管理的发展历程

一、西方危机管理的发展历程

立足于西方危机管理的发展特点，我们把西方危机管理划分为三个时期，即第二次世界大战结束(1945)以前的危机管理时期、1945—2000 年的危机管理时期、2001 年至今的危机管理时期。

(一)第二次世界大战结束(1945)以前的危机管理时期

1. 危机事件的特点

(1)　自然灾害威胁不断。人类发展史本身也是一部与自然灾害斗争的历史，以水旱灾害、地震灾害为代表的自然灾害并未随着人类的进步而减少。史书上记载的中世纪以来的灾难性事件不胜枚举。重大自然灾害往往造成严重的经济损失和大量的人口减少，甚至造成王朝的衰亡。公元 79 年，意大利维苏威火山大喷发，吞噬了罗马古城庞贝，夺走了 2000 多人的生命。

(2)　瘟疫带来毁灭性灾难。瘟疫自古即有，如查士丁尼瘟疫，这是公元 541 到 542 年地中海世界爆发的一次大规模鼠疫，它造成的损失极为严重。此次瘟疫对拜占庭帝国的破坏程度很深，其极高的死亡率使拜占庭帝国人口下降明显，劳动力和兵力锐减，正常生活秩序受到严重破坏，还产生了深远的社会负面后果，而且对拜占庭帝国、地中海、欧洲的历史发展都产生了深远影响。

(3) 人类的征服性活动成为大灾难的重要原因。就灾害发生的原因而言，除了纯粹的自然原因，人类对自然的征服活动也成为大灾难的重要原因。恩格斯在《反杜林论》中举例说，美索不达米亚、希腊、小亚细亚以及其他各地的居民，为了得到耕地，把森林都砍光了。他们做梦也没有想到，这些地方今天竟因此而成为不毛之地。需要指出的是，人类的战争活动、对其他种族的征服活动更是造成灾难的重要原因，征服者的枪炮和传染病就使得 90%以上的印第安人消失了。

2. 危机管理的特点

在这个时期，人类大多数时候是被动地反应，也会通过祈求神灵和巫术来应对危机。但在少部分国家和地区也出现了科学、积极的举措，如开始设计水利工程应对洪水，靠医学技术控制传染病。但整体呈现出对危机事件一事一议的临时管理，宗教组织在灾害救助中扮演着救助机构的角色。

(二)1945—2000 年的危机管理时期

20 世纪下半叶是战后经济高速恢复发展的时期，由于人口迅速增长，以及工业化、城镇化发展，突发危机事件的形势呈现新的特点，危机管理能力、体制、机制都有了提升。

1. 危机事件的特点

(1) 自然灾害多发、频发。这半个世纪里，全球发生的重大自然灾害呈逐年上升趋势，多发、频发态势非常明显，热带风暴、水灾、地震、干旱、火山喷发、极限温度、滑坡等自然灾害在 1965—1999 年波及人口达 44 亿人，约占世界总人口的 3/4；所带来的经济损失也急剧增加，招致的损失增长 73 倍，经济损失总量高达 8950 亿美元。

(2) 技术灾难空前严重。产业发展带来的技术风险空前加大，爆炸、危化品泄漏、火灾等安全生产事故频繁发生；核事故等新的灾害给人类带来了全新的挑战。维昂特大坝事故，在仅仅几秒钟内就淹没了山谷内的 5 个村庄，4000 人丧生；博帕尔化工厂中毒事故，造成 2.5 万人直接死亡、55 万人间接死亡、20 余万人永久残疾；切尔诺贝利核电站事故，造成 31 人当场遇难，13 万人受到伤害，直接经济损失高达 28 亿美元。

(3) 公共卫生危机呈现新的特点。一方面，随着世界范围内人员流动的大幅度增加，传染病的传染范围和速度都强于以往。另一方面，经济发展造成的环境问题给人类健康带来新的威胁。全球每年死亡人口中大约有 1/4 死于传染病，在非洲，这一比例在 60%以上。其中，艾滋病是最严峻的公共卫生挑战，已使 2000 多万人丧生。

(4) 恐怖主义威胁初显。随着种族、宗教矛盾的凸显，种族与宗教因素造成社会安全事件层出不穷，恐怖主义威胁开始出现。据统计，20 世纪 60 年代末到 70 年代末，平均每年发生 496 起恐怖主义活动，80 年代平均每年 625 起。种族、宗教型恐怖主义势力有增无减，恐怖主义活动总体上呈现类别新型化、手段科技化、组织小众化、动机复杂化、成员学识化、范围扩大化、危害严重化等新特征。

2. 危机管理的特点

在这半个世纪，科技在灾害减除中发挥了重要作用，专业应急队伍迅速成长，应急志愿者队伍也开始兴起，从民防到民事保护的危机管理核心理念得到确立，危机管理的制度化、法制化得到加强。1950年，美国国会通过了《灾难救助法》，并于1970年、1974年进行了补充和完善；1953年，新西兰通过了《地方政府紧急事态授权法案》，1954年出台国家总体应急预案——《重大紧急事态中政府的行动》，1962年出台相当于总体应急管理法的新版《民防法》。随后，一部分西方国家开始成立综合应急管理机构，美国组建了统一的联邦应急管理署(Federal Emergency Management Agency，FEMA)，澳大利亚成立了隶属于司法部的应急管理署(Emergency Management Agency，EMA)，西欧一些国家成立了民事保护局。但在此阶段，危机管理运作的制度化和程序性不强，危机管理职能分散的局面也没有得到彻底改变。

(三)2001年至今的危机管理时期

1. 危机事件的特点

此阶段危机事件的特征是突发危机事件的影响日益全球化和常态化。"蝴蝶效应"在突发危机事件的发展演化和传播上表现明显。2001年的"9·11"事件造成的心理影响是世界性的，此后与中东恐怖组织密切关联的恐怖袭击事件在欧洲和世界各国层出不穷，恐怖主义威胁呈现出全球性的蔓延态势。此外，2003年的SARS、2020年的新型冠状病毒等公共卫生危机的影响也呈现出广泛波及全球的趋势。

2. 危机管理的特点

为了更好地应对突发危机事件的复杂形势，综合危机管理理念深入人心，社会成员和社区都在应对危机时发挥重要作用，应急管理专业应运而生。美国在"9·11"事件后的3年内组织开展了100多个相关的学术、学位项目，后续又跟进和增加了100余个项目。这些新的项目在很大程度上推动了应急管理专业人才的培养。危机管理制度化体系也日臻完善，俄罗斯于2001年颁布《联邦紧急状态法》；美国于2002年颁布新的《国土安全法》，2003年成立国土安全部；英国于2004年颁布《民事紧急事态法》，2010年建立国家安全委员会及其办事机构。在危机应对环节上，更加注重预防和应急准备，其中，英国民事紧急事务秘书处制定了"国家风险评估"工作规程；2008年美国国土安全部成立风险管理与分析办公室；2009年德国联邦政府成立了"联邦风险分析与公民保护"指导委员会，由联邦内政部部长牵头负责全国的战略性风险管理工作。同时，着力推行危机管理业务规范化、标准化，美国出台了《全国突发事件应急管理系统》，德国制定了《突发事件现场操作指挥规章》，跨界合作、跨国合作也日益普遍。

二、我国危机管理的发展历程

自1949年中华人民共和国成立以来，党和政府就高度重视危机管理，危机管理体制建设随着各项事业的发展而发展，并逐渐完善起来。危机管理体制应对的危机范围逐渐扩大，其覆盖面从以自然灾害为主，逐渐覆盖自然灾害、事故灾难、公共卫生事件和社会安全事件四个方面。

我国政府危机管理体制的发展历程大体经历了四个阶段。

第一阶段：专门部门应对单一灾种的应急管理体制(新中国成立以来至改革开放初期，简称单一性应急管理体制)。这种单一灾种应急管理体制的特点是：①应急管理的组织体系主要以某一相关主管部门为依托进行对口管理，其他部门参与；②对自然灾害等应急事件分类别、分部门地预防和处置；③应急管理机构事实上是一种单一灾种的应对和管理机构。

第二阶段：议事协调机构和联席会议制度共同参与的应急管理体制(改革开放以来至2003年防治"非典"期间)。这种共同参与的应急管理体制的特点是：为了应对日益复杂的公共突发事件，提高各部门的应对能力，增设了有关应急管理的议事协调机构，并以这些议事协调机构为依托，建立了一系列有关应急管理的联席会议制度，如国家防汛抗旱总指挥部与国家减灾委员会联席会议，以便解决综合协调问题，为综合性应急管理体制的形成奠定了基础。

第三阶段：强化政府综合管理职能的应急体制(2003年防治"非典"结束后至2018年)。这种综合应急管理体制的主要特点是：①党和政府把应急管理工作和应急管理体系建设提上了重要的议事日程，并为此进行了一系列的探索，取得了很多具有实质性进展的成果。②全面推进了"一案三制"建设，将各类灾害和事故统一抽象为"突发事件"，将各类灾害的预防与应对统一抽象为"应急管理"，进而确立了突发事件应急管理的组织体系、一般程序、法律规范与行动方案。③在政府行政管理机构不做大的调整的状况下，依托政府办公厅(室)的应急管理办公室发挥枢纽作用，若干议事协调机构和联席会议制度进行协调，形成覆盖各类突发事件的应急管理体制。

第四阶段：以一个核心部门进行总牵头、各方协调配合的应急管理体制(2018年应急管理部成立到现在)。这种应急管理体制的主要特点是：①政府行政机关大变革，成立应急管理部，整合与应急相关的职能，边组建边应急，改变原有应急管理多头管理、资源分散、协调困难等问题，进而提高应急管理的效率。②应急工作瞄准"全灾种"，转向"大应急"，坚持以防为主、防抗救相结合，坚持常态减灾和非常态救灾相统一，从注重灾后救助向注重灾前预防转变，从应对单一灾种向综合减灾转变，从减少灾害损失向减轻灾害风险转变，形成防灾、减灾、救灾新理念。③仍然体现综合性特点，但不仅仅有综合性，同时还强调整体性和系统性。

本 章 小 结

危机的概念，最初来自希腊语。危机与风险既有联系又有区别。从其生成到消亡，危机一般经历潜伏期、爆发期、持续期和解决期四个阶段，形成一个周期。危机具有突发性、危害性、公众性、紧迫性、二重性几个特征。外部环境变化和内部管理不善都将导致危机的发生，危机根据不同角度有多种分类。

危机管理是理论与实践、学科与职业的结合，其实质是非常态管理。危机管理的处置具有时效性，过程具有阶段性，手段具有强制性，技术具有专业性，主体具有整合性。从

20 世纪 60 年代起，西方发达国家开始从多学科、多角度对危机和危机管理进行全方位的研究，使危机管理理论成为一门独立的学科。我国的危机管理虽起步较晚，但在不懈的努力探索中也有长足的发展。

思 考 题

1. 危机有何特点？危机的生命周期如何？了解危机的特点与生命周期有何意义？
2. 危机管理应遵循哪些原则？
3. 危机管理的作用与意义是什么？危机管理发展的趋势如何？

第二章 危机管理的程序与策略

【学习要点及目标】

通过本章的学习，掌握危机管理的一般程序与策略，并通过对案例的学习，了解政府和组织这两个主体对危机的处理和恢复。

【关键概念】

危机预防　政府的危机处理　组织的危机处理　危机恢复

第一节　危　机　预　防

一、树立危机意识

(一)危机意识的基本概念

危机是既有危险又有机会的时刻，是测试决策和问题解决能力的时刻，是人生、团体、社会发展的转折点，生死攸关、利益转移，犹如分岔路。一般认为意识是人对环境及自我的认知能力以及认知的清晰程度。也就是说，危机意识源于自觉的危机感、紧迫感、责任感和使命感，表现为坚强意志和奋发精神。其表现出的是社会主体的一种精神自觉，是这种主体对改造世界的一种强烈的责任感和能动性。

(二)树立危机意识的重要性

《左传》曰："居安思危，思则有备，有备无患。"也就是说，危机意识既是一种心理准备，也是一种行动准备，这种意识可以帮助人们识别潜在的威胁和机遇，然后以冷静、理智的头脑走出困境并创造新的机会。危机意识实际上也是一种内在的动力，能够督促人类走得更远、飞得更高。

(三)树立危机意识的途径

1. 关注各类危机事件

在网络发达的今天，获取信息并不是难事。要想树立危机意识，就要知道每类危机是什么。关注生活中发生的各种危机事件，了解危机的起因、处理方式以及造成的后果，这样有助于识别生活中潜伏的危机。

2. 培养对危机的敏感度

虽说生活中危机重重，但是人们却总是忽略它，只有在危机爆发后才后悔当初为什么没有稍加注意。我们应当把危机意识也变成一种潜意识,这样才能识别出职业危机、卫生安全危机;即便是面对自然灾害,也能足够清醒地谋求生路。如此,危机意识才能发挥它的预警作用,使人类避免危机或者将危机的损害降到最低。

二、设计和建立有效的危机管理组织

(一)危机管理组织

危机管理组织是基本的危机管理单元。危机管理组织可能是一个独立的部门、部门的一部分,甚至是一个人。危机管理组织建立的必要条件包括职位描述、人员配置、工作计划、财政预算和资金来源等。

1. 职位描述

危机管理组织中的每个职位都要有职位描述,以此界定不同职位的职责权限。职位描述包括职位所要求的教育背景、工作经历和培训情况等明确的资格条件。对于危机管理组织的领导者而言,清晰的职位描述尤其重要。通常,领导者应当是危机管理或公共安全领域的专家,具有领导组织内部日常工作的能力。领导者应当知道自己向谁负责,谁向自己负责,明确这一上下级关系与汇报程序。此外,领导者还需要与警察、消防、医疗救护、公共事业等横向的相关部门保持良好的工作关系,以获得足够的支持。

2. 人员配置

危机管理组织配备有秘书、书记员等行政人员和分析师等专业人员。所有的人员都需要职位描述,包括姓名、职能、责任、任职资格等。组织应当支持工作人员开展联络活动、草拟计划、提供数据、安排会议并及时记录。为做好组织内部的绩效评估,组织应当每年对工作人员开展一次工作检查,制定新的绩效目标并加以培训。在某些情况下,组织预算不足以支持每个员工有效工作,因此,也需要一些编外人员参与其中。他们掌握着各种技能,如计算机、通信技术等,因而同样有助于组织目标的实现。对他们也要定期进行绩效考核,以提升整个组织的绩效。

3. 工作计划

危机管理组织每年都应制订工作计划,以指导下一年度的工作。年度目标应当涵盖工作职责的各个方面,如脆弱性分析、灾难疏缓、危机准备、灾后恢复和危机教育等。目标设定后,应当评估自身达成目标的能力,这一评估将显示组织达成各目标的难易程度,并据此着手提升相应的能力。由于资金有限,可能在当年有效提升能力存在困难,因此,需要拟订针对这一能力的若干年发展计划,一般为5年。由于时限较长,以年度为单位设定短期目标、体现阶段性就显得尤为重要了。

4. 财政预算

危机管理组织的财政预算需要在财政年度内对预期开支进行分类,并明确每一类资金的具体数额。典型的预算类型包括人员薪金、设备费、电话费、差旅费、材料费等。预算还应预留出一定的应急资金,以备处置突发事件之用。组织必须保证支出不会超出预算的范围，这对于常规的、持续性的开支并非难事，因为它是固定的，如设备维修费可以签约、电话费和差旅费可以相应削减等。相比之下，应急资金则更难以预计。突发事件的规模、持续时间和影响都难以预料，但通过研究过去的记录或其他组织的经验能够为合理预算获得一定的借鉴和启示。

在进行预算准备时，必须证明预算条款的合理性。当出现新的开支需求时，应在预算申请的同时附以书面的预算陈述，并说明理由。在借鉴上一年度开支的同时，必须根据下一年度的工作计划和通货膨胀情况进行相应调整。使用图表方式更有利于明晰预算条款和提升其解释力。

组织应当制定月度的预算报告，如若超出预算，则应设法缩减赤字。很多组织采取削减差旅费和培训费的办法。值得一提的是，培训费呈直线下降并不利于组织的长期、良性发展，应考虑其他更有效的方法来减少开支。

5. 资金来源

危机管理组织所需资金的主要来源当属政府支持，包括同级政府或上级政府。在国外，危机管理组织的资金来源更为多元。例如，美国联邦危机管理局为各州提供很多关于资金支持的项目，各州可以提出申请，但必须符合联邦危机管理局规定的申请条件。地方各危机管理组织可以凭借自身条件向州危机管理局提出申请，联邦危机管理局区域办公室负责审查。此外，当地也有一些资金来源可以利用，如一些大型工业组织、商业部门等。

(二)有效的危机管理组织

何谓有效的危机管理组织？其具体的评判标准是什么？可以说，一个危机管理组织是否有效，是通过其危机管理措施的质量、适时性和成本来加以衡量的。

一个有效的危机管理组织应当同时具备有效的过程与结果。从过程来看，包括有效的活动计划、团队精神培养、形势分析、战略选择等。从结果来看，包括组织结果和个人结果：组织结果表现为产出(如脆弱性分析、应急计划、恢复计划)的高质量、数量、适时性、低成本等；个人结果表现为员工的个人努力和出勤率、工作满意度、权益保障等。

一方面，过程是实现结果的保障。有效的过程取决于危机风险和自身脆弱性、组织外部支持、组织内部因素三个因素。另一方面，理想的结果也会进一步推动过程。过程是动态的，因为成功永不止步。

1. 危机风险和自身脆弱性

曾几何时，许多经受危机冲击的组织都决心未雨绸缪，早做准备。危机频繁、持久的影响已经形成了一种亚文化，即组织内外将危机准备作为一种常态和习惯。辖区内危机风险较为缓和的组织可能任务相对较轻，而高风险地区更应严阵以待。除了亲身经历体会到危机外，通过媒体或他人叙述也能对危机感同身受，如某一个消防员可能受到另外一个消防员经历的影响。

2. 组织外部支持

没有资源，危机管理组织就无法开展工作。资源来自政府、私营部门、媒体和公众等方方面面，因此，从组织外部获取支持至关重要，这直接影响到资源的获取和分配。政府是危机管理组织获取资源的首要来源，危机管理组织可以通过直接拨款、申请项目等方式获取政府支持；在市场经济条件下，组织资源也是不可忽视的重要方面，危机管理组织和组织存在着相互利用与合作的空间，关键是要理顺机制。与媒体建立联系和友谊，是危机管理组织提高声誉和地位的重要举措，这就需要加强对媒体的公关。此外，还要善于开展直接面向公众的活动。

3. 组织内部因素

研究表明，组织内部因素也在很大程度上可以影响组织的有效性。这些因素一般包括对于领导职责的清晰界定、内部职责的明确划分、持续的计划制订与贯彻、广泛的员工参与、部门与机构间的协调、良好的人际关系等。

曾经的危机经历也有助于提高危机管理组织的有效性。即使没有这种经历，组织上下对最大的危机风险达成共识也有助于提高组织的有效性。实践证明，有越多富有危机经历和实际危机处置经验的员工，有越翔实和完善的计划，对其他危机管理组织的政策与程序越熟悉，组织的有效性就越高。

其他影响危机管理组织有效性的内部因素还有组织员工的数量、工作时间、下设部门与机构的数量等。下设部门与机构可以通过分工协作，提升专业化水平，进而提高组织的有效性。

(三)如何建立有效的危机管理组织

危机管理组织可以是消防、警察等专司应急的部门，也包括卫生医疗、公共事业、环保、土地、水利、工会、红十字会等所有与危机管理有关的职能部门。如何从一开始就建立有效的组织？需要从以下几个方面着手。

1. 建立组织结构

具有普遍意义的危机管理组织包括领导正职、领导副职、秘书长、信息员和下设各部门。领导正职负责主持会议，面向政府、组织、媒体和公众全面代表整个组织；领导副职负责管理组织的内部事务，并在正职缺席时代理正职；秘书长负责安排会议事宜和记录工作；信息员负责处理所有的信息工作，包括危机信息、计划信息、活动信息、预算信息等。

当组织内部分工明确且具体时，组织的有效性会大大提高。因此，危机管理组织也应适当地设立业务部门。典型的业务部门包括下述诸部门。

(1) 危机分析部门。该部门应负责识别组织及管辖区域的危机风险；分析组织及管辖区域的脆弱性；判断危机第一波冲击后可能出现的次生危机、衍生危机；确认学校、医院、监狱等人员流动性较低的高风险单位等。

(2) 计划与培训部门。该部门应负责制订危机管理计划；对危机响应人员进行培训，包括常规响应和特殊响应行动的能力培训；通过各种途径为培训寻求资源；开展危机演练，以检验危机管理计划；与主要的危机响应机构建立联系等。

(3) 疏缓与恢复部门。该部门应负责开展各种疏缓活动，以降低组织及管辖区域的脆弱性；预先制订危机后的恢复计划；与公共事业、土地、建筑、社区等机构建立联系等。

(4) 公众教育与对外联络部门。该部门应负责与媒体和公众进行沟通；解释组织的态度与行为；编写通俗易懂的危机宣传材料并向公众发放；开展针对公众的宣传与教育活动等。

（5）行政事务部门。该部门应负责制定明确的、可达成的组织年度目标；寻求资源支持；具体经手开支；就组织事务使内部成员集中思想、统一认识等。

2. 评估危机风险和自身的抗风险能力

只有明确组织面临的危机风险和自身的抗风险能力，做到知己知彼，才能有针对性地制订危机管理计划。它包括危机风险评估、组织脆弱性评估、危机回应能力评估和危机意识评估。

（1）危机风险评估是指对组织及管辖区域可能面临的各类危机及其威胁程度进行评估。这种评估可根据各类危机类型的以往数据和经验，按照危机影响、次数和频度对其进行打分并排序，从而明确威胁性较大的危机类型，并加以重点防范和准备。

（2）组织脆弱性评估，旨在评估组织及管辖区域的物质状况，包括地理位置、地理特征、面积大小、建筑物类型、土地利用、土壤类型等；评估经济社会发展状况，包括区域GDP、人均GDP、从事的主要经济活动、犯罪率等；评估人口状况，包括区域人口总数，老人、小孩、残疾人等弱势群体数量，社会流动人口数量等；评估危机重点防范区域，如重要机构、化工厂、仓库、交通要道等。

（3）危机回应能力评估是指对组织现有的危机回应能力作出判断，并在此基础上予以改善和提高。它可细化为各类资源的动员与调配能力，如医疗设施（医院、诊所、药房、医生、医疗设备等）、通信设备（电视、公用电话、广播等）、交通工具（巴士、卡车、三轮车、自行车等）、供水设施（储水罐、钻井机、水泵、公共水站等）、供电设施（发电厂、临时发电机等）、卫生设施（公共厕所、公共浴室、垃圾回收站等）、搜救设备（起重机、推土机、刀锯、绳索、梯子等）、临时避难所（学校、礼堂等）。这些信息应形成一个详细的资源目录。

（4）危机意识评估。这一评估在于把握危机管理组织及民众对于危机的态度和认知，了解管辖区域内各种群体的期望，以此为参考制订危机管理计划。这些可以通过调查问卷的方式来进行，应注重向不同阶层、年龄、性别的民众发放问卷，以强化调查的全面性。具体的评估方法包括矩阵法、图表法、问卷法、打分排列法、后果预测法、角色扮演法、关键群体讨论、历史回顾与分析等。值得注意的是，风险评估、信息采集等活动过程必须对外公开，以获得民众的支持与配合。对于文化程度有限的民众，也应通过简单图表等通俗易懂的形式向其说明。

3. 制订危机管理计划

危机管理计划就是在对危机发生后的情况充分设想的基础上，对危机管理工作进行详细规定的方案。每个危机管理组织都应制订危机管理计划，这是为了指导未来的危机管理工作，因此必须密切联系实际，并在日常演练中不断完善，绝不能纸上谈兵。具体来看，危机管理计划包括响应计划、恢复计划和疏缓计划等。

危机管理计划的制订一般是由计划与培训部门负责。在计划制订的过程中，必须保证计划制订者具有合格的能力和实际经验；应充分吸纳专业力量，尊重相关专家的意见，以保证计划的专业性。计划应包括基本计划、附件和具体的危机附录等内容。

在计划初稿拟订后，还要进行检查、修改和完善。对计划任务与实际能力的不一致，甚至不同计划间的不一致都要进行调整。履行组织内部的程序后，还要在管辖区域内面向民众征求意见，由公众教育与对外联络部门负责此项事宜。应留有足够的讨论时间，并适时召开至少一次征求意见会，公众可以自由参加并提出意见。

在所有这些的基础上，形成计划的最终稿。当然，这一最终稿也是相对的。危机管理计划的制订不可能一劳永逸，而要根据客观情况的变化不断修正。一般而言，两个因素会推动危机管理计划的修正：一是在危机尤其是重大危机发生后根据经验教训修订计划；二是更主动地通过危机演练发现计划的漏洞与不足，并进行修改和完善。

4. 寻求资源支持

资源是落实危机管理计划的关键。缺乏资源，计划便沦为空谈。资源的种类包括人力资源、财政资源、物质资源、科技资源等。

(1) 人力资源。人为万物之本，人力资源主导和操控其他一切资源，因而是首要的资源。危机管理组织首先应充分利用组织内部人员，建立并完善录用、考核、晋升、奖惩等人力资源管理制度，调动内部员工的工作积极性；还应将志愿者纳入组织的活动范围，探索有效运用志愿者的机制和方法；在专业性较强的领域，应大力借助专家力量，平时就可建立专家库和智囊团，以便在面临突发事件时获取专业支持。

(2) 财政资源。财力支持也是危机管理资源的重要组成部分。毋庸置疑，政府是危机管理资金投入的主要来源，危机管理经费一般被纳入国家预算体系；与此同时，也应拓展获取资金的其他渠道，如组织捐助、公益募捐等。在获取资金的同时，还要建立和完善配套的管理制度和审计制度，以保证资金的最优使用。

(3) 物质资源。物质资源是危机管理得以实施的基本物质条件。而危机的发生往往伴随着物资短缺，这是回应和解决危机的瓶颈所在。危机管理组织在平时应做好一定的物资储备，建立资源目录，并加强储备管理；同时，应注重发挥市场机制的作用，通过订单、协议、契约等标准化程序向私营部门采购；也可实施鼓励政策，对重要物资的生产和流通组织提供奖励性补贴，使其保持适度库存规模以备应急之需。

(4) 科技资源。在现代社会，有效预防和处置公共危机活动对科技的依赖性越来越大，对科技支撑的要求不断提高。危机管理组织应加大科技资源的投入，并加强与科技部门、科研机构和大专院校的合作，以有效提高危机管理的科技含量。

5. 营造组织文化

组织文化是组织内部成员共有的价值和信仰体系。组织文化由于是在组织长期的生存和发展过程中所形成的，因而组织文化与组织传统相互交织，在组织成员之间持续传播并不断得以强化，使成员形成一种思维和行为习惯，从而对成员的观念、思想和行为产生深刻影响。

正因为文化堪称组织的灵魂，组织文化是提高组织有效性的重要环节。要建立有效的危机管理组织，终归要建立有效的危机管理组织文化。通过文化建设，把各部门及成员的思想和行为统一到现有的组织目标、原则和活动上来，增强组织内部的凝聚力和向心力，使个人目标推动共同目标的实现，所有这些都将提高整个组织运作的有效性。

要建立有效的组织文化，需要明确组织认同的价值行为，识别每个成员的优势和劣势，满足成员的不同需要，给成员足够的时间去积极工作，给员工一定的独立性和施展空间，强调组织共享与协调，对个人业绩与进步及时予以肯定和奖励，强化组织荣誉感等。

第二节　危　机　处　理

一、政府的危机处理

(一)构建危机管理的体制

从理论上讲，体制可以看作政府组织为实现某种目标而进行的一种制度设计。也就是说，它是以制度规范的形式出现的，所不同的是它们各自反映了政府组织在实现其目标过程中的不同规范，即体制设定了框架结构和功能。

1. 构建国家层面的危机管理体制

世界各国对公共危机管理的强调和重视，首先体现在国家层面的体制设计上。纵观各国对公共危机管理的体制构建，普遍经验包括行政首脑担任最高领导或由部门担任领导机构，统一的协调咨询机构，分工合作的组织框架，常设、专门的危机管理机构等。各职能部门通过统一领导、横向协调、专业分工，共同维系着国家层面危机管理系统的日常运转。

1) 行政首脑担任最高领导

世界各国政府的危机管理都是以本国政体为基础，把危机管理作为政府职能的重要内容之一。政府的行政首脑担任最高领导，全面领导国家的危机管理工作，例如，美国、俄罗斯、日本和澳大利亚等。日常管理委托给直属的危机管理机构，重大紧急事件仍然由行政首脑担任最高指挥官和最终决策者，对重大事项进行决策，对关键性资源进行指挥调动和处理。这种体制确保了应对重大突发事件时的危机决策效率和重要资源的快速调配。

2) 统一的协调机构

鉴于危机管理的复杂性，各国政府通常会组建专门的机构，进行跨部门的协调和指挥，并为行政首脑提供决策的辅助和咨询。例如，我国的应急管理部及其 11 个职责部门、美国的国家安全委员会和国土安全委员会、英国的国内紧急情况秘书处和国内紧急情况委员会、澳大利亚的联邦抗灾特别委员会和危机管理委员会、俄罗斯的联邦安全会议、日本的中央防灾会议等。此类机构还兼具宏观的信息中心和最高协调中枢的功能。

2-1：各国详细情况

3) 分工合作的组织框架

公共危机的诱因呈现分散化、复杂化的发展态势，影响和涉及面也日趋广泛。因此，公共危机管理无法由一个部门单独应对，而必须由相关部门分工负责、协同配合。从实际情况来看，各国政府危机管理体制的基本框架均由与公共危机有关的职能部门组成，各司其职，各负其责，形成合力，共同推动国家层面重大危机事件的应对和解决。并且，在公共危机管理的组织框架中，所有相关机构的角色和职责都应以制度化的形式得以确认。

2-2：各国详细情况

4) 常设、专门的危机管理机构

很多国家在政府机构体系中都设有专门的危机管理机构，有部一级的设置，下设司局，在区域也设有各个分部，实行垂直管理。危机管理机构在隶属关系上，一般遵照效率原则，直接对行政首脑负责。配备有充足的编制，有行政经费和专项预算。具体职能一般可分为两部分：一是日常的危机管理职能，如危机管理战略规划和政策制定、教育培训和应急演练等；二是紧急状态下的具体协调职能，如应急响应、协调政府各部门和社会各个方面的行动等。

2-3：各国详细情况

常设、专门的危机管理机构，至少有两个方面的优势。一方面，它可以实现综合协调，整合各方面的资源，统一指挥，快速响应，避免当突发事件的发生涉及多个职能部门或超出地方政府处置能力时，因沟通不便而导致资源配置的低效和行动的迟缓；另一方面，它可以保证危机管理过程的连续性，将危机管理纳入常态管理，避免临时应急组织只是被动地响应突发事件而对危机发生前的预防及事后的恢复等工作不力的缺陷。

2. 构建地方层面的危机管理体制

由于多数公共危机的范围和影响有限，加之对危机响应时效性的要求，公共危机管理普遍采取以属地管理为主的模式。在危机发生后，危机响应一般由事发地政府负责进行，中央或联邦政府一般不负责指挥，也很少介入地方的指挥系统，这使公共危机管理更注重和依赖于地方层面。从国际经验来看，地方层面的危机管理体制主要包括行政首脑担任最高领导，直属行政首脑的决策协调机构，网格化的地方危机管理系统，一体化的应急指挥中枢等。

1) 行政首脑担任最高领导

在地方层面，无论是在县、市还是州/省范围内，均由各级政府的行政首脑负责危机管理全方位的领导。在我国，由应急管理部组织编制国家应急总体预案和规划，指导各省应急管理厅及地区各部门应对突发事件工作，推动应急预案体系建设和预案演练。建立灾情报告系统并统一发布灾情信息，统筹应急力量建设和物资储备并在救灾时统一调度，组织灾害救助体系建设，指导安全生产类、自然灾害类应急救援，承担国家应对特别重大灾害指挥部工作。指导火灾、水旱灾害、地质灾害等的防治。负责安全生产综合监督管理和工矿商贸行业安全生产监督管理等。各地方政府制定的突发公共事件应急预案也明确规定，省长、市长等行政首脑为管辖区域内应急管理工作的最高领导。

2) 直属行政首脑的决策协调机构

为就可能发生的危机事件进行统一决策和沟通协调，各国的地方政府均成立了直属行政首脑的综合性机构。由于国情不同，该机构的具体形式包括委员会、办公室、小组等，也不尽相同，但其职能皆为协调相关职能部门的应急活动，辅助本地区行政首脑及时科学地进行危机决策。

2-4：各国地方政府详细情况

3) 网格化的地方危机管理系统

地方政府均设有以处理各种危机事件为主要职责的机构，如警察局、消防局、卫生局、环保局等。由于危机事件涉及的专业性日趋强化，因此无法依靠某一个部门单独应对和解决，而必须将所有相关职能部门整合为一体，形成一张严密的危机管理网络，通过对职责的分配和规定，有条不紊地应对各类可能出现的危机。

2-5：各国政府详细情况

4) 一体化的应急指挥中枢

国家在地方层面一般设有一体化的应急指挥中枢，作为地方政府应急系统的心脏，实际指挥和协调应急活动中涉及的众多部门和机构。从组织结构上看，应急指挥中枢的最高负责人多是地方政府的行政首脑，而警察、消防、环保等相关职能部门均在应急指挥中枢设有席位和常设代表。在我国，按照分级负责的原则，一般性灾害由地方各级政府负责，应急管理部代表中央统一响应支援；发生特别重大灾害时，应急管理部作为指挥部，协助中央指定的负责同志组织应急处置工作，保证政令畅通、指挥有效。应急管理部要处理好防灾和救灾的关系，明确与相关部门和地方各自的职责分工，建立协调配合机制。

2-6：中美政府详细情况

(二)构建危机管理机制

对公共危机管理而言，动态的运行机制是将组织结构所具有的职能落实到位的途径和保障，它与日常的实际操作紧密相关。因此，强调运行机制的设计和运用尤为重要。

1. 危机管理的全过程机制

公共危机从其生成到消除，有一个生命周期，国外危机理论一般将其分为潜伏期、爆发期、持续期和解决期等不同的发展阶段。当然，这些发展阶段只是危机生命周期的一般状态，而并非所有危机的必经阶段。但通过这些阶段划分，能够有针对性地拆分和细化危机管理行为，使其更加切实、有效。因此，西方各国普遍采取危机管理的全过程方法，即根据危机的生命周期，顺应危机的自身规律，将整个危机管理过程分为不同的阶段，然后针对每个阶段的特定任务及管理重点，制定相应的机制。这种全过程机制突出体现了"未雨绸缪，防患于未然"的危机管理理念，通过有针对性的预防措施，降低危机发生的可能性，减少危机可能带来的损失。倘若忽视了其中任何一个环节，都会对危机管理目标的实现带来阻碍。

有关危机管理的全过程模式早在 20 世纪 70 年代初期就由美国的全国州长协会确定，在美国联邦危机管理局成立之后被采用。这种模式把危机管理的活动、政策和计划贯穿于四个基本的领域，即疏缓、准备、响应和恢复。其中，疏缓和准备是危机发生之前的行为，响应是危机发生过程中的行为，而恢复则是事后行为。在某种程度上，各阶段的工作可能会有交叉，如恢复措施可能涉及对下一次灾难的疏缓和准备。但从理论上讲，这四个阶段构成了危机管理循环往复的过程。

(1) 危机疏缓阶段。疏缓活动的目的在于事前预防和减少灾难的损失，如在设计建筑物时要考虑恐怖袭击和意外事故、强化易受灾地区的建设和土地利用的管理、在易受灾地区开展政府支持的灾害保险等。

(2) 危机准备阶段。准备工作的重点在于设计响应阶段如何应急，以有效提升响应能力，包括制订应急计划和预案，建立危机预警系统，建设应急避难场所，做好应急资源储备，开展危机教育、培训和演练等。

(3) 危机响应阶段。响应是对危机作出的反应和行动，包括协调各方进行救援、组织人员疏散撤离、保证食品和水源安全、提供医疗服务、维护公共秩序等。

(4) 危机恢复阶段。恢复是善后处理的一部分，包括为受害者提供临时住所、清理废墟、初步恢复公共基础设施、进行各种资金援助和保险赔偿、灾后重新规划和恢复重建等。

2. 责任共担的参与机制

在公共危机管理中，不仅政府要承担主导责任，社会民众也应通过各种途径参与其中，形成政府、组织、非营利性组织、社区民众等多元主体责任共担的危机管理机制。

危机无边界，公共危机造成的影响是广泛的，甚至会涉及灾区的每一个部门、每一个人。所以，危机管理不仅是政府的责任，更不只是某一个相关部门的责任，它应当是一项涉及全社会的系统工程。提高危机管理的社会参与程度，一方面可以缓解危机在公众中产生的副作用，另一方面可以降低政府应对危机的成本，提高政府的应对能力。

西方国家强调的就是这样一种全社会共同参与、责任共担的危机管理机制，提倡逐步建立起政府、组织、非营利性组织、社区、新闻媒体及社会公众相互合作的互助体系。例如，美国公共危机管理是由联邦政府、州政府、志愿义务组织、民间团体、私人组织等组成的，并将它们之间的合作纳入联邦应急计划。在个人层面，特别强调个人对灾难的认识，教育宣传应急常识，协助设计家庭应急计划，倡导购买合适的灾难保险，并注重对老弱病残等弱势群体的协助。在社会层面，建立完善的捐募系统，让有爱心的各阶层人士可以方便地找到捐赠途径，有效汇集和统筹分配救灾资源；充分发挥志愿者在危机管理中的积极作用，加强对志愿者的管理和培训。在政府层面，建立与民间组织、媒体、社区、公众的伙伴关系，发挥各自优势，弥补政府不足，构筑一张相互合作、无缝衔接的公共安全网。

我国向来非常重视通过广泛的社会参与应对危机。社会主义制度具有"集中力量办大事"的优势，这使我们能够在极短的时间内进行最广泛的社会动员，发动一切社会力量，整合一切社会资源，形成解决危机的巨大合力。中华人民共和国成立以来，我国应对历次重大危机的实践无不显示出这种参与机制的有效性和生命力。然而，与危机状态下的显著成效相比，这种参与机制在日常状态下显得相对薄弱。因此在未来的机制建设上，应当更加注重发挥企事业单位、社会团体、社区组织、新闻媒体乃至普通民众的积极性，使其共同参与到危机的预防和准备中来。同时，将单纯的行政动员向社会自身的动员机制转变，提高社会参与危机管理的自愿性、自主性和自发性，这是健全参与机制的发展方向，也是培育公民社会的必然要求。

3. 分级响应机制

分级响应机制就是按照一定的标准，将危机事件划分为若干层级，以此确定危机响应主体，采取相应的响应策略和方法。分级响应有利于政府适当而有效地应对危机，既保证危机事件的顺利解决，又不会造成资源浪费。分级响应的前提在于明确危机的性质、严重程度和影响范围等，这些因素是决定下一步行动的内容、形式和规模的依据。

我国突发公共事件总体应急预案按照突发公共事件的性质、严重程度、可控性和影响范围等因素，一般将其分为四级，即Ⅰ级(特别重大)、Ⅱ级(重大)、Ⅲ级(较大)和Ⅳ级(一般)。

4. 协议互助机制

同一区域内的相邻各地签订互助协议，当危机事件超出一地的应急能力范围时，其他各地应当给予救援，这已成为各国区域危机管理的普遍做法。通过相互救援而共同受益的互助协议，把应急救援的道德性义务上升为约束性责任，有助于实现紧急状态下的能力整合与资源共享，保证救援的及时性、充足性和有序性。

5. 对口支援机制

2-7：美国、日本政府详细情况

在没有事先签订互助协议的情况下，在危机发生后开展点对点的对口支援，也成为包括中国在内的各国危机管理的普遍做法和有益经验。对口支援机制的优势在于：一方面，有利于稳定救援秩序，提高救援效率，避免盲目性。危机爆发后，援助地方和单位可能一拥而上，客观上造成支援和受援的不均衡、不协调，最终导致救援效果不佳。采取对口支援，能够进一步细化和优化救援行动，确保一步到位，秩序井然。另一方面，也使救援责任得以明确。对口支援能够避免责任不清、相互推诿甚至钻空子的情况发生。明确各救援地方和单位的责任范围也便于检查督促，促进支援工作有序开展。

2-8：对口支援湖北：一省包一市，全力救治新型冠状病毒患者

6. 信息疏导机制

保持公众对于危机的知情权，是世界各国有效处理危机的一个共同点。在危机中，法律规定政府有责任向媒体公布危机真相，而媒体也有义务向公众传达准确的信息，有独立的权利参与危机管理的整个过程，并就某些公众感兴趣的问题做进一步调查。比如，英国政府规定国家卫生服务体系在紧急情况下必须重视新闻媒体的作用，以便在发生导致人身伤亡的重大事故时，能够准确及时地向公众传达灾难信息，避免信息混乱、错误、拖延等原因产生的社会恐慌，从而稳定公众情绪。政府及时向公众告知真相，一方面，可以提高政府的公信力，增强公众对政府解决危机的信心；另一方面，可以稳定民心，引导公众积极支持、参与政府的危机管理，从而提高公共危机管理的效率。

信息疏导普遍采用制度化的方式来进行，最常见的如新闻发言人制度。新闻发言人承担着向媒体和公众提供信息、沟通交流、用政策议程引导媒体和公众议程的公关职能。通过这种制度化、直观化、人性化的方式，可以有效确保权威信息传播渠道的通畅，使主流声音牢固地占领宣传阵地。目前在美国各级政府中大约有 40000 名新闻发言人，时刻准备向媒体提供信息，引导舆论。英国政府在应急指导原则中指出：各机构平时就应做好相应准备，在危机发生时及时设立专门的部门，委任新闻官，专门处理媒体事务。俄罗斯政府也主动谋求与媒体的合作，通过召开新闻发布会的方式，建立和保证与媒体之间交流渠道的通畅，增强危机处置工作的透明度。近年来，我国政府新闻发布制度建设的步伐也在不断加快。迄今为止，国务院各部门已基本建立了新闻发言人制度，各省市地方政府也已经或正在制定和实施该制度。经过几轮较大规模的培训，我国新闻发言人制度的规范化和专业化建设进展显著，在处置突发公共事件中日益发挥着重要作用。值得注意的是，新闻发言人的前后口径要达成一致，不一样的口径容易给大众带来困惑，造成对政府不必要的质疑。

7. 教育培训机制

各国非常重视通过教育培训来培养全社会的危机防范意识，提高公众的应急反应能力，

并使这种教育培训经常化、制度化和法定化。这对于提高危机管理效率、减少危机损失和社会动荡具有不可估量的作用。从各国的情况来看，凡是危机管理发展程度较高的国家和地区，无不在教育培训方面投入了很大的精力。

(1) 将危机管理纳入学校教育。我国教育部 2020 年 2 月 21 日发布《教育部关于公布 2019 年度普通高等学校本科专业备案和审批结果的通知》(教高函〔2020〕2 号)，公布"2019 年度普通高等学校本科专业备案和审批结果"的"新增审批本科专业名单"有新专业"应急管理专业"。

(2) 加大社会宣传。通过传统方式或新媒介、自媒体向公众开展安全宣传教育，组织有关的安全培训，培养危机意识与应急能力。例如，加拿大的政府危机管理部门、公共场所、学校等，都备有危机自救互救方面的宣传材料。相关法规、政府应急预案、自救知识等各种宣传材料，通过基层政府和危机管理部门免费向辖区内的居民发放。在日本，随处可见将校园、公园、绿地等公共设施作为避难场所的指示牌，此方法强化了公众的危机意识。

(3) 开展模拟训练。为培养公众的地震应急能力，日本各地设有许多地震博物馆和地震知识学习馆，亦称体验中心，免费向市民开放。这些中心内建有模拟火灾、地震情境的场所，供人们体验灾害实况、了解避难方法并学习自救互救技能。美国各大中小城市也设有消防训练中心，内部设备完善，有高塔训练场所、高楼救生训练场所、烟雾试验室、危险物品储藏实体区、水中救溺训练池等模拟救灾实际情境的训练场所。目前 VR 技术逐渐普及，可以利用 VR 技术开展应急安全教育。

(4) 设立"防灾(安全)日(月)"活动。自 2009 年起，我国将每年的 5 月 12 日定为全国"防灾减灾日"。在"防灾减灾日"前后集中开展全国性的防灾减灾宣传教育活动，向公众普及灾害常识、防灾减灾知识和避灾自救、互救技能，全面提高全社会风险防范意识、灾害知识水平和避险自救能力，从而最大限度地减少自然灾害造成的损失。日本把每年的 9 月 1 日设为固定的"防灾日"，在这一天，日本全国各地方政府、居民区、学校和组织都要举行各种防灾演习，特别是各地震多发区的居民组织，都要进行一次综合性的防震训练和地域防灾训练。美国把每年的 6 月定为"全国安全月"，并设有不同的主题，以唤起和促进人们的安全意识，加强对公众的安全教育与培训。

8. 城市应急联动机制

所谓应急联动机制，就是将警察、消防、急救、交通、公共事业、民防等政府部门纳入一个统一的指挥调度系统，当公众求助时，只需拨打一个电话号码，便可连通指挥中心；指挥中心根据报警求助内容，分别调动相关部门进行紧急处置或联合行动，从而提供及时的救助和服务。

应急联动代表的是当今世界先进、科学的危机处理方法，其核心作用是能实现紧急突发事件处理的全过程跟踪和支持。从突发事件的上报、相关数据的采集、紧急程度的判断、实时沟通、联动指挥到应急现场支持、领导辅助决策，采用统一的指挥调度平台，借助网络、可视电话、无线接入、语音系统等各种高科技通信手段，在最短的时间内调动公安、消防、环保、急救、交警等不同部门、不同警区的警力协同作战，对突发事件作出有序、快速、高效的反应。

目前，国内外许多城市都在探索如何提高城市的应急反应能力。我国在新型冠状病毒疫情期间，全面落实联防联控措施，推动全社会形成全民排查、全民监督、全民防疫的态势，要把力量下沉到社区(农村)，充分发挥基层动员能力，实行地毯式追踪、网格化管理，将防控措施落实到户、到人，让每个人都掌握防控知识，做到了"早发现、早报告、早隔离、早诊断、早治疗"，且逐步实现"防输入、防蔓延、防输出"的疫情防控目标。联防联控、群防群治，既是我国制度优势的具体体现，也是我们防控疫情的关键举措。

(三)危机处理的政策工具

政策工具也称政府工具、治理工具，是指政府将其实质目标转化为具体行动的路径和机制。它考虑的是政府选择用何种方式实现政府治理目标的问题，没有政策工具，政府的目标就无从实现。也可以说，政府治理工具是联系政策目标和政策执行之间的桥梁，政府的治理目标只有通过有效的治理工具才能实现。因此，政府治理的核心就在于设计和选择有效的政策工具。

1. 直接供给政策

直接供给政策是指由政府部门直接生产和分配应对危机资源的政策类型。

1) 政策特点

政府采取直接供给的手段干预公共危机的特点就在于：①强制性程度较高；②直接性；③自治性程度较低；④缺乏透明性。

2) 政策领域

(1) 涉及需要合法使用权力的领域。如果社会上出现了公民个人的生命财产受到威胁的突发事件(如自然灾害、恐怖袭击等)，作为唯一可以合法使用强制力的主体，政府的直接介入是最恰当的。

(2) 如果某项活动意义重大，社会影响广泛，一旦处理不妥就有可能给社会带来灾难性损失，那么政府的直接供给将是最有效的政策工具，传染病防治、国防安全都属于这种情况。

(3) 市场机制无法提供有效服务的领域。如果市场没有能力或不愿提供服务的话，政府的干预就是必要的。市场之所以无法提供，既可能是由于风险太大无力承担(如太空研究、金融市场稳定)，也可能是由于没有经济利益的激励而不愿提供(如公共教育)，政府的直接干预是解决这类潜在危机的最有效的方法。

(4) 涉及政府自身管理能力的领域。政府组织体系的运行、公共服务的供给以及公共政策的出台本身也可能诱发潜在风险，而这些风险是其他任何政策工具都无力应付的，只能由政府来承担和化解。

3) 政策措施

(1) 兴建与危机相关的公共工程。公共工程主要是指道路、市政、电力、通信、住房、医院等公共基础设施建设项目。由于外部性和市场供给的失灵，公共工程一般由政府出面兴建、投资和组织建设，所以可视为直接供给政策的典型代表。例如，从危机预防来看，规划和建设应急避难所就是直接供给政策的典型措施。应急避难所能够为民众提供安全的避难场所，为避难人员维持基本生活、进行医疗救护提供物资支持。

(2) 为危机管理提供资源保障。公共危机发生前后，政府要做的最重要的工作就是通过资源的调动和整合来预防和应对危机。从这个角度来讲，资源的储备和调动是公共危机管理的一项关键职能和核心工作。政府要确保危机管理的人、财、物、技术等资源及时到位，为公共危机管理建立强大的后盾。

(3) 设计危机预警系统。针对公共危机的具体特点设计危机预警系统，这也是政府直接供给政策的内容范围。基于政府的资源优势和信息优势，由政府来设计和运行这一系统最为合适。危机预警系统是指对预警对象、预警范围、预警指标和预警信息进行分析和研究，及时发现和识别潜在的或现实的危机因素，以便采取预防措施，避免危机发生的意外损害，把危机造成的损失降到最低。危机预警系统主要起到评估预警信息、发出危机警报、防患于未然的作用。从横向职能体系来看，危机预警系统包括自然灾害预警系统、恐怖袭击预警系统、公共卫生预警系统、社会运行预警系统等。

2. 政府管制政策

管制性的政策工具就是政府利用公共权力和权威，通过法律和法规来规范社会组织和公民的行为，以实现政府治理的目标。

1) 政策特点

管制包括经济性管制和社会性管制，二者的特点有所不同。

经济性管制旨在确保产品和服务市场的竞争性，它主要是指政府对厂商的行为进行管制。其特点在于：①强制性程度高；②既具有直接性，也具有间接性；③自治性程度低；④透明度因对象不同而有所差异。

社会性管制旨在对那些给公众的健康、安全和福利造成直接影响的行为进行限制，如新型冠状病毒疫情期间，进出社区、公共场所都有一定的管制措施，其主要目标在于保护民众的利益(如对食品的生产过程进行管制)以及维护公共利益(如对环境进行管制)。其特点在于：①强制性程度高；②间接性；③自治性程度低；④透明度低。

2) 政策领域

(1) 食品药品安全。食品药品作为生活必需品，与人们的日常生活密切相关。食品药品的质量至关重要，直接影响着人们的身体健康。一般消费者难以识别食品药品质量的优劣和真伪，只有依靠专门的技术人员使用专门的设备才能作出鉴定和评价。因此，政府管制应成为规范食品药品市场的重要途径。

(2) 刀具、枪械和危险品管理。从国际范围来看，刀具、枪械和危险品的管理在任何国家都是一个顽疾。如果这些领域政府管制不力，它们隐含的巨大杀伤力将会给公共安全和公民生活带来重大威胁。

(3) 环境保护。环境污染是最典型的外部性问题。在市场机制下，厂商受经济利益的驱使，往往会忽视自身生产活动对环境造成的影响，这种外部损失不可避免地被公众和社会分担了。市场机制本身是无法解决环境问题的，政府有必要对相关问题进行管制。

(4) 安全生产。在生产中，居于交易弱势地位的劳动者往往对组织的工作性质和工作条件缺乏了解，组织方凭借其信息优势，不顾工作危险系数，在没有安全保障的情况下，让劳动者从事风险极高的工作；某些组织方为降低生产成本，还让劳动者在极其恶劣的、有损健康的环境中工作，使劳动者承受并未在交易条款中反映的成本，导致危害劳动者安全事件的发生。因此，政府通过多种措施对生产行业和生产组织进行管制是非常必要的。

3) 政策措施

(1) 经济性管制的政策措施，主要有以下四点。

第一，价格管制。价格管制是经济性管制工具的核心内容。

第二，进入(出)管制。进入(出)管制是经济性管制政策的一项重要内容，它指的是对进入和退出管制性市场的厂商进行管制，一般采取颁发许可证和执照的形式；而申请者为了获取许可证，就必须证明自己符合一定的生产条件和经营资格，比如食品和药品生产行业的市场准入制度。如果政府对此不采取管制措施，那么不符合申请条件的生产者就有可能进入市场，从而埋下安全隐患。

第三，生产(消费)管制。它有两种基本形式：一种是对总产量或生产能力进行控制(产出控制)；另一种是对消费水平进行限制(消费控制)。产出控制的手段包括：政府作出规定要求厂商公平无偏见地向所有人提供服务；对被管制组织的产量进行限定；农业生产中的市场交易配额限制。很多国家在发生全国性的危机(饥荒、战争等)时经常采用这种政策。

第四，标准管制。标准管制就是通过确定产业的生产标准和技术标准进行管制。标准管制之所以成为经济性管制的常用手段，就在于标准能够影响成本，成本影响价格，而价格会影响需求和生产。统一的标准能够影响个体和组织的行为，有助于防止危机的产生。

(2) 社会性管制的政策措施，主要有以下三点。

第一，对政府所期望的行为和结果作出说明的一些法律法规。

第二，明确被管制者需要遵守的行为标准。标准的确定能够规范个体和组织的行为，标准的推广和有效施行有助于防止危机的产生。

第三，说明对违规行为的制裁措施。正是由于制裁措施的威慑力，才使行为主体主动表现出对规章制度的顺从。如果个体或组织的行为诱发社会公共危机，政府就可以采取制裁措施对危机的制造者进行惩罚。比如，吊销组织生产许可证和执照、限期整改、责令关闭、施以经济处罚、限制贷款额度等。

二、组织的危机处理

(一)危机处理的一般步骤

1. 建立危机处理机构

危机发生之后，应立即根据危机的类型，按照预先制订的危机管理计划，迅速组成由组织高层管理者、相关的职能部门乃至组织外部专家组成的危机处理小组，并明确规定危机处理小组成员之间的职责分工、相应权限和沟通渠道。

对于尚未制订危机管理计划的组织或危机管理计划中未曾提及的危机类型，组织可根据同一产业中其他组织的经验或比照类似危机的情形，组建危机处理小组，配备素质较高的人员，并应注重人员的知识结构和素质技能的合理搭配。

危机处理小组组建后，首先需要明确负责人，即首席危机官以及危机处理期间的新闻发言人。首席危机官和新闻发言人可以同时由一人担任，也可以由不同的人担任。

2. 表明危机处理的诚恳态度

一旦危机处理小组组建，应迅速对相关公众表明组织危机处理的积极态度。尽管此时导致危机发生的诱因可能尚不明了，危机的影响程度、影响范围尚未确定，但只有组织本着诚恳、负责的精神，表现出对危机受害者的同情、关注，表明组织会立即着手调查并在调查结果出来之后给公众满意的答复，就能够减少公众的反感和不满。为了避免使组织今后的危机处理工作陷入被动的困境，在事态发展尚不明朗之前，组织对外的表态应尽可能原则化、框架化，尽可能避免拘泥于细节。在可能的情况下，组织表态应附加一定的前提条件。

3. 着手危机调查与评估

发生危机之后，组织应及时组织人员奔赴现场、深入群众，了解危机的各个方面，收集关于危机的综合信息，在对调查结果进行评估的基础上，形成基本的调查报告，为制定危机处理方案提供基本依据。

1) 危机调查

危机调查能增加危机决策所需要的有效信息量，提高危机决策的准确性。危机调查强调针对性和相关性，要求相关证据、数字和记录准确无误。

(1) 危机调查的内容。组织危机调查主要包括以下三个方面的内容。

① 危机的经过调查。组织人员深入危机现场，掌握危机过程的全部显露情况，包括危机发生的时间、地点、周围的环境、当事人的具体反应等。

② 危机的危害调查。了解危机的直接损失和间接损失程度。其中，直接损失包括危机所造成的伤亡情况及伤亡人数，损坏的财产种类、数量及价值以及危机导致的组织产品市场销售萎缩等；间接损失包括危机所造成的组织形象受损以及员工士气低下等。一般而言，直接损失较直观，也很容易受到组织的重视；而间接损失的调查则很难，往往为许多组织所忽视，尤其是看不到危机对员工心理产生的负面影响。因此，组织经常出现低估危机的危害性的现象，致使相应的危机处理措施不到位。通过调查，组织应确认危机涉及的受害者对象，包括直接受害者、间接受害者，调查危机对他们的影响程度和他们对组织的态度和要求。

③ 危机的原因调查。危机的原因往往隐藏在一系列表面现象的背后，而只有找到危机发生的真正原因，才能制定针对性强的危机处理方案，获得事半功倍的效果。在寻找危机发生的原因时，危机处理小组成员除了要认真进行现场勘察外，还要广泛地听取危机现场的受害者、反应者与旁观者的情况介绍与说明。而一旦危机爆发的真正原因调查清楚了，危机当事人各自应承担的责任也就一目了然了。

(2) 危机调查的方式。危机调查的方式主要包括以下几种。

① 现场勘察法，即通过对事发现场的实地勘察，了解危机发生的相关情况及其后果。为了避免危机发生现场被破坏，危机调查人员应以最快的速度赶赴事发现场。

② 询问法。通过直接询问危机的利益相关者，包括危机的受害者、反应者、旁观者等，了解危机发生的经过、危害程度，调查危机发生的原因，并明确利益相关者的意见和态度。询问法具体包括面谈、电话访谈、问卷调查等。

其中，面谈不仅有利于双向沟通，而且可以通过感知被调查者的表情、语气等了解更多的信息，但面谈费时费力，费用较高；电话访谈则具有速度快、成本低的特点，在极其注重时效性的危机处理中，其作用不容忽视，但无法询问较复杂的问题；问卷调查可以获得较系统的信息，但所需周期较长，花费也较多。互联网的发展对于提高问卷调查的效率有很大的帮助。

③ 观察法，即危机处理人员不暴露自己的身份，从局外人的角度观察利益相关者对危机的反应，以了解他们对危机以及组织的态度，作为决策的依据。

④ 文献分析法，即通过收集大众媒体对危机的报道及利益相关者对危机态度的报道，或者通过查阅组织已有的文件或凭证，了解有关情况，查找危机爆发的原因。

2) 危机评估

对于危机调查所取得的结果，需要由组织高层管理者和危机处理小组进行评估。危机评估的目的在于以下几方面。

(1) 确认危机调查结果的可信度如何，以确认危机的实际损失程度。

(2) 基于已经取得的危机信息，判断危机进一步恶化或扩散的概率有多大。

(3) 确认危机可能给组织带来的后遗症，其影响程度如何。

(4) 确定利益相关者未来可能对组织作出何种反应，其变数如何。

危机评估最能反映出组织高层管理者和危机管理小组的判断力和决断水平。为了提高评估的准确性，组织有必要从外部聘请相关专家参与危机评估工作。在完成危机评估的基础上，出具危机调查报告，对危机状况作出明确的基本判断。

3) 制订危机处理方案

对于已经制订危机管理计划的危机类型，组织危机处理小组应尽快启动危机管理计划，并结合危机调查与评估的结果，对原有的计划进行一定程度的微调。

对于尚未制订危机管理计划的危机类型，危机处理小组应根据危机调查与评估的结果，尽快制定危机处理方案。危机处理方案的主要内容包括确定危机处理的目标和原则；选择危机处理的策略；制定对受害者的赔偿措施；明确危机沟通的对象、方式、策略；明确危机的恢复策略；确保危机处理所必需的人、财、物等资源条件。

4) 实施危机处理方案

根据危机处理方案的具体要求和时间安排，危机处理小组成员应分头实施危机处理方案。如果危机尚未被媒体曝光，危机处理的重点是控制事件的影响，此时，组织可以在合理、合法的前提下，尽快与受害者达成相关协议，争取以牺牲小利换来事件的快速解决，以免因事态的进一步扩大对组织声誉造成巨大的损失。

如果危机已被媒体曝光并造成了广泛的影响，危机处理的重点是转变公众的态度，为此应在对事件本身进行妥善处理的基础上，加强危机沟通工作，尤其应强化媒体公关工作，让媒体了解事实真相，引导媒体客观公正地报道和评价危机，努力维护组织形象。

5) 对危机处理结果进行评估和总结

在危机态势基本得到控制之后，组织应对危机处理的结果进行评估，包括危机发现和报告是否及时，危机处理的基本目标是否实现，危机处理小组的工作效率如何，危机处理策略的选择是否合理，危机受害者是否得到有效安抚，危机沟通策略是否合适，危机沟通是否及时、准确，危机处理中人、财、物是否有足够的保障，危机处理是否影响了组织正常的生产、经营活动。通过评估，发现组织在危机处理中存在的不足，并总结危机处理中的经验。

在危机处理过程中，组织往往会发现一些平时未能发现或尚未引起重视的问题。这些问题有些是制度性的，有些是具体的人为因素造成的，在危机处理过程中逐渐暴露出来。通过对暴露出来的问题进行分析，组织可以发现自己在内部管理上的缺陷，为今后的改进指明方向。

在对危机处理结果进行全面评估的基础上，危机管理小组应撰写书面的危机处理总结，向组织报告。在必要的时候，应通过媒体向公众公布危机处理结果。

6) 做好危机处理的善后工作

以上各危机处理步骤，主要解决了危机发生后"救火"的问题。为了使组织尽快从危机的阴影中摆脱出来，实现组织的可持续发展，需要做好危机处理的善后工作。

(1) 尽快消除危机的消极影响。一方面，组织需要举办富有影响的公关活动，主动营造良好的公关氛围，以实际行动表明组织重振雄风的决心和期待今后公众支持、帮助的愿望，努力在公众心目中全面恢复组织形象，消除各种不利的舆论对组织的影响；另一方面，组织需要努力消除危机可能对内部人员所造成的心理影响，以鼓舞内部员工的士气，获得他们的大力支持。

(2) 进一步提高危机管理技能。将危机中所取得的经验、教训，制作成形象、生动的案例，作为对员工实施危机教育的内容，用于警示员工，提高组织今后的免疫力和员工的危机管理技能。对于尚未制订危机管理计划的组织来说，在经受危机的洗礼之后，应立即着手落实危机管理计划。这样，组织的危机管理能力才能不断改进、不断提高。

(3) 改进管理制度，减少管理漏洞。针对危机处理中所暴露出来的内部管理问题，组织有必要进行调整和改革，从而避免今后重蹈覆辙，甚至犯更大的错误。

上述各步骤说明危机处理的一般模式并非是僵化、一成不变的，不同的步骤之间可能存在着一定程度的重叠、交叉，甚至有可能出现顺序互换的情况。比如，鉴于危机发生的紧急形势，在危机处理小组的全部人选确定之前，组织可能已经派人前往现场控制事态的发展并着手开展危机调查。机械地理解危机处理步骤，可能会使危机处理陷入被动的困境。

(二)危机处理策略

选择适当的危机处理策略，有助于改善危机处理的效果，降低危机的危害程度，甚至可以使危机转变为商机。

1. 危机中止策略

如果危机的根源在于组织产品的质量出现问题、组织的生产经营过程造成了污染等问题，组织就应立即实施危机中止策略，如停止销售、回收产品、关闭有关工厂或分支机构等，主动承担相应的损失，防止危机进一步扩散。

2. 危机隔离策略

由于危机的发生往往具有"涟漪效应"，如果不加以控制，危机影响的范围将不断扩大。危机隔离策略旨在将危机的负面影响隔离在最小的范围内，避免造成更大的人员伤亡和财产损失、殃及组织其他的生产经营部门或相关公众。隔离策略主要有以下两种情形。

1）危害隔离

危害隔离即对危机采取物理隔离的方法，使危机所造成的财产损失尽可能控制在一定范围之内。比如，当火灾发生之后，采取果断措施切割火场，以避免"城门失火，殃及池鱼"。对于一些多元化经营的组织，在某一产品线发生信誉危机之后，要采取有效的隔离措施，避免对其他产品线造成不利的影响。

2）人员隔离

危机发生后，应进行有效的人员隔离，即在人力资源上让以首席危机官为首的危机管理小组成员专门负责处理危机，让其他人继续从事组织正常的生产经营活动，以防止危机对组织正常的生产经营活动造成巨大的冲击，使组织的市场被竞争对手侵蚀。

3. 危机消除策略

消除策略旨在消除危机所造成的各种负面影响，这种负面影响既可能包括物质财富上的损失，如组织生产场地遭受破坏、产品大量积压等，也可能包括精神上的损失和打击，如员工士气低落、股东信心不足、组织形象受损等。例如，本田轿车在"杭州婚礼门"事件中的表现就是典型的没有采取危机消除策略，特别是对受害者精神方面的打击和伤害没有给予适当的修复，其造成的影响是显而易见的。

4. 危机利用策略

越是在危机时刻，越能反映出一个组织的整体素质、综合实力和胸襟。组织在危机中处理得当、表现得体、诚实负责，往往有可能变坏事为好事。招商银行在2008年金融海啸中的良好表现恰恰是有效地利用了危机。

以上四种危机处理策略并不是彼此割裂的。在组织危机处理过程中，往往综合运用不同的危机处理策略，以获得相辅相成的效果。在危机处理的不同阶段，应以不同的处理策略为重点。通常而言，危机中止策略和危机隔离策略在危机处理的前期被广泛采用，危机消除策略和危机利用策略则在危机处理的后期使用较普遍。

2-9：招商银行在2008年金融危机中的战略决策

(三)危机处理的注意事项

在危机处理过程中，组织必须注意以下一些事项，以免增加损失，陷入难以为继的困境。

1. 尽快确认危机

在危机管理的失败案例中，不少组织失败的原因在于：当危机发生以后，组织没有认识到问题的严重性，并不觉得危机已经发生，以致贻误最佳的危机处理时机。

造成危机确认延误的原因包括：①组织预警系统出现障碍，没有及时发出危机警报；②组织结构不合理，造成信息传递迟缓，有关危机的信息迟迟未能到达组织高层管理者手中；③一线员工害怕承担责任，对危机信息隐瞒不报；④组织高层管理者危机管理意识淡薄，缺乏必要的警惕性，对于收到的有关危机信息不以为然，没有引起足够

2-10：埃克森公司油轮漏油事件

的重视。为了以最快的速度控制并解决危机，首先必须在第一时间对已经发生的危机进行确认。

2. 确保冷静决策

面对突如其来的危机，要求组织高层管理者不受公众激愤情绪的影响，切不可惊慌失措，乱了分寸，而应镇定自若，保持清醒的头脑，沉着面对现实，迅速组织人员查清危机的真正缘由，准确地弄清楚危机的性质、趋势及发展后果，找到解决危机的有效办法，果敢地作出决策。

冷静的决策可以确保组织高层管理者从系统思维的角度出发解决问题，将危机处理与组织的长远发展紧密地结合在一起，而不是孤立地看待危机，简单地采取"头痛医头，脚痛医脚"的处理方法。

例如，2018年5月14日，川航3U8633重庆至拉萨航班执行航班任务时，在万米高空突然发生驾驶舱风挡玻璃爆裂脱落、座舱释压的紧急状况，这是一种极端而罕见的险情。生死关头，机长刘传健果断应对，带领机组人员临危不乱、正确处置，确保了机上119名乘客的生命安全。

3. 迅速做出反应

久拖不决是危机处理的大忌。危机发生之后，伴随着大众媒体的介入，组织往往处于公众的一片指责声中。组织必须认识到，只有诚恳的态度才是维护组织形象的有效途径，傲慢无礼或推诿责任只能招致公众的更大反感。组织应就危机处理的相关事宜进行诚恳的表态，抓紧对事件的真相进行调查。在确认自己的责任之后，以快刀斩乱麻的凌厉手段，尽快给公众以满意的答复。否则，不但会对组织声誉造成损害，还会给竞争对手以可乘之机。

4. 有重点地采取行动

由于危机发生后反应的时间和资源有限，组织如果采取"撒胡椒面"的策略，平均使用力量，将不利于抓住危机中的主要矛盾，将导致重大的损失。因此，在危机反应行动中应有主次之分，首先解决危害性较大、时间要求紧迫的问题，再着手解决其他问题。一般而言，及时对危机的受害者进行救治、切断危机蔓延的途径、尽快澄清事实等是最紧迫的事情，要求组织立即采取行动。

5. 主动纠正错误、赔偿损失

组织在发生危机，特别是出现重大责任事故，导致公众利益受损时，应进行妥善的善后处理，尽快纠正错误，赔偿受害者的物质和精神损失：①迅速改正错误，采取有效的方法纠正过失。不惜代价迅速收回存在问题的产品，关闭造成污染或引发问题的生产场所，以表明组织解决危机的决心；②第一时间在媒体刊登公开致歉信，或直接登门拜访受害者及其家属，争取社会公众的谅解，安抚受害者及其家属；③对受害者及其家属给予相应的物质赔偿。

6. 积极运用外部专家

在组织危机处理的过程中，外部专家的介入具有以下好处：①弥补组织某些方面知识、能力和经验的不足；②在与公众进行沟通的过程中，外部专家由于其特殊的身份，具有较强的权威性和公正性，更容易取得公众的信任；③由于外部专家的利益与组织无关，分析和处理问题往往更加客观冷静。尤其在组织的危机管理遭遇重大阻碍的时候，外部专家的运用往往能取得"山重水复疑无路，柳暗花明又一村"的效果。忽视对外部专家的运用，往往会造成组织能力、经验的不足，决策缓慢，沟通不畅，执行不力，产生较多的失误。

7. 重视政府部门和社会中介组织的作用

政府部门的权威是任何其他机构或个人难以比拟的。在危机发生之后，公众往往希望了解事实真相，尤其是在公众对组织怀有疑虑的时候，政府部门公正的声音、权威的论断能够为组织澄清事实，使公众对组织形成正确的认识。不少组织在危机发生以后，没有意识到政府部门的特殊作用，不主动寻求政府的帮助，使组织的危机处理工作十分被动。更有一些组织在危机发生以后，不配合政府部门开展工作，对组织形象及组织的可持续发展造成极不利的影响。

消费者保护协会、行业协会、环保组织等机构具有准政府部门的性质，在公众心目中也具有很大的公信力。在危机处理过程中，充分利用这些社会中介组织的力量，可以有效地帮助组织扭转不利的舆论环境，对于组织重塑良好的形象非常有利。

英国的通用食品公司就利用社会中介组织成功地化解了危机。20世纪80年代初，随着绿色浪潮在全球的掀起，由于当地渔民大都采用电鱼的方式捕捉金枪鱼，金枪鱼罐头受到了抵制。针对这种情况，通用食品公司一方面在制造金枪鱼罐头时全部采用传统的鱼枪捕捉金枪鱼，并在新的产品包装上作了相应的标志；另一方面，积极参加并资助环保组织的活动，在全英国倡导使用鱼枪捕捉金枪鱼作为罐头的原料。通用食品公司的努力不但使其生产的金枪鱼罐头在市场上站稳了脚跟，而且还成为环保组织推荐的产品，销售量不断增加。

三、志愿者是公众参与危机处理的有效形式

志愿服务是公民参与社会活动的一种重要方式，也是公民社会的精髓。随着现代社会的发展，志愿者组织发挥的作用已从传统功能——慈善活动和福利事业，向着更广泛的社会领域拓展。就危机管理而言，已有大量的志愿者组织参与其中，危机管理已成为志愿者组织一项越来越重要的功能。在国外，志愿者作为从事危机救援的一支重要力量而得以接受专门培训，志愿者进行危机救援的专业化程度很高。就公民个人来看，许多人把从事公益事业看作自我价值的体现，从青少年时期就开始参加志愿服务；学校把学生是否参加过志愿服务作为对学生的一项考核标准；政府和组织也鼓励公众积极参与志愿服务，这实际上同样是社会发展成熟化的表现。

2-11：汶川大地震
——中国志愿者
参与危机管理的
里程碑

第三节 危 机 恢 复

一、危机恢复的概念及类型

(一)危机恢复的概念

危机恢复就是危机得到有效控制之后，为了恢复正常的状态和秩序所进行的各种善后工作。一般而言，在经历危机之后，个人、组织甚至社会将会受到一定的冲击和影响，但这也为危机承受者提供了一次重生的机会。通过重整资源、改善脆弱性，去旧纳新，不仅能够重现活力，还有可能比危机前发展得更好。因此，危机恢复阶段同时也是机遇期，是实现危机管理目标的落脚点，在整个危机管理过程中占有非常重要的地位。

有人认为，危机恢复的目标和任务就是恢复到事前状态。仅仅如此是不够的，危机恢复不是简单地恢复到事前状态，而是要在过去的基础之上汲取教训，有所提升，这样才能避免重蹈覆辙。在恢复过程中，不应只注重物质层面的恢复，还要明确哪些组织、群体和个人存在哪些困难，并提供资源帮助他们恢复，采取疏缓措施降低其自身的脆弱性，这对于在危机中重获新生具有重大意义。

危机恢复的对象主要是资源：①人力资源，包括人的生理康复、心理和人格特征的恢复；②物质资源，如土地、建筑、设施、车辆、农作物、畜牧业、生活必需品等；③财政资源，包括现金、股票、债券、存款、保险等，这些一般可通过无偿援助、贷款、抵押等方式获得。不同的组织和个体所拥有的资源及受损程度是不同的，因此实际面临的恢复需求也有所差异。

对于个人而言，危机恢复既是生理上的，又是心理上的。受害者需要接受身体治疗，尽快恢复身体健康，而更艰巨的是心理康复。面对亲友的逝去或危机带来的惨痛记忆，需要一段时间才能走出阴影，积极地面对生活；甚至还需要专业人员开展心理干预和心理治疗，帮助受害者恢复心理健康。

对于社会而言，危机恢复既是物质上的，又是精神上的。大多数危机都可能造成重大的物质损失，包括对基础设施、公共事业和其他方面的破坏，尽管有些危害在短期内不甚明显。因此，危机恢复的重要任务就是对受损物质进行修复和重建，使其能够重新投入使用。然而，危机恢复不能仅局限于物质层面，还应包括"软环境"的恢复，如民众对未来生活的信心、生存空间和氛围等。只有整个社会在精神层面恢复正常，焕发出新的生机与活力，才能称得上是从危机中真正恢复过来。

(二)危机恢复的类型

按照恢复的对象和内容，可将危机恢复分为物质恢复、经济恢复、心理恢复和业务恢复四类。

1. 物质恢复

物质恢复主要是指衣、食、住、行等日常生活起居的恢复。在危机状态下人的休闲娱乐是可以牺牲的，但基本的生活需要必须得到满足。因此，最首要的危机恢复就是物质恢复，突出表现为住房恢复。一方面，房屋在危机中极易受损，尤其在地震、洪水、暴风雨等自然灾害的冲击下，房屋往往会出现不同程度的损坏甚至坍塌；另一方面，房屋又是民众基本生活的基础，是恢复正常生活不可或缺的环节。因此，满足民众的住房需求，就成为灾后物质恢复最重要的任务。

住房恢复工作可能会遇到诸多难题：①房屋修复或重建价格不菲，受害者又往往是中低收入者，无力承担高昂的费用，此时就需要政府予以援助或保险赔偿；②房屋修复可能存在质量问题，对此必须加强监管；③民众对住房恢复工作不满意，认为自己在危机中得不偿失；④从避难所到永久住所的转变，可能需要较长的时间，尤其是低收入家庭，有很多困难需要政府和社会帮助解决。

2. 经济恢复

经济恢复的手段主要包括以下三种。

(1) 赔偿，即对危机发生应当承担全部或部分责任的主体对受害者进行不同程度的赔偿。这类情形大都是生产事故等技术危机造成的，如毒气泄漏、煤矿坍塌等。对于自然灾害，则可通过商业保险的途径获得赔偿。只要投保灾害险，一旦有灾害发生，造成的损失就由保险公司理赔，受害者可以获得数额可观的赔偿，从而加快经济恢复。鼓励商业保险市场的介入，通过保险的形式转移风险，也有助于减轻国家的负担。

(2) 补偿，即在无过错的情况下弥补受害者的损失。如对泄洪区的民众，政府应当予以一定的经济补偿，弥补其为大局而牺牲的利益。

(3) 救助，这是灾后经济恢复的主要途径。对于个人而言，有民众和各种民间组织的捐款；对于组织而言，有专门的援助贷款项目。但无论何种类型的援助，都需要符合一定的资格条件，如个人须证明自己是受灾地的居民，组织须证明自己的损失程度等。如果不严格审查和把关，可能会出现"搭便车"的行为，从而损害真正需要援助者的利益。

由于种种因素的影响，不同群体的恢复速度也有所差异，如损失惨重的家庭、负担较重的家庭、收入水平和经济基础较差的民众、在危机后失业的民众都需要更长的时间才能从危机中恢复出来；而损失小、家庭负担轻、经济状况好的民众则恢复得更快。灾民的受教育程度也会影响恢复速度，申请补助、救济、投保等往往需要经过阅读说明、填写表格等烦琐的程序，这也是对受教育程度不高的民众的无形限制。

3. 心理恢复

危机可能对受害者产生积极的心理影响，如增强家庭观念、不再害怕困难、珍惜美好生活等，但其带来更多的是心理冲击。每个人对危机的反应是不同的，常见的如震惊、害怕、愤怒、无助、伤心、内疚等。这些通常是暂时的，不应被看成是心理或精神疾病。对大部分人来说，还是有能力承担较大压力的，对于他们最有效的帮助就是关心和服务，如及时提供信息，帮助获取补助、贷款等政府救助，这有助于其心理的尽快恢复。然而，心理问题如处理不当则可能被加重，特别是在人们收到错误信息，或寻求政府帮助时遇到烦琐程序和公务人员官僚作风的情况下，会使人们感到孤立无助，在这种情况下则需对其进行心理干预。通常而言，以下人群的心理恢复需要获得格外关注：本身就有心理疾病的；目睹亲人被危机夺去生命的；儿童、从事艰苦搜救工作的应急人员等。帮助他们开展心理恢复活动一定要由专业人员通过科学的方法进行。危机对心理的影响可分为近期影响、中期影响和长期影响，每种影响都有不同的外在表现，在各个阶段都应当注意观察。心理恢复的终极目标就是使受害者重新融入家庭、融入群体、融入社会，理性地认识过去的危机，积极地面对未来的人生，以健康的心态开始新的生活。

4. 业务恢复

业务恢复主要是指加工制造业、金融保险业、房地产业、服务业等组织和商业组织的日常业务恢复。由于危机的冲击，某些组织的日常业务活动不得不暂时中断，各种产品与服务的循环链受到破坏，从而影响正常的经济和社会运行。危机对业务的损害首先在于对硬件设施的破坏，业务活动因此不得不中断。其次，危机对水、电、气、交通运输、电信等基础设施也会造成不同程度的破坏。

相比大组织而言，广大中小组织更易受危机的影响，这部分归结于其建筑条件、防护措施等方面的原因。而且，危机还可能以更间接的方式影响中小组织业务，如人群撤离后，组织生存所依赖的市场就将改变甚至失去；即使民众重返家园，其经济实力和购买力也可能大不如前，从而影响对产品和服务的需求。此外，中小组织获取政府补贴的能力也无法与大组织同日而语。

当然，由于业务内容的不同，危机恢复的境遇也大不一样。重建工作的相关行业如建筑业、制造业等无疑大为火爆，而批发零售业、休闲娱乐业则雪上加霜。这在很大程度上取决于市场的需求，拥有市场则能够更快地恢复甚至借机壮大。对于这些，组织应当在危机前做好准备并制订计划，以应对突如其来并可能带来致命影响的变化。政府也应做好市场监管和对组织的服务工作，对确实困难的组织给予适当援助或政策支持，以帮助其渡过难关。组织的业务恢复对于危机后的经济和社会恢复具有重要作用。

除了上述划分方法之外，还可以以恢复的主体为标准，将危机恢复分为自我恢复、初级群体恢复和组织化恢复三类。自我恢复即无须任何外界帮助，完全依靠自我开展恢复。这需要以一系列条件为前提，如没有受到大的人员和财产损失、原有基础相对较好、具有持续的收入和物质保障等。初级群体恢复即在亲戚、朋友、邻里等初级群体的帮助下开展恢复，这取决于他们的自身能力以及距离远近。组织化恢复则是在政府和非政府组织的帮助下，运用组织资源，借助组织能力开展恢复，大多数的危机恢复都是此类意义上的恢复。

二、政府的危机恢复

(一)政府危机恢复的过程

危机恢复涵盖诸多活动，有的同时发生，有的依次进行。当危机发生时，危机管理者主要面临危机应对的问题是减少危机的损失，没有过多的精力放在危机恢复问题上，因而危机管理者应当事先明确危机恢复大致面临的问题，事前制订危机恢复计划，使整个恢复计划更为可控。

罗伯特·希斯将危机恢复管理分为八个步骤：第一，反应。在危机应对开始后，建立危机恢复小组。小组成员可以包括部分危机处理人员，但更多的是组织内部负责正常运作的管理和技术人员，很少有外部成员参加。恢复小组负责对受损区域的受损程度进行评估。

第二，宣布。宣布恢复行动将采取的规模和类型。第三，准备。为恢复行动准备工作现场(如果需要的话)。第四，开始。在指定的地点——现场或非现场工作区，开始恢复系统的工作，并确保核心业务的完成。第五，继续。第六，重建。不仅恢复危机中受到损害的物质，也要恢复危机受害者的心理和精神。第七，复原。在重建地点恢复有关业务。第八，关闭。一旦恢复地点完全恢复了经营业务的功能和效率，恢复现场作业就可以结束了。为使下一次危机管理更有效，须将危机恢复过程详细地记录下来并整理成报告。另外，对恢复小组成员进行妥善安置。

1. 损失评估

1) 损失评估的内容

(1) 统计在危机中死亡和受伤的人数，要救援和安置的人数，并对遇难者的安葬工作、受伤人员的救治工作和受灾人员的安置工作进行必要的分析与评价。

(2) 统计在危机中各种设施、设备的损失情况，如水、电、气、道路、通信等公共基础设施的破坏情况等，并对各种设施的紧急抢修工作进行分析和评价，为进一步工作安排和布置提供依据。当然，由于时间紧迫，很多统计工作和抢修工作是同时进行的。

(3) 统计公私财物的损失情况，包括房屋、牲畜、财产等，可按照直接损失和间接损失进行区分。

2) 损失评估的步骤

(1) 评估的事前准备。首先，召开预备会。在损失评估之前，所有参与者都应参加预备会，讨论评估事宜。会议的任务是传达评估的时限和地点，确定评估的实施过程，讲授如何正确填写评估文本，提醒评估存在的危险及注意事项，分发安全设施和装备，指定相关责任人。其次，拟订损失评估计划。要事先制定评估路线，将评估范围划分为若干小区域，严格划分责任范围，避免重复评估。此外，还应做好评估现场的后勤保障工作，一旦出现人员伤亡，能够立即安排营救和治疗。

(2) 正式评估。在正式评估中，必须严格遵循损失评估的方针和方法，这有助于尽量客观、准确地摸清损失情况。应当按照统一格式做好损失记录工作，对危险区域做好警戒隔离工作。

2. 短期恢复

1) 现场安全与秩序维护

在危机发生后，必须保证现场的安全与秩序，这主要是指保证已疏散的民众在得到允许之前不会返回，以及保证其财物安全不受人为影响。当然，在此过程中也会出现民众返回掌取重要物件的情况，但这一行为必须经过严格的程序，如出示能够证明房东身份的证件，且住所要达到一定的安全要求。

2) 基础设施恢复

水、电、气、道路、通信等基础设施的中断影响巨大，很多恢复行动因此而无法进行。因此，短期恢复的重要内容之一就是尽快检修受损的关键基础设施，自来水厂、发电厂、电信部门等相关机构应当全力配合。医院、警察局、消防站等重要的公共机构也应尽快修复。公共基础设施是优先恢复的重中之重，这在恢复计划中就应加以明确。

3) 废墟管理

自然灾害和爆炸等危机事件都对建筑物有极大的破坏力，往往会产生大量瓦砾、形成废墟并需要及时清理。废墟清理应当指定专门地点，将可再生的和不可再生的材料分类整理和处置。当涉及犯罪现场或事故现场时，废墟管理工作就更复杂，且往往不得不延迟。

3. 长期重建

1) 风险源控制

长期重建的首要工作就是重新审视造成危机的源头，即风险源，对其进行认真检查，确保其得到控制，不会死灰复燃。这对于人为因素造成的危机是有效的，但对于自然灾害等非人为因素造成的危机则显得难度较大。因此，还要着力改善人类自身面对危机的脆弱性。

2) 土地利用

土地利用事关民众生命和财产的风险大小，长期重建为优化土地利用政策和规划提供了机会。公共事业和重要基础设施应当远离危险区域；道路宽度和使用规则应当予以明确；土地划分的限制应当将人口密度纳入考虑范围；应当对土地进行绿化和植树造林，以减少洪灾、泥石流或火灾的损害。危机管理组织应当对不符合现有要求的土地利用提供指导，对于在现有规定出台以前投入使用且存在安全隐患的土地，必须进行整改。

3) 工程建设

危机管理组织还应当对工程建设中的安全工作进行排查，使其符合一系列安全规定，如符合消防安全要求、洪水多发地的建筑物要提高高度等。应当大力改善建筑物对危机的抵御能力，从结构、布局到建筑材料等方面都应有所研究，使建筑物在受到危机冲击时更坚固。此外，还应当对工程建设的流程把关，防止缩短工期、简化流程等危害建筑质量的问题发生，对专门向低收入群体提供的住房尤其要严把质量关。

4) 公共卫生

"大灾后有大疫"，这是对过去灾害发生规律的总结。随着社会的进步和公共卫生事业的发展，灾后的疫情已得到有效控制，但这仍是长期重建工作中必须注意和防范的重要问题。在较为恶劣的环境下，人们的健康状况往往得不到保障。尤其是水、蚊虫等更易传播疾病，甚至造成严重疫情，对此必须高度警惕。

5) 经济复苏

在长期重建阶段，经济复苏也是至关重要的任务。当地政府应当对受灾地区的经济复苏和发展作出规划，根据灾后情况研究最适合的发展道路和当前时期的发展任务。在自力更生的基础上，上级政府应当酌情对受危机冲击严重的地区给予经济支持，具体形式包括补助、贷款、项目、政策等。尤其是兴办涉及基础设施的公共工程，不仅有助于拉动当地的经济，还能够创造数量巨大的就业岗位，帮助灾民自食其力渡过难关。

6) 历史文化保护

历史文化遗址和古迹的保护不仅是危机回应要面对的问题，也是在恢复过程中应当考虑的问题。如何使这些珍贵文物免遭未来的危机侵袭往往是高层危机管理人士考虑较多的问题，而基层、一线的员工保护历史文化遗产的意识往往较为缺乏，因此，有必要在此方面加强宣传教育。此外，政府还应当加拨资金，用于历史文化的保护。

7) 环境补救

危机过程中可能会有有毒物质泄漏等破坏环境的问题发生，对自然环境造成不同程度的破坏，而环境问题是事关人类可持续发展的重大问题。因此，在危机恢复工作中应当采取相应的补救措施，尽量挽回影响或将影响降至最低。

8) 灾难纪念

不忘却灾难、纪念灾难体现的是社会的文明和成熟，人们期望通过对灾难的纪念寄托哀思、牢记教训、振奋精神、继往开来。因此，危机恢复的内容还包括建立纪念碑、设立纪念日等活动。此类活动应当精心策划，公开举行，鼓励民众广泛参与，力争取得积极的社会效果和示范意义。

(二)危机恢复与重建的对策

危机恢复与重建的计划与管理是一个相当复杂的过程，包括损失评估、短期重建、长期恢复等一系列行动，涉及大量的社会部门。尽管不同的恢复过程存在着相似性，但每种情况都有其不同的特点、不同的损坏程度、不同的限制和资源水平。因此，在如此多样的环境下，只能确定恢复与重建的一般对策，主要包括以下几方面内容。

(1) 恢复计划所涉及的范围要尽量宽泛并予以充分整合。

(2) 要平衡各种利益冲突，尤其是创新与保守之间的平衡。

(3) 重建不应因政治、经济和社会等方面的因素而推迟。

(4) 经济恢复能够有效地促进物质恢复。

(5) 重建为降低未来的危机风险提供了机会。

(6) 恢复可视为治疗过程，以帮助人们重建家园。

(7) 提供现金和贷款是获得并维持有效恢复的基础。

(8) 成功的重建与解决土地使用权问题紧密相关。

(9) 援助恢复应最大限度地利用当地资源。

(10) 政治支持是确保有效恢复的关键性因素。

在危机恢复管理中，应当避免三个误区：误区一，恢复应在反应完全结束后才开始。实际上，及时有效的恢复需要收集大量的数据，而这大都在反应行动中就要着手进行。误区二，在反应过程中，有充裕的时间收集数据并制订恢复计划。很多数据确实要在反应中收集，但恢复计划却应事先制订，以指导整个恢复进程。误区三，恢复的目标就是恢复原状。正如前文所述，恢复原状无益于改善。

如果不能正确地认识危机恢复问题，将容易丧失危机所带来的机会：安全问题仅得到较小的改善，重建项目迟迟不能完成，经济更是难以达到之前的水平。但是，如果对危机恢复过程加以周密计划、科学管理并获得全方位支持，则能够为当地发展提供难得的机遇，促进经济社会的全面恢复与可持续发展。

2-12：汶川大地震后的恢复重建工作

三、组织的危机恢复

(一)危机恢复的步骤

1. 建立危机恢复小组

危机进入持续阶段，危机管理的主要任务是危机恢复，这时应建立危机恢复小组以指导危机恢复工作。危机恢复小组与危机反应小组有很大的区别，主要表现在以下几个方面。

1) 目的不同

危机反应小组的目的是控制和平息危机，减少危机对组织造成的损失和影响；危机恢复小组的目的是使组织从危机的影响中恢复过来，使组织得以生存，并保持可持续发展。

2) 职能不同

危机反应小组不但要进行危机反应决策，还要进行危机反应行动；而危机恢复小组主要进行危机恢复决策。

3) 小组成员的组成不同

危机反应小组一般是由专业的危机反应人员组成，这些专业的危机反应人员可以来自组织内部，也可以来自组织外部；危机恢复小组成员可以包括部分危机反应人员，但更多的是组织内部负责组织正常运营的经理和技术人员，很少使用组织外部的人员。

4) 小组决策的执行者不同

危机反应小组的决策主要由危机反应小组的成员来执行；危机恢复小组的决策应由组织的全体成员共同执行，当然直接受危机影响的部门或地区的组织成员承担较多的危机恢复工作，当组织内部成员的能力不够时，也可以雇用组织外部的人员参与组织的危机恢复工作，但一般不需要专业的危机反应人员。

由于危机进入持续阶段，形势已经较为稳定，因此危机恢复小组的主要职能是决策，而具体的危机恢复工作可以由组织各职能部门来执行，这样，危机恢复小组只是一个临时性的决策机构，它的主要任务是制订危机恢复计划，而不必像危机反应小组那样在危机恢复小组内部设立一系列的部门来执行危机恢复计划。

2. 获取信息

危机恢复小组要进行危机恢复决策，必须获得有关危机的信息，了解危机的破坏性质及严重程度。信息可以来自危机的受影响者，如危机的受害者、危机反应人员、帮助组织进行危机反应的其他组织成员和受到危机影响的利益相关者，他们可以为危机恢复小组提供一些详细的、容易评估的信息，而那些难以作出评估的信息，则需要组织专门的人员对危机造成的影响进行评估。例如，机械设备、受害者的伤势、组织无形资产受损的程度等不是可以直接认识到的，只有像技术人员、医生、资产评估人员这些专业人员才能对损失情况作出较为客观的评估，为危机恢复小组提供客观的决策依据。

在信息收集过程中，危机恢复小组一方面应通过对受危机影响者的调查，了解危机的第一手信息；另一方面应通过组织专门的人员进入危机现场对危机的损失进行评估和现场调查。综合这两方面的结果，危机恢复小组对危机损失进行评估和现场调查，对危机损失进行分门别类的归纳和整理，形成对危机损失的全面认识。

3. 确定危机恢复对象和危机恢复对象的重要性排序

1) 确定需要恢复的所有潜在对象

危机造成的损害不仅是那些显而易见的损失，还包括对组织的无形资产造成的损害。因此，危机恢复前，危机恢复小组要根据所收集到的信息，对危机的损害作出全面的评价，以了解需要恢复的所有潜在对象。

确定所有的潜在对象需要全面地了解信息和进行集体讨论。集体讨论的人员应包括组织各个部门的代表、部分危机反应人员、一些评估专家、利益相关者的代表和危机恢复小组成员。这样的人员组成具有广泛的代表性，几乎包括所有的危机受影响者和与信息收集有关的人员。只有参加人员具有广泛的代表性，潜在的危机恢复对象才能揭示得更全面。

2) 危机恢复对象的重要性排序

潜在的危机恢复对象是非常广泛的，但是危机恢复的资源和时间是有限的，因此，要确定危机恢复对象的重要性排序。此时的决策应该由危机恢复小组成员、危机管理专家及组织高层管理者组成的专家小组来作出，因为他们对组织的资源和危机恢复的目标比较了解，并能对危机恢复工作作出权威性的决策。这里需要说明的是，重要性排序不是恢复的前后排序，因为危机恢复中，许多危机恢复对象需要给予更多的时间、资源和人力资源的保障。

专家小组的决策形式可采用民主决策和个人决策相结合的办法，专家小组对危机恢复对象和危机恢复对象的重要性排序进行充分的讨论，拿出每个人的理由，最后如果意见非常一致，就采用集体决策的方式即民主决策方法；如果大家对讨论的结果存在较大的分歧，就由专家小组中的最高管理者作出决策，即个人决策。采用这种决策方式是因为一方面可以综合专家的意见，使决策更加科学化；另 方面决策毕竟是有风险的，而决策的责任最终还是由最高管理者承担，因此最终的决策权归最高管理者所有，也体现了权责对等的原则。

4. 制订危机恢复计划

通过收集信息、确定危机恢复目的、确定危机恢复对象和危机恢复对象的重要性排序，危机恢复小组就可以着手制订危机恢复计划，以指导具体的危机恢复行动。危机恢复计划还应以组织在日常危机管理中制订的危机恢复计划作为参考，结合危机的实际，制订出符合危机实际需要的危机恢复计划。这样，既节省了计划制订的时间，又减少了计划制订的工作量，使危机恢复计划尽早为危机恢复提供指导。

危机恢复计划应包括危机恢复计划的常规项目和危机恢复计划的具体内容。

1) 危机恢复计划的常规项目

危机恢复计划的常规项目是所有计划书中都有的内容，危机恢复小组只要根据一定的格式制定和填写就可以了。常规项目包括的内容如下所述。

(1) 封面：发行号、日期、组织名称、计划书名称、指定单位等。

(2) 联系方式：详细记载了与危机恢复有关的部门或人员的联系电话、手机号、E-mail、地址、所属部门等联系方式。

(3) 危机恢复目标：详细说明了危机恢复所要实现的目标，以及确立危机恢复目标的缘由，目标实现的可能性等。

(4) 计划书阅读者：哪些人有权阅读计划书，阅读后要在计划书上签字。

(5) 政策部分：计划和信息的保密政策、危机恢复中的权责划分、危机恢复中的激励政策、计划运用的条件等。

2) 危机恢复计划的具体内容

危机恢复计划主要是指导危机恢复具体工作的开展，规定如何对各个危机恢复对象采取行动。这部分计划包括以下内容。

(1) 危机恢复对象总论：危机恢复对象有哪些，危机恢复对象的重要性排序，为什么要选择这些危机恢复对象，这些危机恢复对象重要性排序的理由等。

(2) 每种危机恢复对象分配的资源：每种危机恢复对象可以得到哪些资源，这些资源如何进行储备，又如何提供给危机恢复人员，这些资源供应的时间表等。

(3) 每种危机恢复对象的人员配备：每种危机恢复对象由哪些人负责，这些人中谁是主要负责人，负责人有什么样的权力和责任等。

(4) 补偿和激励：危机恢复人员的激励政策是怎样的，危机恢复人员因额外付出和努力可以得到什么样的补偿等。

(5) 危机恢复的预算：各种危机恢复对象有什么样的预算约束，对整个危机恢复的预算，危机恢复的分阶段预算。

(6) 危机恢复个人与团队之间的协调和沟通政策。

5. 落到实处有力执行

在危机恢复计划指导下，由组织各职能部门和各级组织，全面展开危机恢复行动；并要从危机中得到一些经验教训，要让组织所有的人员特别是管理者认真反思。

1) 作出适当的调整

(1) 人事调整。危机是检验员工忠诚度的试金石，通过危机能够找到调整人事的新的依据，当然在平时不便进行的人事调整此时也是一种契机。

(2) 组织机构调整。通过危机能够发现组织机构哪些是合理的，哪些是不合理的，然后作出适当的调整。

(3) 供应商和分销商的调整。危难时刻才能真正看出谁是真正的朋友，因此要对那些靠不住的供应商和分销渠道作出调整，当然还有产品结构调整和战略调整。

2) 处理有关责任人

对于明显的、重要的责任人，也许在危机处理过程中已经进行了必要的惩罚；对于次要的责任人，如果在危机处理过程中为了顾全大局而没有及时处分，在危机恢复阶段就要进行必要的惩罚，这不是简单的秋后算账问题，如果不给责任人以应有的惩罚，就会为后来的危机埋下祸根。

(二)危机恢复的基本策略

1. 发挥能参与危机恢复的所有成员的力量

危机恢复首先是要恢复危机造成损失中需要予以恢复的部分。危机恢复小组根据危机造成的损失和组织既有的资源，动员危机中受到影响的各个部门的成员，进行危机的恢复工作，对于那些组织没有能力恢复或组织没有精力恢复的损失，可以雇用外部组织参与危机的恢复和重建工作，如建设危机中损毁的道路和房屋，可以雇用路桥公司、建筑公司和装修公司进行恢复。

危机恢复中不但要动员那些受影响部门的成员，还要动员其他未受影响部门的成员做好工作，因为他们做好本职工作就是对危机恢复的最大支持，并降低了危机恢复的难度。组织应动员组织的全体成员做好工作，能使组织未受影响的领域获得更高的绩效，相应地带动危机恢复工作的进行。这是因为未受危机影响的领域的高绩效可以为组织创造更多的收入，危机恢复就有更多的资金支持；高绩效可以使组织的劳动生产率提高，未受危机影响的领域就能够为危机的恢复提供管理支持，而不会影响组织的正常运转，同时也减少了招聘新员工所花费的精力和费用；未受危机影响的领域的高绩效可以弥补组织因危机所造成的收入下降，甚至使组织的总收入高于危机前的收入水平；未受危机影响的领域的成员为顾客提供更好的服务，可以减少因危机而造成的客户流失。

避免产品供应的中断，减少顾客流失，维持市场占有率。例如，组织某个地区的分公司发生了危机，导致对该地区的产品供应中断，那么其他地区的分公司就可以动用库存或增加产量以保证该地区的产品供应，使该地区的市场不至于被竞争对手抢走。

2. 防止追究责任式的危机恢复

在危机发生的时候，人们忙于应付危机，一时间还顾不上对造成危机的人兴师问罪。

当危机进入持续阶段，危机已基本得到控制后，人们有了喘息的机会，便有责怪造成危机的人并追究他们责任的强烈内在冲动。但要切记，危机已造成，危机还没有结束，危机恢复工作还亟待进行，此时还不是追究责任的时候，关键是要保持内部的团结，齐心协力地进行危机恢复。如果对造成危机的人进行责怪或追究责任，必然会给危机恢复工作带来极大的危害，这种危害具体表现在以下几方面。

(1) 造成危机的人忙于为自己辩解或开脱责任，并产生紧张感，从而难以全心全意地参与到危机恢复工作中来。

(2) 造成危机的人为了减轻他们的罪责，会想方设法毁灭证据，更不用说为危机恢复提供有用的信息了，这样会严重阻碍危机恢复工作的开展。

(3) 责怪和追究责任会导致人与人之间的相互猜疑和不信任，使组织丧失形成稳定和谐局面的大好机会。

(4) 责怪和追究责任会浪费管理者的精力和时间，使管理者难以全身心投入到危机恢复工作中来。

因此，危机恢复中切忌对造成危机的人进行责怪或追究责任，这只能给危机恢复工作带来危害。组织在危机后的检讨过程中，因为内部员工不易看清真相，为避免发生误判，最好聘请外部的专家，这样才能保证客观地分析。危机恢复中一定要形成紧密团结的局面，团结的力量不仅能使组织从危机中恢复过来，而且能使组织恢复得比危机前更好。

3. 及时沟通

组织进行危机恢复时，要不断地与组织的内部成员和利益相关者进行沟通，使他们及时地了解组织的危机恢复情况。

(1) 及时沟通可以将组织积极负责的形象展现给他们，使他们提高对组织的评价和对组织的信任，组织因此可以获得他们的支持，使他们不会在关键时刻离开组织或放弃对组织的支持。

(2) 危机恢复工作和他们的利益息息相关，他们需要知道组织危机恢复的信息，以保持对危机恢复工作的动态了解。

(3) 及时沟通可以减少或避免那些对组织不利的谣言。

(4) 危机恢复中不仅要与利益相关者加强沟通，有时还可以让他们参与到危机恢复中来，让他们参与危机恢复决策和实际的危机恢复工作，至少要听取他们的意见，这样更容易获得他们的支持，得到他们的信任。

(5) 危机恢复人员之间也要加强沟通。加强危机恢复人员之间的信息交流，可以使危机恢复人员对危机的恢复情况有全面的认识，有利于危机恢复人员之间的合作，也有利于危机恢复人员从全局出发做好危机恢复工作。

4. 重视危机管理评价

危机管理评价是危机处理最后阶段的工作，一般在危机恢复基本结束时(不是完全结束后)进行。评价的目的是通过回顾、反思，总结经验、汲取教训，提高组织预防和处理危机的能力。

危机管理评价虽然是危机处理的阶段性工作，但评价的内容绝不仅仅限于危机处理和危机恢复，它还包括危机管理机构、危机预防措施、危机管理基础工作等内容。也就是说，危机管理评价涉及危机管理的整个过程，包括危机管理的全部内容。

为切实做好危机管理评价工作，必须掌握以下几点。

(1) 高度重视。危机管理评价是组织把危机代价化为财富的绝好机会，绝不可以用"松口气""放一放"的态度轻易放弃或草草了事。

(2) 实事求是。①对事不对人，要把危机管理评价和危机责任追究严格区分开来，以消除评价人员的心理顾虑；②进行客观、准确、全面的信息收集，如采用背靠背或匿名调查表的形式，并把对人员、记录和现场的调查结合起来；③邀请与危机无关的非本组织的专家参与，以保证评价的客观性。

(3) 讲求实效。以实现危机管理评价目标为原则，有针对性地确定评价的重点内容以及方法、程序、人员等。更重要的是，评价的结果要突出知识积累和改进措施，并有可行性和可操作性，用于指导组织危机管理工作。

另外，除本组织的危机管理评价外，优秀的危机管理者还要善于从非本组织的危机案例中汲取营养，丰富自身的危机管理知识和技能，提高自身的危机管理水平。

5. 切实改进危机管理工作方法

危机管理评价如果只是为了评价而评价，是没有意义的，只会浪费组织的资源和时间。危机管理评价与总结的最终目的是改进危机管理工作的方式、方法，使组织的管理提升到一个更高的水平。组织应当利用危机管理评价的结论，通过总结经验教训，真正认识到组织在危机管理中存在的问题，从而有针对性地加以改进。危机管理的评价结果应当主要运用于以下几方面的改进中。

(1) 用评价结果和总结的经验教训，教育社会成员和组织成员，使他们增强危机管理意识，同时将评价结果作为组织知识的一部分，与组织的全体成员共享，并有针对性地开展培训，提高成员的危机预防和危机处理技能。

(2) 有针对性地对组织结构、运行机制、人员配置、管理方法等进行改革，完善危机管理小组设置，对危机预警系统进行更新和调整，使组织具有更强的危机预防和处理能力。

(3) 改进组织的沟通和媒体管理工作，增强组织的信息收集与传播管理工作，使媒体更好地为组织的危机管理服务。

(4) 根据评价结果改进危机预防和控制措施，使危机预防和控制措施更为有效；改进危机管理计划，使危机管理计划有更强的指导作用。

(5) 根据评价结果改进组织的资源储备和后勤保障工作，使危机处理可以得到更好的资源供应，及时采取对人和财产的保护措施，减少危机发生时可能造成的人员伤亡与财产损失。

本 章 小 结

个人可通过关注各类危机事件、培养对危机的敏感度这些途径来树立和强化危机意识；各机关及企事业单位也要通过设计和建立有效的危机管理组织来树立危机意识，提高预防危机的能力。

政府在处理危机时，要通过借鉴别国经验构建危机管理体制，完善危机管理机制，并设计和选择有效的危机处理的政策工具，全面提高社会整体的危机处理能力。组织要通过建立危机处理机构、表明危机处理的诚恳态度、着手危机调查与评估这几个步骤来处理危机，根据危机的不同可选择的策略有危机中止策略、危机隔离策略、危机消除策略、危机利用策略。组织的管理者在处理危机时也要铭记文中提到的注意事项。

危机恢复就是危机得到有效控制之后，为了恢复社会正常的状态和秩序所进行的各种善后工作。按照恢复的对象和内容，可将危机恢复分为物质恢复、经济恢复、心理恢复和业务恢复四类。政府危机恢复的一般步骤是损失评估、短期恢复和长期重建。恢复与重建的一般对策主要包括：恢复计划所涉及的范围要尽量宽泛并予以充分整合；要平衡各种利益冲突，尤其是创新与保守之间的平衡；重建不应因政治、经济和社会等方面的因素而推迟；经济恢复能够有效地促进物质恢复；重建为降低未来的危机风险提供了机会；恢复可视为治疗过程，以帮助人们重建家园；提供现金和贷款是获得并维持有效恢复的基础；成功的重建与解决土地使用权问题紧密相关；援助恢复应最大限度地利用当地资源；政府支持是确保有效恢复的关键性因素。组织危机恢复的步骤是建立危机恢复小组、获取信息、确定危机恢复对象和危机恢复对象的重要性排序、制订危机恢复计划、落到实处有力执行。恢复的基本策略有：发挥能参与危机恢复的所有成员的力量、防止追究责任式的危机恢复、及时沟通、重视危机管理评价、切实改进危机管理工作方法。

思 考 题

1. 简述危机管理的程序及特点。

危机管理理论与案例精选精析(第2版)

2. 危机预防的重要意义是什么？
3. 结合案例分别讨论政府及组织在危机处理过程中的注意事项。
4. 分析危机处理与危机恢复的异同以及两者之间的关系。
5. 简述危机恢复的基本策略。

下篇

危机管理案例解析

第三章　个人危机管理

【学习要点及目标】

通过本章的学习，了解个人危机的概念、阶段和类型；通过本章不同类型个人危机案例的学习，掌握各种类型个人危机的发生机理，从而帮助自己更好地预防和应对个人危机。

【关键概念】

个人危机　个人安全危机　个人信誉危机　个人职业危机　心理危机　婚姻危机

第一节　个人危机概述

一、个人危机的概念及分类

正如任何国家、地区、社会、组织都不可避免会遭受各种危机一样，作为社会中的个人也会在其生命周期或者职业生涯期间面临各种危机的威胁，这些危机来自生命健康、个人声誉、个人家庭生活、职业路径等方面，尽管危机的严重程度不同，但都会对个体及其他相关组织、相关群体造成伤害及损失。基于这些负面效应，每个个体都应该积极应对个人危机，重视危机预控和危机知识的学习，采取积极有效的危机管理措施，将危机带来的损失和伤害降到最低。

本书所讲述的个人危机主要是指从事较重要工作、有较高社会地位的人，比如专家、学者、教授、医生、企业高管或者重要群体的相关"危机"，主要指针对"个人"的具有突发性、紧迫性和社会性的严重事件，这些严重事件可能造成当事人声誉、财产、自由以及生命损失。例如，因职业需要，健康受工作环境的影响(如被迫接受计算机辐射、长期站立、疏于运动、长期高空飞行)出现身体不适和疾病，造成积累性机体受损。显然，资讯饱和、长期的机能失调、工作过量和不良的工作环境是导致健康危机的主要因素。

个人危机主要可以分为个人安全危机、个人信誉危机、个人职业危机、心理危机、婚姻危机五类。后面将对各类危机进行具体介绍，此处不再赘述。

二、个人危机的形成阶段

个人危机的形成大致可分为四个阶段，即潜伏期、爆发期、扩散期及解决期。一般而言，危机处理的着重点是爆发期所采取的应对对策，而危机管理则涵盖四个阶段，尤其应重视潜伏期的发掘及解决期的检讨反省。

个人危机管理是一种全面的工作危机管理，并非是一般性的规划工作，是一种不断学习、修正，又涵盖各部分的过程，如疾病般从潜伏到爆发，直至完全康复，其应包括下述五大步骤。

1. 危机前的舒缓阶段

在危机发生之前，常常有一些征兆会重复出现，而一个好的危机管理者应该能够察觉这些征兆，并加以妥善处理。但个人却往往受限于自己的能力，以致无法察觉这些征兆，或受限于文化的影响而忽略了这些征兆，导致无法在危机发生前察觉到危机的存在，而做一些能消弭危机或降低其带来影响的工作。

2. 危机前的预控工作

为避免危机带来价值(如生命、财产、形象、信誉等)损失，有条件的个人应该设计一套完整的危机管理计划，以作为危机发生时的应变原则；必须依据所处的环境、相关群体、职业等变数，制订属于自己的危机管理计划。并且，危机管理计划必须保持一定弹性，且不断地完善与修正。此外，当危机管理计划制订后，须让危机个体充分了解，以免在危机发生时慌乱不堪，造成危机的范围扩大，甚至带来第二次伤害。

3. 危机发生时的回应阶段

危机发生时，应按照危机管理计划并结合实际情况弹性应对，尽全力去降低危机的影响，防止危机的扩大，同时更要注意避免二次伤害的发生，以免造成更大的损失。在此阶段来临时，必须沉着应对，尽可能按照既定的危机管理模式去执行，切忌慌乱不堪，同时也必须记录在此次危机发生时既定的危机管理计划执行情况，其优、缺点如何？根据具体情况，又如何变通执行，以作为危机管理计划的修正参考。

4. 危机发生后的复原阶段

在危机过后，更须注意到复原的工作，特别是那些因不当处理而遭受侵害的人。复原工作可分为短期的复原计划与长期的复原计划两部分。其中短期的复原计划，偏重的是因危机发生而直接受影响的部分；长期的复原计划，强调的是应具有一种前瞻性的眼光，对个人的生活工作做全面整顿，期望能迅速恢复或能超越危机来临前的状态。

5. 学习阶段

危机管理并不是说应付完危机就可以了，更需强调的是学习的过程，唯有通过学习，汲取教训，才可以激励个人不断进步，并增强危机处理能力。

个人危机并不是单独出现而存在的，而是一个连续的过程，一种危机解决之后，常常会引出另一种危机。故危机管理就是随着危机的不同阶段而运用不同的处理方式，并借由不同危机与处理方式累积不同阶段的学习经验，以增强危机管理的能力。

个人危机管理须因时因地。由于危机发生的原因可能产生于一个组织内部，也可能是组织外部，故危机管理者必须区分出危机发生的原因，以便对症下药。

个人危机管理是一项非常重要的工作，必须抱着"预则立，不预则废"的心态，用长期的眼光来设计危机管理计划，并保持弹性。从危机中学习，一方面能应对未来各种危机的挑战，另一方面亦能增强个人危机管理的能力。

第二节　个人安全危机及案例解析

一、个人安全危机的含义

个人安全危机指的是由于个人安全意识淡薄、客观环境变化、技术落后等因素导致的威胁个人人身安全的危机出现。这里主要指的是个人生命安全危机和个人信息安全危机。

二、个人安全危机的主要表现

1. 生命安全危机

生命安全危机主要表现在亚健康、过劳死、交通安全、生活环境等因素对个体生命的威胁。

2. 信息安全危机

从国际社会的经验以及我国的各种反映的情况来看，那些公共企事业单位，如银行、医院、通信公司、保险公司、房地产公司等，以及掌握了个人信息的某些政府机构，如婚姻登记机构等，这些主体要提供公共服务，或者要履行法定职能，就会拥有大量的个人信息，因此它们往往是信息泄露最主要的渠道，而且这种泄露的危害也特别大，因为它涉及的人群特别广，造成的损害特别大。例如，几年前在英国内政部丢了两张光盘，其中有近两千万人的个人信息被泄露。中国香港八达通地铁公司泄露了八达通卡个人用户的信息，有几百万人的个人信息被泄露，这都导致了重大损失。除此之外，现在还有一些公司，比如物流公司、咨询调查公司等，专门以获取个人信息并加以转售为主要的商业模式，它们就成了中间的"批发站"，也成为泄露个人信息的一种隐患。

三、个人安全危机的应对策略

1. 生命安全方面

个人生命安全危机的应对策略包括：个人生命安全意识的强化(政府、社会组织、个体三个角度)，安全知识的学习，安全危机的积极应对处理。

2. 信息安全方面

个人信息安全危机的应对策略包括：①加强全社会及个人的信息安全意识，树立重视信息安全的观念；②加强和完善信息安全保护相关法律法规的建立和建设，主要针对个人隐私及其他敏感类信息故意泄露行为制定惩罚措施，对共享信息相关行为进行约束。敏感信息指的是一旦遭到泄露或者修改，会对标识的个人信息主体造成不良影响的个人信息，包括身份证、手机号码、种族、政治观点、宗教信仰、基因、指纹等，但是根据接受的服务主体意愿和行业特点，可能会存在差异。除此之外的信息都是一般的信息。很多标准都是起规范的作用，我们国家的 GB/T 和 GB/Z 的标准大部分都是推荐性的标准，而且在执行过程中发现这些标准对于相应的约束是有效的。

案例解析 3-1

"11·3"留日女生江歌遇害案

一、案例回放

日本当地时间 2016 年 11 月 3 日，就读于日本东京法政大学的中国留学生江歌被闺蜜前男友陈世峰用匕首杀害，由此引发"11·3"留日女生江歌遇害案。

1. 案件背景

被害的中国女生江歌 1992 年出生于山东青岛。2015 年，江歌到日本语言学校开始留学生涯，2016 年入读日本东京法政大学院硕士研究生一年级，遇害时年仅 24 岁。案发前，江歌与刘鑫共同租房居住，两人租住的公寓位于东京中野区中野 6 丁目。两名女孩的共同朋友曾称，江歌与刘鑫两人感情亲近要好，2016 年 11 月 2 日两人还曾一起外出，案发之前也是一起回的家。

嫌犯陈世峰 25 岁，是来自中国的留学生，在日本大东文化大学就读硕士一年级，是江歌室友刘鑫的前男友。在案发数月前，犯罪嫌疑人陈世峰曾与刘鑫共同居住在板桥区的一所公寓，由于两人之间发生矛盾，刘鑫搬至位于中野的江歌住处。

2. 案件经过

2016 年 11 月 3 日凌晨

中国女留学生江歌在其租住的公寓中遇害，案发于日本东京中野区。据日本警方公布，江歌头部遭利刃砍伤，伤口长达 10 厘米，案发 15 分钟前，江歌还曾报警称公寓外有可疑人。但当警方赶到公寓时，看到的却是倒在血泊中的江歌，江歌被送往医院不久后伤重不治而亡。

2016 年 11 月 5 日

犯罪嫌疑人仍未落网，江歌的母亲江秋莲在微博上公开怀疑凶手是"刘鑫的前男友"。很快，这条在当时最可能接近真相的消息引发网络关注，登上了微博热门。

2016 年 11 月 24 日

日本警方以杀人罪对陈世峰发布逮捕令，证实了江秋莲的怀疑。

2016 年 12 月 14 日

陈世峰以杀人罪被正式起诉。

2017 年 8 月 17 日

江秋莲在微博征集签名以推动法院判决陈世峰死刑，再次引发了舆论关注。

2017 年 11 月 4 日

江秋莲再次赴日，为案件开庭做准备工作。根据日本法律，杀害一人的凶手是很难被判处死刑的，所以江秋莲还想在日本征集签名，推动法院判决陈世峰死刑。

2017 年 12 月 11 日

江歌遇害案在日本开庭审理。

3. 案件处理

2016 年 11 月 4 日(东京当地时间)，江秋莲抵达东京，随后便展开了一系列签名请愿活动，包括在社交网站与软件上发布信息等，十几位志愿者也加入其中，帮助制作展板、展示牌等用具。

2016 年 11 月 7 日，陈世峰被警方逮捕，日本警方逮捕陈世峰的理由是他曾威胁过刘鑫。

2017 年 11 月 12 日，江秋莲对签名现场的华人华侨说，如果没有好心人的帮助，自己很可能已随江歌而去，如今看到有这么多同胞的鼓励和支持，她有信心继续走下去。

2017 年 11 月 24 日，日本警方终于以"杀人嫌疑"对陈世峰发布另一张逮捕令，明确将其定为"江歌遇害案"的嫌犯。

2017 年 12 月 20 日下午 3 点，江歌被杀一案在日本东京地方裁判所当庭宣判，法院以故意杀人罪和恐吓罪判处被告人陈世峰有期徒刑 20 年。

2017 年 12 月 22 日，陈世峰提交控诉状，29 日陈世峰撤诉，上诉期限是 2018 年 1 月 4 日，东京地方法院于 1 月 5 日正式公布陈世峰撤诉的消息。此案就此结束，陈世峰被执行 20 年刑期。

2018 年 10 月 15 日晚，在日本被害的中国女留学生江歌的妈妈发文："今天，我爱女江歌被害 711 天。今天，我收到了经过中日国家相关部门公证好的，有关江歌被害案的法律文件，接下来，我将依法启动对刘鑫的法律诉讼！"江歌妈妈说，"闺女，让你等待太久了，妈妈对不起你！对不起！对不起！"

二、案例分析

江歌案和它所涉及的各种价值探讨在社会层面上有延伸的深度和广度。江歌案留下很多关于人际交往和个体的价值观念，乃至人性本身等诸多问题，可供探讨的内容非常多、空间非常大，这也是江歌案为何能持续两年保持热度的主要原因。

《人民日报》近日有一篇颇为精辟的文章，对此案做了一个分类：法律事件和道德事件。法律上，凶手陈世峰已伏法，因未处理好感情问题及因此引发的心理问题，最终走上极端的犯罪道路。大家关注的道德事件是关于另外一个受害人刘鑫及其家庭在案发及事后的表现。从案例中透出的信息看，刘鑫及其父母极端自私的表现实在令人愤慨，很多网友在阅读了相关报道后也气得拍案而起，但愤怒之后，又感到十分无力。

这也是此事件不同于以往之处，刘鑫与江歌同为受害者，同受法律保护。刘鑫的极端自私行为虽击穿公共的道德底线，但法律管不了，惩罚更无从谈起。可想而知，汹涌的民意随之向"刘鑫们"涌来。在江母于网上公布了刘家的详细信息以后，正义的网友以道德之名，审判惩罚了刘鑫一家，并迅速蔓延到了现实，骚扰和威胁电话蜂拥而至。随后江歌妈妈对刘鑫提起了诉讼，有相关专家表示，刘鑫不是犯罪嫌疑人，但江歌是为了保护刘鑫而付出了生命，江歌妈妈对其提起诉讼是合法的。《民法总则》第 182 条、第 183 条有相应的规定：①因紧急避险造成损害的，由引起险情发生的人承担民事责任；②因保护他人民事权益使自己受到损害的，由侵权人承担民事责任，受益人可给予适当补偿。

作为案件的目击者、幸存者、死者的闺蜜，刘鑫从被人肉、遭网友谴责、被起诉，都缘于其对这次危机事件处理得不得当：①没有处理好与陈世峰的分手问题，毫无疑问，分手是有难度的，是需要技术和艺术的，分而不清，断而不脆，致使陈世峰走向极端；②太过于自私，刘鑫也是受害人，慌乱、害怕、不知所措、自保都是出于本能，但闺蜜因保护自己而死，却无感恩之心、怜悯之心，连起码的对江母予以慰问、安抚都做不到，在江歌案第 249 天，她才和江歌的母亲见面；③少了应有的担当，一再逃避，解铃还须系铃人，事情因你而起，就应该由你去面对、解决，不应该一味地"逃避"和退居幕后，而让父母过多地出面。

被害者江歌，一个善良的女孩，为保护朋友失去了自己的生命，这样的代价似乎太大了。陈世峰不是第一次骚扰刘鑫，江歌应当对陈世峰的大致行为有理性的判断，提醒闺蜜及时解决、提早报警；在发生危险时，应当找机会逃跑，而不是硬碰硬，毕竟坏人比你强大。

三、思考与讨论

案例中的个体应当如何应对生命安全危机？

（资料来源：根据百度百科资料整理）

 案例解析 3-2

Facebook 用户数据泄露事件

一、案例回放

2018 年 3 月 17 日，媒体曝光 Facebook 上超 5000 万用户信息在用户不知情的情况下，被获取并利用。3 月 25 日，扎克伯格对此事道歉。4 月 10 日、11 日，扎克伯格接受美国国会的质询……

3 月 17 日，媒体曝光 Facebook 上超 5000 万用户信息在用户不知情的情况下，被政治数据公司"剑桥分析"获取并利用。

3 月 22 日凌晨，Facebook CEO 扎克伯格在泄露丑闻后首次发声，他承认对 Facebook 数据泄露事件负有责任，并承诺将对开发者们采取更严格的数据访问限制。

3 月 25 日，扎克伯格在六份英国报纸和三份美国报纸上，为 5000 万 Facebook 用户信息被数据公司"剑桥分析"泄露和利用一事道歉。

Facebook 于 3 月 28 日宣布今后 6 个月终止与多家大数据企业合作，以更好地保护用户隐私。

4 月 4 日，美国社交网站脸书公司首席技术官 Mike Schroepfer 在其官网上发布声明，目前共有 8700 万脸书用户的个人资料被泄露给了剑桥分析公司，这些用户主要集中在美国。这个数字大大超出了纽约时报最初爆料的 5000 万人。

美国国会于 4 月 9 日公布了扎克伯格为接下来的国会听证准备的证词。证词中扎克伯格称，"我们先前没有充分认识到我们的责任，这是一个巨大的错误。"

4 月 10 日下午，Facebook 公司创始人兼 CEO 马克·扎克伯格参加美国国会参议院司法委员会与商业、科学和交通委员会联合举行的听证会，表示 Facebook 公司没有在用户数据保护方面做出足够的努力，导致出现了"剑桥分析"滥用用户数据事件。

4 月 11 日，Facebook 创始人兼首席执行官扎克伯格再次接受美国国会质询，这次他面对的是众议院能源和商务委员会 5 小时的连番质询。

二、案例分析

（1）2019 年数据泄露形势更加严峻，八起上亿级大规模重大泄露事件中累计泄露数量超过 60 亿。

回顾 2019 年，大规模的数据泄露事件屡屡发生。在梳理的 19 起数据泄露事件中，国内有两起为上亿级别；国外有六起为上亿级别。这八起上亿级泄露事件中累计的记录数量超过 60 亿, 从数量上看, 形势比往年更加严峻。

(2) 数据泄露类型最多的是个人基本信息, IoT(Internet of Things, 物联网)日志、人脸图像等新泄露趋势值得关注。

从泄露的数据类型来看, 泄露最多的首先是个人基本信息, 具体包括姓名、住址、出生日期、证件号码和电话号码等, 有一半以上(53%)的事件涉及; 其次是用户账号密码信息。后面三类是三种敏感信息, 包括生物识别敏感信息、收入敏感信息和医疗敏感信息, 如图 3-1 所示。生物识别敏感信息是一种新的数据类型, 包括人脸识别、虹膜和指纹等信息, 这与近年来 AI 安防广泛推广应用有关。

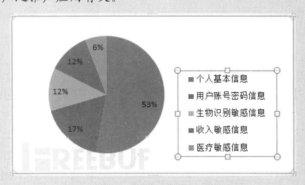

图 3-1 数据泄露类型分布

(3) 服务器暴露与配置问题是数据泄露的主要原因, 其中, MongoDB 和 ElasticSearch 服务器的安全性配置不容忽视。

从数据泄露原因来看(见图 3-2), 服务器互联网暴露与配置问题是主要原因, 同时也是造成大规模数据泄露事件的主要原因。其中, 绝大数事件与在企业中广受欢迎的 MongoDB 和 ElasticSearch 服务器有关; 云服务器的暴露与配置问题也不容忽视, 盘点事件中有两起与 AWS 云有关; 有一起事件与 IoT 服务器的暴露有关, 物联网的安全重要性逐步凸显; 此外, 服务器存在漏洞是造成数据泄露与黑客入侵窃取数据的重要原因。企业应该重视重要服务器的安全防护工作, 采取及时更新软件补丁、定期进行漏洞扫描与检查等安全措施。

图 3-2 数据泄露原因分析

(4) 19 起大规模数据泄露事件均为个人信息的数据泄露, 企业保护措施不力导致数据泄露将触犯法律, 个人隐私保护的安全合规性不容忽视。

在全球各国的个人信息与数据安全相关立法中, 多数对"个人信息"或"个人数据"

采取宽泛的定义，包括我国的《网络安全法》和欧盟的《通用数据保护条例》(General Data Protection Regulation，GDPR)。如果按这些法规的定义与范畴，本文列举的19起数据泄露事件中，与其说是普通数据的大规模泄露，不如说是个人信息数据的大规模泄露，其中人脸数据、IoT日志(与客户设备相关的账号密码)、财务信息、SMS短信和医疗诊断记录。这些个人敏感信息一旦流入黑产暗网，如定向电信诈骗、定向网络攻击以及由其导致的其他违法犯罪行为将不堪设想。

个人信息的数据泄露事件频频发生，屡禁不止。如何更好地应对个人信息与数据安全的挑战？一是立法层面，通过法规制度进行引导和规范；二是技术层面，通过技术措施保障个人信息和重要数据安全。欧盟2018年5月25日实施了"大而全"的GDPR，2019年全面开启罚款收割模式。2018年7月份英国数据保护机构分别对英航和万豪开出1.83亿英镑(约合15.94亿元人民币)和9900万英镑(约合8.57亿元人民币)的巨额罚单，以处罚这两家公司由于保护措施不力而导致的2018年两起大规模数据泄露。我国于2018年5月份由网信办发布了《数据安全管理办法(征求意见稿)》，对个人信息与重要数据的安全进行具体的规定与约束。虽然目前的法规中没有引入明确的罚款机制，但对个人信息数据泄露的刑事处罚机制在逐步建立与完善。在2018年10月25日发布的《关于办理非法利用信息网络、帮助信息网络犯罪活动等刑事案件适用法律若干问题的解释》对拒不履行信息网络安全管理义务，致使用户信息泄露造成"严重后果"的八种情形进行了明确的定罪量刑。

数据泄露是危害数据安全的主要事件之一。回顾即将过去的2019年，大规模的数据泄露事件频频发生，形势与往年相比更加严峻，且列举的19起事件泄露数据均包含个人信息与隐私数据。如何更好地保障用户的个人信息安全、如何满足数据安全与隐私保护相关法规，是当前企业刻不容缓急需解决的问题。

展望2020年，为了更好地保障个人信息安全避免相关数据泄露事件发生，企业应该未雨绸缪，对重要的数据资产服务器进行重点防护与安全配置检查，采取定期进行漏洞扫描与评估等措施。在大数据时代，数据利用与挖掘是主旋律。如何在数据安全合规和隐私保护前提下打破数据孤岛促进数据流动。由"囚笼式管控"传统方式转变到"数据安全治理"思维，首先摸清企业敏感数据分布与流动态势，进行分类分级、数据脱敏和权限管控等安全防护措施。随着业务场景和问题挑战的多样性，引入一些数据安全新型技术显得十分必要，包括去标识化数据的合规评估技术、数据匿名化、同态加密和多方安全计算技术等。"数据安全"与"数据利用"场景需求促使学术界的前沿研究成果快速落地企业场景。

三、思考与讨论

1. 信息安全危机的危害与表现有哪些？

2. 公民个人应该如何预防信息安全危机？

3. 大数据时代，企业和相关部门应该如何保障公民信息安全？

(资料来源：根据RBS报告相关资料整理)

拓展阅读：2019年国内外数据泄露事件盘点
　　　　　——个人信息保护刻不容缓

第三节 个人信誉危机及案例解析

一、个人信誉危机的含义

个人信誉危机是指个人形象、品牌经营出现的思想道德、资信、威望等方面的危机。

二、个人信誉危机的形成原因

(1) 缺乏信用和信誉危机预防意识。由于社会整体环境的影响，许多个体并不重视信用度的培育，更没有信誉危机的防范意识。

(2) 缺乏相关制度的约束。从社会法律及其他制度约束方面来看，对于信誉缺失行为没有相应程度的惩治标准和制度。

三、应对策略

(1) 建立适应社会主义市场经济的道德体系，加强道德教育，强化信誉观念和意识。在社会主义市场经济条件下，应该建立相应的适应性的道德体系。在建立市场经济道德体系的过程中，社会的不同主体都应该接受相应的道德教育，强化信誉观念，进而强化信誉危机管理理念。

(2) 逐步建立和完善信誉监督和管理制度。成立由政府部门和民间企业组成的信用管理服务行业协会。这一机构的任务是开展信用管理与应用研究；提出立法建议或接受委托研究立法，提出有关信用管理法律草案；制定诚信行业规划和从业标准以及行业的各种规章制度；协调行业与政府及各方面的关系；促进行业自律发展等。

(3) 加强社会信用体系建设，建立全国性的商业信用数据网络平台。推行信用消费，必须健全和完善各种手段，制约无信用消费行为，让没有信用的人在整个经济生活中寸步难行。

 案例解析 3-3

范冰冰偷税漏税事件

一、案例回放

范冰冰偷税漏税事件，是指 2018 年中国知名女演员范冰冰及其担任法定代表人的企业因偷逃税款遭调查及处罚的事件。

5 月 28 日 前央视著名主持人崔永元在微博曝光一份写有范冰冰的保密合同，当中列明税后片酬为 1000 万元(人民币，下同)。翌日(5 月 29 日)他又公开一份不具名字的授权书，并配文表示，有人在片场演了 4 天，就拿下 6000 万元，但其中涉及"大小合同"，小的是 1000 万元，大的是 5000 万元。

5 月 29 日 范冰冰工作室严正声明，指崔永元公开涉密合约，并公然侮辱范冰冰，破坏商业规则，涉嫌侵犯范冰冰的权益；相关媒体等未核实便宣称范签"大小合同"、散播"拍摄4天片酬6000万"等谣言，涉嫌构成诽谤。该工作室保留追究法律责任的权利。

6月2日 崔永元再公布一份"大小合同"，并指逃税有法律规管。

范冰冰微博最后一次更新，内容是关于先天性心脏病儿童救治的慈善活动。

6月3日 央视新闻报道，关于影视人员签阴阳合同的涉税问题，国家税务总局已责成江苏等地税务机关调查核实，如有违法，将严格依法处理。当局亦将加强对部分高收入影视人员的税收征管，查处违法违规行为。

江苏省地税局表示，已组织主管税务机关等调查事件，范冰冰工作室所在地无锡的地税局已介入取证。

6月27日 范冰冰主演的《爵迹2》宣布改档，此后一直未重新确定上映时间。

7月1日 中央电视台电影频道原定播放范冰冰主演的电影《空天猎》，但播出当晚该时段被其他电影取代。

7月3日 电影《大轰炸》发布新海报，主演名单中悄然删掉了范冰冰的名字。

7月26日 知名前媒体人罗昌平在微博上称，7月初，因涉嫌隐匿故意销毁会计凭证罪，某上市公司财务人员及范冰冰公司一法人代表、一财务主管、一行政助理已被警方采取司法强制措施。此后案情再次突破，范冰冰的一名经纪人涉案，目前范冰冰本人在北京家中。微博随后被删除。

7月28日 内地《经济观察报》引述消息人士报道，江苏警方近日介入调查"阴阳合同"案，范冰冰和弟弟范丞丞被限制出境，范冰冰身边数位工作人员，则被警方采取监视居住等强制措施。消息未获各方证实，该篇报道随后被删。

9月3日 北师大与中国社科院指导发布了《中国影视明星社会责任研究报告》，最高分徐峥为78分，最低分范冰冰为0分。

9月7日 凤凰网记者走访了位于江苏无锡市的范冰冰工作室，发现工作室大门紧锁，透过玻璃看办公室的文件已被全部清走。

10月3日 官方新华社首度证实，国家税务总局以及江苏省税务局目前已查清范冰冰"阴阳合同"涉税问题的案件事实，范冰冰须在限期内缴清近9亿元的欠税及罚款，否则，税务机关将依法移送公安机关处理。

范冰冰中午在微博上发声并贴出致歉信，表示最近一段时间经历了从未有过的痛苦和煎熬，已深刻反思和反省，更为自己的所作所为感到羞愧内疚，这数日配合税务机关的调查，完全接受当局的一系列处罚决定。

二、案例分析

作为一线明星，范冰冰的焦点效应不言而喻，她的商业价值位居前列。在福布斯官网2017年发布的中国明星收入榜中，范冰冰以3亿元人民币的年收入位居榜首。但是法律这条红线是不允许被触碰的，此次风波期间，范冰冰个人品牌与商业代言均面临危机。舆论风口之上，与范冰冰利益攸关的代言，在这段时间大都选择了沉默。

由范冰冰担任全球代言人的国际知名钻石品牌戴比尔斯，自2016年以来，该品牌官方微博就开始以范冰冰为主宣传品牌活动，直到2018年5月16日。但此事件后，该品牌与明星有关的宣传均不再和范冰冰产生关联。

多名艺人经纪资深从业者一致认为，仅警方介入调查就已经对范冰冰的品牌代言产生了不小的影响。艺人的商业价值会随其美誉度浮动，一旦一个公众人物社会美誉度下降了，第一个受影响的一定是其商业合作对象。范冰冰逃税事件已经属实，那随之而来的商业合作对象也一定会受到更大的冲击。

除了税收制度本身不能面面俱到之外，更主要的还是这些公众人物本身缺乏对国家的责任感、对法律的敬畏之心。他们考虑更多的是个人利益，忽视甚至于没有把国家和集体利益放在心上，所以才会一而再、再而三地去触碰偷税漏税这条红线。即使知道这是违法的，但是在巨大利益的驱使下，人心变得贪婪，变得不那么容易满足，因此铤而走险。

在当下的中国社会，娱乐圈人心浮躁，天价片酬频频曝出，可就在这高价的酬劳之下，仍有个别明星不满足于此，想要谋取更多的利益，甚至为了自己的私利去损害国家利益，这与当今我们所倡导的诚实守信原则背道而驰。如果这些犯错的公众人物能够在一开始就懂得孰轻孰重，什么该做，什么不该做，自觉践行诚实守信的价值准则，想必也不会如此。

作为普通人的我们都知道要恪守诚信，那么对于公众人物来说就更应守住诚信的底线，而不是唯利是图。这次范冰冰逃税案无异于给整个娱乐圈敲响了警钟，作为艺人，除了要有艺德之外，品德也同样不能忽视，如若知法犯法，定将自食恶果，失掉信誉，从而失掉一切成果。

试想如果此案没有引起高度的重视，相关部门没有采取强硬的措施，恐怕娱乐圈的逃税行为只会愈演愈烈。

不管是偷税漏税还是索要天价片酬，一旦内心被金钱物欲腐蚀，美好的外表很快就会原形毕露，唯有脚踏实地才能仰望星空。

三、思考与讨论

1. 范冰冰偷税漏税事件属于哪一类危机？这类危机的主要表现及成因是什么？
2. 社会知名人士或明星应该如何处理声誉危机？

（资料来源：根据网络资料整理）

 案例解析 3-4

翟天临学术门事件

一、案例回放

2019 年 2 月 8 日，翟天临因在直播中回答网友提问时，不知知网为何物，他的博士学位真实性受到质疑。随后，他又在新浪微博留言称"只是开玩笑"。翟天临工作室则表示，其论文由校方统一上传，预计将于 2019 年上半年公开。

2019 年 2 月 10 日，四川大学学术诚信与科学探索网将翟天临列入"学术不端案例"公示栏，2 月 11 日，北京电影学院成立调查组并按照相关规定启动调查程序。2 月 11 日晚，北大光华学院发声明，将根据其博士学位授予单位的调查结论作出处理。2 月 14 日，翟天临通过个人微博发表致歉信。2 月 15 日，教育部回应"翟天临涉嫌学术不端事件"，称教育部对此高度重视，第一时间要求有关方面迅速进行核查。2 月 16 日下午，北京大学发布关于招募翟天临为博士后的调查说明：确认翟天临存在学术不端行为，同意翟天临退站，责成光华管理学院作出深刻检查。

2019年2月19日，北京电影学院发布关于"翟天临涉嫌学术不端"等问题的调查进展情况说明，宣布撤销翟天临博士学位，取消陈浥博导资格。即将播出的电视剧，剧中所有翟天临参演片段被要求全部删除。

二、案例分析

以往大家熟知的翟天临是那个手指头都会演戏的电影学博士，可如今却被质疑这博士含金量不够高，含水量十足，甚至博士期间发表的论文也被质疑抄袭。

作为一个演员，翟天临是优秀的，他的表演水平有目共睹，无论是在爆款电视剧还是在爆款的综艺节目中，他的演技都得到了充分展示。优秀的演员是否等于优秀的博士？答案自然是否定的，而且优秀的演员压根儿也不必是博士，更不必写什么劳什子论文。今天受到质疑的并非演员翟天临，而是博士翟天临。

博士作为学历教育中的最高层次，培养的是深入的、专业的学术研究能力，只有拿出与之相对等的学术成果才能成为合格的博士。在校攻读博士期间发表符合要求的论文，是对每一个博士的合理要求，但因为学位级别高，对研究水准要求自然也高。这一点对于普通博士和明星博士都是一样的。正因为如此，能够读到博士的演员在国内影视圈寥寥可数，博士的含金量也就愈发地可观了。

因为这博士难得，翟天临和他的团队都非常乐于提及这个独特的标签，成功地打造了学霸人设。也许有人觉得，质疑者对翟天临要求过高，其实这都是他自己选择的。在明星们热衷的众多人设中，选择张扬博士的学霸人设，就是为自己选择了一条更辛苦的路。当你收获掌声和赞扬的时候，人们也会用博士而非一个普通演员的标准来要求你。博士难做，一面做着高产的明星，一面还要树立学霸人设的博士更难做，顾了一头就很难顾及另一头，遭遇质疑是迟早的事。

率先质疑翟天临博士含金量的是一位专业相近的博士，粉丝们觉得他是醋意十足的"柠檬精"，也许他更想维护的是博士的含金量，"若不专心治学却贪恋学者之名，是令人心痛且愤恨的"。毕竟，一个明星博士的影响力远胜成百上千个苦心攻读的普通博士，明星博士的学位含水量过高，可能会令人觉得各个行业的博士都如此一般。

作为演员，只要演技在线，学历高低本不是关键；但作为学生，无论是否是名人，学术规范必须一碗水端平。有真才实学不怕挤水分，弄虚作假一定经不起推敲。博士帽是校园的最高荣誉，但注定越来越不好"混"，欲带其冠，必承其重。

此外，人民日报官微还以"学术诚信和招考公平更该捍卫"为题评论称，舞台上打假，生活中却遭"学术打假"，人生充满戏剧化。高学历不是演出来的，而是靠真才实学淬炼而成。与学霸人设坍塌相比，学术造假之风必须制止，学术诚信和招考公平更该捍卫。

三、思考与讨论

1. 声誉危机的成因主要有哪些？

2. 面对声誉危机，个人应该如何积极处理？

3. 从预控角度出发，个体应该如何预防声誉危机？

(资料来源：根据百度百科资料整理)

第四节　个人职业危机及案例解析

一、个人职业危机的含义

个人职业危机是指个人在职业生涯中的一种秩序向另一种秩序转换时或面临的与过去不同的尚未适应的状态，或者来自职业本身及环境的威胁。

二、个人职业危机的主要表现

个人职业危机主要表现在：职业定位危机、升职就业危机、职业发展方向危机、职业安全危机等。

(1) 职业定位危机。职业定位危机发生在刚从学校毕业时期。大多数毕业生面对眼花缭乱的职业和岗位，不知道如何选择。发生职业定位危机的毕业生可能会走向两个极端，一是过于自卑，二是自视甚高。由于初涉人才市场，没有市场求职经验，在遇到挫折后，一些人容易产生自卑心理，除了少部分毕业生可能重回学校，把读研究生作为暂时的避风港外，大部分人会草率地找个工作。而自视甚高的那部分毕业生对工作单位、岗位职务、福利薪酬都会有过高的要求，因此，在求职过程中也很可能遇到挫折，从而陷入盲目择业的境地。

(2) 升职就业危机。这种危机段的危机可能产生在工作了 5～7 年以后，也就是在 30 岁左右的时间段。这一时段的职业生涯除了少数人能如愿以偿升职高就外，大部分人并不能"万事如意"，仍然会遭遇晋升瓶颈。如果不能正确处理这种危机，就可能会用不正确的方法和方式来发泄自己的不满和失意。

(3) 职业发展方向危机。在职业生涯中，40 岁左右会产生职业生涯的第三类危机，即继续前进的"发展方向危机"。因为到了 40 岁的时候，或许你已经担任了一定级别的领导职务，这个时候，往往会因为方向不明而感到困惑，于是便产生了所谓中年改行转业等种种问题。

(4) 职业安全危机。进入职业中期，尤其是职业后期，中年白领的精力和体力都有所下降，对快节奏、高压力的工作和生活难免显得力不从心。这是很多中年白领离开外企回到国企或者机关工作的原因。另外，很多中年白领的知识结构与年轻人相比也显得有点老化，这一切都造成了中年白领的绩效下降。尤其是在面对年轻人的冲击时，经常会产生难以言表的职业恐慌感和安全威胁。另外，随着很多企业结构向扁平化方向发展，中低层的管理职位大量减少，很多中年白领失去了在组织内进一步升迁的机会。另外，很多中年白领发现现实和当初的理想之间有一定的差距，从而对当前所从事的职业产生了困惑并有要改变现状的愿望。

三、个人职业危机产生的原因

1. 失业恐惧

许多人对工作都有危机感，他们担心自己的位置不保，害怕自己有一天会失业，失业后所带来的经济压力和心理压力让他们难以承受。

2. 自尊心受到威胁

工作不但没有强化自己的自信心理，相反还严重打击了自尊心。上司的说话或者行为方式让你的自尊心受到伤害，使你处于紧张不安和自责的境地，这时你会产生职业危机感。

3. 没有归属感

组织中的个体希望自己和公司建立一种非常亲密的关系，希望在公司里能够关心他人，同时也被别人关心。如果自己和公司的利益不一致时，组织中的个体会找不到自己在公司中的位置，也会产生职业危机感。

4. 知识结构老化，在竞争中处于劣势

现代社会必须不断地学习新知识来给自己"充电"，如果学习的速度赶不上知识更新的速度，在职场竞争中就会处于劣势地位。可能面临的局面：一是自己的知识结构已经老化，还没有完成知识更新；二是其他同事已经完成了知识更新或者公司引进了新型的人才，在这种情况下，职位很可能会被别人取代，强烈的职业危机感笼罩着个人。

5. 工作能力和职位要求有距离

由于员工学习的专业和从事的工作不对口，或者缺乏工作经验，或者能力有限等，总之，有些个体会感到工作起来很吃力，对自己的工作难以胜任。当工作能力和职位要求有距离时，工作很难进行下去，也难以从工作中获得什么成就感，工作不但不能给个体增强自信，反而会损害自尊心，觉得自己根本就不适合干这个工作，久而久之，职业安全感消失殆尽。

四、个人职业危机的应对策略

1. 从组织角度出发，客观分析员工危机产生的原因

分析危机产生的客观原因，同时进行科学的职业生涯管理。许多跨国公司有完备的培训体系，它们的教育资助计划和人力开发计划能为员工的长远发展提供必要的培训。比如IBM 公司就实行学费返还制度，鼓励员工进行自我开发，帮助员工不断地提高自己的能力，以适应日新月异的变化。

2. 从个人角度出发，提高个人竞争力

摆脱职业危机感最重要的一点就是要提高自己的竞争力，只有让自己具备更强的竞争力，和别人竞争时才能够凸显自己的优势，证明自己比别人更优秀，只有这样才能在激烈

的竞争中不被淘汰，才能最大限度地缓解自己的职业危机感。积极参加各种对职业发展有帮助的学习或者培训，提高自己的竞争力。如果所在的公司不能为个体提供进一步培训的机会，那员工就必须自己重视自己的发展，参加各种有利于自己职业发展的学习、培训，也可以考虑重返校园学习或出国进修。

3. 未雨绸缪，提前作职业生涯规划

研究表明，中年职业危机主要出现在一些在组织中从事初级职务的白领，很少出现在从事管理职务的白领或者专业人士身上。所以，在年轻时加强学习、保持比较高的绩效，在中年前争取在组织中有一个比较好的位置或掌握一定的专业技能，这样可以有效地避免中年时期的职业危机。

 案例解析 3-5

自杀事件中折射出的职业危机

一、案例回放

1. 官员因不满工作调动自杀

2013 年 4 月 20 日，山东聊城市阳谷县维稳办副主任陈国庆(以下简称陈)，被发现自缢于县委大院其办公室内。阳谷县委宣传部称，警方已排除他杀可能，具体原因仍在调查。陈的亲朋据遗书推测，自杀或与工作调动有关。

随后赶到的 120 证实陈已死亡。阳谷县警方排除他杀可能。根据阳谷县委宣传部通报，死者陈国庆，今年 50 岁，2012 年 11 月，从县信访局副局长调任维稳办副主任(正科级)，履新不到半年时间。

陈在遗书中说："没有这个单位，没有这个编制，怎么能任命一个干部呢？使我失去单位，并将很快失去工作，使我失去生命，折磨得我没法活下去。"(《新京报》4 月 23 日)

仅仅因为一次工作调动，就匆匆结束了自己的生命，令人叹息！即使对工作调动不满，完全可以通过其他途径去解决，而一个稍显内向的官员却选择了一种最极端的方式。

2. 富士康员工跳楼事件

职业危机常常和心理危机复合出现，例如富士康的员工跳楼事件。富士康科技集团创立于 1974 年，是专业从事计算机、通信、消费电子、汽车零组件、通路等 6C 产业的高新科技企业。深圳富士康科技集团多年雄踞内地出口 200 强榜首、2009 年全球企业 500 强排名第 109 位。自 2010 年 1 月 23 日富士康员工第一跳起至 2010 年 11 月 5 日，富士康已发生 14 起跳楼事件，引起社会各界乃至全球的关注。2011 年 7 月 18 日凌晨 3 时，又有一名员工跳楼，年仅 21 岁。

二、案例分析

近年来，官员自杀事件时有发生。调查表明，除个别官员确实因健康问题或者涉及腐败而畏罪自杀外，大多数自杀的官员是身体健康或者心理健康出了问题，其中很多是由于长期抑郁导致心理危机。

官员心理危机的产生，主要源自于职业危机，是在职业生涯中面临的晋升及工作调动

中的问题、知识社会对执政能力提出的挑战、行政问责对依法行政能力提出的考验等，来自工作本身不适应、能力素质不高而产生的内心压力。目前公务员制度刚性太强，官员价值的实现主要通过职务的升迁来体现。如果得不到职位的升迁及满意的岗位调动就会产生焦虑情绪。

除了职业本身原因所导致的危机外，部分官员对个人危机处理缺乏经验，使自身同时陷入能力和心理的双重危机，这也成为官员自杀的原因之一。

目前，对官员心理健康的关注仍停留在表层阶段，而且有针对性的解决危机的途径及机构很少。由于身份和地位的特殊性，当官员出现心理问题时，他并不愿意去找心理方面的专家来为自己减压，特别是有关隐私泄密的恐惧更是让官员对心理咨询望而却步。有关部门应该根据官员的特殊情况，探索建立常态化的干部心理危机干预机制，比如开通官员心理健康咨询热线，聘请资深专业人士为心理咨询或治疗专家，向承受压力的官员提供心理咨询、心理疏导和心理保健。

应该增强干部选拔过程中的竞争性、公开性和程序性因素，使官员晋升有章可循，从而降低因前途不可预期而造成的压力。及时地解决官员的心理问题，建立"心理危机干预机制"，对于国家、社会，尤其是官员队伍建设而言意义重大。

现代社会是一个快节奏、高压力的社会，各行各业都面临着巨大的压力，每个人都会面临第一次：第一次背井离乡，第一次离开父母，第一次进入城市，第一次踏上社会谋生，所承受的心理压力可想而知。富士康员工连续自杀事件已经成为最近公共领域中的焦点。而连续自杀事件发生在"80后"这一群体中，而非承担更大劳动强度的更为年长的劳动者群体，也使社会学家、劳动经济学家对"新生代农民工"这一群体予以关注，同时对未来可能带来的社会危机敲响了警钟。如何看待和解读富士康事件给我们带来的心理冲击和影响；如何从员工心理入手，从根本上预防危机事件的发生，建立企业内部危机预防的有效机制，以及企业如何在危机事件发生时快捷高效地进行防御及干预尤为重要。

三、思考与讨论

1. 个体和企业应该如何预防职业压力引发的危机？
2. 职业危机的主要表现有哪些？
3. 群体性心理危机应该如何进行干预？

(资料来源：案例根据网络资料整理)

 案例解析 3-6

"老"白领面临裁员危机

一、案例回放

2012年2月1日《21世纪经济报道》一篇题为"宝洁的悬崖"的文章披露：今年以来，宝洁已经连续宣布两轮裁员，累计最高裁员14%，总数接近8000人。类似的新闻自2012年上半年频频被媒体报道：汇丰宣布2013年之前裁员3万人，惠普年中宣布将于两年内裁员2.7万人，7月诺基亚表示要关闭中国两个区域销售中心，8月摩托罗拉移动宣布裁员，涉及北京、南京、上海等地多个研发中心，不久前索尼公司也公布了2012年1万人的裁员计划……

几年前曾设想到的一种情形，现在已开始成为一种社会现实：如果说之前的"4050"特指二三十年前国企改制中正值中年的下岗人群，那么眼下受到裁员风暴袭击的高薪高龄外企白领正在成为"新4050"。

过去十多年间，外企员工的饭碗毋庸置疑是镀金的。可观的薪金、优厚的福利，加上舒适的工作环境和规范的管理制度，在外企工作成为年轻人最理想的一种职业。确实，伴随着外企在中国的迅速发展，白领精英们获得了相对丰厚的回报。但许多人并没有想过镀金饭碗也有被敲碎的一天。不知不觉中，第一代白领目前已经超过40岁甚至接近50岁，而接近40岁的"70后"资深白领目前也占了职场相当大的比例。高龄、高薪特别是没有机会升至高级管理层的老白领，在人才市场上渐渐失去了优势，他们面对的是大量精力充沛、学习能力更强、起薪低廉、而且供应无限的年轻人。外企高效的培训体系有能力培训出一大批合格的年轻员工替代成本高昂的老白领。

因此，对于那些多年打拼好不容易升到中高级职位的老白领来说，在全球市场萎缩的今天，职业前景显得特别脆弱。

二、案例分析

在职业雇佣模式日益多元化的今天，员工个体会不同程度地面临来自职业相关方面的挑战和威胁，处理不当，日积月累会演变为职业危机。如果在职业危机中，由于职业年龄增长而无法获得职业晋升或者适合的职业路径，会面临职业瓶颈的威胁或者被替代的威胁。面对类似上述案例中的职业威胁，企业及个人应该采取相应的预控措施，进而避免或者降低危机对企业及个人造成的伤害。

二、思考与讨论

1. 案例中的第一代白领面临什么危机？
2. 职业危机主要表现在哪些方面？
3. 个人应该如何从长远角度预防职业危机？

（资料来源：根据网络资料整理）

拓展阅读：低学历的人更易在经济危机中失业

第五节　心理危机及案例解析

一、心理危机的含义

心理危机，可以指心理状态的严重失调，心理矛盾激烈冲突难以解决，也可以指精神面临崩溃或精神失常，还可以指发生心理障碍。心理危机一般是由急性心理应激事件引起的心理反应，它受应激事件、对该事件的认知和应付方式、人格特点等因素的影响。

二、心理危机的诱因

心理危机通常是由以下几个方面的因素引起的。

(1) 个人生活：健康问题、经济问题、价值观冲突、法律纠纷、人际关系不良、社会角色变化等。

(2) 家庭生活：恋爱婚姻问题，经济问题，家庭中的人际关系不良，家庭成员权利、责任和义务的分配，分居、离婚和单亲家庭，子女的成长、学习和就业问题，在家庭中被忽视，家庭暴力，家庭中的心理、躯体及性虐待，与扩展家庭和前配偶及子女的人际冲突等。

(3) 工作：对工作条件的不满意感，如对工作环境不满意，存在物理或化学的危险，工作量过多，质量要求高，技术要求新，工作能力缺乏或过时，有精疲力竭感，对工作安排无法预测，无法进行有效的时间管理；工作中不良的人际关系，参与决策的积极性受挫，对组织结构及其规则缺乏信任；工作中的性别偏见和性骚扰；对职业发展失去自信，失业危机；双职工工作和家庭劳务的双重负担等。

(4) 灾难性事件过后的心理危机：对灾难性经历或事件与健康间关系的研究可以揭示个体经历灾难性的创伤事件后健康的变化，特别是当一个群体同时受到灾难性事件的打击后健康变化与其他因素的关系。

三、心理危机的表现

人们对危机的心理反应通常会经历四个不同的阶段。①冲击期，发生在危机事件发生后不久或当时，感到震惊、恐慌、不知所措。如突然听到北京爆发"非典""新冠病毒"，亲人得了"非典""新冠病毒"，医护人员感染"非典""新冠病毒"，"非典""新冠病毒"患者骤增等消息后，大多数人会表现出恐惧和焦虑。②防御期，表现为想恢复心理上的平衡，控制焦虑和情绪紊乱，恢复受到损害的认识功能，但不知该如何做，会出现否认合理化等。③解决期，积极采取各种方法接受现实，寻求各种资源努力设法解决问题。焦虑减轻，自信增加，社会功能恢复。④成长期，经历了危机后变得更成熟，获得应对危机的技巧。但也有人因消极而出现了种种心理不健康行为，具体表现在以下几方面。

(1) 焦虑。当事人感到紧张、忧虑、不安。严重者感到大祸临头，伴随自主神经紊乱等症状，如眩晕、心悸、多汗、震颤等，并有交感神经系统亢进的体征，如血压升高、心率加快、面色潮红或发白、多汗、皮肤发冷、面部及其他部位肌肉紧张等。

(2) 恐惧。当事人对自身疾病，轻者感到担心和疑虑，重者惊恐不安。

(3) 抑郁。因心理压力可导致情绪低落、悲观绝望，对外界事物不感兴趣，言语减少，不愿与人交往，不思饮食，严重者出现自杀心理或行为。

(4) 性格改变。如总是责怪别人，责怪医生未精心治疗、埋怨家庭未尽心照料等，故意挑剔和常因小事勃然大怒。他们对躯体方面的微小变化颇为敏感，常提出过高的治疗或照顾要求，因此导致人际关系紧张或恶化。

四、引发的后果

心理危机是一种正常的心理反应，并非疾病或病理过程。每个人在人生的不同阶段都会经历这样的危机。由于处理危机的方法不同，后果也不同，一般有四种结局：第一种是顺利度过危机，并学会了处理危机的方法策略，提高了心理健康水平；第二种是度过了危机但留下了心理创伤，影响今后的社会适应能力；第三种是经不住强烈的刺激而自伤自毁；第四种是未能度过危机而出现严重的心理障碍。

对于大多数人来说，危机反应无论在程度上还是在时间上，都不会产生生活上永久或者是极端的影响。他们需要时间及亲友的体谅和支持来恢复对现状和生活的信心。但是，如果心理危机过强，持续时间过长，会降低人体的免疫力，出现非常时期的非理性行为。对个人而言，轻则危害个人健康，增加患病的可能，重则出现攻击性和精神损害；对社会而言，会引发更大范围的社会秩序混乱，冲击和妨碍正常的社会秩序。例如，听信传言，出现超市抢购、哄抬物价、犯罪增加等。其结果不仅增加了有效防御和控制灾害的困难，还在无形中给自己和别人制造了新的恐慌。

五、心理危机的应对策略

个体的个性特点、对事件的认知和解释、社会支持状况、以前的危机经历、个人的健康状况、干预危机的信息获得渠道和可信程度、危机的可预期性和可控制性、个人适应能力、所处环境等都会影响危机的应对。心理危机的应对策略如下所述。

(1) 建立多元的心理危机预防机制和专门的心理健康援助系统，为公众提供全面的、不断完善的心理援助服务，尽可能确保个人的心理健康，这是最重要的应对策略。

(2) 建立多元主体的危机管理预控模式，例如，社区、家庭、专业的心理咨询机构、政府相关部门等多元主体。

(3) 对不同的职业群体或者其他共性的群体经常性地举办团体心理咨询和辅导形式的心理健康教育讲座和活动。向个人传授情绪心理学、压力管理、心理健康教育等方面的知识和方法，并根据团体心理咨询相似性原则开展团体小组辅导活动。例如，对事件认知评价的培训。

认知评价是指个体从自己的角度对遇到危机的性质、程度和可能的危害作出估计，同时也可预估面临危机时个体可动用的应对危机的资源。对危机和资源的认知评价直接影响着个体的应对活动和心身反应，因而是危机是否会造成个体应激反应的关键性因素。的确，对事件的认知评价在生活事件与危机反应之间确实起到了决定性的作用。在对个体进行危机相关应对方法的培训时，使个人学会如何客观认识危机是非常重要的。

许多个体在遭遇危机时，其认知的结果并非完全反映客观现实，产生的认知结论常常与自己的认知特征相关，所谓"仁者见仁，智者见智"就是这个道理。当环境发生变化时，个体的主动注意与知觉选择密切相关，而个体既往构建的认知模式、当时的情绪状态、对变化的期望、主观主导寻求信息的方面或对不完整信息猜测的填补、受主观影响的记忆选择和重组等均会影响个体对客观事件的客观评价。此外，个体的人格特征、价值观、宗教信仰、健康状态和既往经历均会影响对应激源的评价。社会支持在一定程度上可以改变个体的认知过程，而生活事件本身的属性与认知评价关系密切。因此，尽可能让人们在对事物的认知评价中，客观合理归因。客观评价，是减少危机或者降低危机危害程度的重要方面。及时提供心理援助服务，缓解他们在工作、生活，尤其是执行任务中遭遇到的压力、挫折，帮助他们度过激情时期。建立危机干预机制，尽早、及时地发现心理危机，并采取相应的措施给予援助。

 案例解析 3-7

校园惨案

一、案例回放

1. 复旦大学投毒案

2013 年 4 月 19 日，上海警方以涉嫌故意杀人罪向上海市黄浦区人民检察院提请逮捕复旦大学"4·1"案犯罪嫌疑人林某。据警方消息，4 月 11 日，上海市公安局文化保卫分局接到复旦大学保卫处报案：复旦大学枫林校区 2010 级硕士研究生黄某自 4 月 1 日饮用了寝室内饮水机中的水后出现身体不适，有中毒迹象，正在医院抢救。上海警方接到报案后立即成立专案组进行侦查，经现场勘察和调查走访，锁定黄某同寝室同学林某，其有重大作案嫌疑。当晚，依法对林某实施刑事传唤。4 月 12 日，林某被警方依法刑事拘留。经警方初步查明，林某因生活琐事与黄某关系不和，心存不满，经事先预谋，3 月 31 日中午，将其做实验后剩余并存放在实验室内的剧毒化合物带至寝室，注入饮水机槽中。4 月 1 日上午，黄某饮用饮水机中的水后出现中毒症状，后经医院救治无效于 4 月 16 日去世。

2. 南京航空航天大学再发生惨剧

2013 年 4 月 16 日晚上 10 点左右，悲剧发生在南京航空航天大学金城学院宿舍楼内。据了解，住同一个宿舍的舍友，学生袁某(男，24 岁，泗阳县人)在宿舍内玩游戏，遇到舍友蒋某(男，24 岁，丹阳人)因未带钥匙敲门，袁某未及时开门，双方为此发生口角，并发生肢体冲突。冲突过程中，袁某拿起书柜上的一把水果刀捅到蒋某胸部。两位当事学生都是该校 10 级自动化专业的学生，来自丹阳的蒋某被刺伤后经医院抢救无效死亡。据校方称，两名学生的成绩挺优秀的，"袁某平均每门成绩都在 90 分以上"，而蒋某不仅成绩好，还是学生会负责人。

二、案例分析

投毒、杀人等校园惨案已俨然成为中国高校时隐时现的一道暗伤，一次又一次地被撕裂着，折磨着校园脆弱的神经，到底是什么让那些高智商青年如此仇恨、疯狂，如此心灵扭曲、漠视生命，既毁灭了他人，也毁灭了自己？

对于这些极端化的案例，我们不能以偏概全，过度扩大化、标签化，把中国的教育特别是高等教育完全否定，但是我们不能因此而忽视了对教育的反思。认真反思之后采取措施来避免、减少此类悲剧的发生是对受害者最好的纪念，这也是生者的责任。

校园恶性惨案不断发生，当然有偶然的因素，但在显性的偶然因素之下，隐藏着的是必然因素。以上几个案例属于典型的报复型犯罪，其浅层次的原因是心理健康问题，较深层次的原因则是人格健全问题，更深层次的原则是愈演愈烈的应试教育之下的大学阶段，甚至是整个儿童青少年阶段人文教育的荒芜和生命教育的缺失。

三、思考与讨论

1. 上述案例中校园惨案发生的主要原因是什么？

2. 校园心理危机干预的主要工作有哪些？

3. 学校应如何预防校园心理危机？

（资料来源：根据网络资料整理）

 案例解析 3-8

大学生自杀事件

一、案例回放

1. "3·26"武汉理工大学研究生坠亡事件

2018 年 3 月 29 日，网友"陶崇园姐姐"发长微博称，其弟弟陶崇园就读武汉理工大学自动化学院研究生期间，因"长期遭受导师压迫，被迫叫导师爸爸、给导师买饭打扫卫生、被导师阻止深造"等原因，最终"实在受不了了"，于 3 月 26 日清晨在学校跳楼自杀。

2018 年 4 月 8 日，武汉理工大学相关工作人员证实了陶崇园在校内坠楼身亡事件。事件发生后，学校已停止王攀的研究生招生资格，下一步将根据调查事实、按照相关程序、依法依规严肃处理，绝不姑息。

2019 年 3 月 25 日，武汉理工大学坠亡研究生陶崇园的家属与其导师王攀签订和解协议，王攀道歉并赔偿 65 万元。

2. 北大女生自杀事件

2019 年 10 月 9 日，北京大学法学院女生包丽(化名)在北京市某宾馆服药自杀，送医救治期间被宣布"脑死亡"。相关聊天记录显示，包丽自杀前，其男友牟林翰曾向包丽提出过拍裸照、先怀孕再流产并留下病历单、做绝育手术等一系列要求。包丽母亲认为，牟林翰的折磨是导致包丽自杀的主要原因，而牟林翰对此予以否认。包丽自杀事件的曝光，引发了舆论对亲密关系中的精神控制、PUA、字母圈等问题的关注和讨论。2019 年 12 月 13 日，北京大学取消牟林翰推荐免试攻读研究生资格。

3. 2013 年 6 月 18 日女大学生跳楼事件

年仅 20 岁的常亚男，是中国地质大学长城学院外语系大三学生，网购花完两年学费后，女大学生跳楼自杀，称自己"对不起爸妈，不想再承受欺骗亲人和让亲人失望的罪恶感"。

6 月 18 日凌晨 3 点，这名来自新疆的女孩从学校宿舍楼 13 楼跳下。警方调查发现，她把两年的学费都用于网购。

6 月 27 日下午，常亚男的遗体在河北省保定市的一家殡仪馆火化。一同被火化的还有她网购的部分护肤品。

在她身后，留下的是一封"不敢面对亲友"的遗书，但留给亲友和同学更多的除了哀伤和悲痛，还有惋惜与思考。

4. "2·19"成都学生自杀事件

"2·19"成都学生自杀事件是指 2017 年 2 月 19 日，四川师范大学一大四学生在寝室自缢身亡。2017 年 2 月 19 日为该校开学首日。自杀女生即将面临毕业，疑似与找工作压力相关。

二、案例分析

大学是人生中的一个重要时期，作为连接校园与社会的关键枢纽，大学生们在这一阶段都开始尝试脱离家庭、独立生活。面对自我控制力考验的同时，也伴随着学习、就业等方面的压力疏解问题以及恋爱失败可能会导致的心情低落，若压力和坏情绪逐渐堆积，且缺乏明确指导时，就容易产生心理健康问题，严重者甚至会选择自杀。大学生自杀常见的原因有心理障碍、学习和就业压力大、情感挫折、生理疾患、经济压力、家庭因素等。

预防大学生心理危机，根本途径首先是需要构建起一个完善的大学生心理健康教育体系，培养大学生健全的人格；其次，要开展相应的心理健康教育活动，丰富大学生心理学知识，增强他们心理保健意识，端正他们对心理咨询的看法，引导他们主动寻求帮助，缓解负性的情绪，避免因心理问题加重而导致心理危机的发生；最后，应开展心理素质训练，增强大学生心理调适能力，通过各种途径锻炼他们的意志、训练他们的心理素质，使他们保持心理健康。开展大学生心理辅导和心理咨询工作，通过各种辅导形式，对大学生的独立生活及社会环境的适应、学习与社会工作关系的处理、人际交往的适应、恋爱问题的处理等多方面进行指导与帮助。加强校园文化建设，改善大学生的社会心理环境，通过开展丰富多彩的校园文化生活，满足大学生精神和心理需求。

具体防范措施如下所述。

1. 建立高校心理咨询机构，关注大学生中的特殊人群和自杀高危人群心理健康

心理咨询可以持续、稳定地帮助大学生摆脱各种心理困扰，消除各种心理障碍，防止大学生用偏激极端的行为(如自杀)对待自己或他人。有条件的院校，可建立有专职心理医生坐诊的心理咨询室，开通心理咨询热线，昼夜派专人值班，并利用校园网建立心灵绿色通道。同时学校还要组织思政教师队伍、学生处、保卫处、辅导员、寝室长等学生干部担负起心灵卫士的责任，时刻关注自己身边的学生或同学。

要从入学的大一新生开始开展心理调查，建立他们个人的心理及健康档案，要及时存档，严格保密，时刻关注大学生中的特殊人群和高危自杀人群的心理健康状况，要进行有针对性的心理辅导和教育，并保持经常性的关系和帮助。

2. 启动大学生心理健康教育，强化大学生的心理卫生意识

(1) 在大学生中宣传普及各种有关心理健康知识，强化大学生的心理卫生意识，是防止大学生自杀的一种有效的方法。开设大学生心理健康课程，开展实例分析和讨论；定期开展有关大学生心理健康方面的讲座；利用校园网开辟大学心理健康网页；带动学生利用课余时间或节假日时间组织有关心理卫生知识的文艺会演或知识竞赛、演讲比赛等；帮助学生了解和掌握一些青年期心理适应的技巧，如合理的宣泄、代偿移情、升华等，增强他们心理承受能力和应对挫折的能力。

(2) 普及有关大学生自杀前的各种表现特征知识，及时发现和处理。根据有关调查发现，大多数自杀者自杀前患有明显的抑郁症。医学专家在伦敦抑郁症讨论会上指出，到2020年，世界范围内的抑郁症很可能成为除心脏病外最大的一种疾病。抑郁症是最常见的精神疾病，它犹如生理上患感冒一样，是一种精神感冒，人们大可不必因此而歧视患者。抑郁症患者与其他精神病患者不同，他们的思维和行为处于清醒状态，基本上没有攻击行为，不会造成对他人的伤害。

由于抑郁症患者内分泌系统紊乱，会引发患者睡眠质量降低，常常早醒，早晨起来得

很早，处于一种难以自控的焦虑状态，四处游走，情绪低落，思维迟钝，没有快乐感，对任何事物都失去兴趣，患者不喜交际，常常沉溺于自我思维当中。患者思维进入一种恶性循环中，常常自主思维，难以自拔；严重的患者，脸部肌肉僵硬，生理反应迟缓。

抑郁症与神经衰弱有许多类似的地方，但区分的症状却十分明显：抑郁症通常上午严重，下午到晚上症状有所缓解；而神经衰弱则是上午症状很轻，而下午到晚上症状加重。中度和重度抑郁症患者并不是通过开导和心理咨询就可以化解的，必须通过药物进行控制，通常需要服药半年以上，才能恢复常态，其后才可逐渐减量，以防复发。抑郁症患者的恢复要在专业医生的指导之下进行服药，需要戒酒，同时注意培养自己的兴趣和爱好，多参加运动和交际，以分散自己的注意力。由于抑郁症患者处于非常痛苦之中，他们需要向人倾诉，同学和教师应该多关心他们，并注意观察其恢复情况，防患于未然。

三、思考与讨论

1. 上述案例中，大学生心理危机发生的主要原因是什么？
2. 大学生应如何应对心理危机？
3. 大学生心理危机干预的主要工作有哪些？

(资料来源：根据百度百科资料整理)

第六节　婚姻危机及案例解析

一、婚姻危机的含义

婚姻危机主要指的是婚姻建立和维系过程中出现的不适应、隔阂、家庭暴力及婚姻破裂。它主要有两种类型：婚姻亚健康状态和不良劣质婚姻。

(1) 婚姻亚健康状态。其具体内容和表现特征为：能维持婚姻生活，感受到婚姻的酸甜苦辣，婚姻生活感觉不适或不是自己想要的，婚姻生活出现缺乏活力和麻木等情形。

(2) 不良劣质婚姻。其具体内容和表现特征为：婚姻危机、婚外情、婚姻暴力(热暴力和冷暴力)，婚姻生活下的夫妻双方或一方痛苦麻木，在婚姻边缘徘徊，夫妻之间陌生、冷漠、冲突、互相伤害，具有持续性或经常性特点。

二、婚姻危机的成因

婚姻问题是严重影响身心健康的重要因素之一。"幸福的家庭是相似的，不幸的家庭才是不同的！"幸福的婚姻是构成幸福家庭的特殊的秘密内核；幸福的婚姻能够使人健康长寿，这是世人公认的法则。专家、学者从医学、行为学、社会学和心理学等方面进行科学研究，一致认为：言语上经常表白后悔和失败的婚姻，以及不良的婚姻关系，会导致许多麻烦和健康问题。婚姻危机的成因主要体现在：①婚姻选择的随意性或非理性。②心理品质状况及性格方面的原因。理解和宽容是化解矛盾的灵丹妙药，特别是心理品质的健康状况，是与伦理、道德齐名的素质内涵，在很大程度上维系着现代家庭的稳定和幸福。③其他外部客观原因导致的婚姻关系障碍。

三、婚姻危机的主要表现

1. 婚姻关系障碍

婚姻关系障碍主要表现在夫妻感情的破裂，结局多是离婚，如果双方都能接受，不会引起危机，否则可能会引起危机。

(1) 夫妻间暂时纠纷，如受当时情绪的影响使矛盾激化时，可能引发冲动行为，甚至凶杀。干预原则为暂时分居，等待双方冷静思考并接受适当的心理辅导后，帮助解决问题，防止以后类似问题的重演。

(2) 夫妻间长期纠纷，其原因包括彼此不信任、一方有外遇、受虐待、财产或经济纠纷等。这可能使双方(尤其是女方)产生头痛、失眠、食欲和体重下降、疲乏、心烦、情绪低落等，严重者产生自杀意图或行为。干预原则为尽量调解双方矛盾，否则离婚是必然的结局。对有自杀意图者应预防自杀，可给予适当的药物治疗，以改善睡眠、焦虑和抑郁情绪。

2. 恋爱关系破裂

失恋可引起严重的痛苦和愤懑情绪，有的可能产生自杀行为，或者把爱变成恨，采取攻击行为，攻击恋爱对象或所谓的第三者。干预原则为与当事者充分交谈，指出恋爱和感情不能勉强，也不值得殉情，而且肯定还有机会找到自己心爱的人。同样，对拟采取攻击行为的当事者，应指出这种行为的犯罪性质并可能带来的严重后果，因此既要防止当事者自杀，也要阻止其鲁莽的攻击行为。一般持续时间不长，给予适当的帮助和劝告可使当事者顺利度过危机期。危机期过后相当长一段时间内，当事者可能认为世界上的女人(或男人)都不可信，产生很坏的信念，但这不会严重地影响其生活，而且随着时间的迁延会逐渐淡化。

四、婚姻危机的预防和干预

1. 预防

一般来说，婚姻危机和其他危机相似，从长远来说，预防是首选的危机应对策略。例如，慎重对待婚姻关系，理性选择婚姻对象，客观认识婚姻中出现的问题及危机征兆，科学地采取纠偏措施。如果有条件及婚姻危机意识，应尽早学习婚姻危机预防的专业知识。

2. 危机应对及干预

对于出现婚姻危机的家庭，应该及时采取措施进行处理，如果当事人不能客观理智地处理婚姻危机，可以借助或者咨询专门的婚姻危机机构，寻求专业的危机解决办法。

 案例解析 3-9

美妆博主宇芽被家暴导致离婚

一、案例回放

2019 年 11 月 25 日，美妆博主宇芽爆出自己被家暴的视频，并且还专门分享了一段长文，介绍自己的这段无比惨痛的经历。

宇芽说，自己是2018年8月认识的男友，男友是一名44岁离过三次婚的男人，当初美其名曰说看中了宇芽蒙娜丽莎的仿妆，所以希望自己能和宇芽合作，并且把自己的才华说得天花乱坠，宇芽就信了，并且被他营造出来的"才华"吸引。

就这样不到一个月，宇芽就和对方在一起了，可在一起之后发现，对方和自己的完全不同，不仅会因为一点小事大骂宇芽，而且还要求宇芽和他一样也断绝和父母的关系，各种洗脑，还干涉宇芽的正常社交，并且还表示女人就应该情商高，容忍丈夫在外面瞎搞，这些话真是叫人三观尽毁。

不仅三观不正，这位男子一直都没有工作，宇芽表示，那段时间，基本都是听从他的差遣，而且在钱财方面，基本上对方有需求，宇芽就会立马答应，就连他家的狗狗和猫咪，都是宇芽在照顾。

根据宇芽透露，第一次的家暴事件是在2019年4月，就因为一句质问，他狠狠地扇了宇芽巴掌，而且是连续十几下，但最后男子道歉示好之后，宇芽因为懦弱原谅了他。可就因为这一次原谅，导致宇芽遭遇了后来接二连三的家暴，直到如今再也忍受不了了，宇芽才在微博上曝光男友的家暴行为，并且表示："在过去的半年中，自己可以说是每天活在噩梦当中。"其间，宇芽多次想要分手，可对方不是拿家人来威胁，就是发微信用死来恐吓宇芽，甚至还会对宇芽进行更严重的殴打和辱骂。之前和男子相处过的三任妻子，皆因为忍受不了男子的家暴而决定离婚，在得知宇芽的遭遇之后，其中两位前妻都决定站出来，和宇芽一起发声！其中第二任还曾表示，要是当时说出来了，宇芽可能就不会遭遇这一切了，面对家暴，这些妻子都沉默了，但家暴却从未停止！

二、案例分析

家庭暴力简称家暴，是指发生在家庭成员之间的，以殴打、捆绑、禁闭、残害或者其他手段对家庭成员从身体、心理、性等方面进行伤害和摧残的行为。父母对子女或者对自己的亲兄弟姐妹施暴也是家庭暴力。

家庭暴力直接作用于受害者身体，使受害者身体上或心理上感到痛苦，损害其身体健康和人格尊严。家庭暴力发生在有血缘、婚姻、收养关系生活在一起的家庭成员间。妇女和儿童是家庭暴力的主要受害者，有些中老年人、男性和残疾人也会成为家庭暴力的受害者。家庭暴力会造成死亡、重伤、轻伤、身体疼痛或精神痛苦。其特点是：普遍性和严重性、反复性发作、形式多样、暴力发生隐蔽、反复受伤。其主要的危害有：家庭暴力侵害了受害者的人格尊严和身心健康，甚至威胁生命；家庭暴力给社会带来了不稳定因素；严重影响、破坏了社会组成细胞——家庭；影响子女的正常生活和成长。

2015年3月，最高人民法院、最高人民检察院、公安部、司法部印发《关于依法办理家庭暴力犯罪案件的意见》的通知，以积极预防和有效惩治家庭暴力犯罪，加强对家庭暴力被害人的刑事司法保护。2015年12月27日，第十二届全国人大常委会第十八次会议表决通过了《中华人民共和国反家庭暴力法》。作为中国第一部反家暴法，该法于2016年3月1日起施行。

反对家庭暴力，需要全社会的参与，但是受中国传统观念的影响，可能有人会认为家庭暴力是家里的事情，是一种隐私，不可外扬。中国的公众对家庭暴力现象存在着以下几大误区。

误区一：没有家庭暴力现象，即使存在，也是极少数。

误区二: 家庭暴力是私事, 4128 个调查对象中, 57.51%认为家庭暴力是家务事。

误区三: 家庭暴力就是伤害身体, 而不是伤害心理和性。

误区四: 文化素质高的家庭没有家庭暴力, 4128 个调查对象中, 施暴者中 62.7%具有大专及以上文化程度。

误区五: 家庭暴力就是丈夫对妻子施暴; 事实上, 妻子对丈夫施暴、父母对子女施暴、对自己的亲兄弟姐妹施暴也是家庭暴力。

一旦发生家庭暴力, 要第一时间用法律保护自己。

三、思考与讨论

1. 如何识别家庭暴力?

2. 发生家庭暴力后, 应该如何应对?

(资料来源: 根据网络资料整理)

本 章 小 结

本章所讲述的个人危机主要针对"个人"的突发性、紧迫性和社会性严重事件,可能造成当事人声誉、财产、自由以及生命损失。其形成大致可分为四个阶段,即潜伏期、爆发期、扩散期及解决期。个人危机主要可以分为以下几类:个人安全危机、个人信誉危机、个人职业危机、婚姻危机、心理危机等。此类危机的预防和应对,需要个人不断地强化危机意识,增强个人冷静、理性地处理问题的能力。

第四章　企业危机管理

【学习要点及目标】

通过本章的学习，了解企业危机的概念和类型，掌握企业危机管理的原则和内容，学习不同类型的企业危机案例。

【关键概念】

企业危机　企业文化危机　企业战略危机　产品危机　企业人力资源危机　市场营销危机　企业财务危机　企业媒体传播危机

第一节　企业危机及企业危机管理

企业危机是在企业经营过程中，由于宏观大环境的突然变化(如国家政策的变化、行业问题的暴露)以及企业在经营过程中各个职能管理中的问题，而引发的一系列危害企业的行为。《东方企业家》杂志有篇文章对企业危机是这么定义的：企业经营活动的发生总是伴随着企业与外部世界的交流以及内部员工与股东间利益的调整行为。由于各种组织与组织之间、个体与个体之间、组织与个体之间的利益取向不同，从而不可避免地导致它们之间的各种利益冲突。当这些冲突发展到一定程度并对企业声誉、经营活动和内部管理造成强大压力和负面影响时，就演变成了企业危机。

一、企业危机的类型

企业危机按照其发生的具体内容，主要可以将其分为以下六类。

1. 文化危机

企业文化危机是指因企业的经营哲学、价值观念、员工的行为习惯等不能适应企业发展的客观需要而引发的危机。在企业的战略规划和发展方向都已作出重大调整的情况下，企业依然保持原有的文化模式，这将严重制约企业的发展，并导致企业危机。

2. 战略危机

企业战略危机是指由于企业对外部环境和内部条件的错误估计，使得企业战略选择失误；或者企业战略选择虽然正确，但由于战略执行不当而给企业造成的危机。

3. 产品危机

企业生产管理规章制度制定得不健全，或者规章制度在生产过程中执行得不到位，一方面可能造成较多的产品质量缺陷，另一方面可能形成一系列安全生产隐患。一旦产品质量给消费者造成了重大损失，如消费者死亡或致残，或者某种安全隐患导致一场生产事故，就产生了产品危机。

4．营销危机

企业因营销观念、营销策略与企业战略及企业内外部环境不相适应而导致的危机属于营销危机。营销危机具体包括：①企业价格策略失误、过高地估计目标市场顾客的价格承受能力，定价过高，造成产品严重积压，或者定价过于强调成本导向，价格不能适应市场需求变化或竞争需要，或者价格策略与市场营销其他职能脱节。②销售渠道出现问题，严重地影响产品销售。比如，渠道设计不符合产品特性，过长或过短，过粗或过细；不能随产品的更新而及时调整渠道；企业与经销商缺乏有效的沟通、协调与合作等。③促销活动不到位，严重制约了产品的推广。比如，促销方案设计不合理，促销手段陈旧；促销费用高昂，促销效率低下；不能根据目标市场的特点开展有针对性的促销活动，甚至与目标市场顾客的风俗习惯相冲突等。

5．人力资源危机

人才是企业发展的支柱。由于各种原因，掌握核心技术、商业机密、业务关系等关键知识的人才流失，或是企业员工违法乱纪都将对企业造成巨大的损失。当员工感到待遇不公正或得不到信任时，必然会影响士气。当企业士气普遍低下时，也可能会引发人力资源危机。此外，当某位企业高层决策者突然丧失工作能力或丑闻缠身，也可能会引发危机。

6．财务危机

由于企业投资、融资、并购决策的失误，利率、汇率的调整或者证券市场的波动，造成企业投入增加、收益减少，使企业财务陷入困境，资金难以为继，最终造成企业正常的生产、经营秩序瘫痪，就形成了财务危机。

二、企业生命周期与企业危机

通常而言，企业生命周期包括导入期、成长期、成熟期、衰退期四个阶段。在不同的发展阶段，企业都可能遭遇到危机，但所面临的危机种类各不相同。尤其是企业生命周期各阶段的临界状态，将经历重要的战略转折。

1．企业导入期的危机

在导入期，企业刚刚成立，依靠自主开发或者技术引进的方式进入市场，技术尚不成熟，产品的质量也不是很稳定，消费者对新进入市场的企业及其产品还需要一个接受的过程，市场尚处于待开发阶段，企业的资金实力有限，企业的发展往往受制于少数几个掌握核心技术或技能的创业者。

此时，如果企业对市场潜在需求判断失误，就有可能造成战略制定不当，战略目标制定得过于激进或保守，可能导致战略危机；在过高地估计市场需求潜力的情况下，自主开发或外部引进的新技术和新产品必然缺乏有效的市场基础，引发技术创新危机；由于产品质量不稳定，很可能形成危及消费者重大利益的生产危机；一旦融资出现障碍，致使资金链条断裂，很可能形成财务危机；而如果主要创业者们意见不一致，导致关键人才流失，造成企业的竞争力明显下降，就会引发人力资源危机。尤其是在导入期末期，即企业成立的2~3年之后是企业发展的重大转折点，如果企业能顺利地通过这一瓶颈，就会进入成长期；否则，企业很可能中途夭折，被迫退出市场。

2. 企业成长期的危机

在成长期，企业的技术趋于成熟，产品已经定型，并逐渐为广大消费者所熟悉认可，企业的竞争优势逐步显现。产品的市场需求以较快的速度增长，吸引了较多竞争者的加入，各品牌之间的竞争趋于激烈。在这一阶段，企业通常会加大研究开发投入，通过合资经营、对外募股、兼并收购、建立战略联盟等形式致力于扩大生产规模，并加大市场促销的力度。

此时，一些企业由于战略目标出现偏差，陷入战略陷阱而使竞争力下降。尤其是当企业发展较顺利时，容易造成高层决策者的头脑发热、好大喜功，使企业战线拉得过长，摊子铺得太大。与战略上追求盲目扩张相适应，营销策略的选择也可能过于冒进，造成营销成本高昂，引发营销危机。而战略上的扩张过快，营销成本的居高不下，很容易造成企业的资金流发生断裂，引发财务危机。尤其是在成长期末期，产业逐渐成熟，市场竞争日益激烈，企业在任何一个方面的失误，都可能给企业带来不可估量的损失，危机发生的概率大大增加。一些曾经被市场奉为经典的企业，往往就是在这一阶段由于种种原因而败走麦城。

3. 企业成熟期的危机

在成熟期，企业的规模和实力大大增强，竞争力也显著提高，但由于市场销售增长率的下降，整个产业内的生产能力大量过剩，对企业构成较大的竞争威胁。此时，企业一方面需要在已有的产品领域维持自己的市场占有率和竞争优势，尽可能延长成熟期，防止企业过早地进入衰退期；另一方面，需要在战略制定、研究开发等方面开始转向销售潜力较为旺盛的新领域，并在组织结构上进行重组和再造，以便一旦衰退期来临，企业能进行有效的蜕变，进入新一轮的生命周期。

在这一阶段，由于企业管理不当，很可能造成成熟期缩短，加速衰退期的到来，影响企业的现金收益和利润水平。在成熟期，企业容易遭遇到战略危机、营销危机、技术创新危机、组织危机。在企业战略方面，并购战略不仅能有效地提高企业的市场占有率，而且能减少竞争对手的数量，使产业组织结构朝着有利于本企业的方向发展。有些企业没有认识到并购战略的重要性(没有哪个大企业不是通过并购发展壮大的)，或在并购战略的执行过程中反应迟钝，在与竞争对手的战略对抗中处于极其不利的地位。在营销策略上，采取低价渗透策略，加强促销活动和售后服务，有助于巩固企业的市场占有率，避免衰退期的过早到来。有些企业由于违背了上述营销原则，竞争优势大大削弱；有些企业未能提前储备新技术、开发新产品，在技术创新方面非常被动；有些企业固守原有的组织结构，使得组织形式严重不适应新的竞争形势的需要，在市场竞争中反应迟钝，面临着巨大的组织危机。

4. 企业衰退期的危机

在衰退期，由于新的竞争对手不断涌现，出现了众多全新的替代产品或替代技术，企业原有的产品竞争力下降。进行重新定位、开展企业重组、实施企业蜕变是延续企业竞争力的根本措施。在这一阶段，企业最可能遇到的危机是战略转型不及时，固守已经过时的产品和技术，导致市场极度萎缩。同时，企业还要提防核心技术人才和优秀管理人员的流失。

三、企业危机管理的基本原则

1. 程序化原则

虽然危机发生的具体时间、实际规模、具体态势和影响深度是难以完全预测的，但是由于这种突发事件往往在很短的时间内会对企业或品牌产生恶劣影响，因此，企业内部应该重视企业危机及企业危机管理，尤其是设置制度化、系统化的有关危机管理和灾难恢复方面的业务流程和组织机构。这些流程在业务正常时不起作用，但是在危机发生时会及时启动并有效运转，对危机的处理发挥重要作用。国际上一些大公司在危机发生时往往能够应付自如，其关键之一是拥有制度化的危机处理机制，从而在发生危机时可以快速地启动相应机制，全面而井然有序地开展工作。因此，企业应建立成文的危机管理制度、有效的组织管理机制、成熟的危机管理培训制度，逐步增强危机管理的快速反应能力。在这方面，天津史克公司面临康泰克危机事件时的沉着应对就是一个典型的危机处理成功范例。相反，阜阳奶粉事件发生后，危机处理的被动和缺乏技巧性，反映出一些企业没有明确的危机反应和决策机制，导致机构混乱忙碌，效率低下。

2. 实事求是的沟通原则

危机的发生必然会给企业形象带来损失，甚至危及企业的生存。在危机管理的全过程中，企业要努力减少危机对企业诚信形象带来的损失，争取公众的谅解和信任。只要顾客或社会公众是因使用了本企业的产品而受到了伤害，企业就应该在第一时间向社会公众公开道歉以示诚意，并且立即改进企业的产品或服务，尽力挽回影响，赢得消费者的信任和忠诚，维护企业的诚信形象。例如，"泰诺"中毒事件的处理维护了约翰逊公司的信誉，赢得舆论和公众的一致赞扬，为今后重新占领市场创造了极有利的条件。

沟通是危机管理的中心内容。与企业员工、媒体、相关企业组织、股东、消费者、产品销售商、政府部门等利益相关者的沟通是企业不可或缺的工作。沟通对危机带来的负面影响有最好的化解作用。企业必须树立强烈的沟通意识，及时将事件发生的真相、处理进展传达给公众，以正视听，杜绝谣言、流言，稳定公众情绪，争取社会舆论的支持。在中美史克PPA遭禁事件中，中美史克在事发的第二天召开了中美史克全体员工大会，向员工通报了事情的来龙去脉，宣布公司不会裁员。此举赢得了员工空前一致的团结，避免了将外部危机转化为内部危机。相反，三星集团主席李健熙是一个强势的领导者。在1997年决定进入汽车产业的时候，李健熙认为凭借三星当时的实力，进军汽车产业没有问题。实际上，汽车产业早已经是生产大量过剩、生产能力超过需求的40%，世界级品牌正在为瓜分市场而激烈竞争。由于企业内部领导层缺乏沟通，部门经理不敢提出反对意见，结果是，三星汽车刚刚投产一年就关门大吉。

3. 预控优先原则

防患于未然永远是危机管理最基本和最重要的要求。危机管理的重点应放在危机发生前的预防上，预防与控制是成本最低、最简便的方法。因此，建立一套规范、全面的危机管理预警系统是必要的。现实中，危机的发生具有多种前兆，几乎所有的危机都是可以通过预防来化解的。危机的前兆主要表现在产品、服务等存在缺陷，企业高层管理人员大量流失，企业负债过高，长期依赖银行贷款，企业销售额连续下降和企业连续多年亏损等。因此，企业要从危机征兆中透视企业存在的危机认识到存在的威胁，越早采取适当的行动，就越有可能控制住危机的发展。1985 年，海尔集团总裁张瑞敏当着全体员工的面，将 76 台带有轻微质量问题的电冰箱当众砸毁，力求消除质量危机的隐患，创造出了"永远战战兢兢，永远如履薄冰"的独具特色的海尔生存理念，给人一种强烈的忧患意识和危机意识，从而成为海尔集团打开成功之门的钥匙。

4. 及时反应原则

危机降临时，当事人应当冷静下来，采取有效的措施，在第一时间查出原因，找准危机的根源，以便迅速、快捷地消除公众的疑虑。同时，企业必须以最快的速度启动危机应变计划并立刻制定相应的对策。如果是内因，就要处理相应的责任人，给舆论和受害者一个合理的交代；如果是外因，要及时调整企业战略目标，重新考虑企业发展方向。在危机发生后要时刻同新闻媒体保持密切的联系，借助公正、权威性的机构来解决危机，承担起给予公众精神和物质的补偿责任，做好恢复企业的事后管理，从而迅速有效地解决企业危机。例如，在 2017 年的"海底捞老鼠门"危机中，海底捞临阵不慌，出手"快、准、狠"，第一时间进行调查，对媒体报道中披露的问题确认属实并发出致歉信，将危机的负面影响减少到最小，海底捞官方的公关做法赢得了业内人士的好评。

四、企业危机管理的内容

危机管理是企业在探讨危机发生规律、总结处理危机经验的基础上形成的新型管理范畴，是企业对危机处理的深化和对危机的超前反应。企业危机管理的内容包括：危机前的预防与管理、危机中的应急处理以及危机的善后总结。在我国，危机管理具有特殊性。

1. 危机前的预防与管理

危机管理的重点就在于预防危机。正所谓"冰冻三尺，非一日之寒"，几乎每次危机的发生都有预兆性。如果企业管理人员有敏锐的洞察力，能根据日常收集到的各方面信息，对可能面临的危机进行预测，及时做好预警工作，并采取有效的防范措施，就完全可以避免危机发生或把危机造成的损害和影响减少。出色的危机前的预防与管理不仅能够预测可能发生的危机情境，积极采取预控措施，而且能为可能发生的危机做好准备，拟订计划，从而从容地应对危机。危机预防与管理要注意以下几方面问题。

（1）树立正确的危机意识。"居安思危，未雨绸缪"是危机管理理念之所在。预防危机要伴随着企业经营和发展长期坚持不懈，把危机管理当作一种临时性措施和权宜之计的做法是不可取的。在企业生产经营中，要重视与公众沟通，与社会各界保持良好关系；同时，企业内部要沟通顺畅，消除危机隐患。企业的全体员工，从高层管理者到一般员工，都应居安思危，将危机预防作为日常工作的组成部分。全员的危机意识能增强企业抵御危机的能力，有效地预防危机产生。

(2) 建立危机预警系统。现代企业是与外界环境有密切联系的开放系统，不是孤立封闭的体系。预防危机必须建立高度灵敏、准确的危机预警系统，随时收集产品的反馈信息。一旦出现问题，要立即跟踪调查，加以解决；要及时掌握政策决策信息，研究和调整企业的发展战略和经营方针；要准确了解企业产品和服务在用户心目中的形象，分析掌握公众对本企业的组织机构、管理水平、人员素质和服务的评价，从而发现公众对企业的态度及变化趋势；要认真研究竞争对手的现状、实力、潜力、策略和发展趋势，经常进行优劣对比，做到知己知彼；要重视收集和分析企业内部的信息，进行自我诊断和评价，找出薄弱环节，采取相应的措施。

(3) 成立危机管理小组，制订危机处理计划。成立危机管理小组，是顺利处理危机、协调各方面关系的组织保障。危机管理小组的成员应尽可能选择熟知企业和本行业内外部环境，有较高职位的公关、生产、人事、销售等部门的管理人员和专业人士参加。他们应具有创新思维、善于沟通、严谨细致、处乱不惊、亲和力强等素质，以便总揽全局，迅速作出决策。小组的领导人应当由企业管理中的重要角色承担。但其必须在公司内部有影响力，能够有效控制和推动小组工作。危机管理小组要根据危机发生的可能性，制订出防范和处理危机的计划。危机处理计划可以使企业各级管理人员做到心中有数，一旦发生危机，可以根据计划从容地作出决策，掌握主动权，对危机迅速作出反应。

(4) 进行危机管理的模拟训练。企业应根据危机应变计划进行定期的模拟训练。模拟训练应包括心理训练、危机处理知识培训和危机处理基本功演练等内容。定期模拟训练不仅可以增强危机管理小组的快速反应能力、强化危机管理意识，还可以检测已拟订的危机应变计划是否切实可行。

2. 危机中的应急处理

危机事件往往时间紧，影响面大，处理难度高。因此，在危机处理过程中要注意以下事项。

(1) 沉着镇静。危机发生后，当事人要保持镇静，采取有效的措施隔离危机，不让事态继续蔓延，并迅速找出危机发生的原因。

(2) 策略得当，即选择适当的危机处理策略。危机处理策略主要包括以下几方面。

① 危机中止策略。企业要根据危机发展的趋势，审时度势，主动中止，承担某种危机损失。例如，关闭亏损工厂、部门，停止生产滞销产品。

② 危机隔离策略。由于危机发生往往具有关联效应，一种危机处理不当，就会引发另一种危机。因此，当某一危机产生之后，企业应迅速采取措施，切断危机同企业其他经营领域的联系，及时将爆发的危机予以隔离，以防扩散。

③ 避强就弱策略。由于危机损害程度强弱有别，在危机一时不能根除的情况下，要选择危机损害小的策略。

(3) 应变迅速。以最快的速度启动危机应变计划，应刻不容缓，果断行动，力求在危机损害扩大之前控制住危机，如果初期反应滞后，就会造成危机蔓延和扩大。近几年，在"3·15"节目上 CCTV 点名京东、淘宝等网商旗下网店乱象。淘宝当即开始严厉打击易混淆品牌入驻淘宝天猫,现已有多家品牌被清退,店铺被扣分处罚,甚至永久清退封店。这一举措重新赢得了消费者的信任。

(4) 着眼长远。危机处理中,应更多地关注公众和消费者的利益,关注公司的长远利益,而不仅仅是短期利益。应设身处地地、尽量为受到危机影响的公众减少或弥补损失,维护企业良好的公众形象。20 世纪 90 年代曾经红极一时的"三株口服液",就是因为对一场原因说不清、道不明的人命官司处理不当,对受害者漠然置之,不重视公众利益,最终导致了公司经营的难以为继。国内企业犯这种错误的屡见不鲜,教训何其深刻。

(5) 信息通畅。建立有效的信息传播系统,做好危机发生后的传播沟通工作,争取新闻界的理解与合作。这也是妥善处理危机的关键环节,主要应做好以下工作:①掌握宣传报道的主动权,通过召开新闻发布会以及使用互联网、电话传真等多种媒介,向社会公众和其他利益相关者及时、具体、准确地告知危机发生的时间、地点、原因、现状,公司的应对措施等相关的并可以公开的信息,以避免因小道消息满天飞和谣言四起而引起误导和恐慌。②统一信息传播的口径,对技术性、专业性较强的问题,在传播过程中尽量使用清晰和不产生歧义的语言,以避免出现猜忌和流言。③设立 24 小时开通的危机处理信息中心,随时接受媒体采访和公众访问。④要慎重选择新闻发言人。正式的新闻发言人一般可以安排主要负责人担任,因为他们能够准确回答有关企业危机的各方面情况。如果危机涉及技术问题,就应当由分管技术的负责人来回答;如果涉及法律问题,那么,企业法律顾问可能就是最好的发言人。新闻发言人应遵循公开、坦诚、负责的原则,以低姿态、富有同情心和亲和力的态度来表达歉意,表明立场,说明公司的应对措施,对不清楚的问题,应主动表示会尽早提供答案,对无法提供的信息,应礼貌地表示无法告之并说明原因。

(6) 要善于利用权威机构在公众心目中的良好形象。为提升公众对企业的信赖感,可邀请权威机构(如政府主管部门、质检部门、公关公司)和新闻媒体参与调查和处理危机。1997 年,当百事可乐的软饮料罐中发现了来历不明的注射器时,百事公司迅速邀请五家电视台、公证机构以及政府质检部门参加对公众的演示活动,以证明这些异物只可能是由购买者放进去的,结果,由于措施得当、及时,公众的喧闹很快便得到平息。

3. 危机的善后总结

危机的善后总结是整个危机管理的最后环节。危机所造成的巨大损失会给企业带来必要的教训,所以,对危机管理进行认真系统的总结十分必要。危机的善后总结可分为三个步骤。

(1) 调查,是指对危机发生原因和相关预防处理的全部措施进行系统调查。

(2) 评价,是指对危机管理工作进行全面的评价,包括对预警系统的组织和工作内容、危机应变计划、危机决策和处理等各方面的评价,要详细地列出危机管理工作中存在的各种问题。

(3) 整改,是指对危机管理中存在的各种问题综合归类,分别提出整改措施,并责成有关部门逐项落实。

五、企业危机管理的作用

对于企业而言,成功的危机管理可以在以下几方面发挥重要的作用。

1. 确保企业战略目标的实现

战略管理的任务在于立足企业的长远发展，设计企业的竞争战略，并将这种战略有效地付诸实施。战略管理与危机管理的脱节，使得企业容易忽视战略管理过程中可能出现的各种危机诱因，对企业的活动可能给自然环境带来的不良影响、企业的活动可能引发的利益相关者权利的削弱、企业的产品可能存在的负面影响、生产经营过程中可能存在的安全隐患等问题缺乏足够的考虑和准备，一旦危机爆发，必然造成企业战略实施的中断。因此，企业如果将战略管理和危机管理有效地融合在一起，可以弥补单纯的战略管理的缺陷，确保企业战略的顺利实现。

2. 维系员工的忠诚度

在企业员工的眼中，企业危机中企业管理层的一举一动往往具有放大效应。如果企业管理层对危机管理不当，往往会导致员工对企业管理层失去信心，从而对企业的忠诚度下降。而如果危机管理妥当，则能够提高员工对企业管理层的信任程度，增强员工对企业的向心力。

3. 维护企业形象

良好的企业形象是企业长期以客户为本、诚实经营的结果。有效的危机管理有助于维护企业形象，如果在危机管理中表现突出，甚至有可能提升企业形象。而危机管理不当，很容易使多年来辛辛苦苦建立起来的良好的企业形象在几个小时或几天之内破坏殆尽。而企业要想在顾客、供应商、政府部门、媒体、社区居民以及其他公众中再次证明自己的信用，重新赢得信任，则需要花费大量的时间和金钱。

雀巢公司在这一问题上就有过教训。20 世纪 70 年代初，雀巢奶粉开始在人口众多的发展中国家销售，正当销售旺季，却发生了令世人瞩目的"雀巢风波"：在发展中国家，由于食用了该奶粉导致大批婴儿营养不良。究其原因，一方面是由于奶粉食用不当而被污染；另一方面，雀巢公司在奶粉生产过程中也存在着一些质量问题。"雀巢风波"发生后，公司未能及时采取有效的措施来维护企业形象，而是听之任之，没有正确地对待社会活动家的批评与建议，甚至对一些教会领袖提出的严肃的道德问题也采取冷漠的态度，1977 年出现了全球范围的抵制活动。此时，公司才开始采取措施进行补救，但为时已晚。直到 1984 年 1 月，由于雀巢公司承认并实施了世界卫生组织有关经销母乳替代品的国际法规，国际社会抵制雀巢产品运动委员会才结束活动。为此，雀巢公司损失近 4000 万美元。

4. 确保企业盈利水平

如果危机管理不当，伴随着企业形象的受损，顾客由于对企业及其产品失去信任转而购买竞争者的产品，企业产品的销售量必然下降，销售收入减少。企业也可能因为危机管理不当而出现各种资源供给不足，导致市场机会的丧失和市场占有率的下降。而在危机期间，却增加了许多正常情况下不可能发生的费用，成本大幅度提高。收入减少与成本增加的双重压力，使得企业的盈利水平急剧恶化。为了避免这种不利局面的发生，企业必须重视危机管理。

六、企业危机管理的对策

企业在生产经营中面临着多种危机，无论哪种危机发生，都有可能给企业带来致命的打击。企业通过危机管理对策可以把一些潜在的危机消灭在萌芽状态，把必然发生的危机损失减少到最小的程度。虽然危机具有偶然性，但是危机管理对策并不是无章可循。我们通过对企业危机实践的总结，不难发现危机管理对策主要包括如下几个方面。

1. 做好危机预防工作

危机产生的原因是多种多样的，不排除偶然的原因，多数危机的产生有一个变化的过程。如果企业管理人员有敏锐的洞察力，根据日常收集到的各方面的信息，能够及时采取有效的防范措施，完全可以避免危机的发生或使危机造成的损害和影响尽可能减少到最小程度。因此，预防危机是危机管理的首要环节。

(1) 树立强烈的危机意识。企业进行危机管理应该树立一种危机理念，营造一个危机氛围，使企业的员工面对激烈的市场竞争，充满危机感，将危机的预防作为日常工作的组成部分。首先，对员工进行危机管理教育。让员工认清危机的预防有赖于全体员工的共同努力。全体员工的危机意识能增强企业抵御危机的能力，从而有效地防止危机发生，在企业生产经营中，员工时刻把与公众沟通放在首位，与社会各界保持良好的关系，消除危机隐患。其次，开展危机管理培训。危机管理培训的目的与危机管理教育不同，它不仅在于进一步强化员工的危机意识，更重要的是让员工掌握危机管理知识，增强危机处理技能和面对危机的心理素质，从而提高整个企业的危机管理水平。

(2) 建立预防危机的预警系统。预防危机必须建立高度灵敏、准确的预警系统。信息监测是预警的核心，利用大数据随时搜集各方面的信息，及时地加以分析和处理，把隐患消灭在萌芽状态。预防危机需要重点做好以下信息的收集与监测：①随时收集公众对产品的反馈信息，对可能引起危机的各种因素和表象进行严密的监测；②掌握行业信息，研究和调整企业的发展战略和经营方针；③研究竞争对手的现状，进行实力对比，做到知己知彼；④对监测到的信息进行鉴别、分类和分析，对未来可能发生的危机类型及其危害程度作出预测，并在必要时发出危机警报。

(3) 建立危机管理机构。这是企业危机管理有效进行的组织保障，它不仅是处理危机时必不可少的组织环节，在日常危机管理中也是非常重要的。危机发生之前，企业要做好危机发生时的准备工作，建立起危机管理机构，制定出危机处理工作程序，明确主管领导和成员的职责。成立危机管理机构是发达国家的成功经验，是顺利处理危机、协调各方面关系的组织保障。危机管理机构的具体组织形式，可以是独立的专职机构，也可以是一个跨部门的管理小组，还可以在企业战略管理部门设置专职人员来代替。企业可以根据自身的规模以及可能发生的危机的性质和概率灵活决定。

(4) 制订危机管理计划。企业应该根据可能发生的不同类型的危机制订一整套危机管理计划，明确怎样防止危机爆发，一旦危机爆发立即作出针对性反应等。事先拟订的危机管理计划应该囊括企业多方面的应酬预案。在计划中要重点体现危机的传播途径和解决办法。

2. 危机处理

(1) 有效的危机控制。危机发生后，危机管理机构要快速调查事件原因，弄清事实真相，尽可能把真实的、完整的情况公之于众，各部门要保证信息的一致性，避免公众的各种无端猜疑。配合有关调查小组的调查，并做好应对有关部门和媒体的解释工作以及事故善后处理工作。速度是危机控制阶段的关键，决策要快速，行动要果断，力度要到位。

(2) 迅速拿出解决方案。企业以最快的速度启动危机处理计划。每次危机各不相同，应该针对具体问题，随时修正和充实危机处理对策。主动、真诚、快速反应、公众利益至上是企业面对危机最好的策略。企业应该掌握宣传报道的主动权，通过召开新闻发布会，向公众告知危机发生的具体情况、企业解决问题的措施等内容。发布的信息应该具体、准确，随时接受媒体的采访和有关公众的访问，以公众利益至上的原则解决问题。还可以发挥权威性机构在解决危机中的作用，处理危机时，最好邀请权威人士辅助调查，以赢取公众的信任，这往往对企业危机的处理能够起决定性的作用。

3. 危机的善后工作

危机的善后工作主要是消除危机处理后遗留的问题和影响。危机发生后，企业形象受到了影响，公众对企业会非常敏感，要靠一系列危机善后管理工作来挽回影响。

(1) 进行危机总结、评价。对危机管理工作进行全面的评价，包括对预警系统的组织、工作程序、危机处理计划、危机决策等各方面的评价，要详细地列出危机管理工作中存在的各种问题。

(2) 对问题进行整顿。多数危机的爆发与企业管理不善有关，通过总结评价提出改正措施，责成有关部门逐项落实，完善危机管理内容。

(3) 寻找商机。危机给企业制造了另外一种环境，企业管理者要善于利用危机探索经营的新路子，进行重大改革。这样，危机可能会给企业带来商机。

总之，危机并不等同于企业失败，危机之中往往孕育着转机。危机管理是一门艺术，是企业发展战略中的一项长期规划。企业在不断谋求技术、市场、管理和组织制度等一系列创新的同时，应将危机管理创新放到重要的位置。一个企业在危机管理上的成败能够显示出它的整体素质和综合实力。成功的企业不仅能够妥善处理危机，而且能够化危机为商机。

第二节 企业文化危机及案例解析

一、企业文化危机相关内容

1. 企业文化危机的概念

企业文化危机是指企业的经营哲学、价值观念、员工的行为习惯等不能适应企业发展的客观需要而引发的危机。

2. 企业文化危机的诱因

企业文化危机的诱因，归纳起来主要有以下几类。

(1) 企业缺乏积极的价值观。企业自身的发展水平，高层领导的个人素质、价值观念及其经营哲学决定了企业整体的价值观念，如果企业处于非正常发展阶段，或者高层领导个人素质较低，客观上就很难使企业树立健康积极的价值观念，企业的经营哲学往往就会过分追求短期经济利益，不能引导企业长久健康地发展。

(2) 企业缺乏良好的制度规范。企业的雇用制度、员工评价和升级制度及培训制度不能公平公正、奖优罚劣，既不能保证员工个人的发展需要，也不利于企业的长远发展，久而久之就会使企业员工人心涣散，形成不健康的企业价值观。

(3) 企业员工缺少良好的行为模式。企业领导人的行为习惯、员工的行为习惯、员工之间的沟通和交往模式也会影响企业文化价值观的形成。因此，如果企业员工普遍缺少良好的行为模式，就会影响和制约企业形成优秀的文化。

3. 企业文化危机的应对

(1) 企业领导要树立正确的经营哲学和价值观念。企业作为营利性组织，不追求经济利益是不现实的，但是如果企业过分追求短期经济利益，忽视了其他利益相关者(如顾客、股东、供应商、经销商及社会)的利益，就会导致企业不能可持续、健康地正常发展，因此，企业领导要树立正确的经营哲学和价值观念，为企业树立长远、健康的发展方向。

(2) 建立信任机制和高效的沟通机制。企业内部员工彼此相互信任是企业构建健康文化的前提，只有相互信任，才能减少企业内部的协调成本，同时也可以使员工保持愉悦的心情为组织效力。积极高效的沟通机制也是企业优秀文化形成的重要保障。

(3) 建立学习型组织。当今世界各国的优秀企业都非常注重打造学习型组织，不断地通过学习提升企业各级员工的自身素质，这是企业健康发展的不竭动力。

(4) 建立企业信条、守则及行为规范。世界各国的优秀企业从 20 世纪 80 年代起，注重通过建立企业信条、守则及行为规范来约束、规范企业员工，提升企业员工的道德水准和自律意识，以此来促进企业形成共同的价值观念和行为习惯。

二、企业文化危机案例解析

 案例解析 4-1

安然公司的破产

一、案例回放

2001 年 12 月 2 日，美国主要的能源交易商安然公司(Enron)向法院申请破产保护。

安然公司，曾是一家能源类公司。在 2001 年宣告破产之前，安然拥有约 21000 名雇员，是世界上最大的电力、天然气以及电信公司之一，2000 年披露的营业额达 1010 亿美元。公司连续 6 年被《财富》杂志评选为"美国最具创新精神公司"，然而真正使安然公司在全世界声名大噪的，却是使公司在几周内破产的财务造假丑闻。

事件过程如下。

2001 年年初，一家有着良好声誉的投资机构老板吉姆·切欧斯公开对安然的盈利模式表示了怀疑。他指出，虽然安然的业务看起来很辉煌，但实际上赚不到什么钱，也没有人能够说清安然是怎么赚钱的。据他分析,安然的盈利率在2000年为5%,到了2001年年初就降到2%以下,对于投资者来说,投资回报率仅有7%左右。

切欧斯还注意到有些文件涉及了安然背后的合伙公司,这些公司和安然有着说不清的幕后交易,作为安然的首席执行官,斯基林一直在抛出手中的安然股票,而他同时却在不断宣称安然的股票会从当时的70美元左右升至126美元。但按照美国法律规定,公司董事会成员如果没有离开董事会,就不能抛出手中持有的公司股票。

到了2001年8月中旬,人们对于安然的疑问越来越多,并最终导致了股价下跌。2001年8月9日,安然股价已经从年初的80美元左右跌到了42美元。

2001年10月16日,安然发表2001年第二季度财报(是第三季财务报表),宣布公司亏损总计达到6.18亿美元,即每股亏损1.11美元。同时首次透露因首席财务官安德鲁·法斯托与合伙公司经营不当,公司股东资产缩水12亿美元。

2001年10月22日,美国证券交易委员会瞄上安然,要求公司自动提交某些交易的细节内容,并最终于10月31日开始对安然及其合伙公司进行正式调查。

2001年11月1日,安然抵押了公司部分资产,获得J.P摩根和所罗门史密斯巴尼的10亿美元信贷额度担保,但美林和标准普尔公司仍然再次调低了对安然的评级。

2001年11月8日,安然被迫承认做了假账,虚报数字让人瞠目结舌:自1997年以来,安然虚报盈利总计约6亿美元。

2001年11月9日,迪诺基公司宣布准备用80亿美元收购安然,并承担130亿美元的债务。

2001年11月28日,标准普尔将安然债务评级调低至"垃圾债券"级。

2001年11月30日,安然股价跌至0.26美元,市值由峰值时的800亿美元跌至2亿美元。

2001年12月2日,安然正式向破产法院申请破产保护,破产清单中所列资产高达498亿美元,成为美国历史上最大的破产企业。当天,安然还向法院提出诉讼,声称迪诺基中止对其合并不合规定,要求赔偿。

二、案例分析

1. 个人主义促成了官僚的安然

企业能吸引优秀人才远远不够,还必须保证员工的不断进步,为此安然公司设立了一个绩效评估系统,并认为评价员工绩效最合适的人选莫过于他的同事。1997年,公司首席执行官杰弗里·斯基林(Jeffrey Skilling)在全公司范围内采用了一套绩效评估程序:对同层次的员工进行横向比较。按绩效将员工分为五个级别,这些级别决定了他们的奖金和命运。每六个月员工和经理们就要重复这一评估过程,大约三周左右时间公司就能把这些资料整理出来。直到2000年斯基林在谈到这个绩效评估体系时还曾指出:"如果你想有所创新,你就必须让员工精诚团结。"然而,事与愿违,安然的绩效评估系统实际上形成了个体重于团队的企业文化。"人们独立完成自己的所有工作",一位安然的老员工说,"原因很简单:如果我和约翰是竞争对手,我为什么要去帮助他呢?"在这种情况下,安然文化造成了个人主义泛滥,扼制了团队协作精神的培养。随着新经济的衰退,要作出突出业绩越来越难,公司内部的竞争也越来越激烈。而当这一趋势越来越明显时,这种压力拉动型的绩效评估机制也就逐步转化成为一种拉帮结派的官僚系统。有些经理开始捏造问题,篡改记录，赶走那些自己看不顺眼的雇员。缺乏团队精神成为公司前进的致命伤，而团队精神恰恰是实现创新的必备条件，因为任何个人都无法完成所有的工作。

2. "赢者通吃"造就了纸糊的安然

杰弗里·斯基林在全公司范围内设立了一种绩效考核系统后，及时淘汰不合格员工，同时花大价钱奖励作出成绩的员工。在安然，失败者总是中途出局，获胜者会留下来，做成最大交易的那些人更是可以得到数百万美元的奖金，这就是安然公司的"赢者通吃"文化，这种文化给员工打下了一种"只许成功，不许失败"的烙印。犯错的员工立刻就会被解雇，其结果不仅促使员工尽可能地掩盖过失，也使员工失去了许多锻炼的机会。公司过去的和现在的一些雇员都曾指出，保持安然股价持续上升的压力，诱使高级管理者在投资和会计程序方面冒更大的风险，其结果就是虚报收入和隐瞒越来越多的债务，最终造成了现在的状况。用前经理玛格丽特·切科尼(Margaret Chuck)的话来说，安然是"一座用纸牌搭成的房子"。

3. 盲目追"酷"催生了浮躁的安然

就在两年前，安然公司的执行委员会集中开会，决定为安然公司选择新的企业目标。当时的安然已经骑虎难下，新业务的扩张、新市场的开拓几乎是每天都要进行的工作。原来的企业目标——"世界一流的能源公司"似乎已无法跟上公司发展的需要。于是最后确定下来的企业目标是"世界上最酷的公司"。当时安然的总裁杰弗里·斯基林指出："这个目标体现出了一种改革创新的精神！"就在这一企业目标的指引下，安然迅速膨胀、过度扩张，明显实例之一就是宽带业务。

1999年，安然公司建起了在线电子商务平台，进行网上天然气、电力、管道、纸张、金属等交易，一度被认为是传统企业结合网络的成功楷模。斯基林在2000年年初曾断言宽带业务将发展成为公司最重要的业务之一，然而事实是在2001年年初宽带业务的发展就已经遭受重大挫折，2001年第二季度亏损达1.09亿美元，宽带部门成了安然亏损最大的部门。

安然的实践证明：过度膨胀、快速发展，不仅使公司无法应对经济环境的逆转，反而容易导致公司经营状况的恶化，以破产结束企业。

4. 蔑视"制度"纵容了失控的安然

在斯基林掌管安然期间，他就着手改革公司文化。他给员工更多的自由，鼓励员工尽量利用公司规章范围内的有利条件，甚至可以在不报告顶头上司的情况下独自采取行动。安然一位年轻的经理主管人员想涉足宽带业务领域，斯基林让他放手去干，甚至没有将此事通知他的顶头上司。这种情况并非偶然。路易斯·肯切(Louis Cogent)是协助安然进军欧洲能源市场的先锋。当时她还不到30岁，也并非安然的高层领导，然而她却集中了一批员工，设计出公司在伦敦分部的全部业务流程，并且在未经斯基林允许的情况下，从安然的其他分部抽调了380名员工以及价值3000万美元的设备投入这一工程。尽管这一项目后来得到了斯基林的认可，并且在投产后的前四个月就取得巨大成功，但它却同时淡化了公司的管理层次，削弱了直接管理者的威信，不利于公司整体的长远发展。

没有安然不能做的！在这种氛围的鼓励下，安然迅速进入贸易、广告甚至金融领域。渐渐地，安然的扩张失去了控制。斯基林的这种思想倾向不仅严重削弱了中层管理者的威信，也影响到了他们的行为，有些人甚至产生了一种忧虑：对被斯基林看好的员工给予得不够多，就可能使自己的事业前途多舛。

5. "自以为是"熏陶了傲慢的安然

在安然迅速扩张期间,公司的上上下下都逐渐产生了一种"自以为是"的心理。理查德·科克(Richard Koch),原是安然的一名工程师,就曾经说过:"我认为安然无所畏惧,公司可以在任何业务中赢得利润。"维吉尼亚大学的教授罗伯特·F.布鲁纳(Robert F. Bruner)指出:安然失败的最大原因就在于它缺乏谦虚精神。分析家卡若尔·科拉(Kare Cora)也曾指出:安然文化中的傲慢与霸气已经在公司中深深扎根。人们甚至认为他们可以从走路的样子判断出谁是安然的员工。这种说法虽然有些夸张,却从一个侧面反映出了"自以为是"的傲慢倾向已深深扎根于安然文化之中。所谓"骄者必败",在这样一种文化氛围中,安然的失败也就不足为奇了。

安然倒下了,留给我们无尽的思索。抛开安然破产给各方面所带来的巨大冲击,安然破产本身就给我们提供了一个全新的视角。因此,重新审视企业文化在企业发展过程中的长远影响是至关重要的。事实使我们不得不承认:正是安然企业文化问题引发了一系列外部危机,导致安然一步一步地走向破产。

三、思考与讨论

1. 安然公司的案例给我们的教训是什么?
2. 如果你是安然公司的高层管理人员,你会怎样构建企业文化?

(资料来源:罗瑞荣. 是谁毁了安然? [J]. 中外管理. 2002,05:66-67.)

 案例解析 4-2

美国世通公司的破产

一、案例回放

美国世通公司(MCI Worldcom)曾经位列财富500强的第42位,鼎盛时期的雇员总数为8万人,年收入达352亿美元。2001年,美国世通公司的破产事件刷新美国企业破产案涉案金额的历史纪录。会计丑闻是众所周知的原因。此后的"世通"成为"丑闻"的代名词。

1983年,时年43岁的伯纳德·埃伯斯(Bernie Ebbers)与几个合作伙伴在密西西州一家小餐馆的餐巾上草拟了一份商业计划书,决定成立一家电话公司——长途电话折扣公司(LDDS),这便是世通公司的前身。当时,它的主营业务被确定为从美国电话电报公司那里以低价购进长途电话服务,然后再以稍高的价格卖给普通消费者。

两年之后,埃伯斯便制定了决定其未来发展的策略,即通过兼并和收购达到超乎寻常的增长速度。一开始,这个计划进行得非常顺利,且收效显著,到1989年公司上市时,任何曾购买100美元该公司股票的投资者都可以获得价值3000美元以上的股份。

此后数年间,长途电话折扣服务公司吞并了数十家通信公司,并于1995年更名为世界通信公司,埃伯斯任首席执行官。到1999年6月21日,世界通信公司股票涨至64.50美元的最高峰,市值则冲破1960亿美元。

埃伯斯这个曾经当过体育老师的首席执行官和他所领导的公司似乎非常擅长从收购中获益。最初世通的收购对象通常为小型地方电信商。由于世通本身规模有限,每一次收购均能够令其财务指标大幅改善。在大多数并购案中,世通公司都不需要付现,而是以股票交换来达到控股的目的。

为此，华尔街的投资银行和证券商对埃伯斯和世通好感倍增，这为世通进行新的并购带来了越来越多的筹码，最终导致公司的财务指标必须通过一次又一次的收购来维持。世通在不知不觉中逐步脱离了一家公司正常的轨道：收购成为目的，而公司运作的基本层面反倒被遗忘。

随着电信行业的非理性膨胀，世通的胃口越来越大。1998 年，它以 370 亿美元收购长途电话公司 MCI，该宗交易涉及的金额创下当时的企业购并纪录，公司股价势如破竹般上升，这次收购对日后的公司规模具有决定性意义。此后，世通被华尔街正式当作一家大型公司来看待和要求。

不过这样一来，世通感受到压力明显增大：如果按照自然地成长，世通很难以实打实的优秀业绩继续吸引华尔街的注意，因此，埃伯斯决定收购规模更大的对手，以维持可观的盈利增幅。

1999 年，世通决定以 1150 亿美元的惊人价钱收购美国主要电信商 Sprint，但最终，此项收购被美国政府否决。世通的命运由此急转直下，盈利和收入增长不断放缓，股价回落；加之电信网络市场因扩张过度而急速转坏，高速增长阶段所亏欠的高额债务成为世通不能承受之重。

2001 年，世通高额负债的状况引起美国证券监管机构的关注，为此所进行的调查导致埃伯斯被迫辞职。而新任首席执行官很快就在一次内部审计中发现，从 2001 年开始，世通公司用于扩建电信系统工程有关的大量费用没有被作为正常成本入账，而是作为资本支出处理，这一会计"技巧"为世通带来了 38 亿美元的巨额"利润"——世通丑闻从此昭然于天下。

事实上，在公司高速成长的阶段，为了维持其在华尔街的形象，世通公司已经在财务报表上作出零星粉饰之举。在感到失宠的危机后，为了恢复华尔街和投资者的兴趣，世通公司决定铤而走险，进行大规模造假，从此踏上了不归路。

美国证券交易委员会公布的最终调查资料显示，在 1999 年到 2001 年的两年间，世通公司虚构的营业收入达到 90 多亿美元：通过滥用准备金科目，利用以前年度计提的各种准备金冲销成本，以夸大对外报告的利润，所涉及的金额达到 16.35 亿美元；又将 38.52 亿美元经营费用单列于资本支出中，加上其他一些类似手法，使得世通公司 2000 年的财务报表有了营业收入增加 239 亿美元的亮点。

但无论多高明的会计师都不可能将会计报表上的数字变成真金白银。世通对财务账目的随意修改甚至弥撒下弥天大谎，对公司的实际经营并没有丝毫促进，反而使得高级管理者更加利令智昏，一心寄希望于资本的运作和欺诈来侥幸过关，全然忘记了商业的根本，最终导致公司首席执行官埃伯斯银铛入狱，世通破产。

二、案例分析

近年来，爆出财务丑闻的美国企业不在少数，如凯马特、微软、通用电气、施乐、默克、强生等，而像世通这样疯狂地依靠兼并收购和欺诈来获得利益和商誉的公司，在美国商界中具有相当的代表性。

有评论认为，美国上市公司之所以纷纷造假，与该社会存在的对商界领导者个人崇拜的氛围是相互关联的。在传统上，这是一个崇尚个人主义和现实利益的国家，首席执行官理所当然被视为个人英雄主义的写照，这造成了公司高层管理人员拥有高收入，且具有获得股票期权的诱人权利。为了在资本市场获得利益，很多高层管理者片面追求高成长率及高股价，甚至不惜铤而走险，与会计师事务所等中介机构沆瀣一气，通过做假账来虚夸公司业绩，进而套现获利。

这种观点可以从起源上解释频频爆出的财务丑闻，而在更实际的层面上，若这一氛围运用不当，还可以轻易造成公司监管与个人贪婪之间的脱节。以世通为例，通过收购进行规模扩张的漫长过程始终受到内部人，主要是创始人埃伯斯的控制。世通公司曾将 3.66 亿美元借给埃伯斯用于炒股——从而使得公司的长远发展最终让位于高管个人的利益和贪欲。

不难想象，埃伯斯这种追求快速致富的价值观造成了世通在成长过程中对兼并收购手段的依赖，造成了世通公司为扩张而扩张的疯狂状况。事实上，倘若不是为了获取互补效应和协同效应，倘若没有精细的成本收益分析，没有大幅度的经营改善做后盾，任何一家从事制造业和服务业的公司都不可能依靠大规模购并来生存。

世通破产案发生后，有人讽刺说，首席执行官不可信，会计师事务所、股票分析师也不可信，美国人就此开始反思自己引以为豪的商业传统。然而，应该从中吸取教训的不只是美国人。经过 20 多年的发展，中国商界所涌现出的雄心勃勃的企业时下面临着扩张规模、占据世界市场的使命，在纷至沓来的兼并案中，这些企业家需要迫切考虑的问题是：如何让失败的收购案例终结在西方？

三、思考与讨论

1. 世通公司的案例给我们的教训是什么？
2. 如果你是世通公司的高层管理人员，你会怎样避免危机的发生？
3. 重新审视企业文化在企业发展过程中的长远影响对避免企业危机发生的意义何在？

(资料来源：根据江苏经济报相关内容整理)

第三节　企业战略危机及案例解析

一、企业战略危机的相关内容

1. 企业战略危机的概念

企业战略危机(ESC)是指由于企业外部环境或者内部条件的改变，企业的战略没有对此作出应变或者应变不当使企业无法实现既定目标的状态。因而，企业战略危机是企业战略管理失误或者战略管理过程的波动甚至变革所产生的危机。

2. 企业战略危机产生的原因

企业战略危机产生的原因有很多种，但归结起来表现为以下几点。
(1) 对新技术、新产品工艺的非专业性。
(2) 对市场发展趋势和顾客的需求的漠视。

(3) 投资、并购和多元化失误。

(4) 忽视商业伦理诚信、道德而导致的风险。

(5) 战略管理缺乏科学性和艺术性。

3. 战略危机的预控

企业战略危机并非一朝一夕就可发生，而是逐步累积的产物。企业对战略危机的防止和控制一般越早越容易，损失越小，对企业的影响也越小。因此，企业管理要做到防微杜渐，超前决策，争取主动，尽可能将企业战略危机消除在萌芽状态，所以应将战略危机的各种初期表现、发展过程以及危机失控等状态都纳入危机防范的对策之中。

企业战略危机的防范对策主要包括以下三个方面。

1) 战略管理的日常监控、日常演练、日常培训和预防计划

(1) 即使企业处于正常状态，也应该对企业战略管理进行日常监控，包括：①监控企业销售增长率以及变动趋势和变动幅度；②监控企业产品的市场占有率以及变动趋势与幅度；③监控企业盈利率、整个行业的盈利率、主要竞争对手的盈利率以及其相对率；④监控自有资金的利润率以及变动方向和幅度；⑤监控企业的负债情况；⑥监控战略管理部门的人员的变动情况，包括人员人数的增减，素质的变化以及接受培训的多少和程度等；⑦监控战略管理活动费用的状况；⑧监控企业战略的改变频率；⑨监控企业战略的规章、制度是否健全和完善；⑩监控企业战略的实施状况等。

(2) 企业战略危机的防范如同火灾的预防和银行的防盗，在平常就应该让员工参加演练，培养员工的危机意识和在战略危机状态下临危不惧的精神和从容自如的本领，以及应对战略危机的基本方法和基本技巧，避免在战略危机发生时手忙脚乱而使企业战略危机不可逆转。

(3) 应该制订战略危机的应急计划，从战略危机的发生机理和运动轨迹制订战略危机的应急计划，建立战略危机应急措施的对策库，减少战略危机的扩散范围和扩散程度。

2) 组织重构

组织重构是特指企业战略预警管理组织的重构，即按照企业战略预警管理思想，将战略预警管理系统置入企业原有的管理系统，并对原有的企业组织结构进行功能创新，对战略管理部门实行功能和结构的再造，即挑选原有战略部的人员，并进行战略预警管理的思想和方法的培训，组建战略预警管理小组，从事战略预警工作。另外，其他员工继续从事原有的战略管理的工作；而战略部经理与其他职能人员和高级管理人员组建战略预警管理委员会，但同时，战略预警管理委员会的成员要具备战略预警管理的思维意识。

3) 战略危机特别管理

战略危机特别管理属于例外性质的管理。当企业战略危机爆发时，应迅速成立特别危机小组作为处理危机事件的专门机构。特别危机小组成员由企业最高领导者、战略部经理、人事部经理、业务部经理和预警部经理组成，是企业发生战略危机时的最高处理机构。

当战略危机突发时，企业应该详细分析战略危机的病症及其机理，转变现有的战略，尽可能快地遏止和逆转企业的竞争和财务劣势。因此，管理部门必须寻找其根源。例如，销售的意外下降是由脆弱的经济导致的，还是由竞争战略的错误制定导致的；是因为对一个本来可行的战略执行不得力，还是运作费用很高；是因为存在重大的资源缺陷，还是因为债务过重。

4. 战略危机的应急对策

战略危机的应急对策有很多，依据不同的状况应有不同的战略对策，但基本有以下几种。

(1) 收缩战略，即将企业的经营范围和规模大幅度缩减，尽可能保存技术实力和能力很强的工作人员；变卖资产，产生现金流。

(2) 战略变动。如果衰弱的业绩是由于糟糕的战略所导致的，即企业战略危机，那么检查的任务就可以沿着下述一些路径进行：①转向新的竞争途径，重新建立企业的市场位置；②彻底检查内部的活动、资源能力以及职能战略以便更好地支持原来的业务战略；③与行业中的另一家企业合并，制定新的战略，以新的合并企业的强势为基础。

(3) 削减成本。这主要针对企业成本中有明显的问题或者价值链有足够灵活性的企业。削减成本是企业度过危机的一种基本战略。

(4) 联合措施。这是几种战略在比较宽的战线上采取的快速一致的行动。例如，企业聘用了新的管理者并给予了他们自由的决策权力来采取他们认为合适的各种行动，那么，联合性措施也常常成为企业竞争战略。

二、企业战略危机案例解析

 案例解析 4-3

国潮李宁的战略危机与逆袭之路

一、案例回放

在 20 世纪 90 年代，随着人们收入的增长，人们的消费观念逐渐发生变化，从找裁缝做衣服再到大卖场购买成品服装。人们开始对品牌有所追求，当时是中国自创时尚品牌最火的年代，而作为知名运动员李宁，创建了李宁这个品牌，他自身的存在就是最好的品牌广告。这也让李宁品牌迅速崛起，将门店开遍大街小巷。它代表着中国改革开放后第一批强调个人影响力的品牌。

公司成立之初，李宁选择了用 OEM 贴牌的方式生产李宁牌运动鞋，但因为缺少经验，第一批李宁牌运动鞋以质量不合格宣告失败，但这也为李宁品牌质量把控严格的好名声奠定了基础。

从 1994 年至 2002 年，李宁占据着中国体育用品市场最大的份额，2003 年李宁公司营业额首次突破 10 亿元，同年李宁的市场份额首次被耐克超越，到了 2004 年又被阿迪达斯甩在身后。虽然李宁的市场份额遭到打击，2004 年李宁还是成功地在香港上市了，业绩再次高速增长。随后李宁在对消费者进行市场调查时发现，自身品牌的消费人群整体是在 35～40 岁，其人数超过 50%，这对于体育用品企业来说可不是什么好事，要知道年轻群体对他们来说才是最理想的消费群体。

让李宁如虎添翼的机会是在 2008 年，由李宁创始人李宁在奥运会上以体操王子的身份进行"飞天"点火，这时市场上掀起来一阵"李宁风"。当时的李宁在国内体育用品的份额超过了 50%，到 2009 年李宁以总营业额达 83.87 亿元的傲人成绩超过了阿迪达斯。2010年，李宁总营业额更是达到 94.78 亿元，虽然稍微逊色于耐克，但在国货运动品牌中是当之无愧的领头羊。那时的李宁并不知道一场悄无声息的危机即将来临。

(一)李宁的战略危机

1. 品牌重塑转型战略的失败

2010 年 6 月 30 日，李宁发布了品牌重塑的转型战略，其中包括改变标志、改变受众定位等重大决策。标志过于抽象，但解释却十分清晰，可能是告诉世界，自己还年轻。李宁公司将新理念陡然定位"酷""时尚"这两个概念上，并将客户群体的年龄定位于"90后"。李宁公司忽视了一个最重要的问题，那就是它让支持李宁成长的"60后""70后"感到了背叛，在新的消费群体尚未形成之前，它就抛弃了老的核心消费者。

更致命的是，为了从价格认知上拉近与耐克、阿迪达斯的距离，2010 年 4 月，李宁公司率先宣布鞋类产品提价 11.1%，服装类产品提价 7.6%；同年 6 月，李宁公司又宣布鞋类产品平均售价提高 7.8%，服装类产品提价 17.9%；同年 9 月，李宁公司再次宣布鞋类和服装类产品各提价 7% 和 11% 以上。价格的提升让李宁产品的价格甚至超过了茵宝、美津浓、卡帕等国际二线品牌，它使得李宁品牌以前的性价比优势荡然无存。最终不但没有吸引到新客户，反而丧失了老客户，可真是得不偿失。

2. 库存危机的加剧

2008 年奥运时期，李宁产品的销售额达到最高点，然而，北京奥运之后就开始出现销售业绩急剧下滑的现象，2009 年很多分销商都出现了严重的库存问题。但 2009 年李宁财报中显示，当年存货仅为 6.3 亿元，平均存货周转天数为 53 天。熟悉李宁的人士告诉记者，这些财务数据只是理论数字，其中很多产品库存其实还在经销商、分销商们的手里，没有消化。

2009 年李宁公司全年新增门店 1004 家，其中 80% 位于二三线城市，但同店销售额增长从 2008 年 25.8% 的增幅一下掉到了 -2.3%。受此影响，以前一直以 20%~30% 速度上涨的订货额突然滞涨转跌 7%~8%，这种下跌趋势一直持续到 2012 年，2012 年第四季度李宁订货总订单金额继续以双位数下滑。在利差消息下，2010 年 12 月 20 日~21 日两日内，李宁公司的股价暴跌超过 20%，市值蒸发超过 45 亿港元。

2012 年，李宁公司陷入品牌业绩大幅下滑、高管动荡、订单下滑、股价大跌、定位摇摆、同行夹击等不利困局。2012 年 7 月 5 日，在宣布行政总裁张志勇辞职后，年近 50 的体操王子李宁重掌帅印。然而，"王子"归来面对的依然是整体市场的低迷与巨大的库存压力。而持续不断的关店潮像一场"瘟疫"般，蚕食着李宁公司的生命力。据报道，多年来的扩张导致经销商积压大量库存，反过来影响了零售店铺的经营和盈利能力。根据公告，2012 年，李宁公司关闭了绩效低的门店，新开了更有增长潜力的门店。至 2012 年年底，李宁牌常规店、旗舰店、工厂店及折扣店的店铺总数为 6434 间，较 2011 年 12 月 31 日净减少 1821 间。

此外，为了消化高库存，2012 年，李宁联手网商凡客开展特卖活动，优惠低至不到一折。短短 18 小时，所有商品一抢而空，让原计划持续 48 小时的特卖提前 30 个小时结束。尽管售卖火爆，但是有网友却在微博调侃此为"地摊价"售卖。毋庸置疑，"地摊价"贱卖的行为对品牌形象是绝对的打击。

最终，2012年度没有改变业绩不佳的状况，昔日的"老大哥"李宁巨亏近20亿元人民币，黯然地交出了本土运动品牌的头把交椅，这让曾经的无数拥护者感伤颇多。

(二)国潮回归

2012年受到重创的李宁，耗资14亿~18亿元进行"复兴渠道计划"，即支持经销商清仓、回购、整理销售渠道。在经过3年的调整后，李宁渐渐恢复元气，在2015年开始转亏为盈。2018年2月，中国李宁在纽约时装周上惊艳亮相。作为第一个登陆国际秀场的中国运动品牌，这不仅是中国制造的里程碑，同时也是让世界感受中国设计的辉煌时刻。当时网络上最多的评论就是："这还是我认识的李宁吗?"中国李宁以"悟道"为主题，坚持国人"自省、自悟、自创"的精神内涵，用运动的视角表达对中国传统文化和现代潮流时尚的理解，并运用传统苏绣的工艺技法，将中国元素的"红黄配"打造得更具潮牌气质，也改变了李宁在年轻消费者心目中的呆板印象。秀场开始不到一分钟，秀场同款即在电商平台售罄。同年，李宁在登上巴黎时装周后，品牌形象得到了极大的提升和认可，与此同时也变得愈发活跃，似乎从一家运动品牌摇身一变成为潮牌。迪士尼、宝马、EDG电子竞技俱乐部，甚至是《人民日报》，各行各业都能看到与李宁合作的身影。李宁一举成为"国货潮牌"代表，红底的"中国李宁"正式走向世界。

2019年2月，李宁再次登上了纽约时装周。2020年是李宁品牌的三十周年，凭借"时尚"完成华丽转身的李宁，选择让2020春夏系列回归运动的本源。在设计形式上，从款式、图案到颜色，整个系列所展现的运动风格都是相当突出的，没有看到过于用力的时装剪裁，而是在保留基本的运动DNA上稍加修饰。

李宁借助自己的核心竞争力——中国文化+运动视角+潮流眼界，终于在众多运动"潮牌"中异军突起，掀起国内一场轰轰烈烈的"国潮热"。李宁也借着东风成为"国潮"中的弄潮儿，既带领国内新兴消费崛起，又将中华文化成功输出国外。

二、案例分析

过山车式的波动背后，李宁这家公司到底发生了什么?

这两年李宁公司创办的"中国李宁"这个国潮新品牌，起到了关键作用。"中国李宁"的创立缘起于一件不起眼的小事: 2018年2月，纽约时装周上的"中国日"(China Day)走秀活动，有个环节是运动主题。公司选了七位设计师，让他们一个月交付56款服装去参加时装周。为了让李宁品牌更容易在纽约被记住，他们把走秀系列定名为"中国李宁"。产品是以20世纪八九十年代中国运动员的队服为元素来设计的，这让人联想到李宁夺冠的时刻。这些设计还把"中国李宁"这四个大字都用繁体直接印在了衣服上，非常显眼。

没想到走秀照片一发布，国内各大社交媒体都被点燃了，大众对李宁空前关注。一下子就上了微博热搜，还出了十几篇微信阅读10万+的文章。很多年轻用户自发地传播秀场图片，而且还有很多人问，这么潮的衣服在哪能买到呢?

热烈的用户反馈让公司意识到，这件事的影响力超出了他们的设想。那些给时装周生产的少量概念款很快就卖光了，他们立即把秀场产品调整为常规产品线，持续追加订单。结果是，热卖一直在持续，李宁干脆开辟了"中国李宁"这个新品牌，和原有的李宁主品牌分开，独立开店。在"中国李宁"这个新品牌的落地过程中，收到了三个层面的正向反馈: 第一层，产品供不应求，产品价位从过去的200~300元，提升到500~1000元，毛利率和品牌溢价都提升了; 第二层，"中国李宁"进入了过去李宁打不进去的高端商场; 第三层，李宁梦寐以求的品牌升级，无意之中就完成了。跟李宁品牌联系在一起的不再是便宜、老气，取而代之的是潮流、年轻和时尚。

"中国李宁"的成功，让公司直接实现了品牌升级，焕然一新。2018年营业额首次突破了100亿，2019年还在此基础上有更大幅度的增长。

李宁这次成功的第一个原因，是它踩中了三个风口：一是新用户，运动服饰成为年轻人的潮流，特别是男性用户标榜个性的利器；二是时尚潮流，最近这两年全球流行时尚就是复古，重新引入20世纪八九十年代的潮流元素，迎合了复古和运动这两个元素；三是李宁撞上了"国潮崛起"，"中国李宁"还真不是谁都能用的。创始人李宁是奥运冠军、运动英雄，也是品牌最重要的无形资产，这恰恰匹配了国潮崛起的文化自信。

成功的第二个原因是李宁公司的努力，潮流时时有，也要李宁自身能接得住。短时间内完成从设计到成品，本身就需要产品、供应链、渠道各方的高效配合。李宁能抓住机会起死回生，是因为它做好了准备。

第一，品牌上，李宁从打广告变成了用产品说话。李宁过去在消费者心里，只出现在运动场景中，不够时尚，也不受年轻人欢迎。公司其实很早就意识到了这个问题，他们在2010年就做过一场大型营销活动，主题是"90后李宁"，希望能吸引年轻消费者。当时的海报只是几位运动明星，加上"90后李宁"的标语，这样的宣传能吸引你吗？当然，这类营销动作，并没有挽救公司销量下降的局面。为什么"90后李宁"的营销会失败？因为跟用户打交道的方式，还是老一套，喊口号，请运动明星代言，花大钱到处投广告的逻辑，没法跟年轻用户产生共情。

现在，李宁靠"中国李宁"这个新品牌在年轻用户面前，重新定义了一遍自己。在"95后""00后"面前，李宁没有历史形象的包袱。他们可能压根不知道李宁是谁，也不知道十年前这是一个已经逐渐老化的品牌。年轻用户只知道李宁这会儿在网上火了，很潮、很酷，我就愿意买。他们也更愿意接受李宁最新塑造的高端定位。跟用户最好的沟通方式，就是把品牌理念设计到产品中。当然也有人觉得，红队服上写着四个大字"中国李宁"，并不好看啊，为什么卖得这么好？因为它抓准了"产品本身就是内容"。它凸显的其实是年轻人的态度，比如，"我支持中国品牌""我年轻"。今天的年轻用户，买的不仅仅是衣服本身，更是一个彰显自我个性的工具。产品自带内容属性，这是当下消费的重要趋势，在功能性需求得到更多满足后，新机会更多地产生于精神层面，产品要能帮助用户完成身份认同。这类产品也更容易在社交媒体上流行。

第二，经营方式上，李宁从加盟转向直营。如果七八年前李宁遇到了纽约时装周的机会，肯定不会有这么好的表现。困境中，李宁也在不断自我改革，为把握时代机遇打好了底子。李宁过去是批发型公司，把货批发给经销商，经过层层代理，最后才由店面卖给消费者。店面的Logo虽然是李宁的，但店是经销商的，经销商要自负盈亏。李宁不用承担那么大风险，但其实李宁收获不到市场的真实反馈。李宁公司只知道出厂的量，并不知道实际上门店卖出去多少商品。这种模式，一旦错判市场，问题就大了。李宁的错判就发生在奥运会之后。

2008年奥运会，李宁腾空飞起，在鸟巢点燃了奥运会开幕式的最后一棒。这是其他品牌羡慕不来的顶级流量，直接带动了李宁公司的销量，2010年销售额达到峰值的95亿元。这也直接导致了公司过度乐观，生产了大量的商品。供应链管理里有个规律，一个小信号会层层放大。乐观的预期，让供应商一次性进了太多货，卖不出去就只能积压，囤货到一定程度，供应商就再也不进新品了。这时候，市面上李宁的店里就全是卖不出去的老款式，整个流通体系陷入了停滞状态，公司进入恶性循环。反映到股价上，就是李宁股价最低跌到了2块多。

李宁做了两个重要的动作挽救局面：第一，增加直营比例，直面消费者。比较2008年和2018年，李宁的整体门店数量都是六七千家，变化其实不大，但直营门店的比例从5%涨到了30%，比起十年前大大增加了。线上电商销售的直营比例也有30%。第二，忍痛处理库存，对过去的模式进行壮士断腕。光2013年，李宁就花了十几亿回购经销商的库存，凡是新货比例达不到60%的都回购，给新货腾出空间。回购的货被卖到海外、贱价处理，甚至销毁了。

经过这一系列调整，到2017年基本解决了批发模式积累下来的问题。这时候的李宁，已经是一家健康盈利的公司，为2018年、2019年的爆发做好了铺垫。国潮是李宁的破局点，能看到自己独特的禀赋，并加以利用——机会=技术/供应链创新 × 新品类 × 新流量，也就是说，新品类和新流量让李宁成功逆袭。

三、思考与讨论

1. 李宁公司的战略危机表现在哪些方面？
2. 李宁是怎么逆袭成功的？它的产品创新战略是什么？
3. 从李宁的产品创新策略中能够得到哪些启示？

第四节 产品危机与案例解析

一、产品危机相关内容

1. 产品危机的概述

产品危机又称产品质量危机，是指因产品质量问题，如产品本身与市场需求不匹配，或者产品设计、产品安全及产品其他缺陷而导致的对企业运转和信誉乃至生存产生重大威胁的紧急或灾难事件。

由产品质量问题所造成的危机是企业最常见的危机，产品质量问题能够直接引发消费者的不信任和不购买，随之造成销售量的大幅下滑，引发企业经营危机和困境。有些公司虽然产品质量较高，但是因为竞争对手的产品质量提高了，或者消费者的要求提高了，也会产生产品危机。不断地提高产品质量是公司避免和摆脱危机的重要手段之一，因产品质量问题而出现危机的公司必须依靠提高产品质量来摆脱困境。因此一旦发生质量危机，应不惜一切代价迅速回收市场上的问题产品，并利用大众传媒告知公众事实真相和退回方法。

2. 产品危机的分类

企业在生产经营过程中，根据产品危机的诱因将产品危机分为两类：一类是由于企业在产品质量或功能上与消费者产生矛盾甚至造成消费者重大损失，进而被提出巨额赔偿甚至被责令停产的事件，这是各种危机中最常见的一种；另一类是由于企业在生产经营决策中对产品的品种、包装、结构、生产经营的程序、技术、布局、规范等方面与市场需求脱节，短时间内造成产品大量积压，使企业生产经营无法正常地运转。

(1) 技术落后。企业的生产技术是决定产品质量的关键之一，由于我国的一些企业在技术创新方面的投入不足，导致一些生产技术和工艺落后，出现产品粗糙、次品率高，质量得不到障，一旦流入市场就会对消费者造成损害，处理不力就会引发产品危机。

(2) 生产流程不科学。从企业材料的输入到最终产品的输出，是由研发、原材料采购、制造、入库到出库一系列活动组成的一个流程，其中任何一个环节出问题都会最终影响到产品的质量。

(3) 人员素质不高，产品质量危机意识欠缺。在产品的生产经营过程中，员工的素质直接关系到企业的产品质量，如果没有一支高素质的研发团队，没有娴熟的技术工人和全体员工强烈的质量危机意识，那么产品的质量就无从谈起。

3. 企业应对产品质量危机的策略

这种危机是由于企业在产品质量或功能方面发生问题而产生的，是各种危机中最常见的一种。当此类危机爆发时，可以采取以下策略。

1) 实施产品召回

迅速召回有问题的产品是防止产品质量危机进一步蔓延的有效措施，同时，有助于企业在公众心目中树立负责任的形象，使消费者对本产品和品牌不但不会"憎恨"，反而会增添一分信任。

在进行产品回收的同时，还要在回收地点贴上回收原因等告示，避免消费者对本产品、本品牌和本企业产生不必要的误解。这样才能使得本产品和本品牌在当地区域市场保持良好的形象，有助于本品牌其他产品甚至本产品在事件后能再度得到良好的推广和争取达到新的销售高度。

当企业决定对缺陷产品进行召回时，应该按照制订的召回计划进行。召回计划应该就如何实施召回作以下几方面的说明。

(1) 召回预算。企业必须对召回事件导致的各项费用进行预算，这些费用分为直接费用和间接费用两部分。

(2) 告知召回情况。进行召回的企业需要将召回的相关事宜告知批发商、零售商、服务中心和消费者。应该告知的情况包括采取的召回程序、怎样辨识缺陷产品、缺陷的性质、危害的严重程度、缺陷产品的数量、缺陷产品的使用者与企业的联系方式、召回的时间地点等。告知的方式除包括在政府管理部门规定的报刊、网站上公布召回公告外，还可采用信件、电报等方式。

(3) 收回缺陷产品。企业收回缺陷产品时，处于不同环节的产品收回的难度是不同的。在制品、制造商产品、成品库存、运往中间商(批发商、零售商)的在途产品、中间商(批发商、零售商)库存产品、制造商通过直销方式销售的产品较易收回；最近几年内销售的制造商有记录的产品相对较难收回；最近几年内销售但制造商无记录的产品或有记录但售出期已经超过 5 年的产品、销售给其他企业的批发商和零售商的产品、被转卖的产品、出口到国外的产品最难收回。

(4) 确保及时维修或替换。进行召回的企业应建立明确的召回产品修理或更换程序。消费者可以选择将产品直接邮寄给维修部门，或送给该件产品的销售商。无论采取怎样的程序，企业都应该增强其服务和维修队伍处理缺陷产品的能力。当需要处理的缺陷产品数量很大时，企业可以将这项工作外包出去，或临时调用其他部门的员工。

(5) 抚慰受害者。企业出现危机时，特别是出现重大责任事故，导致社会公众利益受损时，必须承担起责任，给予公众一定的精神补偿和物质补偿。面对危机的受害者，企业应诚恳而谨慎地向他们表明歉意，同时必须做好受害者的救治与善后处理工作，冷静地倾听其意见，耐心地听取受害者关于赔偿损失的要求及确定如何赔偿，以争取社会公众的理解和信任。在进行善后处理工作的过程中，企业也必须做到一个"诚"字。

受害者是危机处理的第一公众对象，企业应制定针对受害者的切实可行的应对措施：①设专人与受害者接触；②确定关于责任方面的承诺内容与方式；③制订损害赔偿方案，包括补偿方法与标准；④确定向公众致歉、安慰公众心理的方式、方法。

2) 召开新闻发布会

危机发生后，最关心此事的人，除了企业之外，还有新闻界、受害者和竞争对手。因此，危机发生后，应尽快调查事情原因，弄清真相，并邀请当地各媒体记者，召开事件说明会或新闻发布会，真心诚意地向大家进行事件的讲解与分析。建议媒体在没有得到确定的结果前，中肯地对事件发展的本身进行报道，而不要抓住本品牌及其产品不放。通过召开新闻发布会，进而实事求是地公布事件真相及处理进展。具体对策包括以下几方面。

(1) 确定配合新闻媒介工作的方式；确定谁将代表公司发言；选择新闻发布的最恰当地点、时间和名称。

(2) 向新闻媒介及时通报危机事件的调查情况和处理方面的动态信息，利用新闻发布会进行危机宣传报道，让公众了解危机发生的具体情况，以及企业解决问题的措施等内容。发布的信息应该具体、准确，随时接受媒体和有关公众的访问，以公众利益至上的原则解决问题。诚心诚意才是企业面对危机最好的策略。

媒介对危机事件反应敏感，传播速度快，范围广，影响力大，处理不好容易误传，形成不利于事件处理的舆论。因此，要特别注意处理好与新闻媒介的关系，也应通过新闻媒介不断地提供公众所关心的消息，如善后处理、补偿办法等。

(3) 确定与新闻媒介保持联系、沟通的方式，何时何地召开新闻发布会应事先通报新闻媒介。

除新闻报道外，企业可在有关报刊上发表歉意公告、谢罪书，向公众说明事实真相，向有关公众表示道歉及承担责任，使公众感到企业的诚意。谢罪公告的内容包括说明谢罪是针对哪些公众，介绍公众希望了解的事项，明确而鲜明地表示企业敢于承担事故的社会责任，表明知错必改的态度和决心。

3) 产品危机的恢复

(1) 注重对顾客需求的市场调查。深入细致的市场调查有助于企业开发适销对路的产品，进行准确的产品定位。市场调查的方法多种多样，可以采用询问法、观察法、实验法、文献分析法、统计分析法、专家意见法等。

(2) 进行品质控制。改进产品质量，可以从设计环节入手，也可以从生产环节入手。有些产品的缺陷与产品设计的不合理密切相关，需要企业重新对产品进行设计，使用性能更优越的原材料，设计更合理的产品结构。有些产品的缺陷则产生于生产组织不合理，生产线布局不科学，机械设备老化、陈旧，生产管理的规章制度不健全，或生产管理规章制度执行不严，需要对这些问题予以解决。

(3) 积极开展新产品研发。面对消费需求的不断变化和竞争对手产品创新步伐的加快，加快新产品研发的步伐是预防产品危机的重要途径。面对已发生的产品危机，尽快开发出符合市场需要的新产品是企业走出困境、摆脱危机的有效举措。

(4) 新品上市答谢消费者。在改进产品质量的基础上，恢复产品形象对于企业重新夺回自己失去的市场份额非常关键。中美史克公司康泰克PPA事件289天后，中美史克公司将新康泰克产品推向市场。新康泰克的成功上市，使该公司重新赢得昔日"老大"地位，完美地化解了产品危机。

二、产品危机案例解析

 案例解析 4-4

三鹿的三聚氰胺事件

一、案例回放

2007年年底，三鹿已经先后接到农村偏远地区反映，称食用三鹿婴幼儿奶粉后，婴儿出现尿液中有颗粒现象。

2008年3月，南京儿童医院把10例婴幼儿泌尿结石样本送至该市鼓楼医院泌尿外科专家孙西钊处进行检验，三鹿问题奶粉事件浮出水面。

2008年6月28日，位于兰州市的解放军第一医院收治了首例患"肾结石"病症的婴幼儿，据家长们反映，孩子从出生起就一直食用河北石家庄三鹿集团所生产的三鹿婴幼儿奶粉。7月中旬，甘肃省卫生厅接到医院婴儿泌尿结石病例报告后，随即展开了调查，并报告卫生部。随后短短两个多月，该医院收治的患婴人数就迅速扩大到14名。

7月24日，河北省出入境检验检疫局检验检疫技术中心对三鹿集团生产的16批次婴幼儿系列奶粉进行检测，结果有15个批次检出三聚氰胺。

8月13日，三鹿集团决定，库存产品三聚氰胺含量在每公斤10毫克以下的可以销售，每公斤在10毫克以上的暂时封存；调集三聚氰胺含量为每公斤20毫克左右的产品换回三聚氰胺含量更大的产品，并逐步将含三聚氰胺的产品通过调换撤出市场。

9月9日，媒体首次报道"甘肃14名婴儿因食用三鹿奶粉同患肾结石"。当天下午，国家质检总局派出调查组赶赴三鹿集团。

9月11日，三鹿集团宣布召回8月6日前的部分批次产品，总量700吨。

9月12日，石家庄市政府宣布，三鹿集团生产的婴幼儿"问题奶粉"，是不法分子在原奶收购过程中添加了三聚氰胺所致。

9月17日，三鹿集团董事长田文华被刑事拘留，石家庄市市长冀纯堂被免职。

截至9月21日上午8时，全国因食用含三聚氰胺的奶粉导致住院的婴幼儿1万余人，官方确认4例患儿死亡。

9月22日，国家质量监督检验检疫总局局长李长江因"毒奶粉"事件引咎辞职。

12月23日，石家庄市中级人民法院宣布三鹿集团破产。

2009年1月22日，三鹿系列刑事案件，分别在河北省石家庄市中级人民法院和无极县人民法院等四个基层法院一审宣判。田文华被判生产、销售伪劣产品罪，判处无期徒刑，剥夺政治权利终身,并处罚金人民币 2468.7411 万元。

三鹿的"三聚氰胺"事件举国震惊,人们除了惊叹三鹿这样的乳业制造企业道德沦丧外,还在感叹其危机意识的淡薄,在已经发现有问题的情况下,依然不能及时中止问题的蔓延,结果酿成了这样的悲剧。

二、案例分析

三鹿集团 3 月份就得知产品问题,却一直隐瞒不报,甚至欺骗消费者,同时未采取有效措施避免问题扩大,坐视大量婴儿继续被伤害;甚至在问题曝光后仍然进行诡辩,推卸责任,表现出对消费者、对生命的极端不负责任和漠视。

三鹿事件整个过程引发了民众强烈关注,也引发了民众对于国产品牌产品品质的不信任。在整个事件过程中,消费者,尤其是大量患儿及其家庭无论从身体上还是精神上都受到很大的伤害,却并没有得到真正的弥补。民众不满情绪正处于高峰期。而且,整个事件中,民众的知情权未得到丝毫的尊重,从 3 月首例消费者投诉,直到 9 月 11 日消费者才得到相关信息,这也引发民众的强烈不满。从危机应对角度来看,有以下几个问题。

(1) 反应的速度太慢。

(2) 出现危机后未在第一时间化解,以至于事件朝着更糟糕的方向发展。众所周知,危机一经媒体介入,人们对事情的关注就会更迫切,人都有刨根问底的心理,随着时间的推移,人们对事情的认识就越深刻,越往后事态越会进一步地恶化。

(3) 三鹿集团在明确为自身问题时未在第一时间内正视社会与公众。当时苏丹红一事,KFC 能在很短的时间内消除影响,又如,SONY 在 2008 年 11 月已是第三次全球性召回电池了,假如按三鹿集团的做法,不知道要倒闭多少次。因此,当危机来临时,我们需要处理好两个问题:一是速度,以最快的速度消除影响;二是真诚,面对社会承担应该承担的责任。

三、思考与讨论

1. 三鹿集团面临什么危机?

2. 三鹿集团是如何应对危机的?失败之处表现在哪里?

3. 企业应该如何预防产品危机?

(资料来源:根据"高超'三鹿'危机公关纪实·经济论坛"相关资料整理)

案例相关链接:雅士利,解铃还须系铃人

 案例解析 4-5

奔驰女车主维权事件

一、案例回放

2019 年 2 月 25 日,女车主在西安利之星签订了分期购车合同,付款约 66 万元购买进口奔驰 CLS300 款轿车。

3 月 27 日提车后,女车主称在未开出经销商店大门的情况下,认为车辆的发动机存在问题，要求协商退换车辆，但双方未能达成一致。

4月9日，车主再次前往西安利之星4S店沟通此事。其间她曾坐在奔驰轿车引擎盖上，情绪激动地与多名4S店工作人员进行沟通。这段视频在网络发酵。

4月11日，西安工商高新分局西部电子城工商所介入调查。

4月12日，西安利之星奔驰4S店否认车辆在售前存在问题，并称已和客户消除误解，达成友好共识。西安市场监督局成立联合调查组，调查该车辆在售前是否存在问题。

4月14日曝光的双方沟通的录音中，女车主并不认可这份协议的有效性。而西安利之星4S店称，首笔款项已如约转至车主指定的账户中。

5月27日，高新区市场监管部门通报有关涉嫌违法案件调查处理结果：西安利之星汽车有限公司存在销售不符合保障人身、财产安全要求的商品，夸大、隐瞒与消费者有重大利害关系的信息误导消费者的两项违法行为，被依法处以合计100万元罚款。

5月27日，针对这两个问题，监管部门给出了处理结果，一个是上面所说的罚款100万元，另一个是奔驰汽车问题也给出了详细的法定鉴定机构鉴定结果：①该车发动机缸体右侧破损并漏油，该车发动机在装配过程中将机油防溅板固定螺栓遗落在发动机内，发动机高速运转过程中，其第二缸连杆大头撞击该遗落的螺栓，使该螺栓击破缸体；②该车发动机无更换、维修历史；③该车发动机存在装配质量缺陷，属于产品质量问题。

鉴定结果显示，奔驰CLS是产品的质量问题，并非是消费者个人造成，真相大白于天下。

二、案例分析

西安利之星4S店"奔驰女车主维权事件"引起广泛关注，利之星4S店因循守旧的危机处理方式，把西安利之星4S店甚至奔驰中国公司推上了风口浪尖。西安奔驰的媒体负面事件，影响面之广、持续发酵时间之长，已经超出了想象，必将对整个汽车行业产生非常不利的影响。

首先，奔驰拥有超过130年的历史，是贵族品质与传承文化精髓的力作，以其精湛的工艺成为普通百姓心中可望而不可即的理想之车。此次针对涉事奔驰车相关部门作出调查，结果显示，涉事奔驰车发动机曲轴箱多出一颗螺丝钉，发动机无拆修历史，曲轴箱破裂质量问题产生在装配过程之中，在高速运转过程中，其第二缸连杆大头撞击该遗落的螺栓，使该螺栓击破缸体，出现漏油情况，是产品质量问题，恶果是会让用户对于品牌的信任感降低。

其渠道商——西安利之星在奔驰女车主维权事件发酵后，没有迅速正面回应和采取补救措施，而是由西安利之星4S店负责人出面进行所谓的谈判，4S店负责人还以各种客观理由就没有第一时间处理车辆漏油问题进行所谓的道歉，而不是针对奔驰女车主的诉求提出解决方案，违背了危机公关的承担责任、真诚沟通和速度第一原则，缺乏危机处理的责任与担当。西安利之星4S店的消极应对、奔驰中国公司的无所作为，使一个个体维权事件，最终导致"全民"维权事件，而且愈演愈烈，无法收场，给奔驰中国公司带来极大的负面影响和前所未有的生存危机。

三、思考与讨论

1. 西安利之星是怎样处理此次事件的？
2. 西安利之星应对此次产品危机存在哪方面的问题？

（资料来源：根据百度百科相关资料整理）

第五节 企业人力资源危机及案例解析

一、企业人力资源危机的相关内容

(一)企业人力资源危机

企业人力资源危机一般属于管理失控状态下的危机，具体表现在人力资源过剩危机，人力资源短缺危机，以及由于员工执行力方面的问题、员工道德等方面导致的危机。人力资源过剩危机是因人力资源存量或配置超过了企业经营战略发展需要而产生的危机。它通常在三种情况下发生：一是企业并购活动中，对重复机构撤并时，会造成人员富余；二是企业效益不佳，需撤销分支机构或缩减业务规模时，而产生人员富余；三是目标过高的战略失败后，高目标的人力资源配置造成大量的冗员。

人力资源危机的起因主要集中在人力资源供求不平衡、员工素质与企业需求不匹配、群体性跳槽及执行力等方面。

(二)企业人力资源危机的分类

1. 人力资源过剩危机

第一，企业并购活动中的人力资源过剩危机。企业并购活动中的人力资源过剩危机是企业扩张时期经常遇到的一种危机。大型企业在并购重组过程中，为了提高管理效率，降低管理成本，需要进行业务流程优化或重整。因此，必然要撤并重复的机构，对组织结构和职位进行重新设计和梳理。一些精简掉的部门和职位，必然会产生大量的富余人员，此时企业必须裁员。因此，大量的过剩人员需要安置，由此产生了一系列的问题和困难，不仅对企业内部造成巨大的震动，也会带来重大的社会影响，处理不好将会给企业经营和形象带来较大危险。

一些企业因此类问题处理不当，而造成人力资源危机的突发事件，如被裁减人员或下岗人员上街游行、到政府门前静坐等过激行动，这是企业人力资源过剩危机中需要特别妥善处理的一种危机。

第二，企业经营不佳引发的人力资源过剩危机。当企业经营绩效不佳，市场萎缩，前景暗淡时，在众多企业危机中，人力资源危机更为凸显。在这种情况下，企业文化危机中的各种状况都可能出现，而且由于业务规模和内部机构及岗位编制缩减，必然产生人力资源过剩的危机。一方面，在这种危机中，人心不稳，优秀人才可能会大批跳槽；另一方面，多数普通员工，甚至能力差的员工一般不愿被裁掉。这种局面比较复杂，经常出现要裁减的人走不了，要留的人却留不住。

第三，人力资源战略失误形成的人力资源过剩危机。目标过高的战略失败后，高目标的人力资源配置造成大量冗员，形成人力资源过剩危机。中国一些保健品公司，如三株、红桃K等公司都曾因按过高的战略目标设置组织结构，配置人力资源。但在实际完成情况与目标差距较大时，各级组织平台上人满为患，人浮于事，造成人力资源过剩危机。最后，企业不得不大量裁员，一时间社会上或人才交流中心到处是这些企业裁员下来的流动大军，既影响了公司形象，也是对员工不负责任的一种表现，最终可能导致优秀人才再也不敢踏入这种企业的大门。

2. 人力资源短缺危机

企业人力资源短缺危机是相对于企业面对激烈的市场竞争环境及生存和发展所需的竞争力而言的。企业为适应生存和发展的需要，确定了未来发展战略，并对企业核心能力提出了具体要求，此时许多企业往往发现，反映企业核心能力的关键资源——人力资源不能满足经营战略的需要，开始意识到人力资源的严重不足，因而，在经营战略展开时，出现人力资源短缺危机。

企业人力资源短缺危机主要有两种表现形式：第一是人力资源结构性短缺，即各职类职种的核心人才缺乏。人力资源结构性短缺危机在一些以项目形式运作的高新技术类、工程类等企业中时有发生。这类企业由于市场的周期性变化或不确定性，在人工成本的压力下，人力资源规模受市场周期变化的影响，淡季人员过剩，而旺季核心人才严重短缺，使得已有核心人才疲于奔命。这种人力资源结构性短缺危机是缺乏针对项目运作特点的有效的人力资源规划所造成的。第二是人力资源素质水平满足不了战略的要求。人力资源素质性短缺危机在许多企业都普遍存在，主要表现在人力资源的素质提高没有同步于企业发展的需要，无论在知识、技能和经验上，还是在职业精神和职业道德上，相对于企业发展战略要求而言，总是滞后的，员工思维没有进入战略状态，员工行为常常违背或达不到战略的要求，在无形中造成工作中的许多错误和矛盾。人力资源素质性短缺危机持续的时间长短，与企业培训体系是否完善、是否有效有关。

人力资源短缺危机将导致企业经营战略因迟迟不能展开而贻误先机；或因缺乏人才，实施不到位而失败；或因人员素质水平不够，而使战略目标无法按期完成。最终导致企业在激烈的市场竞争中总是处于劣势，而陷入经营管理的困境。

(三)人力资源危机管理策略

首先，人力资源危机管理以预防为主。

人力资源危机也是逐渐积累起来的，是一个渐变的过程，就像温水煮青蛙一样，平时感觉并不明显。一旦人力资源危机爆发，尤其是一些严重的突发事件，对企业来说很可能是灾难性的。而对于不同类型人力资源危机的有效管理，则需要区别对待。

第一，人力资源的素质与道德危机是员工群体心灵沟通与认同的危机。对人力资源道德危机管理的关键是价值观的有效沟通并达成共识，形成心理契约，使企业真正成为责任共同体、利益共同体和命运共同体。人力资源素质与道德危机的预防应以职业道德培养和职业行为标准建设为主。

第二，防止高层腐败或丑闻的出现，光靠企业内部危机管理是不够的。这不仅需要全社会普及和强化职业道德教育，还要依靠引导社会精英建立积极的人生哲学思维，健全法制体系，依靠社会媒体和舆论的监督力量，防微杜渐，减少此类危机事件的发生。

第三，预防集体跳槽事件的发生。一是要看企业价值观是否真正得到大多数员工的认同，特别是核心人才的认同，这是企业核心人才归属感的前提，也是企业核心人才忠诚和稳定的基础，这个问题在企业价值观形成之初就应该得到很好的解决；二是企业价值观也要不断完善和发展，不断融入员工中有见识、有创造的新理念，并落实到价值评价和价值分配中去，这是避免员工背叛企业价值观的关键；三是建立健全企业内部管理规章，审视自身是否建立了公正、公平的价值评价与价值分配机制，企业员工劳动合同条款是否存在漏洞，企业机密文档管理是否健全，企业员工保密制度是否完善等。一旦出现核心人才集体跳槽事件，其处理方式是：调动人力资源危机管理机制中有关合同条款，如核心人才避免同业竞争事宜约定，监督跳槽人员的侵权行为；按保密协议要求处理离职后的相关保密事宜等。

其次，针对具体的人力资源危机类型，选择策略。

人力资源过剩危机和人力资源短缺危机，说到底是企业缺乏人力资源战略规划或人力资源战略规划失误导致的结果。

第一，人力资源过剩危机管理的重点，一是在经营战略层面上加强管理，避免制定不切实际的高目标。在战略实施方面，应加强运筹，各种资源的配置要有节奏，视市场运作成效和目标实现状况合理安排，避免发生人力资源过剩。二是一旦发生并购或经营萎缩而造成人员富余时，重点应放在如何留住核心人才和骨干人才上，同时，在符合国家政策法律的前提下，下决心果断裁员，轻装前进。过高的战略目标失败而引起人力资源过剩危机时，应在财务状况允许的前提下，不到万不得已，不要急于裁员，而是积极调整战略，寻找市场机会，尽快做大市场，逐步消化危机。

第二，人力资源短缺危机的管理重点因短缺的形式不同而存在差异。人力资源结构性短缺危机管理的重点，应放在事先明确以产品开发或工程实施项目团队为单位的基本编制，在做好企业市场业务分析与中长期预测的基础上，按照业务周期性变化的特点，并在适度做好人才储备的前提下，进行人力资源规划。一旦出现此类危机，要有核心人才多项目运作的应急方案。

而人力资源素质性短缺危机的管理，一是建立企业员工任职资格管理体系，为员工提供职业素质和能力发展的通道，抓好基于实现战略的员工任职资格标准的编写；二是建立有效的员工培训体系，其中包括符合企业战略要求的课程体系，并针对各类员工职业发展的愿望和职业素质上存在的不足，制订员工培训计划和职业生涯规划，有计划有步骤地解除企业人力资源素质性短缺危机。

总之，科学严谨地做好人力资源规划，才能有效预防和化解人力资源危机。如果出现人力资源危机的突发事件，则需要沉着冷静，耐心细致地应对，以防止事态激化；同时，还应依靠法律和企业内部相关制度妥善处理危机事件。

二、企业人力资源案例解析

 案例解析 4-6

联想裁员事件

一、案例回放

2001 年正值互联网的严冬，联想网站 FM365 一边联系买家，一边实施裁员。这也是联想第一次战略性地裁员，其快速离职的做法曾令那一年的众多被裁员工颇多微词，《联想喘息》等书多有相关披露。

2004 年 3 月，"联想不是我的家"这一描述联想裁员的文章以帖子形式在网站出现。

联想不是我的家

今天，恐怕是联想历史上规模最大的一次大裁员。我们部门 9 人，今天送走了 3 人，还有 3 人要转岗，剩下 3 人。整个研究院走了 30 多人，转岗 20 多人。这是我经历的第二次所谓战略性调整，有很多感触，却又好像什么都堵在心里，说不出来。干脆简单地记下这段往事，提醒自己。

1. 联想精细化裁员

昨天晚上，研究院秘密召开紧急会议，有 20 多位"责任经理"参加，我才清楚了整个裁员过程。3 月 6 日启动计划，7 日讨论名单，8 日提交名单，9—10 日 HR 审核，并办理手续，11 日面谈。整个过程一气呵成。今天就是面谈日。在 B 座一层的两个小会议室。进去的人，领导首先肯定他过去的成绩，然后解释战略裁员的意义，再告知支付的补偿金数额，并递上所有已经办好的材料，然后让他在解除劳动关系合同上签字。平均每个人 20 分钟。被裁的员工事先都完全不知情。在面谈之前，他们的一切手续公司都已经办完，等他们被叫到会议室的同时，邮箱、人力地图、IC 卡全部被注销，当他们知道消息以后，两个小时之内必须离开公司。

所有这一切，都是在高度保密的过程中进行的。即使我是责任经理，我也只知道明天由我陪同的员工是坐在我隔壁办公位的，朝夕相处两年多的一个女孩：S。

我不知道昨晚我是怎么过的，心情特别不好。根据公司规定，我不能提前告诉她。只觉得心里堵得慌。和我朝夕相处两年的同事，明天就要被裁员了，而她一点儿也不知道。开完会打车回家时，我感到特别疲惫。司机开口了："你怎么会累呢？你们这一行挣钱多容易呀。"我苦笑了一下，没有回答。早上，S 比我到的要早，向她问声"早上好"后，我就心虚地不敢再说一句话了。我照例喂我桌上的小金鱼。研究院乔迁研发大厦的时候，每个人发了两条小金鱼，但这帮粗心的研发人员照顾不周，能活到现在的，实在是不容易。S 还拿我的鱼开玩笑，说这整个儿一鱼精，居然还能活着。我不再说话，坐在计算机边发呆，等待着那一刻的到来。电话终于响了，我走到 S 面前，先和她握手，再叫她去楼下的会议室。她知道去会议室意味着什么。那两个会议室从早忙到晚，所有进去的人，出来后就直接收拾东西走人。但 S 一直很平静，因为在她之前，我们部门已经进去两个了。是清涛和她谈的，大家都这么熟了，也不用多说什么，不到五分钟，就结束了所有谈话，在解除劳动关系合同上签了字，走了出来。S 是从 FM365 转过来的，经历过 365 那次疯狂的裁员，她那次也送过好多人，所以她很清楚这一切。然后回到办公室的时候，陪她收拾东西。到午饭时间了，她说："先去食堂吃饭吧。"但我不忍心告诉她，她的 IC 卡现在已经被注销了。所以我劝她去外边吃。负责另外一个人的责任经理却直接说出来了，还有人告诉她，人力地图也已经注销了，当时 S 明显非常失落，感觉突然和公司一点牵连都没有了。她在联想工作三年了，可就在两个小时之内，联想就不再有她的任何痕迹了。她被公司抛弃了。就这么抛弃了？转眼工夫，就不再是曾经引以为豪的"联想人"啦？中午，部门全体人员去辣婆婆吃散伙饭。不记得说了些什么。下午，我送 S 到家。路过一个小学门口，堵车，她说，我还从来没有下午从这里走过，从来没见过这群孩子们放学。是呀，我也是每天工作到很晚，白天回家还真不习惯。在她家坐了一会儿，因为我知道她这时候心里肯定非常不好受。她说了很多当年 365 的事情。是呀，不管你如何为公司卖命，当公司不再需要你的时候，你曾经做的一切都不再有意义。我特意多待了一会儿，听她说话，因为我知道，S 虽然表现得很坚强，但我一转身走掉，她很可能会哭的，就像今天裁掉的许多人一样。

2. 重灾区

服务器、职能，是这次裁员的重灾区。其中，服务器研究室今后可能就不存在了，今天裁得只剩下 5 人。早上我就听说那边已经走空了，有几个人哭了，但我没有过去看。有的人情绪非常激动，因为绝对想不到裁员会落在自己头上，但是，战略裁员的意思就是说，不是以你的业绩作为标准，换句话说，就是没有标准。有好几个原来的大牛人，甚至是当时重金从外面聘请的博士后，也就这么走了，没有一点儿商量的余地。就连服务器研究室的主任都走了。整个方向不要了，这是谁的错？不知道，但只知道受伤的是最底层的员工，难怪有个清华刚毕业的女孩哭得一塌糊涂。职能部门的助理几乎走光了。和我熟悉的安欣、秦莉，都还没来得及说再见。现在研究院不设置助理岗位了。前几天在食堂碰见她们，我还称她们是研究院的形象代言人。

武庄也走了，这是我的老战友了。我初进联想的那个项目组，到现在还在联想的，只剩下我和郭明亮、金峰了。我还记得，那年我们项目组号称研究院的一面旗帜。因为我们开发的内容管理系统，成功地挽救了 FM365。后来 FM365 倒了，我们就支持赢时通。后来赢时通也倒了，于是研究院信息工程研究室也就没有了。整个研究室当年的 30 多号人，到现在还在原岗位的，只剩下我和王江、于兴业了。武庄非常惨，他的老婆怀孕了，而他自己刚刚买了房子。我不敢替他想象未来，因为我不能为他做些什么。

这次裁员的重点，是新来的员工和待了好多年的老联想。工作 10 年的，奔 50 岁的人，也照样该走就走了。我真想和他们谈谈心，50 岁的时候被公司抛弃，不知道会有什么样的感触。我不敢想。回到家里，和小丁聊天，我才知道，服务器的周密走了，这不是新闻，因为服务器的人走得差不多了，但是她的老公也走了！今天他俩还一起来上班，不知道会不会一起回家。他俩和我住在同一个小区，刚结婚不久，刚买的房子。

我突然想起二战时某位著名将军说的话：我让士兵上战场的时候，我会把他们想象成一堆蚂蚁，而不是人。因为我一想到他们有妻子、孩子、父母，我就不忍心让他们去送死。不知道领导在讨论名单的时候，是把我们想象成蚂蚁了吗？

3. 到底是谁的错

我在联想的这三年，亲眼见到联想从全面扩张到全面收缩的全过程。当年提出的口号是：高科技的联想，服务的联想，国际化的联想。现在，高科技仅剩下关联应用，而且还不知道能不能成功。代表服务的 IT 服务群组被划归为 C 类业务，自身难保了。软件设计中心也即将和联想没有任何关系了。联想四面出击，却伤痕累累。

是谁的错？是领导的错！包括 FM365 在内，这些方向都是看好的，都是挣大钱的，但为什么联想会失败？我不想在这里深究，但只是觉得，领导犯下的错，却要我们普通员工来承担。

4. 联想不是家

这是我亲历这两次重大战略调整所得出的结论。我想，我比许多人的体会都深刻。员工和公司的关系，就是利益关系，千万不要把公司当作家。

当然，这不是说我工作会偷懒。我仍然会好好工作，我要对得起联想。同时，我也觉得联想没有欠我的。联想给了我这么好的工作环境、这么好的学习机会，还有不错的待遇。

但，公司就是公司，公司为我做的这一切，都是因为我能为公司做贡献，绝对不是像爸爸妈妈的那种无私奉献的感情。认识到这一点，当我将来离开时，领导会肯定我的业绩，我也会对领导说谢谢，不再会感伤。

杨元庆说，希望这一次调整给联想带来10年的好运气，但回想上一次战略调整，也就是在2001年11月1日，不禁让人对这句话产生怀疑。怀疑归怀疑，事情还是要做的。生活还要继续。

——怀念和我一起共事的众多同事们!

随后，在最快的时间里，这一帖子除由几家门户网站论坛转载外，全球纺织论坛、IT认证实验室、chinaUnix-net、中华网读书频道及郑州人才网等，都以惊人的速度在广泛转载。这篇文章被大量阅读，激起了网友热烈的互动。

而在中关村业界，联想员工自己的夹杂着真实的失落与忧伤的故事，把无奈像流行感冒一样从中关村迅速向整个北京的职业圈传递着。

人们的习惯思维与困惑是，这一做法是否与联想几年来一直"宣传"要尊重、信任员工的"亲情文化"相悖?

媒体开始关注裁员的细节。

(1) 为什么被裁员工必须俩小时走人?

(2) 为什么他们的邮箱、人力地图、IC卡全部被注销?

(3) 为什么不提前告诉员工被裁的消息?

(4) 员工得到尊重了吗?

(5) 按照劳动法的规定，如果员工不同意走人，联想又能怎么样?

此后，联想的应对给很多人的感觉是不力的。联想在对外公开的声明中说："联想集团每年都会进行岗位淘汰和人员优化，这是联想集团人力资源管理的一项常规工作需要，目前进行的人员优化工作属联想集团人力资源管理工作的正常调整。"

二、案例分析

在这个提倡人性化管理、人文关怀的时代里，仅仅告诉员工或者外界"裁员是联想集团人力资源管理的一项常规工作需要，属联想集团人力资源管理工作的正常调整"，这远远不够，这样做不能让员工信服，不能让外界原本尊敬联想的人信服!

1. 联想在裁员问题上与员工沟通失当

事实上，裁员前可以与员工有更多的沟通，也可以在事后发表公开的声明，如"联想将改进自己的沟通方式、裁员机制，以便让员工有更多的安全感"等，坦率承认自己的举动欠妥当。

因此，联想没有采用情感公关，没有进行必要的员工情感修复，对品牌的伤害是显著的，对员工忠诚度的影响也是深远的，这是非常令人遗憾的!

据说，柳传志先生得知此事后站出来说"对不起，是我们管理层有错误"，指责的舆论才开始降温。

2. 危机中与沟通需注意的事项

对于企业而言，在发生危机进行沟通时应注意以下事项。

(1) 及时通报情况，让所有的员工了解危机真相，稳定军心，以避免不必要的猜疑，避免谣言从内向外传播。

(2) 设身处地地为员工着想，向员工说明：企业会尽一切努力确保他们的切身利益不受危机的影响，或尽量减少危机对他们切身利益的影响程度，使员工能够与企业一起同舟共济、共渡难关。

(3) 如员工有伤亡损失，应全力做好救治和抚恤工作。

(4) 明确员工对外发表相关言论的统一口径。

(5) 采用员工大会、企业简报、内部网论坛、电子邮件等诸多方式加强与员工的沟通，并为员工提供表达个人意见的机会。

三、思考与讨论

1. 联想的裁员引发的危机表现是什么？

2. 联想是如何处理危机的？

3. 联想处理危机的措施存在什么问题？

(资料来源：单业才. 企业危机管理与媒体应对. 北京：清华大学出版社，2007)

第六节　市场营销危机及案例解析

一、市场营销危机相关内容

市场营销危机是由于市场环境发生变化、竞争对手营销能力加强或者企业自身的营销能力下降所导致的危机。

(一)营销危机的起因

市场营销危机发生的根源可以从企业内部和外部两方面来探讨。大多数情况下，营销危机的根源是源于企业内部，外部原因一般起到的只是导火索性质的触发作用。某些情况下，由于突发事件或自然灾害(如美国的"9·11"事件、我国 2003 年的 SARS 疫情、2008年的经济危机、2020 年新冠状病毒等)引发某些相关企业的营销危机则例外，外部原因中由于客户需求转移、竞争对手能力增加等原因起着更直接、更重要的作用。而企业内部原因主要表现在以下几方面。

(1) 营销观念陈旧落后，不合时宜。营销观念是不断发展变化的，从传统的产品观念、推销观念到后来的市场观念，乃至 20 世纪中后期出现的生态营销观念、社会营销观念、绿色营销观念、大市场营销观念、4C 营销观念等，营销观念的发展从未停止过。企业如果不能与时俱进，及时更新营销观念，便会造成营销危机出现概率的增加，这是企业营销危机深层次的原因。具体地说，企业在营销理念上常见的错误有营销近视症、营销远视症、营销浮躁症等。

(2) 营销战略、营销策略不恰当或出现失误。企业营销是社会大系统中一个有机组成部分，一个有机统一的子系统，它的营销战略、营销决策必须与社会大系统协调统一。企业如果在战略制定、市场调研、市场细分、产品研发、产品销售及服务等任何一个环节出现偏差或失误，都会导致企业陷入营销危机的困境，如产品滞销、质量问题、财务问题、成本危机、顾客投诉、渠道商倒戈等。

(3) 营销管理出现问题。企业营销管理是一个系统工程，涉及企业营销的各个方面，既有科学管理的技术性问题，也包含了企业文化构建的文化性问题，管理者和员工的职业素养直接影响着企业营销的效果。如果营销管理出现问题，可能会出现诸如企业员工不遵守职业道德、缺乏职业素养、企业凝聚力减弱、员工忠诚度下降、频繁跳槽、绩效下降等现象，严重地影响企业正常的营销活动，破坏企业的形象，导致企业陷入营销危机。

(4) 企业防范营销危机的意识淡薄。很多企业对于营销危机普遍缺乏足够的、必要的防范意识，特别是有些市场营销比较顺利的企业，陶醉于因种种原因暂时较好的营销业绩，未能做到未雨绸缪、防患于未然，一旦外界环境有所变化，营销危机便随之来袭，使人猝不及防。

(二)营销危机的管理对策

(1) 全面树立营销危机意识。一个企业及其员工对营销危机的敏感程度、对环境变化的应变能力以及抗击营销危机的凝聚力和团队合作精神决定了企业能否较早地察觉到可能发生的营销危机和进行营销危机预控。而这又取决于企业员工是否具有较强的营销危机意识。

(2) 营销危机的防范措施。一般而言，企业防范营销危机的成本远低于危机来临时的处置成本，所以做好营销危机风险预警、增强企业规避和承受风险的能力都应该得到企业管理者的充分重视。具体来讲，企业应当从以下几个方面着手，增强防范营销危机的能力。

首先，企业要树立正确的营销观念，树立全心全意为消费者服务的营销理念，这是企业营销之根本要义。离开了这一点，企业的营销战略、营销策略都将建立在错误的基础上，防范营销危机也就成了无本之木。

其次，正确制定营销战略和营销策略，树立并保持企业的核心竞争力，是企业防范、抵御营销危机的有效手段。正确的营销战略与营销策略是建立在对市场需求、市场环境的准确判断基础上的，这样就能够有效地规避市场判断错误造成的营销危机。

再次，构建先进的企业文化，加强与改善企业的营销管理，处理好各种关系，包括与内部员工、顾客对象、政府机关、社会公众、传播媒体等的关系。因为营销管理、公关管理不当，也是造成营销危机的重要根源之一。

最后，配备专业人员和组织，加强对营销危机引发因素的评估与预测，建立有效的营销危机预警机制，并且要居安思危，制定营销危机处置的预案，增强应对营销危机的能力。任正非的《华为的冬天》告诉我们，企业要在高速发展的"春天"对可能即将来临的"冬天"(营销危机)进行研究、预备。

(3) 营销危机的处理。

首先，通过危机公关策略，减轻危机带来的冲击。

公共关系的核心是沟通，通过有效的沟通，可以及时了解公众对营销危机及有关企业的认识，正确评估营销危机造成的影响，这为企业处置解决营销危机提供了基础和前提。在此基础上，企业应当以最快的速度，在第一时间向有关人群，如社会公众、危机有关人员、内部员工、渠道成员、新闻媒体等进行情况说明并提出处理意见，消除或减轻业已造成的不良影响，防止事态进一步扩大。

其次，通过主动应对，采取积极的反抗策略。

反抗策略指的是企业通过采取有效措施，限制危机因素对企业营销的不利影响。这是一种正面反攻的态势，需要企业正确判断营销危机的起因，其条件是这种因素属于企业可以控制的因素。比如企业出现的问题是由于管理不善造成的产品质量危机，那么企业可以迅速采取有效措施，加强管理，改善生产工艺，限期提升产品质量，处理善后事宜，恢复产品形象。如果危机起因是企业不可控因素，则不宜采取这种策略，以免犯方向性错误。

二、市场营销危机案例解析

 案例解析 4-7

35 次紧急电话

一、案例回放

美国女记者基泰斯到东京探亲，她在东京的奥达克余百货公司买了一台"索尼牌"电唱机，准备送给东京的亲戚，售货员彬彬有礼，特意为她挑选了一台未启封的有包装的机子。

回到住处后，基泰斯试用时，却发现该机未装内件，是一台空心唱机，根本无法使用。她不由得火冒三丈，准备第二天一早就到公司进行交涉，并迅速写好了一篇新闻稿，题目是"笑脸背后的真面目"。第二天一早，基泰斯在动身之前忽然接到奥达克余百货公司打来的道歉电话。50 分钟以后，一辆汽车赶到了她的住处，从车上跳下奥达克余百货公司的副总经理和提着大皮箱的职员。两人一进客厅就俯身鞠躬，表示特来请罪。除了送上一台新唱机之外，又加送蛋糕一盒、毛巾一条和著名唱片一张。在谢罪的同时，他们讲述了公司自行发觉并尽快纠正这一错误的经过。

当天下午 4 点 32 分，售货员发现售出的是一台空机后，即报告警卫人员迅速寻找这位美国顾客，但为时已晚，遂报告监理员，他又向监督和副经理汇报。经分析，决定从顾客留下的"美国快递公司"的名片这一线索出发，当晚连续打了 35 次紧急电话向东京周围的旅馆询问联系。另外，还派专员用长途电话向"美国快递公司"总部打听，结果从"美国快递公司"回电中知悉这位顾客在纽约母亲家中的电话，随即再打电话了解到这位顾客在东京亲戚家的电话，结果终于在她离开之前打通了电话，找到了"空心唱机"的买主，更换了唱机，取得了这位美国顾客的充分谅解和信任。

这一切使基泰斯深受感动。她立即重写了新闻稿，题目就叫"35 次紧急电话"。

二、案例分析

此事曾被美国公共关系协会推举为世界性公共关系范例，日本东京奥达克余百货公司在不到 20 小时的时间内，能够将一起由于自身失误而引发的风波妥善地平息下去，应该说得益于其强烈的危机意识和及时的补救措施。千里马也有失蹄之时。由于企业在极其复杂的现实环境中运行，因此，很难对运行中可能发生的各种情况作出完全准确的预见，难免会有失误的地方，并自然而然会使组织形象受到不同程度的损害。问题在于，事情一旦发生，应该如何对待？奥达克余百货公司员工的做法是值得我们学习的。他们对待自身的失误，树立了正确的态度：亡羊补牢，向公众表明解决问题的诚意，求得公众的谅解和合作，使失误对组织形象产生的损害减小到最低限度，并由被动变为主动，这也是企业避免危机的根本所在。

失误一旦发生，企业形象便开始遭受损害，因此，要使纠正失误的公共关系工作有成效，就要有强烈的"防火"意识，及时发现，及时纠正，及时改善，其中"及时"二字最为关键。奥达克余百货公司员工为解决问题付出的努力是非常及时的。问题发现后，他们立即行动，意在顾客成为知晓公众之前解决问题。假如奥达克余百货公司被动地等待顾客上门交涉，将坐失良机，"笑脸背后的真面目"一经见报，奥达克余百货公司的日子就难过了，一场危机也就发生了。

可见，任何企业必须明确预防危机的基本道理：纠正失误如同"救火"。一个企业如果因自身工作的疏漏出现了问题，影响了企业信誉怎么办？是遮遮掩掩、推卸责任，还是勇敢地面对现实，积极地寻求解决的办法？奥达克余给了我们有益的启示。

(1) 要有把信誉当作企业"第二生命"的战略目光。这一点十分重要。美国一位著名企业家曾讲过，如果创办一个企业算是企业"第一生命"，那么企业能在创办过程中赢得广泛的市场信誉，在市场中站稳脚跟，形成特有的风格，则属企业的"第二生命"。第二生命比起第一生命来，显得更珍贵。奥达克余的员工则深谙其中的道理，他们以其优良的售前、售后服务，能迅速得知已发生的失误和顾客的姓名地址，给及时纠正失误创造了前提条件。

(2) 要善于正视企业的不足和失误。一家企业或企业的员工，在平时的生产和工作中，不可能百分之百成功，总会出现一些问题，但关键是勇敢地正视和承担自己的责任，还是不闻不问、听之任之。我们应面对现实，一方面苦练内功，在产品质量和企业素质上下硬功夫；另一方面则要大力学习奥达克余的真经，老老实实地向社会宣传自己的产品，靠诚实的态度赢得顾客和市场。我们的企业突出的问题是吹牛皮、说大话，往往把一些质量不过硬的产品投放市场。

(3) 要培养良好的服务道德。服务是提升企业信誉的重要手段。奥达克余的服务质量和水平，在它处理的这个特殊事件中得到了验证，是其避免危机发生的一个重要方面。无疑，奥达克余为企业的危机预防和处理提供了十分有益的启示。

三、思考与讨论

1. 本案例对企业预防危机有何借鉴意义？

2. 奥达克余百货公司在处理问题的过程中，不仅向顾客道歉、请罪，还报告了事件从发现到处理的经过，这有何意义？收到了怎样的效果？

3. 试为奥达克余百货公司的副总经理拟订一份与顾客基泰斯见面的工作计划。

4. 面对不利事件，如何变坏事为好事、提升自己的知名度？试找一个纠正失误的实例进行评价。

(资料来源：李菊英，刘志远. 公共关系[M]. 北京：中国电力出版社，2006.)

第七节　企业财务危机及案例解析

一、企业财务危机相关内容

(一)企业财务危机的含义

企业财务危机，是指企业由于营销、决策或不可抗拒等因素的影响，而使经营循环和财务循环无法正常持续运转或陷于停滞的状态。

企业财务危机实质上是一种渐进式的积累过程,是企业财务状况的一种表现形态。企业的违约、无偿付能力、亏损等可视为财务危机的一种前期表现,破产只是企业财务危机历程中最极端的表现结果;短期表现为无力支付到期债务或费用,长期表现为企业创造现金流能力的持续减弱,是企业财务关系恶化的集中体现。如何应对和预防企业财务危机将直接影响企业的经营。

(二)企业财务危机的表现

当一个企业陷入财务危机的时候,在财务指标方面,通常会显示出一些异常的征兆,如果企业管理者能观察到这些征兆,并采取相应的措施,就可以避免企业财务危机的进一步恶化。异常征兆总结如下。

第一,资产负债率持续上升。市场经济条件下,利用财务杠杆筹集资金进行负债经营是企业发展的重要途径,但必须以自有资金为基础,举债适度,如果资本结构中债务资本过大,必然增加企业还本付息的压力,加大企业财务风险。一般认为,正常的资产负债率第一产业为20%左右,第二产业为50%左右,第三产业为70%左右。如果一个企业处于快速发展时期,市场前景看好,一段时期内举债较多,资产负债率上升,甚至超过70%也属于正常,但如果一个企业长期处于高负债水平,就应当引起管理当局的高度重视。对于企业资产负债率持续上升,并伴随着销售收入下降、盈利减少、资金周转困难的,往往就是陷入企业财务危机的前兆。

第二,应收、应付款项大幅度上升。应收账款的发生一般有两种情况:一是结算周期内的正常占款;二是为了扩大市场占有份额,给客户一定的付款期限而形成的赊销占款。前者经过一个结算期后即可收回;后者也会因赊销期满,对方付款而收回。对于不同行业、不同规模的企业来说,结算周期、赊销期限长短不同,占用在应收账款上的资金就很难用一个准确的数额来衡量,但一个处于良性循环的企业,应收账款余额应是相对稳定的。如果其余额不断增大,要么是因为企业所处的行业市场竞争加剧,企业为了保住其客户不得不延长赊销期限,从而导致应收账款余额不断增大;要么是因为其产品质量存在某种缺陷,或花色、品种、规格等不能完全满足客户的要求,虽勉强推销出去了,但对方迟迟不予付款。上述情况的出现,都会使企业的经营风险很快转化为财务风险,这种局面如果短期内得不到扭转,就会进一步加大企业的财务风险。

当企业的生产经营活动不能正常进行时,由于销售收入的下降和货款回收不畅,往往形成企业资金链的断裂,首先表现为各种应付款项不能按期支付,如拖欠应缴税金和其他各种应缴款项,职工工资和水电费等不能按期支付。上述问题出现的初期,企业的生产经营活动还能勉强维持,但若这种情况在一段时期内不能尽快扭转,就会出现原材料供应中断、水电停止供应等,使企业生产经营陷入瘫痪状态,各种应付款项大幅度上升,出现资金支付困难,直接引发企业财务危机。

第三,逾期贷款和担保不断发生。现阶段,银行借款仍然是我国大部分企业生产经营周转资金的主要来源。在企业生产经营出现困难的初期,因原来信誉尚可,到期的银行借款还可以办理借新还旧的展期手续,暂时不会出现资金链的断裂。但若企业不能尽快扭转被动局面,首先就会出现银行借款利息不能按期支付,而后出现借款到期不能按期归还,银行为了降低自身风险，要求企业办理还旧借新手续。由于企业资金链已经断裂，根本无力偿还到期银行借款本息，企业财务风险会越来越大。

第四，企业盈利水平持续下降，现金净流量减少。

利润是综合反映企业生产经营状况最重要的财务指标之一，往往能够反映出企业经营管理水平的高低、成本费用支出的大小、市场竞争力的强弱等。因此，当企业的盈利率不断下降，盈利数额不断减少，即意味着该企业经营状况在不断恶化，财务风险也在不断加大，投资者面临的投资风险也在一步步加大。

现金流量是企业经营活动过程中现金流入及流出量的总称，其差额即为现金净流量。企业没有了现金流量，企业生产经营活动就会处于停滞状态。因此，现金流量是衡量企业财务风险大小的一个重要指标。经营活动中产生的现金流量是企业现金流量的重要部分，指用来偿付债务、重新投资以保持原有生产规模或扩大生产经营能力的基础。从一个较长时期来看，如果企业销售量下降、销售收入减少，必然导致其经营活动产生的现金净流量减少，甚至出现负值，即出现经营亏损。当亏损额小于折旧额时，虽然收入的现金小于全部成本费用，但大于付现的成本费用，由于折旧费用不需要支付现金，此时企业支付日常开支并不困难，甚至还有可能把部分现金挪作他用。然而，当计提折旧的固定资产达到报废年限必须更新的时候，由于累积起来的现金不足以更新机器设备等固定资产，就会使企业陷入财务危机。因此，当出现企业经营活动现金净流量越来越少时，表明企业获利能力的原动力已出现故障，这也是财务风险发作的主要征兆之一。

(三)针对财务危机企业应采取的对策

对多家企业的调查研究发现，企业财务危机的控制方式主要分为两种：一种是在财务危机未发生时就做好防范工作，即长期财务风险控制；另一种是在发现企业将要出现财务危机的征兆时采取的短期措施，即短期财务风险控制。

1. 长期财务风险控制

(1) 认真分析财务管理的宏观环境及其变化情况，增强企业对财务管理环境的适应能力和应变能力。为防范财务风险，企业应对不断变化的财务管理宏观环境进行认真分析研究，把握其变化趋势及规律，并制定多种应变措施，适时地调整财务管理政策并改变管理方法，从而增强企业对财务管理环境的适应能力和应变能力，降低因环境变化给企业带来的财务风险。

(2) 建立并不断完善财务管理系统，以适应不断变化的财务管理环境。企业应设置高效的财务管理机构，配备高素质的财务管理人员，健全财务管理规章制度，强化财务管理的各项基础工作，使企业财务管理系统有效运行，以防范因财务管理系统不适应环境变化而产生的财务风险。

(3) 提高财务决策的科学化水平，防止因决策失误而产生的财务风险。财务决策的正确与否直接关系到财务管理工作的成败，经验决策和主观决策会使决策失误的可能性大大增加。为防范财务风险，企业必须采用科学的决策方法。在决策过程中，应充分考虑影响决策的各种因素，尽量采用定量计算及分析方法并运用科学的决策模型进行决策。对各种可行方案要认真地进行分析评价，从中选择最优的决策方案，切忌主观臆断。

(4) 理顺企业内部财务关系，做到责、权、利相统一。为防范财务风险，企业必须理顺内部的各种财务关系。首先，要明确各部门在企业财务管理中的地位、作用及应承担的职责，并赋予其相应的权力，真正做到权责分明。其次，在利益分配方面，应兼顾企业各方利益，调动各方面参与企业财务管理的积极性，从而真正做到责、权、利相统一，使企业内部各种财务关系清晰明了。

企业财务危机不是疏忽造成的，而是日积月累的结果，所以控制工作需要长期进行，这样才能有效地减少财务危机的发生概率。

2. 短期财务风险控制

(1) 分散法，即通过企业之间联营、多种经营及对外投资多元化等方式分散财务风险。对于风险较大的投资项目，企业可以与其他企业共同投资，以实现收益共享，风险共担，从而分散投资风险，避免因企业独家承担投资风险而产生的财务风险。

(2) 回避法，即企业在选择理财方案时，应综合评价各种方案可能产生的财务风险，在保证财务管理目标实现的前提下，选择风险最小的方案，以达到回避财务风险的目的。例如，企业在选择投资方式时，应尽可能采用债权性投资，因为债权性投资风险大大低于股权。采用回避法并不是说企业不能进行风险性投资，要根据实际情况而定。

(3) 转移法，即企业通过某种手段将部分或全部财务风险转移给他人承担的方法。转移风险的方式有很多，企业应根据不同的风险采用不同的风险转移方式。例如，企业可以通过购买财产保险的方式将财产损失的风险转移给保险公司承担。采用转移风险的方式将财务风险部分或全部转移给他人承担，可以大大降低企业的财务风险。

(4) 降低法，即企业面对客观存在的财务风险，努力采取措施降低财务风险的方法。例如，企业可以在保证资金需要的前提下，适当地降低负债资金占全部资金的比重，以达到降低财务风险的目的；当市场不可测因素增多、股票价格出现剧烈波动时，企业应及时降低股票投资在全部对外投资中所占的比重。另外，企业也可以通过付出一定代价的方式来降低产生风险损失的可能性。例如建立风险控制系统、建立风险基金等。

二、企业财务危机案例解析

 案例解析 4-8

中联重科财务造假门事件

一、案例回放

在"2012年50家最受尊敬上市公司"名单中，中联重科位列第16位。然而，2013年，中联重科的企业信誉和形象遭遇前所未有的挑战。2013年1月8日，香港《明报》刊登了"匿名信指中联重科夸大盈利"的报道。报道称，中联重科财务造假，指其将部分未实际销出甚至是不存在的订单计入正常销售额内，以夸大利润表现。

匿名信中表示，中联重科将根本未发生的交易，甚至是虚构的订单(包括买家预期会购买，但未有出货日期、未付款，且产品仍放仓储的潜在订单，以及中联重科将一些旧有客户套上别家公司而虚构的订单)计入正常销售额，制造出公司营业额大幅增长的假象。而当其得到其他真正订单后就用来填补取代问题订单，被取消的问题订单就以"客户退货"方式处理。

举报信附有中联重科华东区销售数据。据该报计算，中联重科仅华东地区的销售额按年增长幅度足足夸大了10倍。报道指出，中联重科不只在华东区使用这种"造数"手法。这也解释了为什么中联重科是内地同行中唯一获得首三季纯利及营业额按年增长双位数的公司。

《明报》的报道揭开了长达一年的财务造假风波的序幕。在股市的动荡中，中联重科H股1月8日9时2分起暂停止买卖。

1月8日晚间，中联重科回应称，不存在财务造假以夸大利润表现的情况。"华东区去年前三个月的销售数据为13.19亿元，与2011年同期的10.02亿元相比，同比增长31.64%"。但这些回应并未让外界信服。三一重工一位高管认为，在2012年行业低迷的情况下，中联重科不可能做到如此漂亮的销售业绩，"谁逆行业大势就是行业大盗"，三一重工高管梁林河也在微博上隔空喊话："我早就说过会出事的，内蒙古乾泰的200多台大挖掘机不就是典型吗？假的真不了，真的假不了。撒旦的灭亡是因为自己，绝不是上帝。"实际上，在中联重科2012年上半年业绩发布后，一位业内资深投资人曾公开表示："中联重科比三一重工要稳健一些，但真实的中联重科，上半年不可能挣到56亿元，除非这个世界发疯了。"

1月29日，《新京报》、香港《明报》、香港《经济日报》等多家媒体收到冒名做空机构浑水公司创办人Carson Block寄出的对中联重科的举报信及详细客户名单、月度报表等资料。信中坚称中联重科将订单分类，以方便虚构销量。不到一个月两度被黑，中联重科A股略有下跌，H股则已跌去11.69%。

这样劲爆的题材，让新闻界迅速行动起来。《每日经济新闻》记者进行了长达半月、横跨华东三省市的缜密调查，上万字的调查报告"揭开了中联重科神话的背后——触目惊心的造假：发货—退货、零首付，各种不同的销售政策，大玩数字游戏的目的均只有一个——虚增销售业绩，进而虚增利润，作出漂亮的财务报告"。同时，外界对此有诸多猜测，认为中联重科财务造假证据确凿，动机可能是因为领导人好大喜功，欲金蝉脱壳。

在数度非正式澄清不奏效之后，中联重科连续发布了两次澄清公告，一次是5月29日，另一次是7月26日。然而，这样的指控并非简单的澄清公告和指控竞争对手可以消弭，就算香港证监会和中国证监会的确认回复函也无济于事。作为大型国企，中联重科早在之前的同城纷争中戴上了"仗势欺人"的帽子，在公众心目中很大程度上丧失了信任度。

惊人的逆转发生在10月18日，《新快报》记者陈永洲在广州被湖南长沙警方控制。中联重科称陈永洲捏造事实对中联重科进行诬蔑诋毁，严重地损害了企业的商业信誉并造成重大损失。就在中联重科以为高枕无忧时，10月23日晚间，在财务专业人士云集的CPA视野论坛上，上市公司打假斗士夏草发布了题为"中联重科真的没有财务造假吗？"的帖子，称中联重科两次澄清公告前后矛盾，涉嫌财务造假是不打自招，引发金融界人士的高度关注。

二、案例分析

中联重科这两年名气骤然提升，是因为它与中国工程机械另一巨头——三一重工的掐架，过去三一重工的品牌做得比中联功夫大、名声响，而让中国人都知道的中联重科知名度跃升来自于抓《新快报》的记者陈永洲事件，其争论已经超出危机公关的范畴、法制的范畴。

中联重科原是纯国企，长期负债经营，效益局促，但是它在近年完成了企业的战略并购和品牌构建，将一家纯粹内地发展的企业，打造成一家具有跨国型技术合作的国际性企业(财务是否造假扑朔迷离)，也可以说是在竞争中成长，在恩怨中走向成熟。

两家企业的市场，早已不再是湖南市场、中国市场，而是宽阔的全球机械市场。两家企业之间的竞争，本来应该是一场全球性的、高水平的较量，而不必过多地打地方政府牌，与溜须拍马、司法腐败牵手。

三、思考讨论

1. 中联重科在陷入财务造假风波后所采取的策略是否得当？

2. 企业在财务管理中应当如何避免危机？

3. 中联重科所面临的危机给我们的启示是什么？

(资料来源：根据《国企》杂志资料整理)

第八节　企业媒体传播危机及案例解析

一、企业媒体传播危机的相关内容

(一)企业媒体传播危机的含义

企业媒体传播危机是因媒体曝光，或媒体报道失实，使企业声望、名誉、品牌遭受严重考验，从而发生危机。

(二)企业媒体传播危机的主要表现

企业媒体传播危机主要表现在由于企业产品宣传过程中的媒体夸大事实，或者产品瑕疵曝光的扩大化效应。媒体传播危机通常为企业其他危机发生的诱因，即媒体传播危机的产生通常会导致企业其他危机的发生，进而造成企业利益、形象等方面的负面效应。因此，媒体传播危机如果处理不当的话，会直接引发或者导致企业危机的全面爆发。重视企业媒体传播危机预防并采取积极的应对措施是企业应对此类危机的重点所在。

(三)企业媒体传播危机的应对策略

企业媒体传播危机的应对策略主要有以下两种。

(1) 及时获得信息。企业应该建立全方位的信息管理系统，企业应设置专门的部门或者专职的岗位人员负责信息的获取并及时汇报。企业内外部信息都应该及时获取。

(2) 及时、客观地进行响应。包括对涉及的相关利益群体，例如消费者，还有各类媒体开诚布公；及时发布更正消息，实事求是地进行响应。

二、企业媒体传播危机案例解析

 案例解析 4-9

百度魏则西事件

一、案例回放

1. 魏则西事件始末

魏则西事件起于问答社区知乎。知乎网友魏则西是西安电子科技大学计算机系学生，于两年前体检后得知罹患"滑膜肉瘤"晚期。据魏则西生前描述，该疾病为"一种很恐怖的软组织肿瘤，目前除了最新研发和正在做临床实验的技术，没有有效的治疗手段"。

得知病情后，魏则西的父母先后带着魏则西前往北京、上海、天津和广州多地进行求诊，但最后均被告知希望不大。

"各大肿瘤医院都说没有希望，让我们再要一个孩子。"魏则西母亲在接受新浪科技采访时称。

不过魏则西父母并未就此放弃，在通过百度搜索和央视得知"武警北京总队第二医院"后，魏则西父母先行前往考察，并被该医院李伟医生告知可治疗，于是魏则西开始了在武警北京总队第二医院先后四次的治疗。

据魏则西母亲回忆称："当时都说没办法，我们也没有放弃。在百度上搜，看到武警北京二院，然后又在央视上看到，就和魏则西的爸爸先去北京考察了一次。发现这家医院人很多，全国各地都有人来治疗。而且医生告诉我们他们这儿有美国斯坦福大学引进的生物免疫疗法，保10年、20年没有问题。于是我们决定在这里治疗，虽然费用不菲。"

魏则西母亲进一步解释说，当时原本希望去307医院治疗，但是到北京考察后发现武警北京二院情况不错，而且医院内还播放着央视的报道，一听能保10年、20年便很开心，我们就四处借钱凑钱，决定花多少钱都要把孩子的病治好，最后总共治疗四次，花费20多万元后，没有明显效果，医生也开始改口称，治好是概率事件。

从2015年9月份开始，魏则西在父母的带领下先后从陕西咸阳四次前往北京治疗，最后未见具体疗效。2016年4月12日，在一则"魏则西怎么样了？"的知乎帖下，魏则西的父亲用魏则西的知乎账号回复称："我是魏则西的父亲魏海全，则西今天早上8点17分去世，我和他妈妈谢谢广大知友对则西的关爱，希望大家关爱生命，热爱生活。"

需要说明的是，在魏则西事件出现后，新浪科技多方致电确认了该事件的真实性。魏则西父母在电话中讲述：患病、多方治疗无效、百度搜索医院、见到央视报道、亲身前往考察、决定治疗等过程，并确认最后在知乎上发布"魏则西去世"的消息确实出自魏则西父亲魏海全。

同时，西安电子科技大学计算机学院也告诉新浪科技，接到了本院学生魏则西去世的消息，并称魏则西是西安电子科技大学计算机学院2012级学生，当时以600多分的高考成绩考入计算机系，其后因患病，休学留级至2013级。

此外，新浪科技通过百度搜索找到"武警北京总队第二医院"的电话，在询问"魏则西"情况时，对方确认确实有陕西籍23岁患者"魏则西"在该院接受过治疗，但前台咨询电话无法查询到更多信息。

2. 百度搜索陷入质疑

2016年4月12日，魏则西去世。但魏则西事件并未就此结束，网友找出魏则西在2016年2月26日一则题为"你认为人性最大的恶是什么？"的帖子，将百度搜索和百度推广推上了风口浪尖。

魏则西在该帖中写道：

想了很久，决定还是写下来，不过为了避免不必要的麻烦，我就不把那家医院和那个医生的名字说出来，不过相关的癌症病人应该能明白我说的是什么，希望我的回答能让受骗的人少一些，毕竟对肿瘤病人而言，代价太大了。

我大二的时候发现了恶性肿瘤，之后是我痛苦的不愿意回忆的治疗经过，手术、放疗、化疗，生不如死，死里逃生数次。

我得的是滑膜肉瘤，一种很恐怖的软组织肿瘤，目前除了最新研发和正在做临床实验的技术，没有有效的治疗手段。

我是独子，父母对我的爱真的无以言表，拼了命也要给我治，可当时北京、上海、天津、广州的各大肿瘤医院都说没有希望，让我父母再要一个孩子。

那种心情，为人父母的应该可以体会，所以我爸妈拼了命地找办法。

百度，当时根本不知道有多么邪恶，医学信息的竞价排名，还有之前血友病吧的事情，应该都明白它是怎么一个东西。

可当时不知道啊，在上面第一条就是某武警医院的生物免疫疗法，DC，CIK，就是这些，说得特别好，我爸妈当时就和这家医院联系，没几天就去北京了。

见到了他们一个姓李的主任，他的原话是这么说的，这个技术不是他们的，是斯坦福大学研发出来的，他们是合作，有效率达到百分之八九十。看着我的报告单，给我爸妈说保我20年没问题，这是一家三甲医院，这是在门诊，我们还专门查了一下这个医生，他还上过中央台CCTV 10，不止一次，当时想着，百度、三甲医院、中央台、斯坦福大学的技术，这些应该没有问题了吧？

后来就不用说了，我们当时把家里的钱算了一下，又找亲戚朋友借了些，一共花了二十多万元，结果呢，几个月就转移到肺了，医生当时说我恐怕撑不了一两个月了，如果不是因为后来买到了靶向药，恐怕就没有后来了。

我爸当时去找这个人，还是那家医院，同样是门诊，他的话变成了都是概率，他们从来没有向任何人做过保证，还让我们接着做，说做多了就有效果了，第一次说的是三次就可以控制很长时间，实在是……

后来我知道了我的病情，在知乎上也认识了非常多的朋友，其中有一个是在美国的留学生，他在Google帮我查了，又联系了很多美国的医院，才把问题弄明白，事实是这样的，这个技术在国外因为有效率太低，在临床阶段就被淘汰了，现在美国根本就没有医院用这种技术，可到了国内，却成了最新技术，然后各种欺骗。

我现在住院，找到了真正靠谱的技术，家里却快山穷水尽了。

但不管怎么说，路还是要走下去，有希望就要活下去，不能让父母晚景凄凉，而且还有那么多人在帮我，这是前两天帮我从香港买药的朋友，一天之内就送到了医院，真的非常感动。

希望明天会有好转，柳暗花明又一村，可以找到活下去的办法。

写这么多，就是希望大家别再受骗了，这段时间有很多肿瘤病人和家属联系我，问这个医院，这个治疗的人相当多，希望不再有更多的人受骗。

魏则西的回答在其去世后引发了网络热议，"魏则西回答帖""魏则西去世消息"和"百度搜索滑膜肉瘤排名第一的是武警北京总队第二医院"的截图在微博上被转载1万余次，网友在转载评论中称：要百度给合理说法。

3. 百度回应：医院资质齐全

4月28日，百度在其"百度推广"微博账号中对此事作出回应，回应称：网友魏则西同学与滑膜肉瘤持续抗争两年后不幸离世，引发了很多朋友的关注和哀悼。得知此事后，我们立即与则西爸爸取得联系，致以慰问和哀悼，愿则西安息！对于则西生前通过电视媒体报道和百度搜索选择的武警北京总队第二医院，我们第一时间进行了搜索结果审查，该医院是一家公立三甲医院，资质齐全。网络信息健康有效，是每个互联网参与者的责任。我们愿继续努力，接受监督，不给虚假信息和违法行为留下任何可乘之机！

4. 国家部委入驻调查

5月2日晚间消息，国家互联网信息办公室发言人姜军今日发表谈话指出，近日魏则西事件受到网民的广泛关注。国家网信办会同国家工商总局、国家卫生计生委成立联合调查组进驻百度公司，对此事件及互联网企业依法经营事项进行了调查并依法处理。

百度稍后发表回应：百度欢迎联合调查组进驻。网络信息健康有效，是包括百度在内的每个互联网参与者的责任。百度将全力配合主管部门调查，接受监督，不给互联网虚假信息和违法行为留下可乘之机。

据公开信息，此次入驻百度的联合调查组，由国家网信办网络综合协调管理和执法督查局局长范力任组长，国家工商总局广告监管司、国家卫生计生委医政医管局及北京市网信办、工商局、卫生计生委等相关部门组成。联合调查组将适时公布调查和处理结果。

5. 百度市值一夜蒸发300多亿元

5月2日晚间，百度股价开盘后大幅下跌，较前一交易日下降15.39美元，至178.91美元，降幅达7.92%，一夜间市值缩水约合350亿元人民币。而据摩根大通研报，百度2014年总营收中，医疗广告占15%～25%，其中，30%～50%来自民营医院。百度对医疗广告收费比非医疗行业高近10倍。

二、案例分析

该事件中，网民更多的是将谴责指向百度，痛斥百度的欺骗性质，消息一经发出便引起众多网友的共鸣，百度搜索的竞价排名使众多用户深受其害，而此次事件的发生，让更多的网友纷纷得以一吐曾经受过的委屈。

魏则西是通过百度搜索的推广结果找到的治疗医院，当时在百度搜索"滑膜肉瘤"治疗信息时，搜到的推荐页面上，北京武警二院排在第二推荐位，内容表述其是一所三级甲等综合医院，广告称治疗效果好、治疗技术先进等，以至于使魏则西同学及其家人深受其害。

难道百度推广没有审核吗？不，百度的审核是所有搜索引擎里面最严格的一个，但还有一个最重要的因素就是竞价排名。百度一前员工透露，百度在几年前就开始做品牌认证措施，已基本解决官网被仿冒的事，但对于"竞品词"却无法避免。比如A公司品牌中的关键词，被B公司竞价推广，客户点到A公司的品牌关键词时，显示的推广链接就是B公司的。

目前，百度的竞价排名已经形成恶性竞争。各个公司不得不花钱推广自己品牌的关键词，否则自己的用户就会在百度上被竞争对手"骗"走。

此次事件中百度公司有不可推卸的责任，但也在第一时间作了回应和处理。在信息大爆炸的今天，各大搜索引擎需要更严格地审查信息，用户自己也需具有辨别能力。

三、思考与讨论

1. 各大搜索引擎应当如何避免魏则西事件的发生？

2. 互联网用户应当如何增强信息甄别能力？

（资料来源：根据搜狐网资料整理）

案例解析 4-10

"怎么让消费者吃得放心"

一、案例回放

金龙鱼是世界500强公司丰益国际旗下著名粮油品牌，作为粮油行业中的老大，金龙鱼积极倡导国人吃得安全、吃得健康营养的科学消费理念，立志为国人打造世界最安全的餐桌食品。然而，近些年来，金龙鱼却频频爆出各种产品质量安全问题。媒体曝光显示，金龙鱼大米出现虫子、金龙鱼玉米油质检不合格、金龙鱼食用油标识模糊等一系列问题，这让金龙鱼品牌在消费者心中留下了一层浓浓的阴影。

2011年9月18日，广东深圳消费者文某向海峡食品安全网投诉，称其购买的金龙鱼原香稻质量低劣且生虫。"我仍然记得数年前上市的金龙鱼原香稻米在超市进行宣传的情景，当时确实米香扑鼻诱人，口感甚佳。我吃了这么多年，甚觉满意，还介绍给亲朋好友吃。但前几天买来10公斤装的原香稻米到家一拆封，发现根本没有一丁点米香味，而且满袋都是米虫！众所周知，米里有蛀虫就意味着已经过期了，过期的谷物就有可能滋生黄曲霉素，黄曲霉素就是直接致癌物！金龙鱼粮油是个大品牌，怎么会连这点信誉也保不住呢？"

2011年12月12日，《齐鲁晚报》报道称"金龙鱼面粉爬出活毛毛虫？厂家称虫子来源不明"。据悉，8日，家住李沧区的市民宋女士称她打开购买的金龙鱼麦芯粉包装后，在里面发现了一条指头粗细的活虫子。金龙鱼厂家怀疑面粉包装不是刚打开，称需要鉴定虫子的来源。宋女士认为，厂家让她自己做鉴定有点不妥，她的孩子才三个多月，她没有精力来做这样的鉴定。"我也不是真想要那2000元的赔偿，只是觉得这么大的品牌处理问题应该拿出积极的态度来。"李女士说。

2011年12月20日，大豫网报道"金龙鱼被指非法使用转基因大豆没审批文件"一文，称中国灾害防御协会灾害史研究专业委员会顾问陈文一在其实名认证的微博上发布消息称，经过质询查证，作为几乎垄断中国食品市场食用油的金龙鱼，其原料转基因大豆没有遵照法规规定经过卫生部的受理审理，农业部审批没有完整的手续和安全证明，如此上市，是涉嫌非法上市和非法销售的。"全国人民吃了十多年的金龙鱼转基因大豆油，竟然是违规生产的！金龙鱼连一个像样的转基因安全性的相关证明文件都没有(而这些证明文件是中国政府明文规定必须得有的)，你凭什么说转基因大豆油是安全的？还没有经过安全性确认的转基因大豆油，可能已经有数百万吨甚至上千万吨进入了中国老百姓的肚子中，这不是世纪大骗局是什么？"陈文一在博客中质问。

对于相关质疑，金龙鱼并未在2011年11月25日这个最后期限给出金龙鱼"化学浸出"转基因大豆油是合法转基因食品的相关部门的审批文件复印件，金龙鱼的消费者向全国消费者发表声明，宣布益海嘉里没有能证明其转基因产品安全、合法的13项必不可少的法律文件。

2011年12月26日，新浪又转载一则新闻"金龙鱼食用油转基因大豆风在株洲销量锐减"，称金龙鱼非法使用转基因大豆成为社会焦点。记者走访了本埠各卖场发现，这一风波严重影响了"金龙鱼"在株洲的销售，有的卖场销量甚至锐减一半。

2012年1月10日，新浪报道"金龙鱼回应玉米油质量门——称已做下架处理"一文，称金龙鱼食用油生产商益海嘉里食品营销有限公司合肥分公司经理李志刚回应说，公司接到工商部门的通报后，第一时间将涉及的同一批次所有产品做下架处理。但表示，抽检的色泽和烟点，属于质量等级项目，而不是食品安全项目。

与此同时，2012年1月10日，腾讯财经报道"金龙鱼称问题油错在超市，专家称企业应负责任"一文，称安徽省工商局不久前对外发布通报，该部门抽检7家生产厂家10组食用油后发现，合肥市有两批次食用油不合格。其中，金龙鱼玉米油被检测出色泽和烟点项目不合格。安徽省工商局发布的公告信息显示，被检出有问题的为江苏益海(泰州)粮油有限公司生产的5升装金龙鱼玉米油，生产批次为2011年3月1日。厂家称运输坏节和超市保管有问题。董金狮认为，"因曝晒导致油的颜色和烟点发生变化，科学依据不太充分，有些牵强，情况也比较少见。"因此他认为生产环节出问题可能性更大。

2012年2月15日，腾讯转载报道"金龙鱼等转基因食用油"藏猫猫"——标识模糊"一文，称各大商超食用油标识模糊，一桶含量为5升的金龙鱼大豆油，标签正面除了写明品种是大豆油外，还写着"强化维A，添加维E"等介绍语言，同时附有"国家免检产品"标识、"质量安全"标识和"营养强化食品"标识，对于是否属于转基因食品却只字未提。然而，当记者拿起这桶油，把目光转向标签侧面时，却在配料中看到一行小字"加工原料为转基因大豆"。而在金龙鱼另一款橄榄原香食用调和油的标签上，记者却看到，标签正面用最显眼的字体标明"本产品为非转基因产品"，同时还有"倡导膳食脂肪酸的均衡比例"的宣传语。

2012年3月16日，腾讯财经报道"金龙鱼食用油被曝保质期内成凝固块状物有异味"一文，称家住荔湾区龙津西路的刘小姐，2011年6月底在广州一家超市购买了一桶5升金龙鱼牌食用调和油，昨日她带着半瓶白色凝固的食用油来到广州工商食品处的摊位。该桶食用油的标签说明显示，生产日期为2011年6月2日，保质期为18个月。刘小姐告诉记者，用了一个多月后就发现食用油出现不明白色絮状物，到了10月份剩下的半桶食用油便开始凝固成白色块状。记者昨日在现场打开盖子闻了一下，该桶问题食用油散发出一阵阵异味。

2012年8月17日，青岛新闻网报道"食用油消费满意度测评金龙鱼、红蜻蜓等较低"一文称，为了持续深入地了解我国食用油行业的质量水平，给行业和生产企业提供真实的质量改进信息，给用户和消费者提供客观的质量参考信息，中国质量协会、全国用户委员会于2012年度再次对我国食用油消费者进行满意度调查并于近日公布了结果。2012年度食用油消费者满意度得分为75分；食用油各品牌满意度变化较大。金龙鱼、海狮、福临门、中昌和刀麦满意度则低于行业水平。

2012年10月10日，海峡食品安全网报道了一则消息"金龙鱼大米保质期内长虫，益海嘉里以恶劣态度应对"，称广东深圳消费者吴先生向海峡食品安全网投诉，称其购买的金龙鱼生态稻在保质期内竟然长出了虫子，但令吴先生更加气愤的是，作为厂家的益海嘉里不仅没有及时认识到自身产品的不足，反而态度十分恶劣，对消费者的投诉置之不理，这令吴先生十分恼火。

2012年12月18日，慧聪网报道了"'金龙鱼'大米出现黑色小虫遭消费者投诉"一文，称消费者张先生反映，自己在仓山一卖场购买的"金龙鱼"大米中，出现了不少仍会爬动的黑虫。经销商称，这可能是个别箱包的大米在储藏或运输等过程中出现了意外问题，导致虫子滋生，这是行业内的一种正常现象，因为大米是活的且会呼吸，与产品本身质量无关。经销商最后提出赠送大米给消费者，但被张先生谢绝。对于大米会呼吸一说，张先生表示不理解。

二、案例分析

食品安全与卫生是食品企业的生存之本，更是食品生产企业诚信经营的最高宗旨。金龙鱼宣传要立志为国人打造全世界最安全的餐桌食品。但是真正的诚信和品质不能只停留在表面，要切实听取百姓的建议，不糊弄消费者；无论是生产环节还是运输环节都做好监督；以百姓的健康为核心所赢得的利益才是真正的利益。民以食为天，食以安为先，金龙鱼作为粮油行业执牛耳者，更应该严格地要求自身，对百姓负责就是对企业负责。

三、思考与讨论

1. 企业应该如何认识媒体在危机管理中的作用？

2. 金龙鱼公司在处理危机方面存在什么问题？

3. 企业应该树立怎样的客户观念？

4. 企业在危机补救时，如何考虑顾客的利益？

(资料来源：单业才. 企业危机管理与媒体应对[M]. 北京：清华大学出版社，2007.)

本 章 小 结

企业危机是在企业经营的过程中，由于宏观大环境的突然变化(如国家标准的变化，行业问题的暴露)以及企业在经营的过程中各个职能管理中的问题，而引发的一系列危害企业的行为。具体到企业这一特定的组织而言，按照其发生的具体内容，危机可以分为以下八类：文化危机、战略危机、产品危机、人力资源危机、营销危机、财务危机、媒体传播危机。还要留意企业在各个时期的危机。

企业危机管理要遵循的基本原则有程序化原则、实事求是的沟通原则、预控优先原则和及时反应原则。企业危机管理的内容和策略涉及危机前的预防与管理、危机中的应急处理和危机的善后总结这三部分的方方面面。对于企业而言，成功的危机管理可以确保企业战略的实现、维系员工的忠诚度、维护企业形象及确保企业盈利水平。

第五章 公共危机管理

【学习要点及目标】

通过本章的学习，了解公共危机的类型、影响，掌握公共危机管理的概念，明确公共危机处理的基本程序与策略，学习政府危机管理范例和不同类型公共危机案例。

【关键概念】

公共危机 公共危机管理 应急管理 自然灾害类危机 事故灾害类危机 公共卫生类危机 社会安全类危机

第一节 公共危机概述

任何社会都会遭受各种各样的灾难，从而面临各种公共危机的强烈冲击。从美国的"9·11"事件到印尼巴厘岛爆炸案，从韩国大邱地铁纵火案到中国南京汤山投毒案，从美国炭疽传播恐慌到中国"非典"疫情防治，以及 2020 年出现的危及全球的新冠状病毒疫情等一系列公共危机事件的出现，在不同范围内和一定程度上引发了危机。政府面对的公共危机不仅会造成民众在生命、财产方面的巨大损失，对经济和社会的基础设施造成巨大的破坏，也会引起环境的恶化，阻碍社会的可持续发展，甚至可能导致社会和政局的不稳定。

对于一个政府而言，建立完善的公共危机管理机制，实施有效的对策选择，不断增强政府公共危机管理能力，使危机状态下的社会事务被有序地管理起来，将危机给社会造成的危害减到最小，无疑成为政府管理活动中的一个重要内容。

一、公共危机的类型

政府和社会所面临的危机是各种各样的。按照不同的维度，根据不同的判断标准，可以对危机进行不同的分类。一般来说，可以将公共危机分为自然灾害、技术灾难、冲突危机和公共卫生危机等。

(一)自然灾害

自然灾害(natural hazards)是指由于不可抗力的自然或环境因素，诸如太阳放射、地心热流、地球引力等引发的灾害性事件。有学者根据介质的不同将自然灾害分为陆界灾害、水界灾害、气象灾害以及其他环境危机(Mileti，1999)。

1. 陆界灾害

陆界灾害(lithospheric hazards)即以地球的土壤、岩石等为介质而引发的灾害，常见的包括地震、火山爆发、山体滑坡、地陷等。

从古至今，地震可谓是破坏性最大的陆界灾害。绝大多数的地震都是自然现象，属于构造地震。当地下岩层所受的地应力太大，岩层不能承受时，地壳就会发生突然、快速破裂或错动，并激发出一种向四周传播的地震波，当地震波传到地表时，就会引起地面的震动。地震对于人类是灾难性的，尤其是对人口聚集的城市危害更大。在 20 世纪，1923 年日本关东大地震、1960 年智利大地震、1976 年唐山大地震、1995 年日本阪神大地震等均造成了极其惨重的损失。2008 年的汶川大地震，是近 30 年来我国发生的最严重、损失也最惨重的自然灾害。

火山爆发也是典型的陆界灾害。现时仍然活跃的火山为"活火山"，它们大都存在于地壳中的断裂带。火山爆发时会流出灼热的红色熔岩流，或喷出大量的火山灰和火山气体。因此，这常常会给人类带来灭顶之灾，造成生命和财产的巨大损失。喷出的物质和暴雨结合形成泥石流，可能冲毁道路、桥梁，淹没附近的乡村和城市，使得无数人无家可归。火山灰和火山气体还会对气候造成不同程度的影响。火山爆发展现了大自然疯狂的一面，但另一方面，它也能提供肥沃的土地、热能和多种矿产资源，其形成的奇特自然景观还能成为当地的旅游资源。

此外，陆界灾害还包括山体滑坡、地陷等。山体滑坡是指山体由于暴雨而不堪重负，从薄弱地带断开，发生整体下滑。造成山体滑坡的可能是第四纪残坡积物，也可能是风化的基岩。地陷是指过度抽取地下水而大自然的补充尚来不及完成，原本有水的岩石缝隙逐渐变空，上下岩石紧贴在一起，导致地层下陷。如果一直超抽，加上地面建筑物的压力，地层下陷就会越来越严重。

2. 水界灾害

水界灾害(hydrospheric hazards)就是由地球的水系统而引发的灾害。常见的水界灾害包括三类：洪水、海啸和干旱。

洪水就是河、湖、海所含的水体上涨超过常规水位的水流现象。洪水常威胁沿河、滨湖、近海地区的安全，甚至造成淹没灾害。自古以来，洪水给人类带来了很多灾难，如黄河和恒河下游常常泛滥成灾，造成重大损失。但有的河流洪水也给人类带来了一些利益，如尼罗河洪水定期泛滥给下游三角洲平原农田淤积了肥沃的泥沙，有利于农业生产。在 1998 年发生的特大洪涝灾害中，长江上游先后出现八次洪峰并与中下游洪水遭遇，形成了全流域特大洪水。据统计，当年农田受灾面积 3.34 亿亩，成灾面积 2.07 亿亩，死亡 4150 人，倒塌房屋 685 万间，直接经济损失 2551 亿元。

海啸是一种极具破坏力的海浪，通常由震源在海底下方 50 千米以内、里氏 6.5 级以上的海底地震引起，水下或沿岸山崩或火山爆发也可能引起海啸。震波的动力会引起海水剧烈地起伏，形成强大的波浪，以摧枯拉朽之势向前推进。在巨浪呼啸过后，沿海的城市和村庄被席卷一空，满目疮痍。2004 年 12 月 26 日，印尼的苏门答腊外海发生里氏 9 级海底地震，海啸袭击东南亚大多数沿海国家，造成 30 余万人丧生，损失惨重。目前，人类对海啸、地震、火山等突如其来的灾变的发生尚不能控制，只能通过预测、预报来减少它们造成的损失。

干旱是一种因长期少雨而导致的空气干燥、土壤缺水的气候现象。由于淡水总量减少，不足以满足人类的生存和经济发展的需要，从而出现旱灾，这也是从古至今人类面临的主要自然灾害之一。即使在科学技术如此发达的今天，它们造成的灾难性后果仍然比比皆是，例如造成粮食减产、人畜饮水困难、影响经济发展和社会安定等。尤其值得注意的是，随着经济发展和人口膨胀，水资源短缺现象日趋严重，这也直接导致了干旱地区的扩大与干旱化程度的加重，干旱化趋势已成为全球关注的问题。

3. 气象灾害

典型的气象灾害(atmopheric hazards)就是热带气旋。按其中心附近的风速分级，风速在17 米/秒以下的热带气旋称为热带低压，17~33 米/秒的称为热带风暴。达到 33 米/秒以上时，这种热带气旋在不同地区则有不同的名字：发生在大西洋、加勒比海和北太平洋东部的称作飓风(hurricane)；发生在北太平洋西部，包括中国南海范围内的称作台风(typhoon)；发生在印度洋的则称为旋风(cyclone)。这种强热带气旋具有极强的破坏性，所经之处，房屋被摧毁，道路被淹没，树木被连根拔起，船只被抛至岸边，甚至引起海啸、山崩、泥石流和山体滑坡等严重的自然灾害，对沿海地区造成毁灭性的打击，如 2005 年美国的"卡特里娜"飓风。

雷雨也是一种典型的气象灾害，它是在积雨云中形成的降雨现象，强烈时可出现暴雨。在雷雨过程中，还常常伴随着雷电现象。由于对流，积雨云中的小水滴不断碰撞分裂，产生正负电荷并各自不断地大量聚积，若云与云之间或云与大地之间的电位差达到一定程度，即发生猛烈的放电现象——闪电，并伴有雷声。强烈的雷电有时会毁坏建筑物、击毙人畜并引发森林火灾。据统计，不包括南北极地区在内，全世界每分钟就产生雷电约 6000 次，每年出现雷雨约 16000 场。

冰雹是由强对流天气所引起的一种剧烈的气象灾害。一般而言，只有发展特别旺盛的积雨云才有可能产生冰雹，又称冰雹云。冰雹云中强烈的上升气流携带着许多大大小小的水滴和冰晶运动着，其中一些冻结成较大的冰粒，冰粒增大后就会下落，在下落过程中不断地合并冰晶、雪花和水滴而继续生长。如果落到另一股更强的上升气流区，冰粒将再次上升，重复上述的生长过程。最后，当上升气流支撑不住冰粒时，它就从云中落下而成为冰雹。冰雹常常砸坏庄稼，损坏房屋，威胁人畜安全，给农业、建筑、通信、电力、交通等行业以及人民生命财产带来巨大损失。我国是冰雹灾害频繁发生的国家，据统计，我国每年因冰雹而造成的经济损失达几亿元甚至几十亿元。

降雪就是空中的水汽凝华后，又重新落到地面的过程。雪向来为人们所企盼，但持续、过量的降雪则足以成灾。雪灾可能造成农作物绝收，畜牧业减产，商品的供给出现不足；使得人类受冻挨饿，对人民的生命安全造成威胁；破坏交通、通信、输电线路等生命线工程，给人们的日常生活带来不便，甚至使社会陷入瘫痪或半瘫痪状态。2008 年年初，我国就遭遇了一场 50 年不遇的特大雪灾，其影响范围遍及全国 21 个省、自治区、直辖市和新疆生产建设兵团，因雪灾死亡 107 人，造成直接经济损失 1111 亿元，可谓继 1998 年特大洪涝灾害之后我国发生的最为严重的自然灾害之一。

热浪是近几十年来新出现的气象灾害。所谓热浪，是指天气持续地保持过度炎热，也有可能伴随很高的湿度。由于近年来全球范围内二氧化碳排放量的持续上升，造成全球气候变暖，即所谓的温室效应，这被认为是很多地区产生热浪的重要原因。热浪对于蔬菜和其他作物的生长极为不利；持续高温使人们感到闷热难耐，劳动生产率大大下降，且患病人数增多，尤其是老年人患者增多；高温酷热使得居民用水、用电量大增，使供水、供电系统也受到了严峻考验。进入 2000 年以来，欧美国家在夏天连遭热浪侵袭，我国四川、重庆等地也曾受到持续高温和旱情影响。可以预计，热浪将成为未来全球范围内较为常见的气候灾害。

4. 其他环境危机

随着科学技术的迅猛发展，人类活动越来越多地对环境产生影响，所谓的自然灾害也掺杂着更多人为因素，使得环境破坏所导致的危机更复杂。首先，人类的活动向环境排入了超过环境自净能力的物质或能量，导致环境恶化危及人类的生存和发展，即所谓环境污染，包括大气、海洋、噪声、固体废物污染等。其次，人类不适当地开发和利用环境，致使环境效能受到破坏或降低，从而危及人类本身，即所谓环境破坏，包括土地、森林、草原、矿产、物种、自然景观的破坏等。

由于人类现行的生存方式与地球承受能力相悖的日趋加剧，导致环境危机(environmental crisis)变得越来越普遍和严峻。当前的环境危机涉及人类生存环境的各个方面，包括森林锐减、草原退化、沙漠扩展、土壤侵蚀、城市拥挤等。其影响范围不仅包括人类居住的地球陆地表面，还波及海洋、大气、高空，如两极冰川融化、海平面不断升高、温室效应、臭氧层破坏、酸雨等。其结果不单威胁到个别或部分国家和地区的生存与发展，对整个人类社会都会造成沉重甚至毁灭性的打击。只有对造成环境危机的原因进行深刻的反思，方能探寻到解决环境危机的出路。

(二)技术灾难

技术灾难(technological disaster)是指在工业生产、工程建设、交通运输、高科技应用等过程中由于人为不当处置而引发的事故灾难。它产生于现代社会，与工业文明的进步相伴生，充分体现了科学技术的"双刃剑"效应。

1. 工业事故

工业事故(industrial accidents)主要是指对化学品的提炼、制造、分配、储存、使用和销毁的过程中产生的事故。一旦管制失灵、操作不当或是设备失效，氯、苯、杀虫剂、燃料或其他有害物质都有可能泄漏。评判有害物质的标准在于其是否具有毒性、易燃性、易爆性和腐蚀性，无论其是固态、液态还是气态。当然，其发生反应也要取决于温度、水及氧气等一系列复杂因素。工业事故带来的后果是极其惨痛的，以印度博帕尔毒气泄漏事件为例，1981 年 12 月 3 日凌晨，坐落在博帕尔市北郊的美国联合碳化物公司的专门生产农药和杀虫剂的分厂发生了严重的毒气泄漏事故，毒气顺风向东南方的城市扩散，造成 3000 多人死亡，1000 多人双眼失明，20 多万人受到严重伤害，67 万人的健康受损。

2. 建设事故

建设事故(structural accidents)也是导致人员伤亡和财产损失的典型技术灾难。由于楼房、道路、桥梁、堤坝、矿井等在设计、施工或使用过程中存在问题，从而可能导致滑坡、坍塌等事故。一旦发生此类事故，将造成人员被埋、河流决堤等严重后果，带来人员的重大伤亡。如 1963 年 10 月 9 日，意大利维昂特大坝发生水库滑坡事故，水流自 100 米高处直泻而下，在仅仅几秒钟内就淹没了山谷内的五个村庄，造成 4000 多人丧生。事故原因在于该坝建于两座陡峭的山坡之间，设计者忽略了山体不稳的潜在危险，管理者也没有定期检查山坡状况并采取加固措施，从而酿成这一惨剧。

3. 运输事故

在当今时代，人、物品和服务在世界范围内的流动越来越便利和频繁，与此同时，运输事故(transportation accidents)也大大增多，无论在陆地、水上还是空中。导致运输事故的原因有很多，如不利的气象条件、人为操作失误、机械故障等。具体来看，陆运事故是最频繁的，雪雾天气、疲劳驾驶等都极易引发事故，相对安全的铁路运输也要受到电力的影响。超载和触礁是导致水运事故的重要原因，除了带来人员伤亡外，如果载有化学品，还有可能对环境造成损害，如曾经发生的"爱琴海"号、"布里尔"号、"埃里卡"号、"威望"号等一系列油轮泄漏事件对海洋的污染。相比较而言，空运事故的概率要小得多，但一旦失事，幸存率几乎为零，媒体报道更是铺天盖地，对公众造成心理上的严重影响，因此人们也将其视为可怕的运输灾难。

4. 计算机事故

计算机事故(computer accidents)是指由计算机硬件和软件问题所引发的破坏性事件。最典型的当属"千年虫"问题，即在千禧年前后所有的软硬件因为日期的混淆而可能产生的资料流失、系统死机、程序紊乱、控制失灵等问题。其影响涉及计算机系统、与计算机和自动控制有关的电话程控交换机、银行自动取款机、工厂自动化系统，乃至使用了嵌入式芯片技术的大量电子电器、机械设备和控制系统等，因此引起了各国的广泛关注和全力应对。冰冻、洪水、火灾等灾害和事故也可能使计算机硬件受到损坏。除此之外，黑客入侵也是当前引起计算机事故的重要原因，对计算机系统和网络安全造成了严重威胁。

5. 核事故

一般来说，在核设施(如核电厂)内发生了意外情况，造成放射性物质外泄，致使工作人员和公众受到超过或相当于规定限值的核辐射，则称为核事故(nuclear accidents)。核电虽然是目前最新式、最"干净"、单位成本最低的一种电力资源，但核事故所造成的核污染也给人类带来了前所未有的灾难。1986 年 4 月 26 日，迄今为止最严重的核事故在苏联切尔诺贝利核电站发生，成千上万的人丧生，数百万人的生命和健康受到影响，大片的土地、水源被严重污染，甚至成为不毛之地，整个欧洲都被笼罩在核污染的阴云之中。

(三)冲突危机

如果说技术灾难中的人为因素是无意之举的话，那么还有一类危机是人类有意识引发和造成的，这就是冲突危机(conflict crisis)。冲突危机中体现着人类群体或组织之间的利益矛盾与冲突，完全是人为因素所导致的结果。

1. 群体性事件

群体性事件(mass incidents)是指由某些社会矛盾引发的，经特定群体或不特定的多数人临时聚合而成的偶合群体，通过不合法的规模性聚集活动，甚至发生语言或肢体冲突，来表达诉求和主张，或发泄不满、制造影响，从而对社会秩序和稳定造成负面效应的各种事件。集会、游行、上访、骚乱等都属于这一意义上的危机范畴。从性质来看，群体性事件主要是社会成员内部矛盾激化而成，并非敌我矛盾；从主体来看，群体性事件主要是松散的偶合群体，其内部联系并不紧密；从行为方式来看，群体性事件一般是非理性的，且这种情绪能够迅速传染和蔓延，在短时间内形成较大规模和影响。虽然并非你死我活的斗争，但群体性事件也可能给社会带来较大的冲击、动荡和负面效应，需要及时、适当地予以处置。

2. 恐怖主义

恐怖主义(terrorism)是指个人或集团为实现某种目的或改变政治进程，运用暴力或威胁手段蓄意制造恐慌气氛的行动。恐怖活动自古有之，但 20 世纪六七十年代之后，它越来越向有组织、有计划的方向发展。恐怖活动具有组织严密、灌输"信仰"、强化训练、行为激进等特点，对公共安全和秩序构成了严重威胁。最典型的当属美国"9·11"事件。恐怖主义的矛头一般指向代表国家和政府的领导人，但有时也将无辜人群作为恐怖袭击的对象，以此制造影响。恐怖主义的手段五花八门，除了传统的爆炸、暗杀、绑架、劫机等外，生化武器、互联网等手段也越来越为恐怖分子所运用。随着科技的迅猛发展和全球经济一体化进程的加快，恐怖活动的范围加大，筹措资金的渠道更加隐蔽、畅通和便捷，高科技手段的破坏力增强，这些都导致人类社会抵御恐怖袭击的能力减弱。

3. 战争

战争(war)是指敌对双方为了达到一定的政治、经济目的而进行的武装斗争，是解决不同的阶级之间、政治集团之间、民族(部落)之间、国家之间矛盾的最高的斗争形式。战争的特点表现为：一是残酷性，双方以一切可用的暴力手段攻击另外一方；二是毁灭性，对抗的时候以一方消灭另外一方为代价；三是目的性，直到胜方达到目的、败方屈服；四是持久性，常规战争持续时间长达数年或者数十年，现代的高科技战争持续数月到数年不等。从古至今，战争带给人类的灾难是深重的，可以说，战争是冲突危机的极端形式，也是公共危机的最高形态。

(四)公共卫生危机

公共卫生危机(public health crisis)在某种程度上比传统的危机更复杂，它是关系到人类自身生存的危机。典型的公共卫生危机包括：人类或动植物中爆发的疾病、食物中毒事件以及病虫害侵袭等。由于人类行为模式的变迁、环境因素的影响以及全球化的扩张，公共卫生危机已成为国际社会共同面临的严峻挑战，并对人类健康构成巨大威胁。

疾病或传染病的流行伴随着人类文明的整个进程，并对人类文明产生深刻而全面的影响，它冲击的是文明的核心和所有生产力要素中最根本的要素——人类本身。公元前 430 年，一场瘟疫席卷古希腊，夺走了 1/4 希腊城邦人的生命；公元 165—180 年，罗马帝国发生黑死病瘟疫，导致了 1/3 的人口死亡；1347－1351 年，中世纪的西欧黑死病蔓延，许多地方 1/3～1/2 的人口消失；1555 年，墨西哥天花大流行，200 万人不治而亡。

在过去的一个世纪里，新的和旧有疾病以迅猛增长的速度跨国界传播。在 20 世纪后半叶，艾滋病、西尼罗河病毒、莱姆病、军团病、汉坦病毒肺综合征以及其他 30 余种疾病在美国首次被发现。抗药性结核菌、耐抗生素肺炎链球菌、肺炎、脑膜炎、狂犬病等也都在 20 世纪末期泛起。进入 21 世纪以来，SARS、禽流感、甲型 H1N1 流感、新型冠状病毒等相继在全球范围内肆虐。与此同时，生物恐怖主义也以其人为因素带来潜在威胁。而现代医学应对各种病原体的能力明显不足，以及人类与各种致命微生物越来越多的接触，都使这一趋势趋于恶化。

除了威胁生命外，疾病的爆发与流行还会造成一定程度上的社会混乱，其传播和扩散还能动摇公众对政府的信心，并给经济发展带来负面影响。从 1986 年开始，疯牛病危机肆虐英国近 20 年，给英国的国民经济造成了巨大的损失，英镑汇率一度下跌。同时，疯牛病也使公众产生心理恐慌和对政府的不满，导致 1996 年保守党竞选连任失败。根据美国疾病与预防控制中心的预测，美国每年花费在传染病上的直接和间接成本约为 1200 亿美元。新型冠状病毒性肺炎疫情在全球 200 多个国家蔓延，全球经济受到重创。此外，人类为动物传染病爆发所付出的代价也极高昂，它影响国家的社会秩序，甚至影响某一区域的稳定，如禽流感、猪流感等。

传染病等公共卫生危机已成为开放及信息多元化条件下全球共同面对的重大挑战。人员、物资和信息的流动，加大了传染病传播的范围和速度，这更需要各国之间的相互依存与合作。另外，尽管科技进步有利于缓解各种传染病的危害，但人们对抗生素的过度使用及误用，使人体产生了很强的抗药性。某些现代医疗及其相关的实践活动，则通过其他途径削弱了人们对病毒和病原体的抵抗能力。同时，城乡之间大规模的人员流动、缺少各种必要的基础设施、非可持续发展的城市化等因素，也会在一定程度上促使疾病传播。

二、公共危机的影响

从发展的角度来看，公共危机给整个社会造成的影响是巨大的。尽管它对社会进步能起到一定的促进作用，但从危机导致的经济衰退、社会混乱、秩序失衡等方面看，危机的负面影响要大于正面影响。我们应当更加客观、理性、全面地看待危机带来的影响，将其负面影响作为未来改进和完善的动力，化危机为转机。概括起来，危机给社会发展所造成的影响包括以下几个方面。

(一)危机的经济影响

经济活动是社会正常运行的重要内容，危机所带来的影响首先表现在经济上。对经济影响的程度取决于危机持续时间的长短，如果危机在短时间内得到了有效控制，则可在很大程度上减轻对经济的影响。

1. 造成经济损失

危机造成的直接损失包括人们物质和财产的损失、破坏基础设施、由于破坏正常的生产和服务以及增加产品和服务的成本而导致生产和服务提供的损失。间接损失包括增加债务的负担、增加财政的支出、减少储蓄等。由此导致的结果是打断了政府和社会正常的发展计划，使发展的资源从所计划的领域转移到危机的回应和恢复方面，从而使发展从长期的考虑转到满足近期的需要上。

危机造成的经济损失和经济救助大都来自于中央和地方财政,给政府财政带来负担。以我国 SARS 危机为例,中央财政拨付近 9 亿元直接用于 SARS 防治;另外,又拿出 20 亿元用于救治患者、卫生医务人员补助、药品和物资储备以及科技攻关等;因 SARS 危机影响而出台的一系列税收优惠措施也导致了税收收入的下降。2008 年年初,我国南方发生特大雪灾,直接经济损失达 1111 亿元。中央财政共安排和拨付各项救灾补助资金约 27 亿元,用于灾民转移安置的生活救助、倒塌房屋的恢复重建、基础设施的抢修等各项救灾支出。2008 年汶川大地震后,我国中央和地方财政投入数百亿元抗震救灾资金,这个数字随着灾后重建的展开还在不断增长,这也是中华人民共和国成立后我国财政投入的最大一笔救灾资金。

2. 影响经济运行

危机会引起生产要素供求关系的紧张,阻碍人员、资本和产品的流动,从而影响整个经济运行状况。一方面,危机会影响到供给。尤其是自然灾害会导致生产减少,市场供应不足,从而引起价格攀升和市场波动。另一方面,危机也会影响需求。在供给不足的情况下,消费者的消费活动将受到抑制,消费需求无法得到满足;由于危机所造成的恐慌心理,公众也会不同程度地减少经济活动,改变消费行为,所有这些都会对总需求的增长产生消极影响。

以畜牧业为例,2009 年甲型 H1N1 流感疫情对全球畜牧业造成了沉重打击。受"猪流感"称谓的影响,世界多国采取宰杀生猪的做法以防疫情蔓延,生猪供应量急剧减少。如果仅从供应量来看,数量减少会导致市场价格上升,但市场价格还取决于人们的需求量。由于恐慌心理的影响,消费者抵制购买猪肉,交易商甩卖生猪期货,世界猪肉消费大国也停止从北美和墨西哥进口猪制品。需求减少和市场冷落,使得猪肉市场价格持续下跌,给全球生猪市场带来前所未有的重创。而受到影响的不只是生猪生产和供应商,广大消费者也深受其害,总之,这一影响是行业性的。

3. 影响经济发展

大的危机不仅会对短期经济运行产生影响,还有可能影响到长期的经济发展走势。

第一,危机会影响投资的气候和环境。特别是在短时间内不断出现的危机,以及持续时间较长的危机都会对投资产生负面影响。投资者需要一个相对稳定和确定性程度较高的投资气候和环境以降低投资的风险,而危机会引起不稳定、失业、抑制消费的需求、经济滞胀等,这些都增加了投资环境的不确定性,从而抑制了投资的增长。

第二,这种影响还可能表现在经济结构上。危机的发生对消费者心理和观念的影响会导致消费行为的改变,进而影响到生产者行为的改变,并最终对宏观经济结构产生影响。一些产业将面临萎靡的局面,而原来并不被人看好的行业却会迎来一个春天。以 2003 年的 SARS 危机为例,这场危机后,旅游业、运输业、餐饮零售业都受到了严重打击,建筑业、制造加工业和商业服务等领域的生产秩序也受到了不同程度的影响;而洗涤剂和消毒液等化学原料制品业却大获商机,医药及相关产品更是供不应求,同时也给科技与医疗保健相结合的产业带来了发展机遇。在 2008 年汶川大地震中,保险缺失给灾民带来的是毁灭性的打击,也刺激提升了民众的风险意识,由此对保险业的拉动效应十分明显。

(二)危机的社会影响

危机不仅影响到当地和所在国的经济状况，而且会更直接地对社会发展产生影响。它可以改变社会的组织结构、社会关系和信念体系，从而为社会发展提供变革、改进和创新的机会。

1. 影响社会运行

危机的发生会直接对正常的社会运行秩序产生影响：人们的生活环境发生不同程度的改变，社会关系网络遭到破坏，社区邻里关系受到影响；正常的生活状态与社交被迫中断，儿童的就学和家庭生活也可能发生改变；社区的秩序受到冲击，抢劫、骚乱等暴力活动对人们的生命和财产安全造成威胁；老弱病残等弱势群体更是在危机中易受伤害。此外，就业也是影响社会运行的大问题。由于危机事件对各行各业产生的冲击，可能使经济出现滑坡，导致失业率上升。这主要表现在：许多企业尤其是私营企业因危机取消了招聘计划或延迟了招聘日期；许多人的原定职业发展计划被搁浅；个人求职的积极性不同程度地降低等。以上这些问题都是导致社会失衡、失序的潜在因素，对此绝不能轻视，因为与经济损失相比，社会损失往往是更加难以弥补的。

2. 影响公众心理

由于人们一直生活在相对平静、安定的环境中，当危机突然爆发时，人们没有任何思想准备，从而容易引起心理恐慌。各种谣言的传播以及信息不畅而引起的人们对危机认识的模糊性，都会使人们的神经紧张起来，从而产生种种忧虑。加上从众心理的潜在影响，容易产生恐慌混乱的浪潮。如"9·11"事件后，美国社会弥漫着紧张和不安，纽约、华盛顿等城市的交通要道和重要建筑前，20多年来第一次出现全副武装的士兵，很多人平生第一次真正体验到恐惧。2008年汶川大地震后，成千上万失去亲人和家园的灾民受到沉重打击，救援者、志愿者甚至全国范围内心系灾区的民众也在心理上受到了不同程度的影响。

随着政府对危机的干预和对公众心理的疏导，人们的心理逐步平静，开始接受既有事实，并在这种心理状态下恢复正常的工作与生活。这种由恐慌到平和的心理状态的改变往往是由于信息的畅通、政府的迅速反应和对公众心理安抚的结果。任由公众心理长期处于恐慌状态，将引发一系列社会问题，将会导致更大面积、更深层次的危机爆发。SARS、松花江水污染事件、汶川大地震等均体现了公众心理在危机冲击下的变化过程，同时也是政府日趋公开透明的宣传、疏导的过程。

3. 影响公众生活方式

危机事件对公众生活方式的影响是多方面的，既包括负面的，如从安居乐业、丰衣足食走向流离失所、忍饥挨饿，也包括餐饮习惯、环境卫生、健康概念、与人交往和情感生活等方面的积极转变。总体来说，是使其朝着更加健康、科学、理性的方向发展，摒除诸多陋习，形成良好的生活习惯。如SARS之后，人们食用野味之风有所好转，科学饮食、文明饮食的观念更为人们所接受；更加注意身体健康，积极参与到健身活动中来，提高身体素质和免疫力；注重良好的卫生环境，使社区卫生环境有利于人的身心健康；交往方式也由近距离接触转为更多地选择电话、短信、网络等通信工具进行沟通和交流。更重要的在于，经历过这场危机之后，人们并没有彼此疏远，而是拉近了相互之间的距离，在情感生活方面更加注重亲情、友情、爱情。这些对生活方式的积极影响，有助于改变不合时宜的思想观念，提高公众的生活质量，推动实现公民福祉。

4. 影响社会价值观

危机对社会最深层次的影响当属对社会观念、意识和价值观的影响，这是关系整个社会运行和发展的本质因素。在这个物欲横流的时代，人们将金钱、权力和名誉等作为竞相追逐的目标，甚至为此不择手段。而在危机面前，生命显得如此脆弱，任何身外之物都变得如此苍白和没有意义，危机成为人们反思生命真正价值的最好时机。度过危机的经历能够唤醒人们对生命的珍视和爱的本能，由追逐自我利益更多地转向关注健康、关心他人、尊重生命、奉献社会，这些才是社会应当倡导的主流价值观。

危机对社会价值观的影响在汶川大地震中体现得淋漓尽致。灾后迅速在全国范围内掀起的抗震救灾活动，极大地振奋了国人的民族精神和爱国热情。国人乃至全球华人万众一心，空前团结，超越不同信仰、价值观以及各种政治和宗教歧见，共同为灾区贡献力量，感人事例举不胜举，无不彰显出人性良善和美好的一面。因灾难而付出的鲜血和生命唤醒了人们的良知，人性的复归、美德的弘扬和诚信的构建为未来中国经济社会发展所带来的正面影响和价值，对中国崛起和民族复兴而言的精神蕴藉，同样是无比珍贵和无法估量的。

(三)危机的政治影响

政府在公共危机中一直扮演着不可替代的角色。危机所产生的影响不仅表现在经济和社会上，还表现在政治上。这种政治影响对于未来的政府转型和社会变革具有重要的推动作用。

1. 关系政府形象

政府作为公共事务的管理者，有责任、有义务并应有能力处置突发公共危机。危机事件打破了社会原有的平衡状态，处于社会治理核心的政府能否在危机的压力下有所作为，使动荡的局面得以恢复，政府处理危机的效率和效果如何，直接体现着政府的治理水平，影响着公众对政府的信任，关系到政府的形象和公信力。如果应对得当，危机可以成为政府改善形象的契机；如果反应迟钝、隐瞒信息、协调不力，则对于政府形象而言就是一场灾难。

以美国为例，"9·11"事件后政府的回应行为得到了民众的一致好评，起到了凝聚民心、提升士气、同仇敌忾、动员资源的作用。也正因为如此，"9·11"事件后，布什获得了高达近90%的民众支持率，超过了二战时期的罗斯福，成为美国有史以来支持率最高的总统。而面对2005年的"卡特里娜"飓风，布什政府反应迟钝、组织混乱、救灾不力，导致灾区局面失控并造成了惨痛的损失。这场危机使号称"超级大国"的美国暴露出了危机管理的种种缺陷，政府形象遭受重创，以致民众对国家的信念都有所动摇。飓风过后，布什的民众支持率大跌，首次低于40%，政府执政受到严峻考验。

2. 影响政治稳定

危机的出现无疑是对国家政治和政府治理的挑战，不适当的政府政策、政府管理的失误、政府对危机缺乏及时的回应、政府和民众之间缺乏有效的沟通、政府责任的丧失等皆会造成政府与社会大众之间的紧张关系，引发政府的信任危机，从而对政治的稳定产生负面影响。

随着经济和社会的发展，公共危机不断涌现，对一个国家和社会乃至整个世界都产生了巨大的影响，也给政府管理带来了前所未有的挑战。如何处理公共危机不仅关系到危机处置的成败，更是对政府执政能力的全面考察与综合鉴定，直接影响到政治、经济的稳定和发展，进而关系到政权的生死存亡和国家的长治久安。如果政府不能有效地控制和解决危机，不能通过危机管理中的表现来满足公众的利益需求、获取公众的认可，并以此增加自身的合法性，就将失去实现发展目标的基础条件，甚至有损于自身的执政地位，危及政府的统治地位。

3. 推动制度变革

每一次危机都是对政府治理能力的考验，也为政府推动制度变革提供了有利机会。首先，危机的出现会暴露现有制度和机制的不足，促使政府重新评估其制度、政策和行为，反思在危机中的表现和危机管理水平的高低，尽快完善和改进缺失；其次，危机的出现会暴露出现行政府管理体制中的诸多问题，在一定程度上指明制度变革的方向，促使政府改进治理方法，增强治理能力。总体来看，政府管理的民主化、法治化、透明化、负责化等是政府在危机中不断前行的方向。

公共危机的出现，还可以提高政府对公共问题的敏感性，以利于及时发现并推动公共问题进入政府决策议程，从而使公共问题得以解决。就公共管理的意义而言，危机的出现具有发现公共问题、推动公共问题进入政府决策议程、促使政府制定有效的公共政策、解决公共问题的功能。如果政府能够以危机为契机，回应社会系统提出的要求，适应新环境的变化，主动开展变革，则有助于维持政府系统的活力和生命力。作为政治变革与政治发展的一部分，危机对于一个理性的、有活力的政府而言，能够成为公共政策改进和完善的外部动力。

4. 影响国际关系

由于全球化的发展、人员流动的频繁、信息传递的快捷和国际政治经济一体化的发展趋势，小范围的危机可能造成大面积的危害，并迅速波及全球各个领域，引起各国内政外交的变化，从而对国际关系和国际政治产生影响。尤其是对大国而言，其应对危机的政策及措施更容易引起相关国家乃至全球的政策变动，从而影响国际格局的变化。从"9·11"事件来看，美国随后出台的新国家安全战略就引起了大国关系乃至整个世界格局的变化。

危机影响的全球化对现有各国政府独立的危机管理职能提出了严峻挑战。一国的危机事件越来越受到国际舆论的关注，政府和国家的形象受到越来越多因素的影响。更有甚者，某些发达国家别有用心地利用危机事件对他国进行不实报道、负面宣传、恶意指责，甚至诬蔑攻击，干涉他国的危机管理行为，企图达到自己的目的，这同样会对国与国之间的关系产生影响。对此，政府应增强在全球化时代处置危机事件的能力，以切实维护国家利益。

总之，无论在经济、社会还是政治方面，危机所带来的影响似乎更多的是负面的；但从发展的角度来看，危机的发生也隐喻着新的发展机会。正所谓"祸福相依"，如果政府和社会能够理性面对，危机所产生的社会经济影响和政治压力就能够转化为变革的推动力和催化剂；导致危机出现的因素和发展的薄弱环节也往往会受到政府和社会的关注，从而成为新的发展领域。一言以蔽之，危机既是灾难和痛苦，也是发展和创新的机会。问题的关键在于，一个社会、一个政府是否具有学习的意愿、学习的文化、学习的能力以及改正错误的勇气。

三、公共危机管理机制

我国已进入以社会主义市场经济为基本架构的社会，社会公共危机事件的发生变得常规化。有效处理社会危机，是社会主义市场经济条件下政府要经常面对的问题。此时，社会保持稳定的关键不在于是否存在或发生社会危机，而在于能否形成有效的政府制度安排，将危机尽可能地置于理性的基础上并保持在理性的范围内。一是这时就需要政府出面缓解危机，稳定社会秩序，维持社会运行，在政府的管理活动中也就产生了应急管理；二是政府所建立的一整套社会危机监测、预防和快速反应的制度和运行体系，在其中政府各职能部门有明确的任务和责任。

对于一个政府而言，面对各种危机，最重要的战略选择应是建立一套比较完善的公共危机管理机制，并在此基础上不断地增强政府以及整个社会的危机管理能力。在面对层出不穷、类型各异的危机事件时，科学的政府危机管理体系是预防和降低危机损害的关键所在。作为政府必须构建开放的、有机合理的、协同运作的危机管理系统，以便尽可能地吸纳各种社会资源参与危机管理，扩大危机管理体系的组织和资源吸纳能力，实现系统有序化、规范化和可操作化。特别是现阶段处于危机事件高频发生时期的中国，更应当完善常设性的具有极大的强制性、权威性的社会稳定预警系统的设计、运行，建立强大的反"黑客"措施和极其严密的"防火墙"，从而把危机事件对公共利益的损害程度降低到最小。我国在"非典"之后，不断改进公共危机的治理体系与治理能力，于2018年成立了应急管理部，使应急管理部门协调流程优化标准统一，但新冠肺炎疫情的爆发让我们看到我国应急管理体系仍有诸多方面的不足和短板，存在着疫情防控机制不完善、应急物资保障体系不健全等问题。各级政府仍有不少是遇到问题尽量"捂盖子"，各行其是，无法明晰责任。因此，我们亟待完善政府公共危机管理体系。

(一)树立强烈的危机意识

危机意识是这样一种思想或观念，它要求一个组织的决策者或管理者从长远的、战略的角度出发，在和平发展的时期，预先考虑和预测组织可能面临的各种紧急的和极度困难的形势，在心理上和物质上做好应对困难境地的准备，预先提出应对危机的应急对策，以防止在危机发生时束手无策，无法积极应对，而遭受无法挽回的损失。因此，政府管理者必须建立起危机管理体系，不只是对危机发生后政府的迅速反应和对危机局势的严厉控制，更重要的是政府要有解决社会问题、防止剧烈危机爆发的意识。具体来说，我国的各级政府首先应从关系党和国家进步生存发展的高度认识危机处理的重大意义，保持敏感度；实时调整、更新危机应对战略；在日常的公共决策中，则应确立以广大群众利益为先导，采取科学民主的决策方式，在源头上降低危机事件发生的可能性；在应急的非常规决策中应制订行之有效、有的放矢的危机管理计划，并及时总结修正、调整常规性决策，标本兼治，建立科学合理的危机治理结构。公众的参与是整个社会危机管理的基础，政府应通过公共信息的传播、教育和多学科的职业训练等方式，强化社会公众的危机管理意识、知识和技能，提高其危机管理的意识与能力。

(二)建立有效的公共危机管理系统

在危机中，危机管理就是在极特殊的情况下对一个国家的能力和管理水平的一种检验，考察政府能否在最短的时间里运用有效的手段集中社会资源解决危机。可以说，危机管理是一门科学，更是展现人类高超管理艺术的活动。在危机发生以后，一个有效的公共危机管理系统是政府是否能够成功管理危机的关键。通过有效的危机管理系统，政府对危机的管理被纳入一个有步骤、有条理的进程中，能够将危机给社会带来的各种影响减小到最低程度。

公共危机管理系统包括以下几个方面。

(1) 完善危机管理组织体系，发展危机管理的网络和伙伴关系。危机管理是政府基本职能和职责之一。为了强化政府管理危机的能力，政府有必要建立统一领导、分工协作的组织体制。除了政府之外，市场组织、非营利组织都可以在危机管理的过程中发挥重要作用，因此政府应该发展危机管理的伙伴关系，把危机管理的网络扩展到整个社会。此外，在经济全球化的时代，加强与国际组织的合作也十分重要。

(2) 建立有效的危机管理信息系统。在危机管理的整个过程中，信息发挥着十分重要的作用。通过良好的沟通和有效的信息交流，整合和协调危机管理的行动，及时收集、传递和共享信息，能够舒缓危机，降低危机的损害。更重要的是，一旦出现灾难和危机，信息沟通和交换可以保证政府作出及时和准确的决策，并在公共危机的早期预警中发挥作用。

(3) 建立公共危机管理的资源保障体系。有效的危机管理是建立在充分的资源保障基础之上的。政府有必要把危机管理的资金纳入政府的预算中，建立应对各种灾难和危机的专项基金，并通过社会保险等方式扩大资金的供给。政府应完善战略性资源的储备，编制资源目录，以利于有效地调动资源。国家和社会应该加强人力资源的培训和训练，为危机管理提供充足的人力资源。

(4) 制定预防危机战略、政策和规划。国际经验表明，为了有效地预防和应对各种公共危机，制定切实可行的危机管理战略、政策和规划是必要的。它有助于明确危机管理的目标，指导危机管理的行动，统一调配危机管理的资源，强化危机管理的能力。

(三)全面加强制度建设

实践表明，任何形式的冲突和危机，归根结底，与稀缺的资源分配不均存在直接或间接的关系。因此，加强危机管理的根本就是要在制度上为各级政府的行为选择提供相应的正向激励；要严格推行重大事故责任追究制；在进一步的深化改革中，应该改革各级政府的绩效考核体系，增加综合性社会发展的要求，减少单纯的指标性要求；加快电子政务建设，切实实现各级政府运作的公开化、程序化、透明化，扩大公民的政治参与，树立统一的"以民众为中心"的理念。

(四)制订公共危机应急方案

危机应急方案是在危机发生前就准备好了的,为处理危机而所做的前期工作,包括一套应急书面方案、危机处理小组、紧急事件控制中心和培训必要的人员,还要经常检验应急措施。对于危机的发生,思想上绝不可以麻痹大意,宁可信其有,不可信其无。就好像消防队,养兵千日,用在一时,它的作用要在危机发生时才能显示出来。如果平时不做准备,危机发生时就来不及了。如果有所准备,在危机发生时就能忙而不乱,使危机处理有序进行。危机应急方案的主要内容应包括:①分析可能发生的危机状态;②制定预防措施和危机发生时应采取的战略策略;③确定可能受危机影响的公众和机构;④确定有效的沟通渠道,最大限度地缩小对政府信誉的损害;⑤检验各项措施,演练通信手段的使用。

我们必须意识到,面对挑战,只有直面危机,勇于变革,抓住有利时机,掌握应对危机的主动权,才能高效地应对危机,并减少危机带来的负面影响。其中,建立现代危机管理机制就是主动应对危机的关键点。当然,从根本上说,单纯的危机管理机制的形成并不能保证社会的全然无忧,危机管理的最佳途径是优化程序性决策,从而有效避免危机的发生,长治久安从根本上还是取决于公共治理结构的优化:治理主体由过去单一的政府变为由政府、企业和社会组织各方有序参与的合作集体;治理规范由过去单纯的国家法令变为法令、道德和社会及公民的自主契约等并存;治理程序从仅仅考虑效率变为公平、民主和效率等并重;治理的手段由过去单纯强调法治变为重视法治、德治和社会公民自觉自愿的合作相互补充;治理的方向由过去单一的自上而下变为上下左右互动。

四、公共危机处理的基本程序与策略

政府公共危机发生后,由于情况紧急,不免会使政府和各级组织感到手忙脚乱,为了使危机处理有序进行,必须坚持正确的处理程序,采取有效的策略。

(一)公共危机处理的基本程序

危机正确的处理程序,对危机事件的有效处理十分重要。这个工作程序应该和危机应急方案相衔接,同时根据当时的情况予以调整。其基本程序包括以下几方面。

(1) 成立机构,专人负责。危机发生后,要迅速成立处理危机的专门机构,由政府的主要行政长官担任领导人,会同有关职能部门如医疗救护、安全力量、消防等,必要时还要配备新闻发言人,代表政府向社会公众和社会各界发布政府的有关工作情况,稳定公众情绪。

(2) 深入现场,收集信息。除了政府重要领导人要到达现场之外,还要有调查事故的专业人员,确实弄清事件发生的时间、地点、原因、人员伤亡和财产损失情况,并掌握事态的发展和控制的情况。了解公众的情绪和舆论的反应,要尽可能多地、全面地掌握有关信息。

(3) 分析信息,确定对策。在掌握危机的第一手资料、了解公众和舆论反应的基础上,在政府重要领导者的直接参与下，深入研究和确定应采取的对策和措施，这是危机管理的关键。对策和措施不仅要考虑危机本身的处理，还要考虑如何处理好危机涉及的各方面的关系，如政府与受害者、受害者家属、新闻媒体、下级政府、辖区内群众等之间的关系。

(4) 组织力量，落实措施。这是危机管理的中心环节。公众和舆论不仅要看政府的宣言，更要看政府的行为。政府领导人要亲自组织和协调力量，落实危机管理措施。落实措施的情况要详细记载并及时向公众和媒体宣布，表明政府正积极、认真地处理危机。

(5) 总结反思，消除后果。政府应当从公共危机实践中吸取教训，反思在制度建设和政府决策方面存在的问题以及深层次的社会发展问题，改进工作不足，改善治理结构，提高执政水平，推动社会稳定和持续发展。对危机造成的后果要及早消除，对生命和健康的损害，政府要进行相关的医治和抚恤并关心受害人今后的状况；对物质损失，政府要发挥指导作用，促进经济恢复，减少人民的损失；对社会公众心理层面的伤害，政府必须认识到救治的难度和长期性。

(二)公共危机处理的策略

政府公共危机处理的策略是指具体进行政府公共危机处理所采取的对策和方式及相应原则规范。采取政府公共危机管理策略，对于尽快平息政府公共危机，逐步恢复政府形象、地位具有十分重要的意义。它主要包括以下几个方面。

(1) 快速反应。凡是危机都是突发的，而且会很快传播到社会上去，引起新闻媒体和公众的关注。尽管发生危机时政府面临极大的压力，但仍须迅速研究对策，作出反应，使公众了解危机真相和政府采取的各项措施，争取公众的同情和支持，减少危机的损失。高效率和日夜工作是做到快速反应不可缺少的条件。

(2) 真诚坦率。通常情况下，任何危机的发生都会使公众产生种种猜测和怀疑，有时新闻媒体也会有夸大事实的报道。因此，政府要想取得公众和新闻媒体的信任，必须采取真诚、坦率的态度，越是隐瞒真相越会引起更大的怀疑。

(3) 规范传播。危机发生后，各种传闻、猜测都会发生，媒体也会予以广泛关注，此时若不能及时与公众沟通，这一真空必然会被谣言、误解和胡言乱语填充。在危机管理中采取"无可奉告"的态度，只能激起公愤。因此，有效掌握舆论，学会规范传播对有效地处理危机至关重要。从某种意义上来说，危机管理也就是传播的管理。

(4) 维护信誉。正如英国公关专家里杰斯特(M. Regester Michael)所说，公共关系在危机管理中的作用是保护组织的声誉。这是危机管理的出发点和归宿。声誉对政府来说极其重要，是政府得到人民群众拥护和支持的基础，没有了声誉，政府的工作就难以开展，就会没有效率可言，甚至危及政府的合法性。在危机管理过程中，政府危机管理人员都要努力减少给政府信誉带来的损失，争取公众的谅解和信任。

(5) 以人为本。危机在不少情况下带来生命财产的损失。新闻媒体等舆论界对造成危及民众的生命安全的事故或事件尤其重视，甚至加以渲染。因此，危机处理中首先要考虑人道主义原则，坚持以人为本，把抢救和安置灾民放在第一位。

(6) 协同一致。参与危机应对的人员和力量来自各个方面，包括交通、通信、消防、信息、搜救、食品、公共设施、公众救护、物资支持、医疗服务和政府其他部门的人员，以及军队、武装警察官兵等，有时候还有志愿人员客观上起到了舆论监督的作用。

第二节　自然灾害类危机案例解析

自然灾害主要包括水旱灾害、气象灾害、地震灾害、地质灾害、海洋灾害、生物灾害和森林草原火灾等。

 案例解析 5-1

澳大利亚丛林大火

一、案例回放

2019 年 11 月，澳大利亚东部丛林大火肆虐，灾情严重，截至 9 日午夜，火灾已造成至少三人死亡，30 多人受伤，150 所房屋烧毁，数以千计的居民被迫逃离家园。此外，当地保护区的约 350 只考拉也在大火中丧生。

2019 年 11 月下旬，澳大利亚东南部新南威尔士州、维多利亚州、南澳大利亚州等多地发生严重山火，过火面积超过 600 万公顷，已造成 20 多人死亡，2000 多所房屋被毁，当地数以千计的民众被迫离开家园。在持续数月的山火危机中，浓烟已经飘到距其 2000 公里外的新西兰，导致新西兰空气质量下降，甚至出现雾霾。

2020 年 1 月 8 日，澳大利亚丛林大火已经造成至少 25 人死亡，超过 2000 间房屋被烧毁。据巴西一家气象公司发布的消息称，大火产生的浓烟目前已经飘到了巴西南部地区。中国外交部对澳大利亚多地发生严重山火灾害并造成重大人员伤亡和财产损失表示诚挚慰问。

澳大利亚总理斯科特·莫里森(Scott Morrison)承认在应对山火危机中存在失误，他表示，将向内阁提出一项提案，以建立一个皇家委员会来应对丛林大火灾难，还将讨论在灾难发生时联邦政府如何以更大的灵活性介入和协助各州应对问题。此外，由于此次山火给灾区民众带来了巨大的心理创伤，莫里森宣布将投入 7600 万澳元(约合 3.5 亿元人民币)，为民众提供心理咨询和抚慰。

2020 年 1 月 11 日，又有一名救火队员不幸在澳大利亚山火现场遇难，本次山火季澳大利亚遇难人数上升到 28 人，其中消防员人数已达四人。

在澳大利亚，一些林火高发的州和领地展开了针对纵火者的专项行动。自 2019 年 11 月以来，新州当局已就约 200 宗和林火相关的罪行，对 183 人提出了警告或检控，有些是蓄意纵火，有些则是疏忽。其中有 24 人被控蓄意点燃林火，53 人因未能遵守全面禁火令而被起诉或警告，还有 47 人则是因为乱丢烟头被起诉或警告。

2020 年 1 月 12 日前后，澳大利亚山火地带出现了降雨、低温、无强风等有利天气，新南威尔士州火势有所减弱，但并未从根本上改变新州的林火态势。在相邻的维多利亚州，林火仍在增多。

二、案例分析

在大火燃烧的 100 多天里，数亿只动物葬身火海，野生动植物和整个生态系统遭到了巨大破坏。动物们在大火中惨死，尸体像黑炭一样甚至还保持着站立状态。可怕的场景令人揪心！澳洲大火，人民很恼火！连日来，受灾地区的民众对政府没有采取充分的救援行动非常愤怒。2019 年 12 月 6 日，一名消防员忍不住对着镜头大骂总理斯科特·莫里森的视频成为热搜。"澳洲大火，总理度假！考拉很窝火！消防员很上火，人民很恼火！"

央视评论员说，"救火不积极，总理度假倒是跑得挺快，腿真那么长的话，换给小动物们逃生不好吗？"

整整四个月的时间，澳大利亚的山火不但没有扑灭，反而逐渐蔓延。为什么？

除了本身的气候危机外，对火缺乏敬畏、救火无力也是重要原因。

在澳洲国民的普遍认知里，山火每年都会发生，这无可厚非。通常消防系统不会过多干预，他们相信：山火是大自然自我调节的机制。燎原之后，树木会重新生长，生命会重新孕育。所以直到 2019 年年底，这场山火都没引起人们足够的重视。可他们不知道的是：受全球气候变暖的影响，澳大利亚近年来越来越热，尤其是 2020 年，温度一度飙升至 40℃。再加上内陆缺水，而作为主要植被的桉树又极易燃。

高温炙烤+干旱燥热+易燃物，便酿成了这场不同往年的山火。

2019 年 11 月初到 12 月底，火势非但没有消退，反而越烧越严重。这场大火烧了四个月，难道没人去救？

其实，澳洲消防员和志愿者一直冲在一线，可他们的力量，实在是螳臂当车。

澳大利亚地广人稀，消防力量不足。以新南威尔士州为例，7 万名消防员中，只有 3000名专职消防员，其余 67000 名为志愿消防员。志愿消防员是啥意思？即有火情时临时征召，时薪 20 澳元左右。截止到 2019 年 11 月初，澳洲政府都没有动用军队，展开更有效、更强力的灭火计划。在没有大规模支援的情况下，甚至有消防员殉命火场。

大火持续燃烧的第四个月，澳大利亚总理莫里森在干吗呢？他去休假了……多名政客竟然支持澳洲总理的做法，说他有休假自由。工党领袖安东尼·阿尔巴尼西多次拒绝批评莫里森，并表示他有权与孩子们一起度假。在 2019 年 11 月 19 日的记者会上，澳大利亚前消防局长也拒绝批评莫里森。

2019 年 12 月 22 日，莫里森召开新闻发布会，为自己近日不顾致命山火正在澳大利亚肆虐的紧急状况，带家人出国度假一事道歉。然而，莫里森的道歉显然不被澳大利亚民众接受。他去小镇看望山火受灾的灾民，灾民直接怼：你是个白痴。他去看望救火的消防员，主动和消防员握手，却遭消防员冷遇："并不想和你握手。"

更可笑的是，2020 年元旦前夕，26 万人联名上书，要求取消跨年烟花表演。要求将650 万澳元(约合 3100 万元人民币)的晚会费用，用于消防员和灾民的救济支出。这么做，合情合理吧？然而相关部门竟驳回了这个请愿。跨年烟火秀照常不误。于是你将看到 2020年最讽刺的画面：一边是看烟火，另一边是救山火；一边是欢呼雀跃，另一边是绝境求生；一边是人间乐园，另一边是无家可归。你甚至不敢相信——火都烧到这份上了，还会有人恶意纵火。

2020 年 1 月 4 日，澳大利亚总理斯科特·莫里森宣布将增派 3000 名国防后备军参与灭火工作，军用飞机将提供协助疏散，并开放阿德莱德、布里斯班等地的国防军事基地，以向疏散人员提供紧急短期住宿。

1 月 5 日，莫里森再次表示，澳大利亚国防军已在协助火灾地区人员疏散。海军舰艇在过去 24 小时内已从维多利亚州小镇马拉库塔(Mallacoota)撤离了 1100 人，军方直升机承担疏散边远乡村居民和运送消防员的工作。

1月6日，澳大利亚政府承诺将拨款20亿澳元(约合96.85亿元人民币)给一家新成立的灾后重建机构，该机构的主要任务是帮助重建在大火中被毁的房屋和重要基础设施。

据统计：澳洲山火有180人涉嫌纵火被捕。行为科学教授分析："他们期待看到大火，对放火感到兴奋，而且有关如何纵火和加快火势蔓延的信息，能激起他们的愉悦。"

这场澳洲山火，如果早在事发之初的前两个月，动用一切力量展开预防救援，或许就能阻止这场惨剧。

只可惜没有如果，只有极其惨痛的代价。天灾降临，人类还能用各种方式大逃亡。那动物呢？据统计：超过2万只考拉被烧死，整个种群面临功能性灭绝。而成群的袋鼠和绵羊，逃命般地离开自己的栖息地。有的逃走了，获救了。有的则被山火烤焦，临死前都是求生的姿势。它们的尸体排列在道路两侧，整齐，寂静，无声……

你以为这就够了？没有及时止损，人类终究要在自救的路上尝尽苦头。无家可归的人，只能弃城而逃。逃难的情景，仿佛世界末日。他们亲眼看见大火袭来，这房子或许是自己一生的积蓄，就算再不舍也要抛弃它。邻国新西兰，也跟着遭了殃。原本冰蓝透明的冰川，被覆盖了一层细密绵厚的烟尘，那是澳洲大火顺着空气和风吹过来的。堪培拉和墨尔本纷纷从宜居城市沦为雾都，PM2.5爆表，可见度几乎为零。不仅如此，澳洲山火的烟雾还弥漫到了12000公里之外的南美洲。要知道，澳大利亚和南美之间还隔着太平洋。结果烟尘顺着季风和洋流，分分钟就过去了。这种世界末日级别的大火，会对将来的气候产生怎样的影响，我们不得而知。大火面前，永远不要事不关己高高挂起，因为唇亡齿寒的故事每天都在发生。

烧的是树林房屋，死去的是5亿只动物。当重建家园，那些生命无法承受的痛和代价，是不是就可以抛之脑后了？

三、思考与讨论

1. 澳洲丛林大火带来了哪些影响？
2. 是什么导致澳洲丛林大火烧了四个月？
3. 澳洲政府在此次自然灾害的应对中有何不妥？

(资料来源：根据百度百科、凤凰网相关资料整理)

案例解析5-2

汶川地震救援

一、案例回放

2008年5月12日，天灾突如其来。不仅是汶川百姓，全国大多数地方的民众都不约而同地感受到了这场天灾的威力。人们纷纷跑出房间，寻求权威的答案。哪里地震了？震级多少？新闻有没有报？对信息的极度渴求，立即凸显出来。

公布灾情速度前所未有。汶川地震，让我们看到中国对灾情的公布速度。

距地震发生18分钟——5月12日14时46分，新华网发布消息：四川汶川发生7.8级强烈地震。此时，距地震发生刚刚过去18分钟，紧随其后，国内各主要门户网站的头条都是此条消息。

距地震发生1小时22分钟——5月12日15时50分新华网发布消息：总参谋部立即启动应急预案，成都军区已派出人员前往震中了解情况。

距地震发生 1 小时 27 分钟——5 月 12 日 15 时 55 分新华网发出快讯：胡锦涛总书记作出重要指示，要求尽快抢救伤员，保证灾区人民生命安全。温家宝总理赶赴灾区。

距地震发生 1 小时 32 分钟——5 月 12 日 16 时新华社消息：民政部已从西安中央救灾物资储备库紧急调拨 5000 顶救灾帐篷支援四川灾区。

距地震发生 2 小时 21 分钟——5 月 12 日 16 时 49 分国家地震局召开新闻发布会，新闻发言人张宏卫通报，针对四川汶川的地震，中国地震局已启动一级预案，一支 180 人的救援队已经集结。

距地震发生 4 小时 54 分钟——5 月 12 日 19 时 22 分，人们从电视画面中看到，国务院总理温家宝已抵达成都，正赶往地震灾区，指挥抗震救灾工作。

距地震发生 7 小时 14 分钟——5 月 12 日 21 时 42 分，新华网消息：国务院总理温家宝已经抵达地震灾区四川省都江堰市开始指挥抗震救灾工作。

距地震发生 17 小时 28 分钟——5 月 13 日 7 时 56 分，人们获知，救援工作正在有条不紊地进行，数以万计的军人、武警官兵和地震救援专家克服交通中断的困难，以最快的速度赶赴灾区，部分先遣部队已徒步开进震中——汶川。

距地震发生 25 小时 32 分钟——5 月 13 日 16 时，国务院新闻办公室召开新闻发布会。民政部、中国地震局有关负责人向中外记者介绍了四川汶川地震灾害和抗震救灾进展情况。面对记者的尖锐提问，这些负责人没有回避，而是十分坦诚地回答。民政部救灾救济司司长王振耀还公布了最新统计数字——目前地震灾害死亡人数已经达到 11921 人。

与此同时，新华网及时滚动播报、中央电视台不间断直播，及时转发地震权威信息。

地震发生后，我国政府立即采取有效措施，抢救灾区人民的生命，保障人们的财产安全，及时发布信息，并成功地处理了堰塞湖泄流问题，积极进行灾后重建。

地震逞威之时距《中华人民共和国政府信息公开条例》施行不到半个月，汶川地震无疑是条例实施后的一次严峻大考。

据民政部报告，截至 2008 年 9 月 25 日 12 时，四川汶川地震已确认有 69227 人遇难，374643 人受伤，失踪 17923 人。

据卫生部报告，截至 9 月 22 日 12 时，因地震受伤住院治疗累计 96544 人(不包括灾区病员人数)，已出院 93518 人，仍有 352 人住院，其中四川转外省市伤员仍住院的有 153 人，共救治伤病员 4273551 人次。

据总参谋部报告，截至 9 月 25 日 12 时，抢险救灾人员已累计解救和转移 1486407 人。

二、案例分析

1. 我国政府在此次公共危机事件中的应对举措

(1) 动员部署快速到位。5 月 12 日地震发生后，党中央、国务院和各级人民政府立即果断采取了一系列有力的措施。此次抗震救灾行动之快、效率之高创许多历史之最，不仅表明了党和政府视人民利益高于一切的执政理念，而且表明在中国特色社会主义体制下的应对危机快速反应机制正在走向成熟。

(2) 救援措施以人为本。"第一还是救人，救人的重点是重灾区、地震中心区、联系不到的地区。"如果说政府的快速反应部署让我们体会到政府"执政为民"的理念，那么对生命权的重视则向世界诠释了"以人为本"的深刻内涵。

(3) 媒体报道及时透明。四川汶川地震的消息，政府在第一时间向公众公布。人们不到几分钟时间就迅速从电视、网络、广播、手机等工具中获得灾情信息。权威的电视、广播等媒体中断了正常播出，以24小时直播的方式，全面、深入、准确地滚动播报灾情和抗震救灾的进展情况，国务院新闻办公室和四川省政府每天召开新闻发布会，及时准确地通报有关情况。

(4) 危机动员举国参与。在公共危机面前，整个国家、社会都需要凝聚力量，共同抗击灾难。"一切为了灾区，全力支援灾区"，成为全国人民的共同意志和自觉行动，华夏大地有效地展开了一场举国参与的生死大救援。各地一些志愿者自发组织起来前往灾区，参与救援工作。

(5) 国际救援彰显开放。在这次抗震救灾中，中国政府对国际社会的援助，采取了一种开放和欢迎的态度，首次在特大自然灾难后接纳国际专业救援队。韩国、日本、俄罗斯、新加坡四国政府派遣专业救援人员赴四川地震灾区协助救援行动。

2. 完善公共危机管理应对措施的建议

(1) 加强危机预防意识。市政规划和建设要充分考虑抗震强度；公众风险意识要提高(保险)；及时更新自然灾害危机救援设施且增加设施的储备(如帐篷、切割机、生命探测仪等)；各类组织要积极开展日常应急演练，提升民众的逃生技能和防灾能力。

(2) 完善预警和监控系统。在自然灾害危机管理的早期，必须进行危机预警。对危机潜伏期的信息、情报及时处理，做出科学的预测和判断，分析危机发生的概率以及危机发生后可能产生的负面影响，做到防患于未然。

(3) 健全应急协同联动机制，面临重大突发事件时，形成联动力量。

三、思考与讨论

1. 如何健全自然灾害危机管理的法制体系？

2. 怎样加强自然灾害危机管理的预警机制，建设自然灾害危机的预警？

3. 列举建立完善的巨灾保险体系的必要性。

4. 怎样实现自然灾害危机管理主体的多元化？

(资料来源：根据凤凰网相关资料整理)

第三节　事故灾难类危机案例解析

事故灾难主要包括工矿商贸等企业的各类安全事故、交通运输事故、公共设施和设备事故、环境污染和生态破坏事件等。

 案例解析 5-3

渤海湾漏油事故

一、案例回放

2011年6月期间，中海油渤海湾一油田发生漏油事故，这是中海油与美国康菲公司的合作项目。康菲公司负责宣传的人士表示，康菲是作业方。据悉，渤海湾是中海油的主产区，根据2011年一季度中海油的季报显示，来自渤海湾的石油以及石油液体产量占总产量的比率超过 57%，天然气产量超过 12%。2011 年 7 月 5 日下午，中国国家海洋局在北京通报了中海油和康菲石油中国有限公司渤海湾漏油事件的初步结果，并首次公布此次蓬莱19-3 油田漏油事故的相关画面。

中海油渤海湾蓬莱 19-3 油田共有五个平台，此次漏油事件发生在 B、C 两个平台，从画面中可以看到 B、C 两个平台溢油现场的航拍资料，以及收油作业情况。画面中颜色较浅，发亮的部位就是溢油海面。这也是自 6 月 30 日中国官方首次对中海油渤海油田漏油事件作出回应后，公布的第一组画面。

6 月 4 日：蓬莱 19-3 油田海面发现少量油膜带。

6 月 17 日：C 平台发生小型井底事故。

6 月 30 日：海洋局介入调查，中海油和康菲石油官方均未作出回应。

7 月 1 日：中海油首次回应漏油事故，称渗漏点已经得到控制。

7 月 1 日：康菲石油中国公司作出回应称已启动应急程序，渗漏点早已得到有效控制，油膜回收工作也已基本完成。

7 月 3 日：中海油称原油泄漏范围比较小，只涉及 200 平方米左右，已基本处理完毕。

7 月 5 日：国家海洋局召开新闻发布会称事故已得到控制，溢油污染 840 平方公里。

事故起因

(1) 蓬莱 19-3 油口批准的总体开发方案为分层注水开发方式。康菲有作业过程中，没有执行已批准的总体开发方案。

(2) 康菲在试采阶段采取笼统注水方式，已经取得了分层注水参数，根据参数也已制定了分层注水方案，但未执行分层注水。

(3) 在溢油事故发生前，已经发现由于 B23 井笼统注水造成浅部 L70 油层存在高压点的风险，但没有及时封堵此层。

(4) 严重忽视已出现的事故征兆，没有采取应急措施。当 B23 注水井井口压力出现将近一半的明显降压的重大变化，预示 B23 注水井井筒内出现了新的异常出口，此时理应立即停注，排查原因，但管理制度中并没有将上述现象列为风险隐患，同时也没有针对此现象采取应急措施。

(5) 违反总体开发方案规定的回注岩屑层位，数次擅自上调回注岩屑层至接近油层，对这一人为造成的风险隐患，没有采取任何防范措施。

(6) 对回注岩屑管理松懈。施工作业部门没有将回注岩屑产生的超高压情况告知 C20井钻井设计有关部门和人员，造成 C20 井钻井设计出现重大失误。

(7) 作业表层套管下深过浅，违反环评报告书的要求，该井钻井过程中出现井涌时，已丧失了应急处置能力。

上述种种违规作业，以及出现事故隐患征兆没有有效地处置，都证实了康菲石油中国有限公司没有做到守规生产、利得财富、审慎作业，且关键岗位职责不落实，没有针对重大隐患及时采取应急措施，造成海洋污染和环境破坏，污染海洋面积达 6200 平方公里(上海市面积 6340.5 平方公里)。所以将这起溢油污染事故性质认定为是一起造成重大海洋溢油污染的责任事故。

石油漂浮在海面上，迅速扩散形成油膜，可通过扩散、蒸发、溶解、乳化、光降解以及生物降解和吸收等进行迁移、转化。

油类可黏附在鱼鳃上使鱼窒息，抑制水鸟产卵和孵化，破坏其羽毛的不透水性，降低水产品质量。油膜形成可阻碍水体的复氧作用，影响海洋浮游生物生长，破坏海洋生态平衡，此外，还可破坏海滨风景，影响海滨美学价值。

油气挥发污染大气环境，表现为油气挥发物与其他有害气体被太阳紫外线照射后，发生物理化学反应，生成光化学烟雾，产生致癌物和温室效应，破坏臭氧层等。

污染土壤和地下水源，油类不仅造成土壤盐碱化、毒化，导致土壤破坏和废毁，而且其有毒物能通过农作物尤其是地下水进入食物链系统，最终直接危害人类。

(1) 导致渤海湾水产品减产九成(鱼虾、贝类大量死亡)。

(2) 类水质海水目前下降到了劣四类。

(3) 对海洋的伤害难以估量。

国家海洋局于2012年4月27日宣布，依据《海洋环境保护法》的规定，国家海洋局积极推进蓬莱19-3油田溢油事故海洋生态损害索赔工作，在有关部门的密切配合和大力支持下，目前已取得了重大进展。

康菲石油中国公司和中国海洋石油总公司总计支付16.83亿元，其中，康菲公司出资10.9亿元，赔偿本次溢油事故对海洋生态造成的损失；中国海油和康菲公司分别出资4.8亿元和1.13亿元，承担保护渤海环境的社会责任。

国家海洋局表示，上述资金将用于渤海生态建设与环境保护、渤海入海石油类污染物减排、受损海洋环境修复等。

二、案例分析

1. 法律环境

中国：法律缺位。

海洋局的生态索赔国内也没有专门适用的法律，只有在《海洋法》《环境保护法》中有一些相关规定，但只是宽泛的规定，没有相关实施细则，随意性较大，而且之前国内类似的环境污染公益诉讼经验还很少。最高20万元的罚款让康菲石油有恃无恐，也从侧面说明了国内环境污染法律的缺陷。

2. 政府职能部门不作为

8月9日，北京华城律师事务所贾方义律师以"行政不作为"名义，一纸诉状把国家海洋局也告上了法庭。信息披露的滞后和缺失让渔民饱受更多损失。10月26日，河北乐亭的两封信件分别寄往农业部和国家海洋局，里头装的是渔民们对两部委提起的行政复议申请，两部委被指行政不作为。

3. 完善环境会计，使外部环境成本内部化

企业应该把对环境的担当转变成一种成本，记录到会计核算中去。破除"产品高价、资源低价、环境无价"的观念，使企业树立环境价值观，使消费者愿意负担部分由于环境成本内部化引起的产品价格上升。当企业把环境污染、环境防治、环境开发等成本费用，以及环境维护开发后形成的效益进行合理计量与报告时，经济发展和保护环境不再是矛盾的对立面，环境会计也许是帮助两者相互融合的最佳方式。只有将环境成本内部化，才能够反映产品的价值，从根本上解决环境与经济的协调问题，从而实现可持续发展。

4. 完善环境审计

正是因为缺失环境审计，事件发生后，康菲石油公司作出相关解释，包括：没有漏油、

有一定面积漏油、漏油已堵住、漏油井已停产等。然而，如果央视记者没有披露录音，康菲公司或许会选择将"我就是骗你的"进行到底。

5. 营造环境保护的大环境

康菲公司在中国的所作所为，最根本的原因就是国内整体环境意识淡薄。

强化企业的社会责任意识。漏油事件不单是事关企业利益的私事，更是事关公众安全的大事。面对这类和公共利益相关的事件，信息公开和事后处理是其社会责任。

三、思考与讨论

1. 漏油事件导致的结果是什么？
2. 请从生态文明建设的角度分析各主体应该如何减少环境危机。

（资料来源：根据网络资料整理）

 案例解析 5-4

巴黎圣母院火灾事故

一、案例回放

巴黎圣母院耸立在塞纳河的西堤岛上，拥有 850 多年历史，始建于 1163 年，并在 1345 年竣工。

2013 年，圣母院庆祝兴建 850 周年。圣母院建筑总高度超过 130 米，是欧洲历史上第一座完全哥德式的教堂，具有划时代的意义，也是巴黎历史悠久、最具代表性的古迹，被联合国教科文组织列入世界遗产名录。

巴黎圣母院曾在法国大革命时期遭遇严重损坏，在 19 世纪被重新修建。

2019 年 4 月 15 日傍晚 18 时许，位于巴黎市中心、有着 850 多年历史的巴黎圣母院发生大火，整座建筑损毁严重。着火位置位于圣母院顶部塔楼，大火迅速将圣母院塔楼的尖顶吞噬，很快，尖顶如被拦腰折断一般倒下。

巴黎当地时间 2019 年 4 月 15 日下午 6:50，正搭起脚手架进行维修工程的巴黎圣母院遭遇大火，滚滚浓烟遮蔽了塞纳河畔的天空。火势蔓延速度很快，难以控制。在围观的人群注视下，巴黎圣母院标志性的尖顶被烧断，坍塌倒下。

1. 火灾发生时间表

2019 年 4 月 15 日下午 6 点 50 分左右，根据法国消防部门消息，巴黎圣母院大教堂屋顶上冒出火焰和烟雾。

2019 年 4 月 15 日晚上 7 点 07 分左右，一名路透社记者从远处看到巴黎圣母院的烟雾和火焰。

2019 年 4 月 15 日晚上 7 点 40 分，火势蔓延到巴黎圣母院大教堂的尖顶上。法国总统马克龙因此推迟了原定当天晚上 8 点发表的关于"大辩论"的总结讲话。

2019 年 4 月 15 日晚上 7 点 53 分，巴黎圣母院中部的尖塔坍塌。

2019 年 4 月 15 日晚上 7 点 59 分，法国总统办公室称马克龙正赶往现场。

2019 年 4 月 15 日晚上 8 点 07 分，路透社现场记者报道称，巴黎圣母院的整个屋顶倒塌了。

2019 年 4 月 15 日晚上 8 点 25 分，巴黎圣母院附近区域居民被警方疏散。

2019 年 4 月 15 日晚上 9 时，大火仍然没有被扑灭，夜幕下的巴黎圣母院主体建筑不断地冒出白色烟雾，空气中弥漫着刺鼻的气味。

2019 年 4 月 15 日晚上 10 时 20 分，法国内政部的一名官员表示，有 400 名消防员已在火灾现场，但他们可能无法拯救巴黎圣母院。

2019 年 4 月 15 日晚上 10 时 30 分，巴黎民众及游客等聚集在巴黎圣母院附近，为圣母院祈祷。

2019 年 4 月 15 日晚上 10 时 50 分，巴黎市长表示，为了防止火势蔓延，居住在巴黎圣母院附近的人们已经被疏散。

2019 年 4 月 15 日晚上 11 时 05 分，一名法国消防官员表示，巴黎圣母院的标志——长方形塔楼已从火灾的风险中被拯救出来。

2019 年 4 月 15 日晚上 11 时 15 分，巴黎检方称，目前调查人员正在对巴黎圣母院着火区域进行灭火。

2019 年 4 月 15 日晚上 11 时 35 分，法国总统马克龙表示正在寻求国际帮助，以恢复重建巴黎圣母院。

2019 年 4 月 15 日晚上 12 时 35 分，大火仍在继续燃烧。

2019 年 4 月 16 日凌晨 3 时 30 分左右，公布了巴黎圣母院大火救援的最新进展，称火情已"全部得到有效控制，并已部分扑灭"。

2019 年 4 月 16 日上午 10 时，巴黎圣母院大火被全部扑灭，屋顶和塔尖被烧毁，但主体建筑得以保存，圣母院中的主要文物"荆棘王冠"和"圣路易祭服"等也没有受损。火灾目前进入调查和损失评估阶段。

2. 造成损失

根据法国消防队员称，巴黎圣母院主体结构被"拯救"，主体结构整体保存完整。

巴黎副市长称，巴黎圣母院中轴塔在火中坍塌。

据报道，巴黎圣母院馆藏珍宝在此次火灾中大致幸免，主体结构尚存，但屋顶烧毁，一座尖塔倒塌，可能需要数年时间进行修复。

重要文物"荆棘王冠"和路易九世的一件长袍已被成功救出。

3. 事故原因

火灾发生后，巴黎市检察机关在第一时间宣布启动调查，调查方向初步定为"过失引发火灾导致损毁"，目前检方已经排除了纵火的可能性，也不认为此事和恐怖主义有关。

法国媒体援引巴黎消防队的说法称，火灾与耗资 600 万欧元的翻新工程有"潜在联系"。据悉，翻新工程的对象是大教堂被烧毁的尖顶和建筑的 250 吨铅材料。

2019 年 6 月 26 日，法国巴黎检察院发布新闻公报说，经过约两个月调查，调查人员初步排除巴黎圣母院火灾是人为纵火的可能性。公报说，巴黎圣母院火灾初步调查涉及的文件长达 1125 页，调查人员听取近百名证人证词，关于火灾起因的推测包括"电力系统故障"和"未熄灭的烟头"等。检察官雷米·海茨在公报中说，虽然一些因素被认为很可能造成此次火灾，但调查结果尚不足以确定火灾起因。公报说，下一步将启动由专业人士参与的深入调查。此外，检察机关将进一步调查相关责任人是否存在玩忽职守行为。

二、案例分析

巴黎圣母院是法国最具代表性的文物古迹和世界遗产之一，堪称法国文化地标。这场大火在令法国心痛不已的同时，也为全世界敲响了文物保护的警钟。

1. 专家观点：年久失修与木质屋架导致火势蔓延

1887年，法国通过法律保护具有国家历史及艺术价值的纪念性建筑和艺术品，成为世界上第一个立法保护文化遗产的国家；1913年又颁布了沿用至今的《历史古迹法》，设立专门负责对历史古迹进行分类的机构，将所有的古迹登记造册。诚如此，巴黎圣母院这场大火又为何破坏力度如此之大呢？

专家认为，年久失修与木质结构屋架是导致火势蔓延的重要原因。不少法国名胜古迹为石质结构建筑，巴黎圣母院则不同，它拥有巴黎市最古老之一的木质屋架，且规模宏大，长度超过100米、宽度达13米，因此塔楼起火后迅速蔓延至屋架。此外，近年来巴黎圣母院一直被相关部门评估为"状况堪忧"。上一次大规模维修还是在20世纪90年代，本次维修从2018年4月开始。目前火灾损害虽然还没有得到完全评估，但2/3的屋顶已被大火损毁，标志性塔尖也已倒塌。斯特拉斯堡大教堂基金会主任埃里克·菲舍尔在接受媒体采访时表示，巴黎圣母院重建工程预计需要"数十年"。

法国巴黎圣母院在大火中严重受损，这一不幸也引起其他国家对本国古建防火安全的高度重视。巴黎圣母院大火在意大利引起了广泛关注。在日本，各地政府、消防部门会同文化遗产所有者纷纷展开防火消防大检查，以消除火灾隐患。

2. 意大利专家认为文保举措要"如量体裁衣般严密"

意大利文物保护专家们认为，保护文化遗产需要做大量工作，需要专业技术和财政资金的支持，文物保护举措要"如量体裁衣般严密"。

根据意大利环境基金会的统计，意大利拥有约4000个博物馆、6000个考古公园、8.5万个受保护的教堂和4万多处历史建筑。意大利文化遗产数量上的领先意味着大量的安全防护工作。火灾历来是历史建筑保护的大敌。20世纪90年代，仅火灾就损毁了意大利三座标志性建筑——威尼斯的凤凰歌剧院、巴里的彼得鲁泽利剧院以及都灵的神圣裹尸布教堂。所幸这三座建筑均得以重建。

意大利图夏大学文化遗产修复和保护系联合创始人洛鲁索教授对新华社记者说，文化遗产的保护与管理需要专业精神，更需要跨学科的知识和技能。此外，它还需要官方的基本经济和金融支持。"像意大利这样文化遗产丰富的国家需要投入相当于至少2%的国内生产总值用于文化遗产保护。"文化遗产地工作人员的安全意识和管理与财政支持同样重要。正在进行大型电气和烟雾传感系统改造的米兰大教堂每年的维护费用约为1500万欧元(约合1.13亿元人民币)。这座世界闻名的大教堂在1969年曾遭遇火灾，起因就是一名工人在脚手架上留下了未熄灭的香烟。

意大利文化部文化遗产安全保护部门负责人法比奥·卡拉佩扎·古图索在巴黎圣母院火灾后说，文化遗产的保护措施需要"如量体裁衣般严密"。目前，意大利全国各大区设有专门的文物保护办公室，同时构建了世界领先的文保相关专业学科，力求达到文物保护过程中每项计划、措施、工序都有法可依、有章可循。

巴黎圣母院火灾引起意大利文化遗产界的高度重视。事发后，罗马官方文化监管部门表示，将对所有的文化遗产及文物保护场所的消防工作进行审查。

米兰大教堂安全监督员安东内拉·拉纳尔迪告诉记者，大教堂配备了传感器和避雷针，并一直重视教堂的安全防范。目前已经成立了一个由工程师、消防员和文化部专家组成的常设委员会来监督教堂的安全防护。此外，大教堂的管理部门还启动了一个沟通项目，通过联络意大利境内的各大教堂，彼此分享与安全防护相关的信息。

米兰理工大学文物保护和修复专业教授朱利亚娜·卡尔达尼在接受意大利媒体采访时说，意大利在地震后重建的经历告诉我们，在文物修复过程中，现代技术必须非常谨慎地适应古代建筑。"但历史已经多次教会我们，一切都可以重建。"

3. 日本：不断与火灾对抗的东照宫

对于文化遗产消防工作，日本全社会如今已相当重视。不过，很多相关立法和措施也是在经历了多场火灾后才逐步制定和完善的，70多年前发生在日本古都奈良法隆寺的大火可谓最早敲响了日本古建筑保护的警钟。

法隆寺是世界最古老的木建筑之一，寺内日本白凤时代(公元7世纪末8世纪初)绘制的12面国宝级金堂佛教壁画在1949年1月26日的一场大火中毁于一旦。法隆寺大火事件当年震动日本朝野。火灾后，日本政府立即通过立法等手段强化文化遗产防灾措施，并于次年颁布了日本首部有关文化遗产保护的综合性法律《文化遗产保护法》。从1955年开始，日本还将1月26日这一天定为全国文化遗产防火日。此外，日本的《消防法》《消防法实施令》等法律法规也格外注重对文化遗产的保护，明确细化古建筑必须配备相应的消防设施。

日本古建筑泛指1868年日本明治维新以前的建筑，包括各类佛寺、神社、日本园林、茶室及早期住宅等，主要集中在京都、奈良、镰仓等地。由于日本古建筑多为木结构和石木结构，且多为茅草屋顶或树皮屋顶，因此火灾是对古建筑破坏性最大的因素，也是日本古建保护的大敌。

位于栃木县日光市的东照宫建于1617年，是供奉江户幕府的开府将军德川家康的神社，1999年被列入世界文化遗产名录。东照宫在历史上也曾不断地与火灾对抗，1961年的一场大火令殿内天花板上珍贵的彩绘化为乌有，其珍宝馆也曾毁于火灾。

日本文化遗产防火理念主要包括预防、早期发现和初期灭火三方面。以东照宫中的国宝级建筑阳明门为例，东照宫除在院中暗藏一个大型蓄水池外，还在通往阳明门台阶路旁一处不起眼的地方埋设了灭火设备，掀开盖子安装好消火栓后，喷头可上下左右随意摆动，水枪射程足以达到阳明门。阳明门门檐下方还布设与建筑物同一颜色的温度传感器。为了避免与古建筑之美产生违和感，东照宫内传感器配线共采用21种颜色，有的还使用金箔包裹。东照宫内主要建筑物均安装了监控摄像头，值班室常设三人24小时监控，以便第一时间发现险情。此外，东照宫所有的职员组成自卫消防队，每年都会定期组织灭火培训。为了防火，东照宫珍宝馆的所有建筑墙面如今均采用铜板翻建而成。

据位于奈良的唐招提寺第88代住持西山明彦介绍，奈良很多寺庙都设立了火灾自动报警装置和防止火势蔓延的防火设备，也有各自的消防负责人，每到1月26日文化遗产防火日还会进行大规模消防演习。

每一次遗产受灾、文物历劫都给予我们警示：时代在前进，观念和技术在进步，面对文物的脆弱性和不可再生性，我们对于人类文明遗产的保护意识应警钟长鸣，保护机制更应与时俱进，呼唤更先进的手段、更专业的技术、更智慧的途径。

三、思考与讨论

1. 博物馆如何做到既要"保得住"，又要"传下去"；既要有"盾牌"，也要有"时光机"？

2. 怎样建立一个科技化、系统化、全覆盖的文博安全保护机制？

（资料来源：根据360百科、中山网新闻频道资料整理）

第四节 公共卫生类危机案例解析

公共卫生事件主要包括传染病疫情、群体性不明原因疾病、食品安全和职业危害、动物疫情以及其他严重影响公众健康和生命安全的事件。

 案例解析 5-5

遭遇"非典"

一、案例回放

佛山，一座有着悠久历史的城市。远在明清时期，佛山就以工商业发达而闻名，与朱仙镇、景德镇、汉口镇合称为中国的"四大镇"。

2002 年，佛山雄心勃勃，要紧跟广州、深圳之后，建设成为广东的第三大城市。就在社会经济飞速发展的同时，21 世纪人类生命与疾病的第一次大搏斗也在佛山悄悄上演了一个短短的序幕。

2002 年 11 月 16 日，佛山市禅城区人民医院收治了一位庞姓的男性病人，病人畏寒、发热、咳嗽，肺部大面积阴影，但不是典型的肺炎症状。因病症严重，当地医院无法诊治，于是当地医院反复到广州延请专家前往指导，病人的病历已经累积起一寸多厚。各式治疗方案不断转换，但是治疗的效果甚微。这是一种什么病？谁也拿不出肯定的答案。

如今我们已经知道，这是"非典"向生命的第一次挑衅。初战时，我们不知道"非典"。可"非典"却已经盯上了我们，它像罂粟花一样开在我们的身体上，让我们的身体萎蔫、死亡。不过，它并没有马上展开攻势，直到 2002 年岁末，"非典"还没有狠施杀招。

2003 年很快就到了，当人们还沉浸在节日的喜悦氛围中时，"非典"阴郁而沉重的气息就已经开始弥散、回荡。

2002 年 12 月 15 日，河源市人民医院收治了一个肺部感染的重病号，此后，医院又接收了一个类似病人。两位病人的共同症状是咳嗽、发烧，肺部有阴影。因为病情严重，该院将两位病人先后转送到广州的医院治疗。但是就在治疗过程中发现，河源市人民医院呼吸科与该病人接触过的医护人员中，竟有八个出现了同病人一样的症状，其中以护送病人到广州救治的医生发病最早，症状最明显。事态向着不可预料的方向发展，接着河源出现了医护人员集体染病的谣言，各种猜测不断。传言说，河源受不明病毒袭击，有三名医护人员死亡。市民因此纷纷抢购抗病毒药物，罗红霉素已经从几元钱一盒涨到了 40 元一盒，而且很快脱销。在这些谣言误传不久，"非典"就开始向人类发起了真正的、新一轮的挑战。

"非典"让我们付出的代价

据中国商业联合会、中华全国商业信息中心披露的统计数据显示，2003年1月至6月，我国社会消费品零售总额同比增长8%。按1季度累计增长速度测算，在"非典"流行的四五月份，城市损失约174亿元，农村损失约46亿元。

据中国烹饪协会公布的最新资料显示，2003年上半年中国餐饮市场受到"非典"疫情重创，营业额损失约50亿元人民币，为2649.6亿元，比上年同期减少了10.1个百分点。

据《南方日报》报道，国家旅游局副局长顾朝2003年9月29日出席广东旅游信息化专题新闻发布会时透露：2002年全国旅游总收入为5556亿元，创汇204亿元。原来预计2003年的旅游总收入超过6000亿元，但受"非典"疫情的影响，旅游业受创严重，损失上千亿元。

SARS的肆虐使得中国乃至亚洲的经济面临一次重大挑战。一些国际组织也纷纷就SARS对中国经济的影响作出总体的预测评估。如亚洲开发银行在《2003亚洲发展展望》中国篇中表示，受到SARS等多种因素的影响，中国经济在2003年到2004年期间的增长速度将有所放缓，但是仍能保持较快的增长，但是"非典"带来了巨大的经济损失是不容置疑的。在博鳌亚洲论坛与亚行共同举办的"SARS与亚洲经济：影响评估与政策建议"国际研讨会上，亚行总裁千野忠男在演讲中认为："目前全世界有6000多人受到感染，SARS的暴发在许多方面产生了全面的影响，已经远远超过健康问题本身。"尽管SARS致病率和死亡率相对比较低，但是SARS对于经济造成了很大影响，特别是服务业，消费者需求的降低增加了经济通货紧缩压力，此外失业率上升、经济活动的减少也减少了政府收入，直接影响这些国家的金融状况。

亚行首席经济学家伊夫扎尔·阿里博士表示，SARS给东亚带来大约500亿美元的损失，而中国的损失将达到510亿元。510亿元，我们为"非典"付出的代价太大了……

二、案例分析

截至2003年6月中旬，"非典"疫情在中国已经得到基本控制，由此造成的恐慌也基本消除，社会生活逐渐走向正常化。

从此次事件的发展过程来看，它在初期暴露的问题很多，涉及政府作风、管理能力、危机意识、媒体作用以及社会大众心理能力等诸多方面。

虽然在事发当时是一件坏事，但对于后来相关应对措施而言，却是一件好事，因为它使人们清楚地认识到问题之所在，所以才能在后来的危机应对中"对症下药"，采取有针对性的补救措施。因此，从这一层意义上来说，有人认为此次"危机"为"福机"也是不无道理的，它最关键的作用，就在于使中国政府意识到建立起一整套行之有效的社会公共危机防范与应对措施的重要性，提高全民危机意识的重要性。我们相信经过此次危机，中国政府今后在这一方面的工作会获得极大的进步。

(一)危机原因

"非典"危机形成的原因是多方面的，具体表现为以下三点。

1. 长期以来形成的"报喜不报忧"的不良作风

其实"非典"作为一种近距离的空气、飞沫传染病，如果在发生的初期就予以重视，进行隔离与控制治疗的话，是不会导致后来快速扩散、愈演愈烈的后果的。但有关部门与地方领导长期以来深谙"报喜不报忧"的为官宗旨，使他们麻痹大意，缺乏对问题严重性的认识，即缺乏危机意识，从而在危机初期采取"上瞒下堵"的做法，直接导致此次危机的爆发。可以说，正是他们的这种做法，使政府丧失了将危机扼杀于萌芽状态、避免危机爆发的先机。

2. 信息不畅，真相不明

在疫情初期，主流媒体的缺席是导致谣言扩散、老百姓不明真相、形成恐慌的又一重要因素。在此次危机事件初期，起主导作用的是人际传播，即我们日常所说的"口耳相传"。在这种缺乏权威性与客观性的传播方式中，尤其是在现代通信技术的帮助下，人们用电话、互联网等形式使得谣言不胫而走，真正做到了"一传十，十传百"。而此时主流媒体原本应该及时介入，积极披露真相，正确引导公众舆论，但这些媒体却按兵不动，不能不说此次危机事件是媒体的重大失职。

3. 医疗卫生事业发展长期滞后于经济发展和社会转型

这是导致此次危机的深层原因。从政府的角度来看，在向社会主义市场经济转轨的同时，忽视"综合平衡"的基本理念，公共卫生体系建设长期严重滞后于工业化、城市化和对外开放的步伐，医疗卫生事业严重滞后。从市场的角度来看，我国虽已转向社会主义市场经济，但医疗卫生领域一直仍处在政府部门的高度垄断之下。各级政府自己既拿不出资金来增加投入，又不肯让民间资本和国外资金进入这一领域。这一点在危机处理、疫情控制过程中的医疗、人员、资金等诸方面的短缺中可见一斑。

(二)处理措施

1. 政府

为做"非典"疫情的控制工作，中国政府强调应主要做好以下五方面的工作：一是要把控制疫情作为当前卫生工作的重中之重。以卫生部部长为组长的非典型肺炎防治工作领导小组，负责指导非典型肺炎的防治工作；由国务院副秘书长牵头的部级联席会议，协调解决有关问题。二是及时向世界卫生组织通报疫情。由卫生部举行中外记者招待会，向社会公布疫情和预防控制措施。三是进一步与世界卫生组织开展有效合作。四是抓紧建立国家应对突发公共卫生事件的应急处理机制。政府同时要求各有关部门要密切合作，进一步加强监测，"疫情日报制和零报制相结合"，全面掌握疫情动态，千方百计控制疫情扩散、蔓延，切实维护人民群众的健康。五是加大对防治"非典"工作的资金投入，确保该项工作的顺利进行。政府决定，在抗击"非典"安排专项投资15.5亿元用于全国疾病预防控制网络建设的基础上，再增加投资8.126亿元，加快"非典"防治设施建设，改善医疗机构的收治能力，有效地遏制疫情向农村蔓延。

2. 医疗机构

除了组织大量医务人员奔赴抗击"非典"第一线外，为指导各级救生部门及时发现疫情并采取有效的治疗、预防和控制措施，防止疫情蔓延，保障广大人民群众的健康和生命安全，中国疾病预防控制中心等相关机构还通过互联网向社会公布《非典型肺炎防治技术方案》。该方案是有关专家根据前一阶段防治工作总结的，包括非典型肺炎病例的临床诊断标准(试行)、非典型肺炎病例或疑似病例的推荐治疗方案和出院诊断参考标准(试行)、医院消毒隔离工作指南(试行)、病人住所及公共场所的消毒(试行)、各种污染对象的常用消毒方法(试行)、社区综合性预防措施(试行)等。这些方案对"非典"的定义、症状、预防措施、治疗办法等都作了详细说明。另外，由于非典型肺炎是一种新发传染病，其预防技术方案需要在工作中不断总结、修改、完善。因此，卫生部疾病控制司还公布了电子信箱，各地在实际工作中对非典型肺炎防治技术方案有任何建议和修改意见，都可及时与该部门联系。

3. 媒体

危机爆发后，媒体意识到自身的责任，采取了积极态度，以自己应有的敬业与专业精神投入到此次"非典"战役之中。具体体现在以下几方面：一是以积极的姿态介入，宣传党和政府的主张、措施，使群众增强应对危机的信心。自"非典"疫情全面爆发以来，各地相关媒体尤其是主流媒体积极聚焦政府措施与民众生活，跟踪疫情，使民众能够清楚地了解真相，了解政府的措施与努力，增强他们抗击"非典"的信心。二是宣传科学的态度方法，使群众增强应对突发事件的本领。发挥传媒优势，利用新闻访谈、专题介绍、专家座谈、开通热线电话等各种群众喜闻乐见的形式向群众介绍各种防治"非典"的常识，在实际生活中起到了指导帮助人们采取正确、有效的措施防治"非典"的作用。三是勇于发挥舆论监督作用，大胆介入，排除干扰，力争在公众与政府之间构筑一个信息交流的平台。媒体在采访过程中，力争发挥"以民为先、事实第一"的专业精神，及时公布各地防治"非典"的工作进程，为正确的行为选择提供相应的正向激励。

4. 世界其他国家、国际组织与非政府组织

在此次"非典"事件中，美国、日本、英国等世界其他国家不仅在医疗设备与器械方面向中国提供了大量援助，更重要的是，这些国家的相关研究机构的专家们也同中国同行一道为寻求防治良方而积极奋斗，提供了各种宝贵的意见和建议。此外，联合国、世界卫生组织、国际红十字会等机构也起到了积极的作用。在这里需要特别指出的是，世界卫生组织在此次事件中起到了非常重要的作用。在此次事件之前，世界上还没有一个固定的正式体系来让国家之间相互通告流行病的爆发或其他紧急事态。在这次"非典"爆发期间，世界卫生组织发出全球通报还是第一次，这体现了世界卫生组织在应对紧急事态反应上的真正价值，客观上起到了防止"非典"进一步国际性蔓延的重要作用。另外，在该组织的领导下，将世界各国的专家集中在一起，成为此次研制"非典"疫苗的主要组织者和协调者。因此，他们与中国政府的合作对于战胜"非典"可谓意义重大。

三、思考与讨论

1. 结合本案例分析政府公共危机的特点。

2. 从中国"非典"危机的全过程来看，政府在其中扮演了怎样的角色？

3. 新闻媒体在"非典"危机的解决中发挥了怎样的作用？

(资料来源：平川. 危机管理[M]. 北京：当代世界出版社，2005.)

 案例解析 5-6

长春长生疫苗事件

一、案例回放

2017年11月，长春长生生物科技有限公司和武汉生物制品研究所有限责任公司生产的各一批次共计65万余支百白破疫苗效价指标不符合标准规定，被食药监总局责令企业查

明流向，并要求立即停止使用不合格产品。

经检查，长春长生生物科技有限公司生产的批号为 201605014-01 的疫苗共计 252600 支，全部销往山东省疾病预防控制中心；武汉生物制品研究所有限责任公司生产的批号为 201607050-2 的疫苗共计 400520 支，销往重庆市疾病预防控制中心 190520 支，销往河北省疾病预防控制中心 210000 支。

2017 年 11 月 5 日，山东疾控中心曾针对当时的情况，发布了《效价指标不合格的百白破疫苗相关问题解答》，对于公众关心的问题有一个初步的回应。

2018 年 7 月 15 日，国家药品监督管理局发布通告指出，长春长生生物科技有限公司冻干人用狂犬病疫苗生产存在记录造假等行为。7 月 16 日，长生生物发布公告，表示正对有效期内所有批次的冻干人用狂犬病疫苗全部实施召回；7 月 19 日，长生生物公告称，收到《吉林省食品药品监督管理局行政处罚决定书》。

2018 年 7 月 22 日，李克强总理就疫苗事件作出批示。7 月 23 日，国家主席习近平对吉林长春长生生物疫苗案件作出重要指示。7 月 24 日，吉林省纪委监委启动对长春长生生物疫苗案件腐败问题调查追责。7 月 29 日，公安机关对长春长生董事长等 18 名犯罪嫌疑人提请批捕。8 月 6 日，国务院调查组公布了吉林长春长生公司违法违规生产狂犬病疫苗案件调查的进展情况。8 月 17 日，国家市场监督管理总局对问题疫苗案件相关工作人员问责。10 月 16 日，国家药监局和吉林省食药监局分别对长春长生公司作出多项行政处罚，长春长生公司被处罚款 91 亿元。11 月 16 日，深交所启动对长生生物重大违法强制退市机制。12 月 11 日，长生公司收到《深圳证券交易所重大违法强制退市事先告知书》。2019 年 2 月，吉林长春长生公司问题疫苗案件相关责任人被严肃处理。3 月 5 日，在发布的 2019 年国务院政府工作报告中提出：加强食品药品安全监管，严厉查处长春长生公司等问题疫苗案件。3 月 12 日，最高人民检察院检察长张军在作 2019 年最高人民检察院工作报告时说，长生公司问题疫苗案，吉林检察机关依法批捕 18 人。

二、案例分析

这起疫苗事件，热度只维持了大概三天就下滑了，有点出乎意料。其背后的原因是我国政府对这起事件反应非常快，应对也非常合理。

7 月 21 日，危机事件开始发酵，原因是当天发出的一篇《疫苗之王》的文章在十几个小时内刷屏。

7 月 22 日，山东省委常委、省纪委书记陈辐宽要求，成立由一名省纪委副书记和一名省纪委常委负责的专班，组织得力人员对"问题疫苗"进入山东进行调查。

7 月 22 日晚，李克强总理作出批示，要求严查。

7 月 22 日晚间，国家药监局负责人通报了长春长生生物科技有限责任公司违法违规生产冻干人用狂犬病疫苗案件有关情况，并且宣布：一是对长春长生立案调查，涉嫌犯罪的移送公安机关追究刑事责任；二是对所有的疫苗生产企业进行飞行检查。

当天，《人民日报》、《光明日报》、央视网、《检查日报》、中央人民广播电台五家官媒相继就该事件发表评论，并将质疑指向问题疫苗流向、长生生物是否隐瞒事实、监管为何频频失守等。

在 24 小时之内，官媒、高层密集表态，并且迅速通报了情况。

7 月 23 日，习近平主席对长生生物事件作出批示。

7月23日国务院调查组当天赶赴吉林，开展长春长生违法违规生产狂犬病疫苗案件调查工作。

7月23日上午，山东省委副书记、省长龚正主持召开专题会议，研究部署疫苗问题处置的相关工作。

7月23日下午，国家药监局召开党组扩大会议。会议决定对疫苗全生命周期监管制度进行系统分析，研究完善我国疫苗管理体制，对长春长生所有的疫苗生产、销售全流程、全链条进行彻查。

7月23日下午3点，长春新区公安分局依据吉林省食品药品监督管理局《涉嫌犯罪案件移送书》，对长春长生生物生产冻干人用狂犬病疫苗涉嫌违法犯罪案件迅速立案调查，将主要涉案人员公司董事长高某芳(女)和四名公司高管带至公安机关依法审查。

7月24日，长春新区公安分局宣布对长生生物董事长高某芳等15名涉案人员依法采取刑事拘留强制措施。目前案件相关工作正在进行中。

从7月21—23日，只有短短48小时，中国政府完成了官媒和高层发声，通报初步情况并且展开全面调查，对涉事人员进行逮捕等动作，在这次危机发生之后的48小时迅速地进行了反应。应该说，这次政府对疫苗公共危机事件的应对，算是比较成功的，政府和官媒并没有回避问题，政府站出来承诺整改和依法惩治，并且对长生生物采取法律行动，对关键人物上升到了刑事犯罪。

这起事件从7月21日发酵，在7月23日就开始逐渐降温，大约两三天的热度，而通常热点事件会维持热度一个星期左右，这与强力部门迅速对长生生物进行执法，官方媒体批判疫苗涉事企业和监管，而不是极力为自己辩护是有关系的。

三、思考与讨论

政府是如何应对此次危机的？

(资料来源：根据360百科资料整理)

第五节　社会安全类危机案例解析

社会安全事件主要包括恐怖袭击事件、社会恶性事件、经济安全事件、涉外突发事件等。

 案例解析5-7

美国"9·11"事件

一、案例回放

2001年9月11日对美国乃至世界人民来说，是一个噩梦般的日子。美国纽约市著名的世界贸易中心双子大厦和首都华盛顿附近的美国国防部所在地五角大楼，先后遭到恐怖分子劫持的美国民航飞机的撞击。2001年9月11日，当地时间8点15分，纽约世贸中心发生了第一次民航飞机撞楼事件，过了不到20分钟，又一架波音767撞击了世贸中心的南楼，世贸中心双塔楼毁于一旦。当时，仅世贸大楼坍塌就造成5200多人失踪，300多人死亡。事件发生后，美国总统布什随即发表电视讲话，宣布美国军队全部进入最高戒备状态，并发誓要"追查并严惩"肇事元凶。当天，美国联邦航空局下令关闭领空，这是美国历史上第一次关闭领空。紧接着，总统布什下令进行全面调查，"追缉做这勾当的家伙"。可是，令他意想不到的是，一个小时之后，国防部也遭到一架飞机的直接撞击，把五角大楼的一边撞塌了。白宫在惨案发生之后迅速成立了作战室，并开始了全面运作。国防部、国会和华盛顿及纽约的其他重要政府部门都疏散了工作人员。华盛顿当局立即招来部队，包括一个步兵团。美国从东岸到西岸都进入了一级戒备状态，美国和加拿大的边界封闭了，各大战略设施都加强了戒备。调查取证工作也在同步进行。

2001 年的"9·11"恐怖袭击事件给美国社会和经济造成了前所未有的破坏，尤其事发地纽约更是一下子从歌舞升平的繁华盛世跌入了经济衰退的低谷。"9·11"到底给作为世界经济中心的纽约造成多少经济损失？2002 年 11 月 12 日，美国联邦储备委员会的统计专家给出了一个权威的估算答案：从 2001 年 9 月到 2002 年 6 月，因为"9·11"事件而导致的直接财产损失、贸易损失、人员薪金损失以及清扫世贸中心废墟的费用一共是 330 亿到 360 亿美元之间。这只是直接经济损失。在这份评估报告中，专家们还说，"9·11"事件在很大程度上影响了纽约经济发展的潜力，特别是对航空业、餐饮业、旅游业、金融业等众多经济产业都是一次很大的打击。仅在 2001 年 10 月，上述行业便减少了总计 42000 到 51000 个职位。就业市场因其影响所导致的经济损失估计在 36 亿到 64 亿美元之间。

另外，专家们在研究中还发现，一些纽约居民在"9·11"事件后变得更加消沉，吸烟和酗酒现象增多，这从某种程度上来说也会影响生产的发展，而且这种心理上的创伤也许一辈子也挥之不去。

二、案例分析

(一)美国政府危机管理的成功之处

1. 布什政府对危机的定性快速准确

灾难发生后，布什政府和纽约当局对事件处理得当，并据此进一步完善了国家安全战略和危机管理体系。8 点 45 分，世贸中心发生第一次撞楼事件，9 点 30 分，布什做了第一次电视直播讲话，在全美国和全世界观众面前对事件做了定性。由于事发当时只有副总统切尼和总统国家安全事务助理赖斯"看家"，所以切尼的作用在最初一段时间里非常明显，这也是美国政治运作机制中对权力顺序和个人作用安排比较明确的结果。在纽约市，市长朱利安尼并没有把指挥中心设在安全地点进行遥控，而是在事件发生后的第一时间即赶到世贸中心现场指挥救援工作，如果不是他亲临现场指挥，面临空前的危机与混乱，参与救援的市政各部门难以协调，灾难的损失必然会更加惨重。

2. 各级政府部门事前都有"危机预案"

在突然爆发的危机面前，不仅是美国联邦政府各部门，其他各级地方政府都有一套危机处理预案，遇到紧急情况可以自动运作，从而避免危机扩散。因此，在 9 月 11 日上午楼内人员撤离大楼时非常有秩序，并没有因为发生慌乱而导致更大的伤亡。事件发生后，纽约市消防局立即通过电视和广播通知当天所有休假的消防人员，迅速回工作部门报到，以便投入现场的救援行动。与此同时，联邦政府立刻成立了国土安全办公室，并对军事指挥系统进行调整；筹措巨额专项资金。布什在危机后立即请求国会拨款 200 亿美元，用于反恐和重建工作；同时调整外交战略，把反恐、打击基地组织作为头等大事，其他外交议题推后。

3. 媒体也在此次事件中发挥了积极的作用

布什在危机爆发后 1 小时即通过电视讲话向美国公众阐明危机的恐怖主义性质，3 个小时之后又发表第二次电视讲话。9 月 11 日当晚回到白宫后，布什再次在椭圆形办公室向全国发表了讲话。在危机发生后的第二天，他又明确指示新闻官"至少每天一次将反恐进展告诉美国公众"，提醒民众警惕新的袭击，并控制不利于缩减危机蔓延的信息和谣言。在纽约市，市长朱利安尼在媒体对事件刚反应过来的时候就出现在现场直播的屏幕上。他对全体市民说："让我们回到正常的生活中，和平常一样，外出购物，去教堂做礼拜，带着孩子到公园里玩耍。治愈我们精神创伤的办法之一，就是向那些恐怖分子展示我们有多么强大，他们的罪恶行径不会使我们退缩。这个城市的生活还要继续。"布什和朱利安尼的讲话，对于稳定遭受巨大冲击的民众心理，恢复社会正常秩序和民众正常生活，其作用难以估量。在事件发生后的几天中，布什以"反恐英雄"领导人的形象在电视媒体上不断地出现，使美国民众感觉到政府对危机正在进行积极的应对行动，同时他的情绪也感染着美国民众，使民众的心理从遭受袭击之后的恐惧、悲伤很快转变为对恐怖分子的仇恨和团结抗敌的激情。美国国内的媒体和舆论导向也与政府保持一致，整个国家掀起了爱国浪潮。

(二)美国政府危机管理的不足之处

尽管"9·11"事件的处理堪称政府成功处理危机的典范，但随着事件的深入调查，人们发现，事件本来是有机会预防的，预防尽管不能完全避免危机，起码可以降低危机的危害程度。也就是说，美国政府在此次危机预防方面出现了重大失误。

1. 布什本人和有关部门对情报的忽视

2002 年 5 月 15 日，事件发生近 8 个月后，美国哥伦比亚广播公司透露，布什在处理有关恐怖分子袭击美国的情报方面曾出现重大失误，未采取任何事前预防措施，导致美国遭受重大损失。据美国媒体的报道，联邦调查局特工人员曾提醒华盛顿总部注意数名在航空学校学习的中东人，甚至明确指出有人可能在计划劫持飞机撞击纽约世贸大厦。联邦调查局随后拘捕了嫌疑分子，但对恐怖分子可能劫持飞机撞击世贸大厦的情报并未予以重视。媒体还披露，布什在 2001 年 8 月 6 日就接到中央情报局提供的一份题为"本·拉登决心攻击美国"的《总统每日简报》，称基地组织领导人本·拉登决心要把"攻击的矛头延伸到美国境内"，并预言"基地"组织的成员将劫持美国的民航飞机，但布什本人和有关部门对可能遭受恐怖袭击的情报未予重视。此消息一出，布什一时陷入非常尴尬的境地，极力为自己的行为辩解。从危机管理的角度来说，这是事后有关方面所总结出的教训之一，即"9·11"事件之前，美国政府的危机预警和风险评估系统的确出现了漏洞。

2. 美国政府对风险确认有偏差

虽然情报部门对恐怖分子劫持飞机发出了警告，但只考虑到传统劫机方式，却未考虑到恐怖分子会采取以被劫持的民航飞机作为武器发动自杀式袭击。同时，由于美国政府各情报机构之间，尤其是中央情报局和联邦调查局之间长期存在着各种矛盾，相互之间很少进行情报交流，因此对危机没有全面的认识。伴随着"9·11"事件的发生，已经暴露出美国政府危机管理能力的脆弱性。最明显的一点就是，它虽然有城市灾害预警及应急系统，但是并不完备，从城市大安全观出发，城市上空防御能力的标志不仅能防空，还应具备防空袭、防化学武器、防高技术战争的能力，即不仅具有防自然灾害的能力，也要具有防人为灾害的能力，不如此就不是高标准的防灾保障体系。美国世贸中心"双子"大楼及其建筑群的毁灭，使号称"世界之窗"及"现代技术精华汇集"的纽约市标志性建筑永远成为人们记忆中的噩梦。一个灾难性事件除了带来一系列政治、文化、社会的启示外，也让世界各国深刻认识到，现代政府必须全面增强防灾及应对突变危机的能力。

三、思考与讨论

1. 世界各国在"9·11"之后，在反恐领域进行了哪些方面的合作？
2. "9·11"给世界各国的警示有哪些？
3. 各国从美国"9·11"的危机中得到哪些借鉴？

(资料来源：平川. 危机管理[M]. 北京：当代世界出版社，2005.)

 案例解析 5-8

"8·23"菲律宾劫持香港游客事件

一、案例回放

"8·23"菲律宾劫持香港游客事件发生在 2010 年 8 月 23 日，一辆载有 25 名(包括 22 名中国香港乘客)乘客的旅游车在菲律宾马尼拉市中心基里诺大看台附近被菲律宾前警察劫持，经过谈判，6 名中国香港游客于中午前获释。23 日晚 7 时 40 分左右，菲警方实施突击解救行动，香港游客中 8 人死亡，6 人受伤。香港特区政府于 2010 年 8 月 24 日下半旗向遇难同胞致哀，8 月 25 日菲律宾全国哀悼中国香港遇害游客。菲律宾马尼拉人质案香港法庭于 2011 年 3 月 23 日宣判，陪审团裁决，康泰领队谢廷骏等 8 人皆非法被杀。2012 年，事件两周年，菲律宾仍拒绝道歉，菲驻港领事反指港人不懂原谅。

劫持人：罗兰多·门多萨。出生于 1955 年 1 月 10 日，毕业于菲律宾大学犯罪学专业，曾获得犯罪学学士学位。26 岁时，正式加入菲律宾国家警察部队分部，正式成为一名警察。1991 年，菲律宾国家警察局成立，他获得 3 级高等警官衔。2002 年，他被提拔为警察分局局长，2005 年，升为高级警督。因卷入敲诈案于 2010 年 1 月被廉政法庭逐出警界。

1. 劫持

2010 年 8 月 23 日上午，当康泰旅行社的旅游车离开马尼拉市内景点西班牙王城时，身着警察制服、携带一支 M16 步枪的门多萨以搭便车为由上了这辆旅游车。门多萨指示司机将旅游车行驶至荷赛·黎刹公园，宣布将旅游车劫持，并让司机把车开到基里诺大看台。随车的香港领队躲在后排座位给旅行社打电话报警。

被劫持的旅游车上共有 22 名香港人，其中有 6 名儿童。他们于 2010 年 8 月 20 日离开香港前往马尼拉旅行，并计划在 23 日晚上返港。门多萨劫持旅游车后向团友表明不会伤害他们，亦不为钱财，只为要求警方恢复他的职位(按：两年前，门多萨因勒索等指控而遭解职)，并赔偿损失。门多萨在谈判初期曾多次把自己的要求及其案件编号写在纸上，并粘在被劫持旅游车的车窗玻璃和挡风玻璃上。

他在挡风玻璃上贴出一张写着"撤销最终决定"的字条。另一张贴在车门上的字条写着"用错误纠正错误决定"。下午 2 点，门多萨又在旅游车的玻璃上贴了一张纸条，写着"下午 3 点将会有大事发生"。下午 3 点半，门多萨又将一张写着"让媒体来采访"的纸条贴在旅游车玻璃上。

2. 谈判

劫持事件发生后，菲警方立即派出曾在美国受过专业训练的谈判专家与劫持者交涉。

马尼拉成立了由该市副市长领导的危机管理委员会。

马尼拉警方发言人表示,警方认为门多萨在下午3点前就会投降。在劫车数小时后,劫犯释放了两名女游客、三名小孩,以及一名糖尿病患者和三名菲律宾人,其中包括一名导游和一名摄像师。

旅游车上的窗帘都被拉开,不时会有团友观看车外情况,谈判人员通过司机座位附近的车窗与门多萨交谈。此外,警方也通过旅游车司机的手机跟门多萨通话。门多萨说,如果他的复职要求得不到满足,他就将采取行动。他还要警方告诉媒体,不要在节目中破坏他的形象。为说服门多萨释放人质,警方还专门向旅游车上拉了一条电话线。

马尼拉警方发言人称,门多萨一直在与警方的谈判人员合作,态度很"客气有礼"。在谈判的同时,大约20名全副武装的特种部队成员在另一条街演习。

谈判期间,警方为人质提供了食物,并为旅游车提供汽油,以确保旅游车内的空调能继续运转。门多萨的两个兄弟和妻子都来到现场。门多萨的弟弟格里高里奥也是警察,他手持一支手枪与哥哥谈判时,突遭警方扣押并解除武装。门多萨得知此事后,询问两位谈判专家是否将手枪归还给格里高里奥,两位谈判专家称已归还。但后来门多萨从弟弟口中得知未归还手枪,知道被骗后,他和谈判专家的谈判立刻中断。

此间,一名反腐败部门的官员与门多萨通了电话,并承诺重新考虑他的要求。但下午晚些时候,反腐部门拒绝了门多萨的复职要求。

3. 强攻

下午约四五点时,门多萨接到了反腐部门拒绝他复职要求的信件,他随即在车内鸣枪一声表示不满。此后,形势急转直下。他将领队谢廷骏扣在旅游车门前,并开门示众,事态开始急剧恶化。

约六点时,门多萨得知菲律宾警方当局仍未将其弟弟的手枪归还,于是向电台发出11次通牒,表示如果继续拘捕其弟弟格里高里奥,便会立刻枪杀当时站在门前的领队谢廷骏。更将电话交由遭劫团友——杨绮华与电台主持通话,但电台主持向警方传达信息后,警方依然无动于衷。7:40时门多萨开始采取行动,现场突然听到数声枪声,旅游车右边的尾端车窗惊现两个弹孔。此时,估计领队谢廷骏已遭枪杀。门多萨与警方通话说:"我打死了两名游客,如果你们不停下来,我就把他们全部打死。"他还说:"我看到许多特种部队靠近,我知道他们会杀死我,他们必须离开,不然我会随时杀死人质。"警方突袭人员包围了被劫持的旅游车。媒体报道称,门多萨当时的情绪变得紧张起来,他威胁说,如果警方人员继续靠近,他就将采取"更激烈的行动"。

大约10分钟后,旅游车突然开动,为了防止门多萨开走旅游车,警方还开枪打爆了旅游车的轮胎。之前一直被铐在方向盘上的旅游车司机突然从车窗跳出逃脱,他当时大叫着:"所有人都死了!"此时,反应迟钝的警方特种部队才试图开始袭击,但当时的能见度十分低,而且特种部队所用来训练的旅游巴士并没有放下窗帘,更没有天窗,导致迟迟未能进入旅游车,但是车内再度传出十多声枪声。

警方在短暂的停止后再度强攻,并两度向旅游车投进催泪弹,门多萨被逼到了旅游车的前部,狙击手遂将其击毙。菲律宾警方高级官员亚布特说,门多萨先被狙击手开枪打伤,接着狙击手一枪击中他的头部将其击毙。最终门多萨身中八枪而死,不久后,6名游客从车里被救出。

4. 结果

嫌犯被击毙，香港游客8人死亡。

各方反应

香港特区政府于2010年8月24日下半旗向遇难同胞致哀，8月25日菲律宾全国哀悼香港遇害游客。

8月24日，杨洁篪就香港游客被劫持事件与菲律宾外长通电话。杨洁篪表示，中国政府对发生此次事件深感震惊，对多名香港同胞罹难深感悲痛，对劫持歹徒对我无辜游客实施暴行的行为表示强烈谴责。中方要求菲方彻查此事件，尽快通报事件的有关详细情况，全力抢救受伤人员，妥善处理善后事宜。

"8·23"人质事件发生后，香港公众对菲律宾当局和警方表示了强烈的不满。菲律宾警方承认参与营救行动的警察团队训练不够，团队领导无能，营救行动计划不周。菲律宾政府已经下令对这起事件展开认真调查，并且将派遣一个高级代表团访问香港，作出解释。

菲律宾马尼拉人质案香港法庭2011年3月23日宣判，陪审团裁决，康泰领队谢廷骏等8人皆非法被杀。

二、案例分析

此次危机发生的根本原因是菲律宾社会治安混乱，直接原因是政府指挥行动失误。危机处理过程中存在的问题主要表现在以下几个方面。

1. 违背了安全第一的原则

安全第一原则的内涵是在处置劫持人质事件中，警方应以不让任何人受到伤害为基本原则，尽最大努力寻求和平解决人质危机的途径和方法。它要求警方在处置劫持人质事件时，要把人质、群众和警察自身的安全放在首位，并尽可能地保障被劫持者的生命安全。

此次劫持人质事件中，菲律宾警方没有很好地遵循这一原则，由于绑匪是菲前高级警察，其生命安全受到特殊保护。劫持者曾多次在车门口徘徊、驻足，有时甚至与一名或两名谈判人员在车门口长时间近距离地交谈而警方没有采取行动。

2. 菲警方没有与劫匪进行深入的沟通及合理的谈判

这一环节的缺失和不足，是导致人质被杀悲剧发生的最重要的原因。警方可以通过谈判，逐步使人质获释，并部署狙击手，寻找时机击毙劫匪。这个环节最能体现当地警方的反恐应对能力，而菲律宾警方的处置方式存在严重缺陷。

3. 菲警方错过最佳救援时机，与劫匪对峙时间过长

首先，菲律宾警方对现场的形势判断不清，导致错过了稍纵即逝的解救时机，造成了重大的人员伤亡。犯罪分子的情绪变化一般会经历亢奋、平静、疲倦三个过程。如果需求得不到满足，犯罪分子的期望值就逐渐降低，随着时间的流逝，犯罪分子的生理和心理也都会疲劳。这次菲律宾警方处理得并不好，从而导致了犯罪分子做出极端行为。其次，在危机发生前，菲律宾的首都马尼拉就有绑架之都的恶名，且由来已久，当然，这其中有错综复杂的宗教因素和民族因素，但是放任枪支的泛滥为各种绑架事件的发生埋下了隐患。更不要提建立配套的危机处理机制和信息管理机制。这些都是危机发生前政府的失职。最后，在危机发生时，连菲律宾警方自身都承认参与营救行动的警察团队训练不够，团队领导无能，营救行动计划不周。

综上所述，菲律宾政府在本次危机事件的处理过程中，无论是有意还是无意，都暴露出其无能和不负责任的一面。

对政府行为的反思，以下几点原则尤为重要。

(1) 提前准备，将危机扼杀在摇篮中。如果菲律宾政府在危机发生前就强调治安的整治，管理民间枪支，那么惨剧就很有可能不会发生。

(2) 安全和公众利益至上。公众财产利益至上，而公众生命则更高于公众财产。在处理公共危机时，应将公众的生命和健康放在首位。

(3) 快速反应和适度。在危机发生时，应迅速根据危机特点和应急预案快速处理，以达到减缓危机发生、降低危机损害的目的。

(4) 讲究效率和协同。公共危机往往具有突发性，如果不及时处理，很可能造成更大的损害。本次危机中，政府和媒体协同不够，造成了媒体不合适的报道，所以协同合作同样重要，也有利于更好地提高效率。

(5) 透明和真诚坦率。在公共危机处理过程中，民众的反应在很大程度上取决于政府对问题处理过程的公开和透明程度，如果政府能够和媒体协调好，第一时间把消息告知群众，免除其好奇和不安心理，反而有利于平复公众的情绪，甚至收到公众建议、群策群力的效果。政府的首要职能就是全心全意为人民服务，人民有对政府行为的知情权，只要抱着共同应对、共同解决的真诚心态，始终站在公众一方，公共危机就能够得到妥善的解决。

(6) 合法和科学。公共危机的处理需要有一套合理的程序和安排，合理的统筹和计划，而在实际过程中，事先的安排往往无法应对突发事件，这时，在预先安排的前提下，根据实际情况随机应变地合理调整安排也是很重要的。

备注：2011年8月23日，菲律宾总统阿基诺三世表示不会出席任何悼念人质事件一周年的活动。

2013年10月22日，马尼拉以市政府的名义向受害者道歉，马尼拉市长也带着道歉信赴港致歉。

三、思考与讨论

1. 评价菲律宾人质事件的处理过程。

2. 政府在此类危机处理中应遵循哪些原则？

3. 菲律宾处理人质事件的教训对我国有哪些启示？

(资料来源：根据网络资料整理)

 案例解析 5-9

暴力伤医事件

一、案例回放

2018年，中国医师协会发布的《中国医师执业状况白皮书》显示：在中国，有66%的医师曾亲身经历过医患冲突事件，超三成的医生有被患者暴力对待的经历。而在我们搜集的近十年内中国媒体报道的295起伤医事件中(不包括港澳台地区)，共有362名医护人员受伤，99名医护人员被患者持刀具袭击，24位医生在医患冲突中失去生命。

1. 杨文医生被害事件

2019年12月4日，被告人孙文斌及亲属将其母孙魏氏送至民航总医院治疗。因孙文斌不满医生杨文对其母的治疗，怀恨在心、意图报复。

12 月 24 日 6 时许，孙文斌在急诊抢救室内，持事先准备的尖刀反复切割、扎刺值班医生杨文颈部，致杨文死亡。孙文斌作案后，投案，被公安机关抓获。

法院认为，被告人孙文斌故意非法剥夺他人生命，其行为已构成故意杀人罪，罪行极其严重，依法应予以处罚。孙文斌作案后报警，到案后能够如实供述其所犯罪行，应依法认定为自首。鉴于孙文斌犯罪性质极其恶劣，杀人手段特别残忍，情节、后果特别严重，社会危害性极大，虽有自首情节，但不足以从轻处罚。法院依法当庭作出一审判决。庭审中，法庭对公诉机关指控的犯罪事实进行了充分的举证、质证，听取了控辩双方的意见，被告人孙文斌当庭表示认罪。

部分全国和北京市人大代表、新闻媒体、社会各界群众等旁听了庭审。

2. 陶勇医生被砍事件

2020 年 1 月 20 日 13:55 左右，北京朝阳眼科医院发生暴力伤医事件，共有三名医护人员被砍伤，另有一位患者受伤，其中陶勇医生受伤最严重，后脑勺、胳膊多处被砍伤。据现场一名目击者称，当时，在门诊楼七层的眼科诊室内，眼科主任陶勇医生正在接诊，一名患者家属持刀将工作中的陶勇医生砍伤。陶勇医生身中数刀，从诊室跑出，该伤人者从七层追砍陶医生到六层，后被保安制伏。同时，眼科还有两名医护人员在拉架过程中被砍伤。现场还有一名母亲带孩子看病被误伤。事发后，医院保安和民警陆续赶到，将伤人者当场控制，并将其扭送至派出所。

二、案例分析

等待施暴者的必定是法律的严惩，但在暴力伤医案件本身之外，还应看到更深层次的问题。中国医师协会法律事务部主任邓利强曾指出，医务人员职业安全受到威胁，乃至于在招收医学生的过程中都遇到了困难，未来医生短缺。这类案件在影响医疗健康事业发展的同时，更对医务人员造成一种心理恐慌：我也被患者辱骂、恐吓甚至殴打过，会不会下一个遇害的就是我？那么，谁来保护医务人员的人身安全？特别是在相关法律法规的制定方面，如何才能让医务人员获得更高的安全感？

1. 造成暴力伤医事件的原因

1) 体制方面的问题

(1) 公立医院投入不足。

公立医院是我国医疗服务体系的主体，医疗卫生体制改革后，医院已经定位为服务行业。但是回顾这十几年的医改，政府对医院的补助越来越低，往往不到医院收入的 10%，这种低水平的财政补助导致医院无法维持正常的运转。医院为了维持生存和发展，必须用自己的劳动和服务来换取收入。以市场的观点来看，就像是把医疗技术和医疗服务当成产品出售给患者。这成为医患关系紧张的一部分原因。

(2) 其他医疗机构的开办面临操作难题。

尽管在 1994 年，国务院就出台了《医疗机构管理条例》，第四条明确规定，国家扶持医疗机构的发展，鼓励多种形式开办医疗机构。但是，当申请人要申请办一个私人诊所或者医院的时候，发现这种文件的支持显得非常苍白无力，法律上的鼓励并没有带来实际操作中的方便。医疗机构的集中化必然导致医疗资源的分布不均、医疗人才的流动性差。

(3) 医疗资源分布不均衡。

医院级别越高，医疗水平越高，各种设施设备越齐全。同样，也存在病号多，看病排队等待时间长的现象；基层医院、社区医院、乡镇医院，病员少，人才少，配备设施不齐全，设施跟不上，检查做不了，药物不具备，尽管看病不用等待，但是却很少有患者光顾。这种分布不均，迫使患者大病小病都往大医院跑，大医院患者多，排队时间长，医生每天需要接诊的病号多，以至于无法向患者详细解释病情及治疗，双向沟通很难实现。同时，患者由于长时间排队、对自身病情的担忧等，往往缺乏耐心，稍有不适，再加上黄牛倒号等影响，便会带来情绪上的急躁，在言语和行动上表现得不友好，不利于良好的医患沟通。

2) 医护人员方面的问题

(1) 医生劳动强度高，工作压力大。

医疗这个行业，服务的对象是患病的患者，也就是人的生命，医生的医疗技术水平、学历等要求普遍高于其他行业。医生需要完成手术、写病历、查房、临床诊治等工作任务。看门诊的时候，一个大夫半天时间大概需要看40~50个病人，非常忙碌，在医患关系紧张的今天，部分医生在面对患者时，提心吊胆怕出差错，怕病号无故闹事，所以工作压力很大。

(2) 护士工资低、社会地位低、劳动强度高、压力大。

护士缺编现象普遍，大部分医院都达不到政策规定的护床比例。护理项目收费低，定价不合理，尽管对于患者疾病的恢复而言，医护同等重要，甚至有时护理质量的高低起着关键性作用，但护理人员的劳动价值得不到充分体现，在医院的地位和重要性无法与医生相提并论。工资低、待遇差、社会地位低，在护理界普遍存在。在忙碌的护理工作之余，护士还要参加各种考试。各级行政部门进行的各项针对医院的检查活动，护理工作是其中很重要的一部分。护理人员以女性居多，工作的压力、考试的压力、应对各种检查的压力，以及自身生活压力都很大。在这样的现状下，片面要求提高护理质量、改善服务态度，进行整体护理是非常困难的。

(3) 个别从医者道德品质不过关。

在从医过程中，有一部分医护人员的确存在综合素质低、服务态度差、服务水平低的现象。出于自身经济利益的考虑，部分医生向钱看齐，乱开药、开高价药、过度治疗、过度检查，给患者带来了沉重的经济负担和精神负担。这些从医者的所作所为导致患者对医生产生高度的不信任心理，为医患关系的紧张埋下了隐患。

3) 医疗的不确定性

尽管如今医学科技发展迅猛，但是也无法改变医疗的不确定性这一特点。并不是所有的疾病到了医院就能被正确诊断，然后施以正确的治疗。临床上有很多疾病，尽管病人做了各种检查，医生尽全力查资料，分析病情，查找原因，但是仍有一部分患者还是无法确诊，不能确诊，很多疾病只能根据出现的症状对症治疗，不能从根本上解决问题。而这种不确定性，不为患者及大众所认识和接受。

4) 病人方面的问题

作为个体，不同患者在与医生沟通、配合治疗等方面表现出巨大的差异。有的患者能很好地认识自身所患疾病及疾病的转归等各种情况，对治疗能很好地配合，有的患者无论医生如何对其解释，都不能很好地理解医生的意图，对医生、对护士、对医院产生高度的怀疑和不信任心理。也有的患者到了医院，就觉得进了安全门，无论多么重的疾病都能治愈。由于上述将医疗行为定位为服务，使患者认为医疗是一种消费活动，花钱了，医院就得给我看好病。这种片面的不科学的认知是医患冲突的潜在原因。

患者及家庭的收入水平对医患关系有很大影响，随着我国经济的发展，贫富差距增大，部分患者家庭富裕，有足够的资金治疗疾病，而部分患者家庭不富裕，没有足够的钱支付医疗费用。看病资金是否充足，这在临床上对于医生对疾病的处置也会有差距，对于资金充足的患者，能很及时地运用正确的方案和各种治疗手段；对于资金不足、费用不足的患者，会受到很多限制，很多治疗手段没法采用，医生的本领也无法施展，自然不利于患者的治疗和康复。而这些问题都不是单凭医院的力量就可以解决的。

5) 法律方面的问题

我国在医疗方面的有关立法不健全，有一些很好的政策或者措施缺乏法律的支持。对医疗事故、医患冲突，有《医疗事故处理条例》《消费者权益保护法》《民法》等现行法律法规，但对医患冲突的相关责任人的制裁没有专门的法律出台。同时，对于专业医闹，则缺乏专门的法律对其制裁。对于媒介的片面报道和错误导向也缺乏相关法律的制约。

6) 媒体导向问题

媒体是社会的神经系统，在涉及医患关系的相关报道中，大部分媒体记者和编辑还是有职业精神和职业道德的，舆论导向功能还是有所把握的，但是也有一小部分媒体和媒体的记者编辑存在虚假报道、片面报道、失实报道等现象。总结媒体报道其误区如下所述。

(1) 非专业性。因为新闻记者大部分都是学新闻学、传播学专业的，由于不懂医学，所以在新闻报道中，不能对医患冲突事件中的一些现象作出正确的解读，不能正确认识事情的本质和真相，这导致他们在报道中因为不懂专业知识而发布失实新闻或者片面新闻。

(2) 片面性。新闻记者在医患关系的报道中不是进行全面全方位的报道，而是进行了片面性的报道，比如说医院有很多好人好事，医护主动为贫困患者捐款捐物、买饭、减免费用等，这些在记者看来没有报道价值，而一旦发生医患冲突，记者就很快报道了。

(3) 非中立立场。媒体对医患冲突事件的报道，不是持客观公正报道事实真相的立场，有很多报道记者是站在了患者一方，觉得患者是弱势群体，以同情患者的心态和立场进行报道，只听患者一面之词就发出新闻稿，而没有对医方进行采访。

(4) 功利性。个别媒体记者、编辑为吸引眼球，什么题目都敢用，置新闻的真实性于不顾。

2. 如何从源头上预防伤医事件

绝大多数患者是尊重医务人员的，但医院作为一个来者不拒的公益性场所，难免会遇到不理解医务人员甚至暴力行凶的患者(或家属)。2018 年，中国医师协会发布的《中国医师执业状况白皮书》显示：在中国，有66%的医师曾亲身经历过医患冲突事件，超三成的医生有被患者暴力对待的经历。另据2018 年中国医院协会的一项调查表明，我国每所医院平均每年发生暴力伤医事件高达27 次。

针对多发频发的伤医事件，如何从源头上进行预防？"可以参考中航协的《民航旅客不文明行为记录管理办法(试行)》和法院的失信被执行人名单制度，建立类似的'黑名单'制度，将伤医行为纳入社会诚信体系。"全国人大代表、河南省开封市中医院理事会理事长庞国明接受本报记者采访时表示，对医务人员首次接诊过的性格偏执、极端、暴躁的患者(或家属)，医院保卫部门应当在研判后，采集其照片、姓名、证件号码等身份信息，录入卫生系统共享数据库，建立"黑名单"，一旦此类人员再次进入医院就诊，系统提示后，保卫部门应当提醒相关科室及接诊医生提高警惕，并派保安员跟随"黑名单"患者(或家属)，监督其行为，其一旦做出过激举动，第一时间进行制止。

据了解，医生杨某的悲剧在半个月前就有征兆。该案发生之前，在长达半个多月时间内，涉案医院急诊科的医生已经饱受涉事患者家属的吵闹、辱骂，甚至死亡威胁。如果有了"黑名单"相关制度，半个月的时间足够医院采取措施进行预防，避免这一悲剧。

3. 如何对医务人员进行特殊保护

记者了解到，2009—2018年被报道的伤医事件处理结果中，行政处罚是最常见的惩戒手段，如10～15天的行政拘留或几千元不等的罚款；涉及刑事处罚结果的报道占总数的不到5%。可见，伤医案件一再发生，很大的一个原因，是伤医行为的违法成本太低。

日前，第十三届全国人大常委会第十五次会议表决通过《基本医疗卫生与健康促进法》。该法针对"医闹"作出明确规定：医疗卫生人员的人身安全、人格尊严不受侵犯，其合法权益受法律保护。禁止任何组织和个人威胁、危害医疗卫生人员人身安全，侵犯医疗卫生人员人格尊严。违反本法规定，扰乱医疗卫生机构执业场所秩序，威胁、危害医疗卫生人员人身安全，侵犯医疗卫生人员人格尊严，非法收集、使用、加工、传输公民个人健康信息，非法买卖、提供或者公开公民个人健康信息等，构成违反治安管理行为的，依法给予治安管理处罚；构成犯罪的，依法追究刑事责任；造成人身、财产损害的，依法承担民事责任。

维护医务人员合法权益的内容写入该法，体现了党和国家对医院安全的高度重视，值得充分肯定。但基于伤医案件对健康事业和社会公共利益的影响，有代表委员呼吁，应在刑法和刑事政策上予以特别规定，以体现对医务人员的特殊保护。

虽然情节严重的伤医行为可以构成刑法上的故意伤害罪，但故意伤害须达到轻伤以上方可入刑，而在医疗机构实施的暴力大多数情况下都达不到入刑标准，只能根据《治安管理处罚条例》处以行政拘留。对此，全国政协委员、中国中医科学院望京医院骨科主任温建民建议，对伤医行为加大打击力度，通过立法降低伤医行为的入刑门槛。2019年全国两会期间，全国人大代表、浙江省人民医院院长葛明华谈及暴力伤医时也表示，对暴力伤医的处理应该比一般的刑事案件更严厉。就如同有国外医院警示的："如果你认为攻击护士、医生或救护人员没事的话，我们会给你最高14年徒刑让你思考一下。"

清华大学法学院院长申卫星则表示，目前制定一部《医疗法》极为必要。"我国现有的法律法规偏重于从行政管理的角度规范医患双方的关系。《医疗法》的制定，将从医患双方的利益保障出发，使《医疗法》成为医患双方的权利法典，而不是政府部门的管理规章。"

申卫星还指出，制定合理的《医疗法》有助于平衡医患双方的权利和义务。我国医疗领域的相关现行法律、法规零散，且相关立法理念已经严重滞后于当前医疗事业的发展需要，未能从宏观和总体层面把握医患双方的权利和义务，以至于片面强调了医师的自由裁量权，而忽略了患方的权利，导致医患之间的权利义务失衡，造成医患地位不对等。而司法机关关于医疗纠纷中举证责任倒置的规定，又过于加重了医方的义务，进一步加剧了医患之间的紧张关系。类似的这些问题只有通过体系化的立法才能够得到有效解决。

三、思考与讨论

1. 造成暴力伤医事件的原因有哪些？

2. 应当如何缓解医患矛盾？

3. 如何应对暴力伤医事件？

(资料来源：根据百度百科资料整理)

本 章 小 结

政府和社会所面临的危机是各种各样的，一般来说，可以将危机分为自然灾害、技术灾难、冲突危机和公共卫生危机等。从发展的角度来看，危机给整个社会造成的影响是巨大的。尽管它对社会进步能起到一定的促进作用，但从危机导致的经济衰退、社会混乱、秩序失衡等方面来看，危机的负面影响要大于正面影响。概括起来，危机给社会发展所造成的影响包括经济影响、社会影响和政治影响。

在公共危机发生时，需要政府出面缓解危机稳定社会秩序，在政府维持社会运行的管理活动中就产生了危机管理。对于一个政府而言，面对各种危机，首先要秉承处理危机的基本程序，但最重要的是建立一套比较完善的公共危机管理机制和体系，实现社会危机监测、预防和快速反应，并明确各职能部门的任务和责任，这样才能使危机处理策略更加有效，才能不断增强政府以及整个社会的危机管理能力。政府在探究公共危机管理的道路上也要不断借鉴别国政府的危机管理经验，如美国、俄罗斯、以色列等几个典型国家。

本章阐述了各类型公共危机的概念，对我国和其他国家典型的公共危机案例进行了回放和分析，让我们了解到公共危机带来的灾难性后果以及在应对各类公共危机中存在的不足和取得的进步，引发了对公共危机更深层次的思考，也激发出对公共危机管理无限的探索热情。

第六章 综合案例

【学习要点及目标】

通过本章的学习，了解任何危机的处理不当都能演变到不可收拾的地步。危机经常贯穿于生活的方方面面，通过学习和分析综合性案例，培养危机意识，增强应对能力。

第一节 个人危机综合案例解析

案例解析 6-1

韩国总统朴槿惠被弹劾案

一、案例回放

韩国总统朴槿惠被弹劾案，是指韩国总统朴槿惠因亲信崔顺实"干政"引发的一系列渎职、腐败等问题导致被韩国国会弹劾、宪法法院弹劾而罢免的事件。2017年5月23日，韩国前总统朴槿惠在首尔中央地方法院首次出庭，接受其有关涉嫌受贿、滥用职权等18项罪名的审理。在当天的庭审中，朴槿惠方面否认了检方的全部指控，坚称无罪。2018年8月24日，韩国首尔高等法院对崔顺实涉嫌滥用权力与强迫等"干政门"案件作出二审宣判，崔顺实获刑20年，处以罚款200亿韩元(约合人民币1.2亿元)。朴槿惠核心幕僚安钟范获刑5年。

1) 事件缘起

曝光

2016年10月24日，韩国媒体报道称，发现韩国总统朴槿惠的"密友"崔顺实使用的平板电脑内，有朴槿惠发表的演讲稿和各种秘密文件。总统演讲稿泄露事件曝光后，对韩国整个社会造成了巨大冲击。

道歉

同年10月25日，朴槿惠第一次就"亲信门"丑闻向民众道歉，并承认就任总统后也曾就部分资料征求过密友崔顺实的意见。正义党党首沈相奵召开记者会称，理论上足以弹劾总统。当地时间2016年11月4日，韩国总统朴槿惠发表电视直播讲话，就好友崔顺实"幕后干政"事件再次表达立场。她表示，如果国民要求的话，为查明真相，将诚实地配合检方调查。

抗议

随着韩国总统朴槿惠"亲信干政"事件持续发酵，韩国民众举行了一系列抗议活动，特别是多次在首尔市中心举行近万人规模的集会，要求朴槿惠下台并查明事件的真相。与此同时，民众自发的示威活动还在京畿道议政府、蔚山、釜山、全州、济州等地区展开。

2) 弹劾通过

起点

导火线一：崔顺实涉嫌腐败丑闻。崔顺实先因涉嫌腐败成为韩国舆论关注的焦点。她被指涉嫌利用与朴槿惠的关系促使韩国大企业为两家非营利性质的基金会 Mir 财团和 K 体育财团出资，并通过空壳公司拿到了其中的部分资金，在不到一年的时间里，从三星、现代、LG 等多家大企业筹款 750 亿韩元(约合 4.48 亿元人民币)。

导火线二："闺蜜"干政。据报道，并无任何官职的朴槿惠亲信崔顺实曾收到过包括 44 份总统演讲稿在内的 200 多份文件，其中，部分演讲稿的打开时间在总统演讲前，而且崔顺实在总统演讲前曾修改过演讲稿。据媒体曝光的资料显示，除朴槿惠的演讲稿外，崔顺实还接触过一些机密文件，其中，包括与日本和朝鲜有关的文件。舆论指出，总统府内仅有极少数幕僚有权审阅这些文件，如果上述报道属实，这将是一起破坏国家纲纪的严重事件。在野党提出应彻底调查此事，要求所有内阁部长和总统秘书官主动辞职，但未能平息韩国民众的愤怒。

导火线三："世越号"客轮沉没当天"神秘消失 7 小时"。2014 年 4 月 16 日，载有 476 人的"世越号"客轮在韩国全罗南道珍岛郡屏风岛以北海域意外进水并最终沉没，仅有 172 人获救。"闺蜜门"事件曝光后，有媒体爆料称，朴槿惠在"世越号"沉没当天不在总统办公室，而是进行了 7 个小时的整容注射。

启动

11 月 29 日，朴槿惠称，将包括缩短总统任期等自己的去留问题，交由国会决定。共同民主党和国民之党就弹劾草案达成协议。

弹劾

12 月 9 日，韩国国会以 234 票赞成、56 票反对，通过总统朴槿惠弹劾案，赞成票数大大超出了通过弹劾决议所需法定票数 200 票。朴槿惠成为韩国历史上第二位遭弹劾停职的总统。当天下午 7 点 03 分，朴槿惠接到国会送去的弹劾决议，即刻停止行使总统权限。韩国务总理黄教安随即代行总统职务。

3) 司法审判

总统弹劾

2017 年 3 月 8 日，韩国宪法法院经过近 3 个小时的会议，宣布将于当地时间 3 月 10 日上午 11 时，对朴槿惠总统弹劾案进行最终宣判。当地时间 3 月 10 日，韩国宪法法院宣布总统弹劾案最终判决结果，总统弹劾案获得通过，朴槿惠被立即免去总统职务。

公开审理

2017 年 5 月 23 日，韩国首尔中央地方法院开始对案件进行首场公开审理。朴槿惠作为被告亲自出庭受审，朴槿惠在庭上否认对她的所有指控。

按照韩国法律程序，案件最迟在 2017 年 9 月底会进行一审宣判。

法院判决

2017 年 6 月 8 日，首尔中央地方法院 8 日在判决书中表示，文亨杓的行为严重损害了韩国国民年金公团的独立性，判处其两年半监禁。

一审宣判

2018 年 4 月 6 日，朴槿惠"亲信干政"案一审宣判，朴槿惠被判 24 年监禁，罚款 180 亿韩元。

二审宣判

2018 年 8 月 24 日，韩国首尔高等法院对崔顺实涉嫌滥用权力与强迫等"干政门"案件作出二审宣判，崔顺实获刑20年，处以罚款200亿韩元(约合人民币1.2亿元)。朴槿惠核心幕僚安钟范获刑5年。

朴槿惠"亲信干政"案二审宣判也在同一法院举行。法院判处朴槿惠25年有期徒刑，缴纳200亿韩元(约合人民币1.2亿元)罚金，较一审时加刑1年。

崔顺实遭到18项罪名的指控，这些罪名包括：涉嫌与朴槿惠、青瓦台前首席秘书安钟范共谋，强迫50多家大企业向崔顺实控制的两家基金会捐款774亿韩元(约合人民币4.7亿元)。涉嫌与朴槿惠共谋，向三星电子副会长李在镕索要巨额资金，用于赞助女儿的马术活动等。李在镕提供或承诺提供的金额达433亿韩元(约合人民币2.7亿元)。

二、案例分析

作为首位宣布接受检方侦查的在任总统，朴槿惠此举在韩国68年宪政史上留下了不光彩的一页。不过我国中央党校国际战略研究所教授张琏瑰认为，朴槿惠的姿态表明她在尽量为自己争取主动权。朴槿惠作为一个政治人物，她这是一种表态。她深信，在这个问题上她虽然有责任，但是还不到刑事犯罪或者是遭到弹劾的程度。通过接受司法机构的调查，也表示对司法的尊重。当然从大的方面来讲，这是朴槿惠的一种政治手段。用这种办法表现一种高姿态，争取在这次危机当中取得主动地位。

三、思考与讨论

1. 是什么原因导致了朴槿惠的个人危机？
2. 国家领导人应该怎样避免个人危机的发生？

(资料来源：根据网络资料整理)

 案例解析6-2

褚时健从烟草大王到中国橙王

一、案例回放

褚时健(1928年1月17日—2019年3月5日)，云南红塔集团有限公司和玉溪红塔烟草(集团)有限责任公司原董事长，褚橙创始人，先后经历两次成功的创业辉煌，被誉为中国烟草大王、中国橙王。

1979—1994年，褚时健成功地将红塔山打造成中国名牌香烟，使玉溪卷烟厂成为亚洲第一、世界前列的现代化大型烟草企业。1994年，褚时健当选全国"十大改革风云人物"。褚时健成为"中国烟草大王"。

1999年1月9日，71岁的褚时健因经济问题被处无期徒刑、剥夺政治权利终身。2001年5月15日，因为严重的糖尿病获批保外就医，回到家中居住养病，并且活动范围限制在老家一带。2002年，保外就医后，74岁的褚时健与妻子在玉溪市新平县哀牢山承包荒山开始第二次创业——种橙。2004年获假释，后减刑为有期徒刑17年，2008年减刑至有期徒刑12年，2011年刑满释放。

2012年11月，85岁的褚时健种植的"褚橙"通过电商开始售卖，褚橙品质优良，经常被销售一空。褚时健成为"中国橙王"。

2012年，褚时健当选云南省民族商会名誉理事长。

2014 年 12 月 18 日，褚时健荣获由人民网主办的第九届人民企业社会责任奖特别致敬人物奖。

2019 年 3 月 5 日，褚时健在云南玉溪逝世，享年 91 岁。

二、案例分析

1979 年，褚时健出任云南红塔集团董事长、玉溪卷烟厂厂长时，玉溪卷烟厂还名不见经传。而正是因为褚时健上任后其卓越的经营才能，玉溪卷烟厂一跃成为当时亚洲最大的现代化烟草企业，"红塔山"品牌国内驰名，而褚时健也被封为"烟草大王"。风光终止于 1995 年，一封匿名检举信指控褚时健贪污受贿。1999 年，他被处无期徒刑、剥夺政治权利终身，2002 年，74 岁的褚时健保外就医。用 10 年时间最终培育出酸甜比适合中国人口味的"褚橙"。2012 年，"褚橙进京"声名大噪，褚时健摇身变为"橙王"，第二次创造了奇迹。"要说我一生的追求，我想很简单，不管是给国家干还是为自己干，我都有一个不变的追求：沾着手的事情就要干好。大事小事都一样。我有过失败，有过教训，能走到今天，还是个性使然。我这个人的性情就是不服输，用句时髦的话说，就是看重自我价值的证明。我希望对我的家乡、对我的民族、对我的国家做点好事，我们这一代人，逃不掉的有一种大的责任感。干好自己的事情，这就是我的追求。"褚时健在其干女儿先燕云《褚时健：影响企业家的企业家》序言《我一生所追求的》中如是写道。

三、思考与讨论

1. 褚时健是如何应对个人危机的？

2. 褚时健为什么能够在败于中国"烟草大王"后，又成为"中国橙王"？

（资料来源：根据网络资料整理）

第二节　企业危机综合案例解析

 案例解析 6-3

"泰诺中毒"事件

一、案例回放

泰诺是由麦克尼尔实验室开发的，而这家制药公司于 1959 年被强生公司收入旗下。在 1960 年之前，泰诺是作为处方药被专卖的，其中仅有的活性成分对乙酰氨基酚是任何一家制药公司都能够生产的化合物。在 20 世纪 60 年代和 70 年代早期，作为对肠胃刺激较小的阿司匹林的替代品，泰诺仅仅通过医疗贸易杂志刊登广告，直接向医生和药剂师推荐。1976 年，强生公司又推出了超强泰诺。超强泰诺是第一种每粒胶囊含有 500 毫克止痛剂的非处方止痛药(一般止痛药每粒含有 325 毫克止痛剂，超强药则要求每粒含有 400 毫克止痛剂)。超强泰诺被鼓吹为"在没有处方的情况下所能买到的最有效的止痛药"，其销售额也不断飙升。到 1979 年，泰诺品牌已经占据非处方止痛药市场 25%的份额，其中超强泰诺的销售额占 70%。由于超强泰诺的成功，一些竞争者纷纷开始效仿。1981 年，泰诺占据了 35%的市场份额，是位列 2～4 位止痛药物所占市场份额的总和。各种泰诺产品在当年为强生公司带来的销售额预计超过 4 亿美元。到了 1982 年年初，在首席执行官詹姆斯·伯克和强生公司的其他高层管理者看来，泰诺的增长势头已经不可阻挡，然而一场危机却悄悄地降临到了泰诺的头上。

(一)泰诺的第一次中毒事件

1982年9月29日上午，都居住在芝加哥近郊，且相距不远的12岁的小女孩玛丽·凯勒曼和27岁的邮政职员亚当·贾纳斯神秘死亡。当天晚些时候，贾纳斯的兄弟同样神秘死亡，他的妻子则陷入昏迷，并且后来再也没有醒来。由于两起事故惊人地相似，医疗卫生监管部门准备将整个地区隔离。在这两起事件中，受害者近期都曾服用过超强泰诺。现场检查很快证实了当局最坏的担心。在超强泰诺胶囊中发现了氰化物，这是一种作用迅速的剧毒物质，而几位死者正是因为服用了这种药物而死亡的。

1. 迅速反应

1982年9月30日上午，詹姆斯·伯克得到了有关中毒事件的消息。这种悲剧的发生是不可思议的，这个行业从来没有发生过这样的事情。伯克立即意识到，他的公司面临着非常严重的公共卫生问题。他最担心的是，麦克尼尔的某个工厂可能发生了污染事件。

来自芝加哥的报道基本上算是好消息。库克县的卫生官员在对所有死者进行完尸检工作之前拒绝发布任何数据。上午11时30分，传来消息说，27岁的家庭主妇和四个孩子的母亲玛丽·赖纳当天早些时候死亡。她的钱包中有六粒超强泰诺胶囊，其中四粒的氰化物测试呈阳性。

伯克决定在公司层面上承担起危机管理的责任。负责麦克尼尔管理工作的公司集团董事长威恩·尼尔森当时正在澳大利亚。伯克回忆道："我的第一反应就是打电话找到他，并了解可能发生的情况。我记得他说，他愿意拿他的奖金和一年的薪水作为控制措施的支出。这让我有些放心，但我依然非常担心，因为我们当时不知道中毒事件是否仅在芝加哥地区发生。"

中午时分，库克县的官员举行了一个新闻发布会，他们在会上确认所有的死者均死于氰化物中毒。他们指出，在死者附近发现的超强泰诺药瓶中，只有随机的几粒胶囊发现有氰化物。所有瓶子的批号都是MC2880。这些胶囊来自麦克尼尔在宾夕法尼亚州华盛顿堡的一家工厂，这家工厂总共生产了9.3万瓶超强泰诺，共470万粒。

麦克尼尔消费产品子公司董事长，48岁的戴维·科林斯在得知危机后的半个小时内就乘坐直升机飞往华盛顿堡。当他到达时，工厂的管理者正在和麦克尼尔总裁约瑟夫·奇萨的办公室通电话。科林斯前往麦克尼尔的首要任务是搞清楚工厂何处用到氰化物。高层管理者向他保证，在这个工厂内根本没有氰化物，他把这个消息发到公司总部。然而，令科林斯吃惊的是，他后来了解到，工厂内的确有少量的氰化物，这是按照FDA的要求所进行的质量控制程序的一部分，用于测试泰诺生产原料的纯度。强生公司公关人员随后不得不向媒体说明这一情况，因为公司此前宣传在制造场所没有使用氰化物。

2. 关键举措

1982年秋天，强生公司在泰诺危机的早期阶段采取了两个关键性措施，维持了新闻媒体和公众对它的信心和信任，并在后来重振了泰诺业务。

首先是它对新闻界迅捷而自发的回应。从接到记者的第一个电话开始，到后来最初几周内的2500个甚至更多的记者电话，公司的态度是完全坦率和真诚的。媒体和公众能获知一切现有的信息从而得到保护。新闻媒体赞扬了公司这种公开性的积极回应，并得出了早期结论——强生公司也是芝加哥悲剧的一个牺牲品。

其次是立刻采取行动来保护它的客户，这是公司信条的第一要旨。后来的结果是，从全国市场收回所有的强力泰诺胶囊，这会耗费公司数百万美元的资金。但公众了解这个决策的意义，并继续给予强生公司、麦克尼尔和泰诺品牌信任，以表达他们对公司决定的赞赏。正是这种持续的信心和信任，使公司后来将产品推回市场，并使其再次成为最受欢迎的处方类止痛药品。

公司还通过其他方式表现了它对客户的重视。危机发生的当天下午，强生公司就设置了"800"热线来处理铺天盖地的客户质询电话。成百上千的电话得到答复，志愿员工们耐心地给打电话的客户以尽可能多的信息。这种场面持续地在位于新布朗思维克和福特华盛顿的公司总部上演。

9月30日傍晚，麦克尼尔撤回了已分销到31个州的MC2880批次产品，尽管实际上目前发生的死亡仅限于芝加哥地区。同日，45万份电报发往医生、各家医院和商业部门，警告禁止使用泰诺，直至芝加哥事件得以澄清。各种形式的泰诺广告被无限期地中止。傍晚，第六位牺牲者，这次是一位来自伊利诺伊州埃尔姆赫斯特的两个孩子的母亲，死于氰化物中毒。在她家中发现了一瓶标有1910MD编号的超强泰诺胶囊。在抽查的三粒胶囊中，发现其中一粒含有氰化物。

批号为1910MD的胶囊生产于得克萨斯州的朗德罗克，除了装船运往芝加哥的货物外，被全部分销到美国西部各州。中毒会同时在两个不同的生产车间发生是极不可能的，至少有一瓶有毒的胶囊来自与其他胶囊不同的地点，这一事实强有力地表明中毒事件发生在芝加哥而不是发生在生产过程。然而，从星期五全天到周末，17.2万瓶批号为1910MD的胶囊被确认并撤离货架。同时，强生公司与FDA联系，开始撤回所有芝加哥地区的超强泰诺胶囊，并在美国全国的媒体上发布禁用该产品的警告。麦克尼尔关闭了在圆岩和福特华盛顿的工厂，直至芝加哥事件的原因得以澄清。

虽然超强泰诺胶囊已经撤出了许多地方的货架，但还没有大范围地调回和销毁该产品。1982年10月1日，伯克和强生的总裁戴维·克莱尔开始秘密讨论从全国撤回药品的选择。公司内部有反对这项举措的争论。这次撤回行动会引发全行业的恐慌吗？应该撤掉哪些泰诺药品呢？强生公司药品撤回会完全满足杀手的欲望并给他(她)以向其他药品下毒的动机吗？

无谓的惊慌已经充斥四周。近1亿美国人过去已服用了泰诺，每一个由药物致死的人都成为可疑的牺牲品。伯克说："我可以给你举一个令人难以置信的例子，一个卡车司机被发现死在路边他自己的车厢里，身边有一瓶已开启的他曾用过的泰诺，他被送往医院，氰化物检验呈阳性，于是被归咎于发生在该国不同地点的又一起中毒事件。这与芝加哥是无关的。如今，我们要花费时间来解决这样的问题，当你进行氰化物检验时，你要检验这个人是不是氰化物过量者。但需要注意的是，吸烟过量往往也是氰化物过量者。该司机是患有心脏病的嗜烟者，恰巧服用了泰诺。"

伯克决定等到周末结束再作出最后决定。

3. 重要决策

10月4日清晨，伯克飞往华盛顿会见FBI主任威廉·韦伯斯特和FDA主管阿瑟·海斯。周末后的第七个牺牲者，芝加哥35岁的藻拉·普林斯被确认身份。对伯克而言，显然危机已上升到美国全国级别的重要性。这不再是麦克尼尔的紧急事件。匿名和满不在乎的恐怖行动危及了美国的零售业。伯克和戴维·克莱尔留下这样的印象，在美国的商店中发生的疯子般的放纵事件具有可怕的寓意。

出乎伯克意料的是，韦伯斯特和克莱尔都坚决认为从美国全国收回药品在当时看来有点儿矫枉过正。FBI主要关注仅有几星期之遥的万圣节，担心收回药品的这种剧烈举动可能会激发每一年万圣节他们都必须面对的美国国内的疯狂举动。"我听后表示同情。"伯克回忆，"但无论是站在公众的立场还是从公司的业务着眼，我都认为这不是正确的解决方法。我有合法的权利收回药品，但我也不想使两个监督机构感到为难。"

10月5日晚上，消息传到华盛顿，在加利福尼亚奥罗维尔发现泰诺胶囊中含有士的宁。这是芝加哥以外发生的第一个中毒事例。随着新闻界蜂拥而至，政府对撤回药品的反对消失了。10月6日，公司宣布3100万瓶泰诺被撤出了全美所有商场的货架，并将被销毁。

第一个星期结束时，强生公司在FBI和FDA的帮助下，对超过800万粒泰诺胶囊进行了检验。共计75粒胶囊发现含有氰化物，全部在芝加哥地区。泰诺的市场份额跌落至不到7%。除此之外，强生公司还必须承担收回、检验和销毁上千万瓶胶囊的成本。伯克估算公司在整个过程中的损失超过1亿美元。

随着时间的推移，行业分析家对泰诺的市场复苏能力变得更加悲观。《纽约时报》预测销售会持续下滑，《华尔街日报》报道："时间过去了，没有一个嫌疑犯被抓到，也没有指出这种看似随机性的谋杀的动机，这不利于泰诺声誉的上升。"纽约大学的市场营销教授本杰明·利普斯坦在《华尔街日报》发文指出："强生公司面临他们所遇到的最困难的问题——如何驱逐恐惧过后的残留因素。我头疼，但这次我服用了拜耳(另一种止痛药)。家里有泰诺胶囊，但若有人要用它，我将被人咒骂。"《纽约时报》引用了广告代理机构执行官杰瑞·德拉·弗米那的话："我认为在这种声誉下，麦克尼尔不可能再卖出任何产品。也许会有广告人认为，他能够解决这个问题，如果我想雇用他，那也只是因为他会变戏法。"

强生公司在第一次中毒事件发生后不到一星期，就开始自己做消费者研究调查。公司发现虽然人们认为不应把中毒归咎于服食了药物，但他们还是对此感到恐惧。10月8日，强生公司宣布了将泰诺胶囊全部换成泰诺药片的计划，这种形式被认为不容易做手脚，因此更加安全。同日，伯克在《华尔街日报》发文说道："我们觉察到大家内心对强生公司及其品牌极大的善意和信任。公众不会责备我们，他们感觉我们和其他人一样也是牺牲品。"

在公司内部，伯克告诉他的员工，只要每个人都做好本职工作，公司就能挽回70%～80%的业务。事后伯克承认这只是他的推测，但他必须用这句话给员工以信心来完成所面临的艰巨工作。

10月11日，危机发生后的第10天，强生公司的执行官们作出了挽救品牌的决策——成立了由伯克、戴维·克莱尔、威恩·尼尔森、劳伦斯·福斯特、普通辩护律师乔治·弗莱泽和执行委员会成员阿瑟·奎提等人组成的泰诺战略委员会，在泰诺身后集中了公司全部的力量。"我们预定早上8时在我的办公桌前会面，晚上6时再次碰面以回顾全天发生的状况。"伯克回忆，"实际上我们在办公桌前花费了大量的时间，整整六个星期我们互相冲着对方大喊大叫。我们剖析组织中的每一个人，动员他们去了解这项工作。"

后来的独立调查显示，有 45%以前使用泰诺的人由于最近发生的事故将不再服用该产品。许多人没有意识到所有中毒事故仅涉及泰诺胶囊而不是药片。美国的零售商把所有类型的泰诺全都撤下了货架。

中毒事件发生后不久，美国全国泰诺的零售订购下降，而安那辛的生产者全天开工来提高其产品的产量。10 月中旬，百时美开始对百服宁和艾可斯丁实行降价 2.6 美元的优惠措施。伯克讲道："我们感觉似乎自己做了什么糟糕的事，尽管我们知道我们没有。我指的是，这儿是世界上最大的健康保护企业，经销使人们安康和解除痛苦的产品，我们对此感到骄傲，但事实上有人死亡并且死于服用了我们生产的药品。"

强生公司的执行官们还是有理由乐观的。首先是 10 月 15 日，麦克尼尔的消费者产品主管约瑟夫·奇萨正式收到了 FDA 的来信，证明麦克尼尔对泰诺胶囊中毒事件没有任何过失和疏忽的罪责。而且，由于泰诺以前在市场上的优势地位，竞争者似乎还没有其他产品能够填补空白。调查发现，撤下泰诺的货架要么是空的，要么是贴着私人商标和普通品牌的药品，没有诸如安那辛和百服宁这样在美国属于国家级的主要品牌。尽管安那辛和百服宁都是解热镇痛的产品，在 10 月份收到了大幅上涨的订单，但在中毒事件发生前它们占有的市场份额太小，以至于这种产量上升并没有对市场总体产生影响。竞争者们还发觉，很难做到不显得用心险恶地来利用发生在泰诺身上的麻烦。

想到这些，公司的执行官们就重新充满热情地投入到重建品牌的工作中去。10 月 22 日是返货二个星期后泰诺的广告首次露面的日子，强生公司的医疗主管托马斯·盖茨医生出现在广告中，他强调说，中毒只是地区性的事件，而且仅包括胶囊。他还请求消费者们继续给予泰诺信任。早在几天前，强生公司已发出了 6.1 万份署有盖茨签名的"亲爱的医生"的信，描述了公司应对危机时所采取的措施，包括自发地收回泰诺胶囊。在信和广告中，盖茨建议病人和消费者使用非胶囊形式的泰诺，直至麦克尼尔重新销售能够抗击侵害的胶囊药物。

4. 重新包装

没有什么比引进新包装更重要的任务了，伯克亲自领导着委员会向抗击侵害产品的方向前进。整个行业竞相以抗击侵害型的药物包装领先占领市场。

紧随泰诺中毒事故的是一连串产品被侵害的事件，促使行业先于监管要求而考虑采取行动。来自丹佛的报道说，在三瓶强力艾可斯丁药中发现了含汞的氯化物，在药性最强的安那辛中发现了老鼠药，维生眼药水中发现了含有盐酸。艾可斯丁的生产商，百时美施贵宝将其产品撤出了丹佛零售商的货架；美国家用产品公司和 Pfizer 分别作为安那辛和维生的制造商，将这种侵害产品行为标注为"隔离事件"，但没有采取行动。

医药行业分析家预测，持久保护性的包装技术将会耗费制造商们好几百美元，主要包括给目前市场上尚不能抗击侵害的药品进行替换的成本。并且有证据显示，更安全的包装会重建对非处方类止痛药物的消费者忠诚。一些分析家预测，如果消费者对适度疼痛放弃使用药物，市场会萎缩至 10 亿美元以下。

强生公司仍然以快速的行动来重新包装它的药品。1982 年 11 月 4 日，FDA 公布了新的药物包装要求，规定在 1983 年 2 月前，"易受侵害的"药品，如胶囊，一定要包装起来，一是阻碍侵害行为，二是能明显觉察出经过不恰当处理的产品，并推荐了下列选择。

(1) 包装薄膜。

(2) 泡状/条状包装，每粒药需分别撕开单独使用。

(3) 泡沫包装，把药品安置在一张显示卡中，并用塑料进行密封。

(4) 缩短密封条或封口带，使其与瓶盖外包装相吻合。

(5) 使用时必须撕开的锡质、纸质或塑料包装袋。

(6) 瓶装药的封条须安装在瓶盖内并横跨瓶口。

(7) 在金盖和瓶盖上贴上胶条。

(8) 瓶盖须毁坏才能开启。

(9) 密封管必须打孔。

(10) 密封盒必须毁坏才能开启。

FDA要求采取以上至少一条安全防范措施，此外还要在药品包装上告诫消费者，如果他们怀疑药品被侵害，就不要服用。11月11日，强生公司第一个执行了FDA的规定。公司举行了一次闭路电视新闻发布会议，宣告几星期后将在市场上重新推出经过三重安全密封包装的泰诺。这是可防止破坏的包装，包括泰诺外层包装盒上封专辑合边、在瓶颈处的塑料密封条和瓶盖里面的强力金属宿片。此外，瓶子上还贴有明黄色的商标，上面标有红色警告"如果安全封条被撕破，请不要使用"。新的包装成本每瓶2.5美分，由强生公司来承担。

现场电视广播通过卫星传送到了30个城市，聚集了600家媒体的代表进行了报道。伯克宣布未来四星期内将启动四个广告，消费者可以用他们可能废弃的泰诺来换取2.5美元的优惠券。消费者可通过拨打免费电话来获取优惠券。这项举措背后的战略意图是给丢弃泰诺的消费者(在公司的请求下)再使用三重安全密封包装的新产品的机会，而且是没有成本的。公司执行官们认为，当务之急是重建公众对泰诺品牌的信心。公众积极回应，共分发了超过4000万张优惠券。

伯克的目标是在年底前完成新包装胶囊的分销。在伯克发表讲话后，来自纽约、费城、华盛顿、芝加哥和洛杉矶的记者可以通过闭路电视广播系统进行提问。

一些评论家指责强生公司的行动太快了。中毒事件发生不久就以如此攻势推行产品，会有引起消费者反感的风险，甚至会变得更容易再次发生产品侵害事件。公司坚决维护自己的决定，断定这是恢复消费者对品牌信心的最重要的工作。"为了达到这个目的，"戴维·科林斯说，"我们必须使泰诺回到消费者家庭中。"

到1982年11月底，调查显示泰诺重新夺回了中毒事件发生前市场份额的55%，比10月底上升了20个百分点。这些数字仅反映了账面销售，毕竟曾占据泰诺业务量40%的胶囊在当时才刚刚重新推出。《华尔街日报》把它作为市场营销的奇迹予以报道。许多行业分析家对泰诺重返市场的速度感到惊讶，对公司处理危机的手段表示赞赏。分析家引证了两个使消费者情绪迅速发生转变的主要原因。其一，公众很快明白与以前产品有关的悲剧不同，错不在泰诺。其二，据耶鲁大学的斯蒂芬·普马特说"一连串的'复制猫'(copy-cat)中毒事件分散了公众集中在泰诺上的恐惧"。

中毒事件过后的一年，泰诺赢回了原来市场份额的85%，再次成为美国全国止痛药的销售龙头。强生公司在1983年用了约6200万美元才取得这种市场地位，比上一年上涨了近2000万美元。1983年9月，泰诺品牌占据了非处方类止痛药13亿美元市场总量的30%。

1985 年中期，泰诺品牌仍在 16 亿美元的非处方类止痛药市场上居于领先地位。泰诺品牌看来是经得起考验的。

(二)第二次中毒事件

1986 年 2 月 7 日星期五晚，23 岁的纽约韦切斯特的居民黛安娜·埃尔斯诺思，因为头疼服了两粒强力泰诺胶囊后上床休息。12 小时后，她在房间里被发现死于氰化物中毒。验尸结果显示泰诺与氰化物有"非常接近"的迹象，给官方提示有毒物质是和药物一起咽下的。

1. 事件应对

埃尔斯诺思的死亡消息是在 2 月 10 日的傍晚传到强生公司的。媒体质询的冲击紧随而来，公共关系人员整晚都在处理电话。

对于伯克，死亡消息带来的是似曾相识的噩梦般的感觉。"我们不相信它会再次发生。"他说道，"其他人也不会相信。"伯克的一个行动是联系 FDA 和 FBI。几小时后，两个机构与韦切斯特的官员取得了联系，在以曾销售过有毒胶囊的 A&P 药店为中心半径 3 英里的范围内，开始收集泰诺胶囊。伯克还发起了一系列消费者调查来帮助确定人们对于所有泰诺产品的恐惧、认识和紧张心理。同日，大西洋与太平洋茶叶公司从美国 26 个州内超过 1000 个商店货架上订购了所有的泰诺胶囊。

生产有毒胶囊的地点是福特华盛顿和菲律宾，共有 20 万瓶，于 1985 年 8 月装船运到美国密西西比河东部的 31 个州。韦切斯特的官员报道，在有毒药瓶内剩下的 21 粒胶囊中有三粒含有氰化物。星期一晚上，纽约市卫生部门发布电视通知，警告消费者不要再使用任何类型的泰诺胶囊。所有有关泰诺的电视广告都无限期停止了。

2 月 11 日，伯克在强生公司位于新泽西州新布朗斯维克的总部举行了三场电视新闻发布会的首场直播。会上的主要声明是由韦切斯特和联邦权威机构支持的，即黛安娜·埃尔斯诺思的死亡只是一个单独的、地方性的药品掺毒事件，认为其他批量药品是在 1985 年 4 月和 5 月生产以及在 1985 年 8 月 26 日这天销售的。这批产品仅含有 24 种大小胶囊型号之一的强力胶囊。

"既然这种个别型号凑巧是我们流动性最强的产品——它的交易速度比其他产品都要快。"伯克补充，"基于这一点，我们没抱有找到很多这个批次产品的预期。我们相信，在数学计算的基础上，本批次的大部分产品已经被公众安全地消费了。"如果下毒发生在工厂，许多瓶药已被掺毒，那么近半年后才被发现似乎不可能。因为产品在很久之前就已经生产并进入销售渠道，所以强生公司的执行官和联邦权威人士在某种程度上相信中毒只是地方性事件。媒体并不容易说服，但伯克仍坚持在当前形势下并不足以构成收回全部产品的理由。他向公众保证强生公司会继续以泰诺的名字来经销产品。

同时，强生公司、FBI 和 FDA 对从韦切斯特地区商店货架撤回的胶囊继续进行测试。对大约 200 万粒胶囊进行了分析。2 月 13 日下午，FBI 通知强生公司，又鉴定出一瓶泰诺胶囊中有五粒含有氰化物。第二瓶来自一家距 A&P 药店仅两个街区的伍尔斯药店，A&P 药店是第一瓶有毒胶囊被销售的地方。瓶子的型号是 AHA690，1985 年 6 月生产于波多黎各岛。在首次检查中，发现工厂在所有三个点处的密封印仍旧完好。五粒胶囊中的氰化物与黛安娜·埃尔斯诺思的致死物相吻合。在麦克尼尔的质量控制实验室所使用的氰化物被证实是不同的类型。

一接到消息，强生公司就举行了美国全国新闻发布会，敦促消费者不要使用任何类型的泰诺胶囊直至得到进一步的通知，而且新闻发布中陈述："公司恳请全国的商贸行业仅将胶囊撤离货架，代之以泰诺药片和肠溶片。这将给上百万泰诺止痛药的使用者以可接受的选择。"当晚，在韦切斯特县开始收回泰诺胶囊。所有型号的泰诺胶囊的生产都被无限期地停止了。除了超强和常规强度药性的胶囊外，公司还生产了胶囊形式的塞恩，一种治疗疼痛的药物；药性极强的泰诺，也是治疗疼痛的药物；以及迪麦辛，一种缓解痛经的药物。

第三瓶泰诺在纽约的灌木-橡树药店被确认，发现其中一粒胶囊有掺杂不明物质的迹象。官员们说这种物质可能是氰化物。同日，纽约卫生部门的负责人禁止在本州销售泰诺胶囊。FDA也发表了它的观点，1982年的中毒事件与目前的情况没有明确的联系。随后一天，第二场新闻发布会在强生公司举行。在开场白中，伯克将中毒事件定为"一种恐怖主义行为，纯粹而简单"。用他的话来说，"这是一个令人无法忍受的问题""是一个我们全体社会行动起来帮助解决的问题"。伯克还对地方媒体将事态变成了一个马戏团的行为进行了谴责。他继续说道："正如你今天看到这个问题一样，我只希望和试图解决它……当这个问题与你的朋友和家人相关时，你会问自己想做什么，因为他们处于危险中。强生公司在这里相对不重要了。社会是非常重要的。我认为当你一再地使用像恐惧和国家噩梦这样的字眼时——当你和灌木-橡树药店的店主见面时，甚至当FDA告诉你商店没有有毒的胶囊时——我认为这是不可容忍的。"

伯克还批评了媒体对泰诺药片和肠溶片能够安全使用的宣传不得力，而仅提及现有的竞争产品的事实。"我认为当你意识到泰诺是全国最受欢迎的药物之一时，你就知道你未能给公众提供很好的服务，因为很多人指望你对他们要做的事提供指导。"伯克总结道。

戴维·科林斯2月14日早上汇报了在美国几个主要城市完成的调查结果。根据他的数据，113位回答者不确定是否中毒事件只发生在纽约地区。伯克对这份低质量的报告的不确定性表示不悦。他说："我认为重访芝加哥是合理的，提醒我们自己，我们正在使全国人民受到本不必遭受的惊吓，除非我们向公众澄清这只是韦切斯特的问题。"

科林斯还报告，被调查的78%的泰诺使用者相信药片是安全的。他感觉这是一个"不错的数字，但还应该更高一些。正如我们都知道的，现在唯一有问题的产品和1982年一样，是我们的胶囊药品"。

2. 困难抉择

回到公司总部，伯克开始感觉到从市场上撤回胶囊药品的外来压力。首先是1986年2月14日，他非常确信，无法让强生公司保证其胶囊药品不会被掺毒。同时，美国有14个州已无限期地中止了泰诺胶囊的销售，第二瓶有毒泰诺胶囊被发现后的民意测验显示，消费者忠诚情况在恶化。在某种程度上，伯克被维护公众对强生公司及其产品的信任的问题困扰。他希望在2月18日前有一个确定的行动计划，因为在这一天他被安排参加菲尔·多纳希的谈话节目。他的感觉如此之糟，以至于难以继续巧妙地处理从美国全国收回产品的问题。其他担忧还有股票价格的进一步下跌以及竞争对手可能会迅速行动起来占领泰诺胶囊撤出后空闲的货架。竞争者在中毒事件发生不到一星期就发起的攻击与1982年事件后的松懈麻痹形成了鲜明的对比。

来自公司内部极端反对派的争论也施加了压力。麦克尼尔的负责人正在抵制强生公司最高执行层日益增长的将危机作为全国性事件来对待的感觉，他辩驳说，撤回货物的行动太猛烈，从而将全国的注意力全部吸引到危机上来肯定是利大于弊的。麦克尼尔的主席戴维·科林斯认为，这次说服胶囊药品的用户转而使用肠溶片，将比1982年使其信服去购用强生公司引进的防掺毒包装的胶囊困难得多。

2月15日和16日，伯克和泰诺战略委员会的戴维·克莱尔、戴维·科林斯、劳伦斯·福斯特、乔治·弗莱泽和约瑟夫·奇萨苦心推敲出一个决策方案，16日达成了一致意见。委员会得出的结论是，除了放弃所有的非处方胶囊药物别无选择。但公司还没有走出困境。

2月17日，股票市场因总统日而关闭一天。伯克选择这个日子在强生公司的总部安排第三次，也是最后一次新闻发布会。在挤满了媒体代表的房间里，伯克宣读了一个郑重声明，宣布强生公司将退出所有的非处方类产品市场，因为在一定程度上它不能再按照其对消费者承诺的义务标准来确保胶囊药物的安全性。他表达了对"黛安娜·埃尔斯诺思的家人及她所爱的人真心的同情"。

伯克敦促消费者转而使用泰诺肠溶片。公司还提出用肠溶片来交换消费者最近购买或丢弃的胶囊，无须购买凭证。伯克估计，用肠溶片来交换胶囊将使公司承担1亿～1.5亿美元的税后成本。

泰诺退出市场的新闻成为美国全国报纸的头条。《纽约时报》推测，强牛公司从胶囊药物市场的退出将耗费公司泰诺销售收入5.25亿美元的6%，或每年3150万美元。比强生公司年度销售总收入的1%的一半还要少。

弗兰克·K.扬是FDA的委员，称强生公司的决定是"在艰难环境下的一个负责任的行为"，但他又说，在没有获得更多完全的关于黛安娜·埃尔斯诺思死亡一事的消息前就采取进一步的行动"还为时过早"。几个主要的制药公司公开对委员会的观点表示诚心诚意的赞同。一些分析家建议强生公司尝试"促使"竞争对手也作出停止胶囊业务的决定。强生公司否决了这个主张。但消费者似乎反应强烈。2月21日，强生公司报告，有超过20万个消费者对公司用泰诺胶囊换取肠溶片的提议进行了响应。

在接下来的日子里，许多篇赞扬强生公司在危机中的表现的文章出现在全美各家报纸上。《纽约时报》称赞了伯克的领导力，叙述道"他毫无疑问是公司的领袖"。评价上均出现诸如"为强生喝彩""公共安全第一"和"有良知的公司"等标题。《迈阿密新闻》的汤姆·布莱克波恩写道："企业日常的训练突然成为今日的头条，然后有泰诺制造商处理危机的方式。"布莱克波恩继续写道，"日常训练派出一位身穿灰色格子花呢的副主管来令人信服地模仿一个一无所知的人，让他向公司的律师请教所有的问题，这些律师永远在开会而且从不回电话……强生公司是营利性企业。但它做得非常好。当情况变得棘手时，公司得到了人心，这在无情的商业世界中是有些特别的。现在无论股票市场怎么看待这件事，道德家都会持赞同态度。"

在危机结束两个星期后的白宫招待会上，里根总统说："我们非常欣赏强生公司的吉姆·伯克先生。你和强生公司所表现出的崇高责任感，以及面对压力时的从容不迫，让我们钦佩不已。"

2月27日，FBI改变了它的早期看法，即在韦切斯特含有氰化物的泰诺瓶没有被下毒的迹象，从而免除了强生公司的所有罪责。一位发言人说："使用精密的科学检查，发现了以前没有察觉的下毒迹象。"

1987年年初,联邦调查局证实,投毒案系一名叫斯蒂拉·尼克奈尔的寡妇所为。1987年12月9日,斯蒂拉被捕。1988年5月9日,斯蒂拉被判90年徒刑。

二、案例分析

强生公司不惜一切代价保卫其品牌,使泰诺品牌起死回生。依据强生公司的信条,强生在第一次危机发生后对药品迅速全部回收,在第二次中毒事件中更是勇于承认错误,退出非处方类胶囊市场,这是一个深谋远虑的营销决策和成功的危机处理策略。在企业发展史上,还没有哪一家企业在危机处理问题上像美国强生制药公司那样获得社会公众和舆论的广泛同情。该公司由于妥善处理泰诺中毒事件以及成功的善后工作而受到人们的称赞。很快,强生公司东山再起,到20世纪80年代后期,泰诺品牌给公司带来的税后利润达1亿美元以上。

三、思考与讨论

1. 如果公司决定不更改关于泰诺胶囊的最初声明,而且不回收产品的话,会出现什么样的结果?

2. 在对第一次事件的回应中,强生公司在危机应对方面还有什么其他选择?

3. 你认为强生公司再一次推出强效泰诺产品的决定明智吗?

4. 很多公司在面对危机时常常不能迅速做出反应。你认为强生公司有必要在1986年的第二次危机中迅速替换所有的泰诺胶囊产品吗?

5. 在两次中毒事件中强生公司能够走出危机的原因是什么?

6. 你认为强生公司在对这两次危机的处理中,有哪些危机处理方面的经验值得借鉴?

7. 试分析公司信条和道德因素在强生公司解决危机中的作用。

8. 试分析在两次中毒事件中公司领导层面临危机的异同。

（资料来源：孙玉红，王永，周卫民.直面危机：世界经典案例剖析[M].
北京：中信出版社；弗雷泽·西泰尔.公共关系实务[M].北京：机械工业出版社.)

 案例解析 6-4

中美史克公司的 PPA 风波

一、案例回放

2000年11月16日上午,天津市卫生局突然电传天津中美史克药业公司:鉴于国家药检部门在其生产的"康泰克"及"康得"两种抗感冒药品中检测到了可能使人产生过敏反应、心律失常等不适症状的PPA成分,要求该公司立即停售一切含有PPA成分的药物。紧接着,中国国家药品监督管理局负责人紧急召开媒体会议,并发布公告,告诫患者应立即停止服用所有含有PPA成分的药品制剂。这意味着中美史克公司生产的"康泰克"和"康得"两大拳头产品必须立即退出市场,公司的经营业绩将急剧大幅度下滑。这场骤然而至的市场风暴,顿时将企业的决策管理层推向了危机的前台。于是,一系列围绕紧急应对PPA事件的危机决策及危机管理活动在中美史克公司迅速拉开了帷幕。

成立危机处理小组

中美史克公司的高层管理者在接到传真及有关禁令后,立即意识到了这是一场事关企业大局的严重危机事件，不仅将直接关系到公司"康泰克""康得"两大品牌的生死存亡，而且也关系到公司的形象，须谨慎处理。于是，公司利用其强大的人力资源优势，迅速成立了由公司总经理杨伟强先生亲自挂帅，另有九位公司高层经理组成的危机应急中心，并有十余名其他工作人员协助负责其间的协调工作。随后又将应急中心细分为四个危机管理小组，各小组各司其职，分工合作。

(1) 危机管理领导小组。该小组实为危机应对的中枢，负责统一领导、统一基调、统一口径、协调指挥，处理异常情况，避免出现混乱局面。一句话，该小组的基本工作即对事件进行总体把握和宏观调控，并予以系统引导。

(2) 沟通小组。该小组将起到保障公司内、外部信息及时沟通的桥梁作用，做到对内外上下通达，保证信息畅通无阻。具体来说，其职责就是负责收集外部各界对危机事件的各种信息反馈，然后将之以最快的速度传递给公司决策层——危机管理领导小组；同时，也将公司危机管理领导小组作出的相应决策有效地发布给公司的内外各界。

(3) 市场小组。该小组负责督促公司内部的各级研究开发部门加快新产品的研发工作，努力缩短新一代产品的研制周期，以便用最快的速度将危机中涉及的"问题产品"更新换代，使企业尽快走出品牌危机的阴影。

(4) 生产小组。该小组负责企业内部生产管理的低效事件带来的损失，重塑企业的品牌形象，组织、协调工作，解决好"问题产品""康泰克""康得"的停产与中间产品的处理问题，同时还负有加强新一代产品产前筹备工作的职责。

对外积极配合，多方协作

事件发生后，中美史克公司的危机管理层迅速意识到：虽然这次危机是由国家药检机构下达的命令和发布的信息直接引起的，而且对权威部门的认定纵然有"争议"(如 PPA 的危害性究竟如何等)，但企业也不宜立即持反对态度，否则既要冒着与之不合作而受到严厉惩处的风险，还要面临与之论争胜算的可能性很不确定的风险。同时，公司作为国内感冒药药品行业的领头羊，其"康泰克""康得"两大产品的市场占有率均很高，且又身为中外合资企业，若处理不当，会成为众矢之的，不但解决不了问题本身，反而有可能折损这十多年来苦心经营建立起来的公众形象，而且势必波及企业其他产品的市场销路，使公司的经营业绩进一步下滑，受损面和受损额度都将进一步扩大，这或许将成为使公司陷入恶性循环的直接诱因。

因此，从公司方面来看，显然宜采取积极的配合态度，同时充分重视舆论的导向作用。必须根据事态的发展，妥善处理好这场突如其来的企业危机。于是，危机管理领导小组明智地把本次事件的处理工作基调确定为积极配合、多方协调、谨慎行事。接着又在 11 月 16 日下午发布了危机处理的工作纲领(请注意这里的时间，颁发"工作纲领"与接到主管部门的电传之间只有半天之差！兵贵神速，"商场如战场"这一亘古不变的至理名言在这里再一次得到了最充分的体现——笔者注)：①向政府及媒体表明立场——坚决执行政府法令，暂停"康泰克"和"康得"的生产和销售；②让经销商和客户立即停止上述两种产品的销售；③取消相关合同的执行；④停止一系列有关这两种产品的宣传和市场推广活动。

有效处理利益相关者的相关事项

虽然这次危机事件涉及的层面较广，但总体来说，可分为尽快平息公司内部的负面反应和设法消除在外界的负面影响两大部分。就公司外部而言，涉及对政府、媒体、经销商、客户、消费者五个公关对象的关系处理问题。这里我们先来看看中美史克公司是怎样进行"安内"的。

就公司内部而言，主要要解决好员工可能出现的焦躁不安情绪，稳定员工心态，避免出现内部自乱的局面。"攘外必先安内"这句历史名言，此刻终于体现出了它的真谛。危机面前，稳定压倒一切，一旦公司的内部稳定问题能得到解决，上下协力，众志成城，战略后方就能得到强有力的保障，解决外部危机才会有更大的回旋空间，也才能使公司处于一个较为有利的战略位置。

事件发生后不久，在公众舆论的感染下，中美史克公司的员工们也意识到了公司正面临着一次严峻的生存危机。危机面前，公司会采取些什么样的举措呢？公司能够很快走出危机的阴影吗？会不会减薪裁员？自己又该怎么办？员工们在议论纷纷的同时，也表露出了忧虑浮躁的心态。

针对这一情况，应急中心立即采取行动，于17日中午召开全体员工大会。会上，总经理杨伟强先生开诚布公地向员工们通报了整个事件的来龙去脉，阐释了危机可能给公司造成的影响，宣布了公司在应对危机方面将采取的一系列措施，并郑重承诺公司不会因为本次危机而裁员，同时也勉励每一位员工与公司积极配合，风雨同舟，群策群力，共度危机。随后，公司又把在大会上给员工们的承诺以《给全体员工的一封信》的书面形式予以公告。企业最高决策者一番推心置腹、坦诚相见的话语和其表现出来的刚毅果断的决心，以及处理危机的信心，深深地打动了在场的每一位员工，不少人为之热泪盈眶，以至于大会结束时，全体员工激情高唱《团结就是力量》这首铿锵有力的歌曲。歌声中或许含有几许悲壮，但更多地体现出了一种激昂奋进的精神，一种全体员工同心协力、团结奋进、共渡难关的决心和信心。潜在的内部危机迎刃而解，公司的第一步决策取得了立竿见影的效果。很显然，后顾之忧的顺利解决，使公司掌握了化解外部危机的主动权。

17日上午，公司危机应急中心电传公司在全国各地的50多位销售经理，要求他们立即返回天津公司总部，商讨相关事宜。协调会上，危机应急中心在通报了危机演变的过程以及公司目前的处境之后，宣传了危机处理的基调和原则，安排了相应的工作，并特别强调：作为沟通公司和全国众多经销商及客户的最重要的环节，销售部门在整个公司的危机处理过程中责任重大、任务艰巨，其工作开展的好坏程度将直接关系到公司其他危机应对措施的有效执行水平。

18日，50多位销售经理带着紧急任务和公司《给医院的信》《给客户的信》，回到各自的分部，并立即着手开展工作，这才使后续事态的发展没有出现经销商和客户纷纷要求退货的局面，同时也有力地维护了公司其他品牌药品的正常销售。

二、案例分析

在当今时代，消费者就是上帝，这是公认的市场准则。没有上帝的认可，企业根本就没有生存的空间。消费者的利益，是危机处理时必须予以特别关注的事情。应急中心考虑到随着媒体的进一步报道，消费者们必然会出现惊惶不安的情形，这时他们最希望的，莫过于能得到有关方面发布的相关消息。因此，公司必须在这时候给消费者传达正面的消息，以正视听。于是，公司在极短的时间内专门培训了数十名专业接线员，专职负责接听来自客户、消费者的咨询电话，并作出相应的准确且专业化的解答，以帮助对方消除疑虑。同时，要求专业接线员们必须做到解答准确、内容简练、语气温和，严禁模棱两可、态度专横的回答，更不允许表现出丝毫惊慌失措的情绪。

媒体的作用更是始终不能忽视的。在这个特殊的时刻，谁都知道声音的魅力和文字的威力，一丝一毫也急慢不得。在国家药检局的PPA禁令发布之后，由于国内媒体对PPA危机的内因信息并不太熟悉，从而导致媒体对PPA危害的舆论报道较为片面和夸张。而且随着时间的推移，许多媒体逐渐将注意力集中在了生产"康泰克"及"康得"的中美史克公司身上，这样几乎整个社会都在密切关注着中美史克公司的反应。此时此刻，公司决策层充分地意识到，如果自己还不赶快出面主动与媒体进行沟通，将会使局面变得越来越复杂，甚至越来越糟糕，这将为公司下一步的危机处理工作增添许多不必要的麻烦。但是，考虑到媒体的敏感性及炒作性等特点，危机领导小组认为，目前与媒体的见面，应通过各种渠道传递正确无误的相关信息，态度必须诚恳，目的就是与各家媒体有效沟通，而不是现在就与媒体、政府争论孰是孰非。

"11月17日，国家药品监督管理局发布了《关于暂停使用和销售含苯丙醇胺的药品制剂的通知》。根据此项通知精神，使用和销售，其中就包括我公司生产的复方伪麻黄碱缓释胶囊(康泰克)与复方氨美沙芬片(康得)。获悉国家药监局的这一决定后，我公司极为关注，本着对消费者健康负责的宗旨，我公司采取了措施积极响应国家药监局的号召，停售'康泰克''康得'两大品牌药品。具体措施为自11月16日接到国家药监局通知起，全面暂停向销售渠道提供上述两种含有PPA的药品制剂。为切实保障人民群众的用药健康，我公司愿意全力配合国家药监局有关后续工作。"

11月17日，公司召开第一次媒体恳谈会。

11月20日下午，公司在北京再度举行与媒体的恳谈会。会上公司有关领导就企业生产的"康泰克"与"康得"被列入国家药品监督管理局发布的暂停使用和销售的药品名单一事，回答了记者的提问。

恳谈会上，杨伟强代表企业明确地传递出了这样一个信息：希望社会能多给公司一些时间，以便把消费者先安定下来，并同时停止使用这些药品，至于手中以及店里的存药，等有一个肯定性的结论和计划后，企业再有序地进行处理。

另外，针对记者提出的有部分消费者通过天津中美史克公司公布的服务热线要求退货一事，杨伟强表示，希望媒体能尽力劝导消费者，暂时不要有退货的想法，等专家论证和国家药监局给出一个确切的结论后再作决定。

最后，杨伟强表示："尽管目前中美史克公司遇到了一些麻烦，但是中美史克公司感谢中国人民十几年来对公司的厚爱和支持，中美史克公司不会停止在中国的投资，将一如既往地支持中国的发展。""无论怎样，维护广大群众的健康是中美史克公司自始至终坚持的原则，企业将在国家药品监督部门作出关于PPA的研究论证结果后为广大消费者提供一个满意的解决办法。"

毋庸置疑，11月20日的媒体恳谈会基本上获得了企业的预期效果，随后的传媒报道也开始转向PPA的理性介绍方面。之后，杨伟强又陆续接受了不同媒体的采访。同时，危机应急中心也开始将美国关于PPA试验的资料提供给国家药品监督管理局，以协助其作出关于PPA问题的进一步裁决。

11月20日，15条消费者热线全面开通。

需要强调指出的是，为了妥善化解危机，尽快在事件过程中变不利为有利，在此前后，中美史克公司总经理杨伟强先生频频接受国内外知名媒体的采访，积极地同媒体沟通，以争取公众的理解与同情，减少媒体与公司之间的矛盾冲突。

尽管在事件发展的过程中，媒体曾一度将矛头直接指向了中美史克公司，在某种程度上对扩大事态起了推波助澜的负面作用，但是面对初始时不少媒体的肆意炒作甚至攻击，中美史克公司始终保持了应有的冷静，从来没有同媒体发生正面对抗，使竞争对手说三道四。相反，公司始终以一种诚恳的态度对待一切。经过一番不懈的努力，中美史克公司终于赢得了大众的理解和同情，媒体对事态的介绍也逐渐转向了一种理智的态度，而对企业的发展则更表示出了一种正面的关注。最后，绝大多数媒体终于发出了"中美史克公司面对危机，管理正常，生产正常，销售正常，一切正常"的稳健之声。随着时间的推移，中美史克公司终于走出了负面舆论的阴影，并给自己营造出了一个较为宽松的内外环境，从而使自己能够以更多的精力致力于新产品的研制和开发。

三、思考与讨论

1. 中美史克公司正确处理内外利益相关者关系的成功启示是什么？
2. "利益至上"原则在上述案例中体现在哪些方面？

（资料来源：根据网络资料整理）

第三节　公共危机综合案例解析

　案例解析 6-5

一场席卷全球的新冠肺炎疫情

一、案例回放

(一)疫情相关情况

2020年1月12日被世界卫生组织命名的新型冠状病毒(2019-nCoV)，其主要症状是，感染病毒的人会出现不同程度的症状，有的只是发烧或轻微咳嗽，有的会发展为肺炎，有的则更为严重甚至死亡。新型冠状病毒主要的传播途径是呼吸道飞沫传播和接触传播，气溶胶和粪—口等传播途径尚待进一步明确。通过流行病学调查显示，病例多数可以追踪到与确诊的病例有过近距离密切接触者。各个年龄段的人都可能被感染，被感染的主要是成年人，其中老年人和体弱多病的人似乎更容易被感染。没有证据表明猫狗等宠物可以被感染，儿童和孕产妇是新型冠状病毒感染肺炎的易感人群。该病毒致死率约为 2%～4%，但这是一个非常早期的百分比，随着更多信息的获得可能会改变。同时，这并不意味着它不严重，只是说病毒感染者不一定人人都会面临最严重的后果。

截至北京时间2020年4月14日11时20分，中国总共累计确诊病例83696例，现存确诊病例2083例，累计境外输入1464例，现存无症状感染病例1005例，现存确诊重症116例，现有疑似病例72例，累计死亡病例3351例，累计治愈病例78262例。

截至北京时间4月14日11时08分,除中国外，全球200个国家累计确诊病例1836596例，累计死亡病例116285例，累计治愈病例371394例。

(二)各国应对举措

1. 中国

1) 政府

2019 年 12 月 30 日，武汉市卫生健康委员会医政医管处发布《关于做好不明原因肺炎救治工作的紧急通知》。通知要求各医疗机构要及时追踪统计救治情况，并按要求及时上报。

2019 年 12 月 31 日上午，国家卫健委专家组抵达武汉，展开相关检测核实工作。调查发现，这次肺炎病例大部分为华南海鲜城经营户。

2019 年 12 月 31 日，武汉市组织同济医院、省疾控中心、中科院武汉病毒所、武汉市传染病医院及武汉市疾控中心等单位的临床医学、流行病学、病毒学专家进行会诊，专家从病情、治疗转归、流行病学调查、实验室初步检测等方面分析认为上述病例系病毒性肺炎。相关病毒分型检测、隔离治疗、终末消毒等工作正在进行中。

2020 年 1 月 1 日，对华南海鲜批发市场采取休市措施，并对武汉市公共场所，特别是农贸市场进一步加强防病指导和环境卫生管理；广泛宣传防病知识，增强公众自我防护意识；配合国家和省有关部门进行病原学研究；配合国家卫健委及时向世界卫生组织等通报疫情信息。

2020 年 1 月 5 日晚，武汉市卫健委通报，流行病学调查显示，部分患者为武汉市华南海鲜城(华南海鲜批发市场)经营户。初步调查表明，未发现明确的人传人证据，未发现医务人员感染。已排除流感、禽流感、腺病毒、传染性非典型肺炎(SARS)和中东呼吸综合征(MERS)等呼吸道病原。病原鉴定和病因溯源工作仍在进一步进行中。

2020 年 1 月 20 日，习近平总书记对新型冠状病毒感染的肺炎疫情防治工作作出重要指示，强调要把人民群众生命安全和身体健康放在第一位，坚决遏制疫情蔓延势头。

国家卫健委高级别专家组组长、中国工程院院士、国家呼吸系统疾病临床研究专家钟南山表示：根据目前的资料，新型冠状病毒性肺炎肯定是人传人的。钟南山院士指出，早发现、早诊断，还有治疗和隔离，这是最有效的、最原始的防控方法。对已经确诊的病人进行有效隔离、减少接触是极重要的，从公共卫生的角度来说是最重要的。

2020 年 1 月 20 日，国家卫健委发布 2020 年 1 号公告，将新型冠状病毒感染的肺炎定性为《中华人民共和国传染病防治法》规定的乙类传染病，并采取甲类传染病的预防、控制措施。将新型冠状病毒感染的肺炎纳入《中华人民共和国国境卫生检疫法》规定的检疫传染病管理范围。

2020 年 1 月 23 日，武汉市新型冠状病毒感染肺炎疫情防控指挥部通告：2020 年 1 月 23 日 10 时起，全市城市公交、地铁、轮渡、长途客运暂停运营；无特殊原因，市民不要离开武汉，机场、火车站离汉通道暂时关闭。恢复时间另行通告。

2020 年 2 月 2 日火神山医院交付使用。

截至 2 月 5 日，共建成方舱医院 11 家。

2020 年 2 月 8 日雷神山医院交付使用。

发改委、交通运输部、商务部、人社部、教育部、司法部、商务部、文化和旅游部、全国妇联等政府部门及各级政府纷纷积极颁布一系列行之有效的举措防控疫情。

截至 2020 年 2 月 6 日，全国各级财政已投入 667.4 亿元用于疫情防控。

截至 2020 年 2 月 10 日，重庆、广西等八省区累计向湖北运送蔬菜 6800 多吨、食用油

20 多吨、速冻和方便食品 200 多吨。

截至 2020 年 2 月 14 日，各地公安机关共侦办涉疫情制售伪劣产品、假劣药品、医疗器械、医用卫生材料案件 356 起，抓获犯罪嫌疑人 838 名，刑事拘留 355 人，捣毁犯罪窝点 389 个，查扣假冒伪劣口罩 1639 万余只。

截至 2020 年 2 月 15 日，央行向武汉紧急调拨 40 亿元新钞；银保监会提供信贷支持超过 5370 亿元。

2) 医疗及科研机构

截至 2020 年 1 月 7 日 21 时，实验室检出一种新型冠状病毒，获得该病毒的全基因组序列，经核酸检测方法共检出新型冠状病毒阳性结果 15 例，从一例阳性病人样本中分离出该病毒，电镜下呈现典型的冠状病毒形态。专家组认为，本次不明原因的病毒性肺炎病例的病原体初步判定为新型冠状病毒。

截至 2020 年 1 月 10 日 24 时，已完成病原核酸检测。国家、省市专家组对收入医院观察、治疗的患者临床表现、流行病学史、实验室检测结果等进行综合研判，初步诊断有新型冠状病毒感染的肺炎病例 41 例，其中已出院两例、重症七例、死亡一例，其余患者病情稳定。所有密切接触者 739 人，其中医务人员 419 人，均已接受医学观察，没有发现相关病例。

2020 年 1 月 24 日，我国媒体发布了由中国疾病预防控制中心病毒病预防控制所成功分离的我国第一株病毒毒种信息及其电镜照片、新型冠状病毒核酸检测引物和探针序列等中国国内首次发布的重要权威信息，并提供共享服务。同日，沪研新型冠状病毒检测试剂盒通过检验。同日，《柳叶刀》在线发表有关 2019 新型冠状病毒研究的论文，《柳叶刀》及《柳叶刀-感染病学》同时推出"冠状病毒"专题，包括两篇原创研究论文、两篇评论及一篇社论。

2020 年 1 月 25 日，国际知名期刊《新英格兰医学杂志》发表了中国团队关于新型冠状病毒研究论文称，通过对武汉新型肺炎患者的样本进行全基因组测序，发现了一种从未见过的乙型冠状病毒属病毒，它成为可以感染人类的冠状病毒科中的第七个成员。

2020 年 1 月 26 日，中国疾控中心病毒病所在病毒溯源研究中取得阶段性进展。该所首次从华南海鲜市场的 585 份环境样本中，检测到 33 份样品含有新型冠状病毒核酸，并成功地在阳性环境标本中分离出病毒，提示该病毒来源于华南海鲜市场销售的野生动物。

2020 年 1 月 26 日，国家药品监督管理局宣布，近日应急审批通过四家企业四个新型冠状病毒检测产品，进一步扩大新型冠状病毒核酸检测试剂供给能力，全力满足疫情防控需要。目前，已应急批准新型冠状病毒 2019-nCoV 核酸检测试剂盒(荧光 PCR 法)和 2019 新型冠状病毒核酸测序系统等四个产品。

2020 年 1 月 27 日，浙江省疾控中心生物安全三级实验室已经成功地分离出新型冠状病毒毒株，这是继国家疾控中心之后中国第二个成功分离出新型冠状病毒毒株的实验室，也是中国第一个成功分离出新型冠状病毒毒株的省级实验室。同日，广东省疾病预防控制中心成功地分离出广东省第一株新型冠状病毒(2019-nCoV)毒株，这是从一例病例的肺泡灌洗液中分离出来的，使用了 vero-E6 传代细胞系。

2020 年 2 月，华南农业大学、岭南现代农业科学与技术广东省实验室沈永义教授、肖立华教授等科研人员联合中国人民解放军军事科学院军事医学研究院杨瑞馥研究员及广州动物园科研部陈武高级兽医师开展的最新研究表明，穿山甲为新型冠状病毒潜在中间宿主。这一最新发现将对新型冠状病毒的源头防控具有重大意义。

2020年2月22日，钟南山院士团队专家、呼吸疾病国家重点实验室副主任赵金存教授团队联合广州海关从广州本地被感染的病例样本中成功地分离出新型冠状病毒(COVID-19)毒株。其后，该团队又从新冠肺炎患者的粪便标本中分离出新型冠状病毒(COVID-19)。近日，他们再次从新冠肺炎患者尿液中分离出新冠病毒。目前，相关课题组正在围绕病毒的致病机理和药物治疗靶点等开展研究。

2020年2月16日至24日，华中科技大学团队完成了九例新冠肺炎遗体病理解剖。从中该团队发现，新冠病毒不仅损害了肺，还损害了免疫系统及其他器官。

2020年3月4日，中国科研团队发现：新冠病毒已于近期产生了149个突变点，并演化出了两个亚型，分别是L亚型和S亚型。研究发现，在地域分布及人群中的比例，这两个亚型表现出了很大的差异。其中S亚型是相对更古老的版本；而L亚型更具侵略性，传染力更强。对不同亚型的深入了解，将有助于新冠肺炎的差异化的治疗和防控。

截至2月13日已有1889支医疗队、2万多名医护人员驰援湖北。

截至2月15日已有七种诊断测试试剂获批上市。

2月15日，国家卫健委回应，新冠疫苗的研制进展顺利，部分疫苗品种已进入动物实验阶段。

3) 社会各界

1月24—31日，约350家企业向武汉及湖北疫区捐款捐物超120亿元。

中国石油、中国石化、中国海油、中化集团四家石油央企加大生产。截至2月4日，4家企业全国5万多座加油站正常营业，湖北境内的2600余座加油站24小时"不打烊"。

截至3月3日24时，武汉市红十字会共接收社会捐赠款155664.51万元。

截至3月4日，全国已有4128万多名党员自愿捐款，共捐款47.3亿元。捐款活动正在进行中。

4) 宣传舆论

宣传舆论工作力度大，统筹网上网下、国内国际、大事小事，更好地强信心、暖人心、聚民心，更好地维护了社会大局的稳定。做到了深入宣传党中央重大决策部署，充分报道各地区各部门联防联控的措施成效，生动地讲述防疫抗疫一线的感人事迹，广泛普及科学防护知识，凝聚众志成城抗疫情的强大力量。加大了对传染病防治法的宣传教育，引导全社会依法行动、依法行事。多层次、高密度发布权威信息，正视存在的问题，回应群众的关切，增强及时性、针对性、专业性，引导群众增强信心、坚定信心，着力稳定公众情绪。微博设置抗击肺炎专栏，以便让广大网民第一时间了解到疫情相关情况，同时开设疫情辟谣菜单栏，截至3月4日共辟谣171条。

5) 武汉解封

经中央批准，从4月8日0时起，武汉市解除离汉通道管控措施。为持续抓好疫情常态化防控，有序地恢复生产生活秩序，根据《中华人民共和国突发事件应对法》《中华人民共和国传染病防治法》和湖北省重大突发公共卫生事件I级响应机制等有关规定，解除离汉通道管控。

6) 武汉订正病例和病亡数据

根据《中华人民共和国传染病防治法》第三十八条第四款"公布传染病疫情信息应当及时、准确",《突发公共卫生事件应急条例》第二十五条第三款"信息发布应当及时、准确、全面",《中华人民共和国统计法实施条例》第十九条"统计资料不完整或者存在明显错误的,应当由统计调查对象依法予以补充或者改正",《人口死亡信息登记管理规范(试行)》第十四条"医疗卫生机构应当建立数据订正制度"、第十五条"医疗卫生机构应当建立数据比对校核与补报制度"等规定;本着对历史负责、对人民负责、对逝者负责的原则,为确保全市新冠肺炎疫情信息公开透明、数据准确,武汉市新冠肺炎疫情防控指挥部专门成立涉疫大数据与流行病学调查组,组织市卫健、疾控、公安、民政、司法、统计等部门,线上对武汉市疫情防控大数据信息系统、市殡葬信息系统、市医政医管新冠肺炎信息系统、市新冠肺炎病毒核酸检测系统中的病例进行线上比对、去重、补全,线下按照全覆盖、无遗漏要求,对所有涉疫地点数据进行全采集,包括发热门诊、医院、方舱、隔离点、涉疫社区,以及公安、司法、民政等部门管辖的监所、养老机构等特殊场所,对所有病例个人信息全采集,通过医疗机构、街道社区、基层派出所、患者所在单位及家属,逐人排查核对。

截至4月16日24时,确诊病例核增325例,累计确诊病例数订正为50333例;确诊病例的死亡病例核增1290例,累计确诊病例的死亡病例订正为3869例。

2. 除中国外主要疫情国家措施

1) 韩国

(1) 爆发原因。一名新天地大邱教会教徒为超级传播者,将病毒传播给43人。

(2) 应急措施。

① 大邱市和庆尚北道采取最大程度封锁措施,非封城。

② 国防部发三军通告,对所有官兵进行管制,不得外出。

③ 推迟开学,24个国立博物馆和图书馆暂不开放。

④ 韩国2月24日国会全体会议取消,27日政府质询会议取消。

⑤ 暂停飞往大邱所有航班,直到3月28日。

(3) 财政支持。2月18日,韩国政府决定拨款1041亿韩元(约6.1亿元人民币)用于紧急防疫。

(4) 衍生问题。传言韩国居民纷纷飞往青岛"避难",机票大涨。

2) 日本

(1) 爆发原因。钻石公主号最终停靠、隔离的方式不科学。

(2) 应急措施

① 封闭口岸、减少人员流动。

② 大型活动取消包括东京马拉松赛、名古屋马拉松赛。

③ 完善医疗体系。

④ 在紧急情况下,除了确保超过5000张病床外,还未开始对三种药物的临床研究,包括"阿比根"流感治疗药物,以明确治疗方法。

⑤ 26日安倍首相宣布,要求全日本中小学临时停课。

(3) 财政支持。

① 从2019年度预算预备费中拨款103亿日元(约6.5亿元人民币),支持口罩增产以及

加强边境检测等。

② 针对旅馆行业，政府将为日本政策金融公库等确保 5000 亿日元的紧急贷款和担保额度。

③ 为了防止感染的蔓延，政府利用本财政年度预算的 2700 亿日元储备金，作为紧急措施在未来 10 天内制定落实方针。

(4) 衍生问题。7 月 24 日，夏季奥运会能否如期举行未知；七国对日本采取入境限制措施。

3）美国

(1) 爆发原因。新增 40 例为钻石公主号撤侨人员。

(2) 应急措施。

① 美国 FBI 采购了价值 4 万美元的口罩和洗手液。

② 各个高校作出调整和应对措施，如对中国学生开通特殊延迟报到通道、硕士申请时间延长等。

(3) 财政支持。美国政府将向国会递交 25 亿美元(约 175 亿元人民币)的资金申请计划，包括用于研制疫苗的近 10 亿美元。

(4) 衍生问题。影响美国全球的军事活动。

(三) 各国的互相支持

截至 2 月 14 日中午 12 时，已有 33 个国家政府和 4 个国际组织向中方提供了疫情防控医疗物资，有 17 个国家政府和一个国际组织宣布将向中方提供相关的医疗物资。

3 月 6 日下午，国务院联防联控机制召开新闻发布会，介绍科技研发攻关的最新进展情况。会上，科技部社会发展科技司司长吴远彬介绍，病毒无国界。新冠疫情自发生以来，是人类面临的共同挑战，从一开始我们就秉持开放合作的态度。我们注意到新冠疫情在多个国家出现，部分国家疫情还在加剧。我国已向巴基斯坦、日本、非盟等提供了检测试剂，也与国际社会分享了诊疗方案。我们非常愿意加强与世界卫生组织的合作，与有关国家分享经验，开展在药物、疫苗、检测试剂等方面的科研合作，为在全世界范围内战胜疫情贡献中国的智慧和方案。

(四)世卫组织抗击新冠肺炎行动时间线

2019 年 12 月 31 日：中国报告了湖北省武汉市的一组肺炎病例，最终确认了一种新型冠状病毒。

2020 年 1 月 1 日：世界卫生组织在本组织三个层级(总部、区域总部和国家一级)组建事故管理支持小组，该组织进入抗疫紧急状态。

2020 年 1 月 4 日：世界卫生组织在社交媒体上报道，中国湖北省武汉市出现一组肺炎病例，无死亡病例。

2020 年 1 月 5 日：世界卫生组织发布该组织关于新型病毒的第一期《疾病暴发新闻》。《疾病暴发新闻》是该组织面向科学界和公共卫生界以及全球媒体的一主要技术出版物。该期包含一项风险评估和建议，并报告了中国向该组织通报的在武汉发生的聚集性肺炎病例患者状况和公共卫生对策。

2020 年 1 月 10 日：世界卫生组织在线发布一整套综合性技术指导，根据当时对该病毒的了解，向所有的国家提供了如何发现、检测和管理潜在病例的建议。

当时的证据表明，"没有人传人或人传人程度有限"。根据在SARS和MERS方面的经验以及已知的呼吸道病毒传播方式，世界卫生组织发布了感染防控指导建议来保护卫生工作者，并建议在救治患者时采取的防飞沫和接触防护措施，建议医护人员在进行可产生气溶胶的操作时要采取的防护措施。

2020年1月12日：中国公布了新冠肺炎的基因序列。

2020年1月13日：有官员证实了泰国的新冠肺炎病例，这是中国境外第一例有记录的病例。

2020年1月14日：玛丽亚·范·科霍夫博士在新闻发布会上指出，可能发生了有限的人与人之间传播冠状病毒现象(在41例确诊病例中)，主要是通过家庭成员传播，并且称有可能爆发更大范围的疫情。玛丽亚·范·科霍夫博士指出，考虑到我们在SARS、MERS和其他呼吸道病原体方面的经验，发生人际传播不会令人惊讶。

2020年1月20—21日：世界卫生组织驻华代表处和西太平洋区域办事处的专家对武汉进行了短暂的实地考察。

2020年1月22日：世界卫生组织赴中国考察组发表声明称，有证据表明武汉存在人际传播，但需要进行更多的调查以了解传播的全面情况。

2020年1月22—23日：世界卫生组织总干事根据《国际卫生条例〔2005〕》召集突发事件委员会开会，评估疫情是否构成国际关注的突发公共卫生事件。来自世界各地的独立委员根据当时掌握的证据无法达成一致意见，他们要求10天内收集到更多信息后再次举行会议。

2020年1月28日：由总干事率领的世界卫生组织高级代表团前往北京会见中国领导人，以便更多地了解中国的应对措施，并提供各种技术援助。

谭德塞博士在京期间，与中国政府领导人商定，由一流科学家组成国际团队赴中国深入了解具体情况和总体应对措施，并交流信息和经验。

2020年1月30日：世界卫生组织总干事重新召集了突发事件委员会，早于此前决定的10天期限，距中国以外首次报告有限的人与人之间传播只有两天。这次委员会达成共识，并告知总干事该疫情构成"国际关注的突发公共卫生事件(PHEIC)"。总干事接受了该建议，并宣布新冠疫情为"国际关注的突发公共卫生事件"。自《国际卫生条例》于2005年生效以来，这是世界卫生组织第六次宣布PHEIC。

2020年2月3日：世界卫生组织发布了国际社会的《战略准备和应对方案》，以帮助保护卫生系统较弱的国家。

2020年2月11—12日：世界卫生组织举办关于新冠肺炎的研究与创新论坛，来自世界各地的400多名专家和资助方代表出席了会议，中国疾控中心主任高福和中国疾控中心流行病学首席专家吴尊友做了介绍性发言。

2020年2月16—24日：世界卫生组织—中国联合考察团成立，成员包括来自加拿大、德国、日本、尼日利亚、韩国、俄罗斯、新加坡和美国(疾控中心、国立卫生研究院)的专家。联合考察团在北京停留了一段时间，还曾赴武汉和其他两个城市实地考察。他们在保持人际距离的情况下，与卫生官员、科学家和医务人员做了交谈。

2020年3月11日：世界卫生组织评估后认为可将新冠肺炎视为大流行。

2020年3月13日：成立了"新冠肺炎团结应对基金"，以接受个人、公司和机构的捐款。

2020 年 3 月 18 日：世界卫生组织及其合作伙伴发起了"团结试验"活动，这是一项国际临床试验活动，旨在通过在世界各地收集可靠数据，以找到最有效的新冠肺炎治疗方法。

(五)疫情期间特殊事件的处理

1. 日本钻石公主号邮轮事件

这是一艘世界超豪华级邮轮，本次乘客数为 2666 人，其中，80% 为 60 岁以上老年人，乘客来自 50 多个国家和地区，这也是一艘以夕阳红群体旅行为热点的豪华邮轮。然而，不幸的是老人正是这次病毒最容易感染的人群。邮轮上船员数多达 1045 人，邮轮总人数合计 3711 人，这艘邮轮就如同一座 18 层超级豪华酒店加大型嘉年华游乐场。邮轮上的病毒感染起源于 1 月 20 日登船的一位 80 多岁香港乘客，该乘客 1 月 25 日在香港下船，2 月 1 日在香港被确诊新冠病毒感染，从此引发了举世瞩目的邮轮上大规模群聚型感染新冠病毒事件。

2 月 5 日实施邮轮隔离后，截至 22 日，最终确诊 705 人，含美国撤侨中的 14 人。隔离后每日爆出的确诊病例数量急剧上升，引起一片哗然和恐慌。然而，请留意这种数据上升趋势并不一定说明感染者的爆发式增长问题，实际上是初期日本检验试剂、检测能力不足(一日仅能检测 300 例，只针对发热病症者)，后期增强检测能力且检测范围扩大(后来扩大到全员检测)所形成的数据结果(11 日以后激增)。

日本采取的隔离措施，引发了全球的关注，还有多方的质疑，具体措施如下。

邮轮在出游航路中，全球各种媒体对于新冠病毒的报道已沸沸扬扬，作为世界顶级豪华邮轮，其通信条件也理应具备，然而不论是邮轮运营方还是游客方，似乎都没有引起重视，一切娱乐活动如常。运营方实际上是把握相关信息的，也只在途中做了提醒旅客注意公共卫生的广播，但并没采取相应的措施，一切活动如常，也并未引起旅客的严重关切，甚至在得知 2 月 1 日香港下船乘客确诊感染消息后也未告知乘客采取措施。直到临近回到母港接到日本检疫要求后才向乘客通报相关信息(2 月 3 日夜)。

该邮轮船籍是英国，邮轮运营公司是美国的，母港是日本横滨。关于邮轮的相关国际事务涉及专门的国际法规，邮轮的管理方是美国公司，邮轮上乘客近半是日本人，母港又在日本，关系可谓错综复杂。从实际各方的反应情况看，结果是英国不愿问、美国不想管、日本很委屈又不得不承担管理责任。在邮轮限定的空间内实施这样高密度群聚人员的隔离的确不是最好对策，但是日本方面也有诸多无奈：一是检测能力不足，难以短期完成全员检疫；二是收治能力不足，即使检测出来，也没有能力收治。日本虽说医疗基础条件好、医疗技术发达，但面对这样的疫情和突发事件，根本无力应对，这也是社会体制决定的。可以说除了中国外，可能难有哪一个国家可以不计代价、短期内调动全国医疗资源、两周内建设多家大型医院、增加上万张床位、解决收治能力的国家了。中国在这次抗疫中展现的制度优势和全民顾全大局、团结一心共同抗疫的壮举，获得全球的高度认可。除此之外，日本还有经济方面的忧虑，临近东京奥运会的召开，担心患者登岸会导致世界卫生组织的风险评级上升。

因为隔离前船上几乎处于无防无控状态，完全有理由相信病毒已经在扩散传播了，且在感染源头确认到隔离后的一段时间内仍处于病毒潜伏期，隔离后被检出的感染者其实在隔离前已经被感染是大概率事件；隔离后感染增加或加剧虽然难以定量评价，但定性上可以推测，因为现场情况复杂，可能由于隔离后船上在检疫工作的展开过程中以及维系邮轮服务功能的需要而导致检疫人员、船员、乘客之间未能完全隔绝的接触感染(出现了日本相关检疫人员两名被感染及船员感染事件)所致。

2. 天津歌诗达赛琳娜号邮轮事件

1月20日，由美国公司经营的"歌诗达赛琳娜号"邮轮从天津国际邮轮母港出发，赴日本进行6天5晚往返航程，船上满载3706名乘客和1100名船员，总计4806人。

1月24日除夕之夜，"歌诗达赛琳娜号"在返津途中报告，船上包括两名儿童和10位外籍船员在内，共15人出现发热症状。

1月25日凌晨1点，天津疫情防控指挥部发出指令：①邮轮停驻离岸十五海里外的锚地，暂不进港；②专家、医务人员登船采样、开展流调；③天津国际邮轮母港全部邮轮航线即日起停航。

1月25日凌晨3点，天津滨海新区卫健委11人和东疆海关七名工作人员第一时间集结，开始准备乘坐拖轮登船取样检测，同时制定直升机"接力"运送取样标本的方案。

1月25日5点30分，工作人员登上邮轮，分组对全体4806名乘客测量体温，经排查，新增两人出现发热症状，共计17人发热。

1月25日10点03分，直升机再次起飞，从邮轮上悬吊起17份发热人员检测样本的黄色标本箱。

1月25日12点，警车护送，17份检测样本运至天津市疾控中心。

1月25日15点30分，17份样本检验结果全部为阴性，排除新冠肺炎。

1月25日20点30分，邮轮完成靠港，紧急调度54辆大巴车专程接送乘客，同时，准备登船开始下一班旅程的3000多名乘客当场全额退票劝离。

1月25日22点，35名受疫情影响暂不能返乡的湖北籍滞留乘客全部免费入住滨海新区政府招待所。

事件得到完善处置之后，1月26日农历正月初二，经过充分补给和消毒杀菌，"歌诗达赛琳娜号"载着1000多位船员驶离天津国际邮轮母港码头，驶向公海。事件处理历时24小时。

二、案例分析

(一)新冠肺炎疫情防控策略和措施分类

综观目前国际上新冠肺炎防控策略和措施，尽管不同国家在具体措施上各有差异，但是按照其所采取策略和措施的本质特点来说，可简单地归为以下两大类。

第一类，是以中国、新加坡、韩国、泰国等为代表的国家所采取的策略和措施，可以称之为"类SARS防控策略和措施"，或可称为阻断策略，以下简称"类SARS策略"。

第二类，是目前以美国、英国、瑞士等国为代表的国家所采取的策略和措施，可以称之为"类大流行流感防控策略和措施"，或可称为缓解策略，以下简称"类大流感策略"。

(二)两类策略和措施差异辨析

通过认真分析研究不同国家防控策略和措施的本质差异，两类防控策略和措施主要有以下几个方面的不同。

1. 防控目标不同

"类 SARS 防控策略和措施"的防控目标是控制流行，彻底阻断传播，消除危害；类大流感策略的防控目标是控制传播，延缓流行速度，减轻总体危害。

2. 立论依据不同

赞同类 SARS 策略者认为，新冠病毒最主要的传播途径是有症状者近距离飞沫传播，通过类似 SARS 防控进行积极调查控制，并针对潜伏期传染性和隐性感染者传染性采取一些额外措施，其传播完全可以被阻断，所以应采取以预防为主的积极控制策略和措施。

赞同类大流感策略者认为，新冠病毒存在潜伏期传染性和隐性感染者传播，要对其传染源进行完全管理几乎不可能，新冠病毒的传播就和流感大流行一样，只可能被减缓，不可能被完全阻断。

既然阻断不了，该感染者迟早还是要被感染，所以不如采取减缓其传播的策略和措施，让其在有控制的状态下慢速流行，直到人群形成足够的免疫屏障，流行强度大大降低，使其成为类似流感的季节性传染病。

3. 成本效益观不同

类 SARS 策略者认为，不管新冠病毒感染者病死率高低，既然通过采取积极主动防控措施，能够有效控制直至完全阻断该病毒的传播，就可以通过积极努力，最大限度地控制发病、重症和死亡的发生，虽然短期会付出较为重大的代价，但是可以避免在整体上造成更为重大的健康和社会经济等损失。

类大流感策略者认为，新冠病毒感染者 80% 为轻症，病死率远低于 SARS 和 MERS，只比大流感病死率略高，同时新冠病毒感染者没有特效药，轻症病例不用住院治疗，在不可能完全阻断其传播的情况下，类似 SARS 样的防控策略和措施投入过于巨大，对社会正常生产生活影响和损失也极为惨重，得不偿失，不符合成本效益原则。

4. 两类策略指导下的关键防控措施不同

由于两类策略的防控目标不同、立论依据不同、成本效益观不同，导致两类策略指导下的关键防控措施有明显差异。

(1) 类 SARS 策略下的关键防控措施。类 SARS 策略下，为了达到阻断传播同时降低健康危害的目的，必须实现"五早"，即"早发现、早报告、早调查、早隔离、早治疗"，对传染源实行严格管理，达到逐步阻断传播的目的。

"早发现"，即通过提高医务人员的敏感性，及早发现疑似病例，迅速进行检测和诊断，从而使病人这一最重要传染源得到及时有效的管理。

"早报告"，疑似病人、确诊病例均需要在规定的时间内迅速报告卫生或疾控部门，以便尽快进行调查处理。

"早调查"，接到确诊病人、疑似病人、阳性检出者报告后，疾控部门需要迅速派出流行病学调查人员对病人病前接触暴露情况和病后与其接触人员情况进行深入细致的调查排查，查明病人的感染来源，以及所有与之相关的密切接触者。通过深入"早调查"，查明每一例病人的传播链，以实现对与此病人相关的所有可能感染者的全面管理。

"早隔离"，所有确诊病例都应隔离治疗，所有疑似病例都应单间隔离治疗，所有密切接触者也都应实行单间隔离医学观察。通过对确诊病例和疑似病例的"早隔离"，可以有效预防新冠病人将病毒传播给健康人。通过对密切接触者的"早隔离"，既有助于早期发现新的感染病例，包括非典型的轻症病例，也可以使其中的潜伏期感染者、隐性感染者得到严格管理，不会将病毒传播给他人。通过对疑似病人、密切接触者的单间隔离，则可以有效地防止被隔离者之间可能发生的交叉感染。

"早治疗"，通过对病人有效的对症、支持治疗和抗病毒、中医药等治疗，努力防止轻症发展为重症，重症病例得到全力救护，努力降低病死率。同时，通过"早治疗"，也可以起到消除病人作为传染源的作用。

通过"五早"，实现对确诊病例、疑似病例、阳性检出者、密切接触者"应收尽收、应管尽管"，从而有效控制病毒的进一步传播，直至完全阻断其传播。

(2) 类大流感策略下的关键措施，为了达到降低健康危害的目的，重点强调和最关键的措施是重症病例的救治。同时为了避免医疗负荷过重，必要时也可适当采取增加社交距离的措施。但是不强调所有病例的早期发现，不强调轻症病例的隔离治疗，也不强调对病例密切接触者的排查和管理。

"重症病例救治"，即优先对出现重症的病例或具有基础性疾病的病例进行住院治疗，通过积极的对症、支持治疗，降低病死率。

目前，新冠肺炎治疗尚没有特效药，所以在大流感策略下，一般主张轻症病人居家观察，如不出现呼吸困难等重症表现，不提倡到医院住院治疗。

因为不强调病例早发现，所以一般不主张对非典型、没有接触史、没有症状的接触者等进行新冠病毒的检测。

在一个地区病例迅速增加时，如果病例上升过快，重症病例过多，超过医疗机构所能承受的负荷，或发生重症病例医疗资源挤兑现象，则相应地采取增加社交距离的措施，如禁止或减少大规模聚会、停学、停工，甚至宣布紧急状态、实行宵禁等。

(3) 防控新冠肺炎的其他常见措施。综合各国新冠肺炎防控实践，其他常见的预防控制措施有：①封城、封村、封路，以及单位、小区封闭式管理等；②停工、停学、停产等停业措施；③停飞、停运、停止交通等限制措施；④国境卫生检疫、交通卫生检疫措施；⑤戴口罩、手卫生、咳嗽礼仪等措施；⑥消毒措施。

上述各类措施或是为了控制传染源的流动，或是为了增加社交距离，或是为了保护易感人群，从而达到预防或降低病毒传播、减少疾病发生的目的。

这些措施对于两类策略人群预防控制新冠肺炎疫情，都可能或多或少地被采用，同时又会因各地疫情现状、防控理念、文化习俗等不同而有所差异。

类 SARS 策略可能更加重视和更多地采取一些较为激进的封闭管理措施，如通过武汉封城防止新冠病毒感染者进一步向外传播扩散，通过其他一些封闭式的管理措施防止感染者向外扩散或向内传入。

类大流感策略则可能更加重视一些相对较为温和的增加社交距离的措施，如减少聚集，学校放假等。但是所有这些措施对于两类策略来说都是辅助性的，仅有助于关键措施更快、更好地见到成效。

(三)部分国家防控策略和措施简析

1. 中国的策略和措施

中国采用了类 SARS 策略，狠抓病人的发现和隔离救治、密切接触者的调查和严格管理。

为了控制传染源的扩散，在武汉出现广泛社区传播的情况下，对人口上千万的武汉进行了封城管理。通过增立定点救治医院、新建隔离救治医院、建设方舱医院等多种形式，有效地解决了武汉巨量病人的收治问题，使病人这一最重要传染源得到了有效控制。

同时，通过全国总动员，各省市在做好本地防控工作的同时，以对口支援的形式，向武汉提供了充足的医务人员、流行病调查人员、救治防护设备设施等，保证做到了应收尽收、应管尽管，有效地控制了新发病例的发生，基本上实现了阻断病毒传播的目标，同时也使较高的病死率得到较有效的控制。中国疫情控制的关键在于有效地实现了传染病的管理，同时通过武汉封城，有效地阻断了病毒的继续传播扩散，对于全国疫情的控制十分关键。

2. 韩国的策略和措施

韩国也是实施类 SARS 防控策略和措施的国家，在疫情出现快速上升迹象后，尽管没有采取声势浩大的封闭措施，但是韩国政府顶住了巨大压力，加大疑似病人和密切接触者检测力度，并在一度出现病人收治困难的情况下，最终努力实现了应收尽收、应管尽管的目标，疫情控制已经见到明显成效，日报告病例已经从最高峰时的 1100 多例降至数十例。

3. 日本的策略和措施

日本采取了典型的类大流感策略，在较早时期，日本政府就明确表示，仅鼓励重症病人住院治疗，轻症病例居家治疗，并且不鼓励无症状者进行新冠病毒检测。但是得益于日本人民的自律精神和较高的卫生素养，日本并没有像欧洲国家那样病例快速增加，成为在实施类大流感策略国家中疫情发展表现较为特殊的一个国家。

但是由于其防控策略不太可能阻断疫情的继续传播，日本的新冠疫情仍然没有得到有效控制。

4. 美国的策略和措施

美国实施的是坚定的类大流感策略，所以一直以来严格限制病例的新冠检测标准，鼓励轻症病人居家观察。由于美国早期对中国采取较为激进的旅行限制措施，前期疫情上升较慢，但是由于病例持续慢速传播，随着传染源的积累，检测力度的加大，其病例数和死亡数均直线上升。

为此，先是一些州、继之全美相继宣布进入紧急状态，并采取一些增加社交距离的措施。

5. 英国等欧洲国家的策略和措施

英国以及大多数欧洲国家均是坚定的类大流感策略者，强调新冠肺炎不可能被完全阻断，主要注重对重症病例的救治，轻症病人要求居家观察，限制对轻症病人开展新冠病毒检测。

瑞士、瑞典、英国等大多数欧洲国家面对新冠病例上升，直接宣布放弃对轻症病例的检测，甚至称不再公布确诊病例数据。英国甚至公开表示要通过让人群达到 60% 左右的感染率，使人群获得群体免疫，所以在采取增加社交距离措施方面也倾向于保守，如并没有积极地实施学校停课等措施。

(四)两类策略对新冠疫情控制效果的解析

1. 实施类 SARS 策略国家疫情控制效果良好

实施类 SARS 策略的国家和地区，不论是前期疫情严重的中国、韩国，还是前期以输入性疫情为主的新加坡、泰国、越南、中国香港等，通过积极采取类 SARS 防控策略和措施，新冠疫情均得到了较好的控制，甚至是在本地成功地实现了病毒传播的阻断。

中国作为本次最早发现新冠疫情的国家，且在武汉发生了高强度、广泛社区传播，但通过积极采取类 SARS 的防控策略和措施，已经成功地控制了本地传播，即将完成本地病毒传播的完全阻断。韩国在前期病例数剧增且仅次于中国的情况下，坚持狠抓关键措施落实，也较快地实现了疫情的逆转，日新增病例已经成功降至两位数，控制和阻断本地传播指日可待。

实施类 SARS 策略的国家，由于关键传染源发现和管理措施的落实，阻断了病例传播链，新发疫情得到有效遏制，重症病例数量也得到相应控制，除中国武汉早期因发生医疗资源挤兑导致病死率较高以外，其他绝大多数国家或地区目前的粗病死率保持在相对较低水平。

另外，实施类 SARS 策略的国家，向其他国家输出疫情总体较少。虽然在中国武汉疫情发生的早期，全球约有 20 个国家发现了来自中国的输入性疫情，但是随着实施各项积极的甚至是激进的预防控制举措，自 2020 年 2 月份以来，中国已经很少再有向其他国家输出新冠肺炎病例的报告。

2. 类大流感策略国家疫情继续甚至较快蔓延

采取类大流感策略国家，由于没有对传染源实施全面有效的管理，社区传播继续发生，只是受到各国病例收治能力差异、民众对居家治疗的顺从性、增加社交距离措施力度的大小和自觉性，以及疫情启动的迟早不一等影响，各国疫情蔓延速度有所差异。意大利疫情继续加剧，欧洲绝大多数国家和美国疫情快速蔓延，日本疫情近期也继续缓慢扩散。

意大利随着疾病传播和病例数增加，重症病例随之增多，已经超过当地医疗机构的承受能力，医务人员正面临着对病人不得不进行选择性治疗的困境，病死率持续高企，成为目前全球粗病死率最高的国家。其他国家是否会出现类似的重症病例挤兑现象，还有待观察。

意大利在重疫区病毒广泛传播的情况下，没有对重疫区实施严格的封锁，疫情不断地向意大利其他地区传播、扩散，意大利又不断地向欧洲和全球的其他国家传播、扩散。

一段时间以来，意大利已经成为向其他国家输出病例最多的国家，从某种程度上来说，意大利成为本次新冠肺炎全球大流行的重要策源地。

同时，随着绝大多数欧洲国家、美国等的新冠病例数快速上升，这些国家也成为近期向其他国家输出病例的重要来源，成为本次全球大流行的助推器。

(五)两类策略的关系分析及对下一步控制策略的建议

如果能迅速解决两类策略之间的分歧，促使全球所有国家达成共识，统一行动，并共同采取有力措施，就有可能影响和控制全球大流行的进程，阻断新冠病毒在全球范围内的传播扩散。

1. 两类策略的关系分析

两类策略之间最基本的分歧体现在新冠病毒是否能够被完全阻断，如何看待防控的成本效益，以及对采取封闭措施的认识上。

1) 关于阻断可能性

新冠病毒能否被完全阻断，目前看是完全可能的。

一是中国、新加坡、泰国、越南甚至韩国等国家的控制实践都充分说明了这一点，世界卫生组织对中国新冠肺炎防控的现场调研报告也给予了充分肯定。

二是类大流感策略派担心的潜伏期传染性、隐性感染者、非典型病例造成的"传染源漏网"问题。实践已证明，完全可能通过"五早"和"应收尽收、应管尽管"的措施，使这些问题得到很好的解决。新冠肺炎潜伏期传染性主要在潜伏期末、隐性感染者比例较低，通过深入流行病学调查和对密切接触者的追踪，完全可以实现对非典型病人、潜伏期感染者、隐性感染者的全面发现与管理，从而有效地防止其中的病毒感染者进一步将病毒传播给其他健康人。

2) 关于成本效益

只要全球的防控工作者都能认同新冠病毒传播能够被阻断，两个策略的成本效益哪个更高就变得显而易见。

采取类SARS策略，可能在更短的时间内控制增量，阻断病毒的传播，使总体病例数、重症数、死亡数大大降低，同时也避免了更长时间采取增加社交距离措施等对社会生产生活的影响。

如果从全球范围看，基于现有流行数据简单分析推算，两者的成本效益和健康效益更是不可同日而语的。

2. 对于封闭措施其作用和必要性的认识

按照类SARS策略，在广泛社区传播地区采取一定的封闭措施十分有必要，通过封闭措施可以控制传染源向外传播、扩散，减轻其他地区的防控压力。

正如在中国发病高峰时，由于国内对可能感染者的管理举措有效，只是在较早时期向全球其他国家发生了有限的输出传播，没有发生向非洲输出的病例；而近期在意大利和更多欧美国家疫情加剧以后，由于采取的是类大流感策略，其国内的可能感染者没有得到有效的发现和管理，因此近期单单非洲已经有20多个国家发现输入性确诊病例，甚至在埃及、阿尔及利亚等少数非洲国家已经发生地方传播的情况。

可见，对于广泛社区传播地区采取一定的封闭性措施，不但对本国、本地区疫情控制有着根本性的影响，对全球特别是非洲等能力、资源落后的国家造成的影响更是不可估量的。

但是，通过全球两类策略国家关键性措施的比较，可以清楚地知道，不论是在已经有广泛社区传播的疫情高发地区，还是在尚没有发生广泛社区传播的疫情低发地区，要控制和阻断新冠病毒的传播，关键在于落实"五早"和"应收尽收、应管尽管"。而且实施越早，落实越易，代价越小；实施越迟，落实越难，代价越大。

控制疫情传播的主要是上述关键措施，而不是欧美等类大流感策略国家认为难以复制的封闭性措施，这些封闭性措施一是在特定情形下才是必需的，二是封闭性措施对于疫情控制也只是起到辅助作用。

所以，全球所有国家完全都可以采取类SARS策略，在加强重症病例救治的同时，通过狠抓关键控制措施落实，实现"五早"和"应收尽收、应管尽管"。

三、思考与讨论

1. 对比"非典"的处理，我国政府在应对疫情方面存在哪些不足？有了哪些进步？
2. 我国其他应对主体在疫情的防控中发挥了什么作用？

3. 疫情在全球的肆虐给构建公共卫生体系带来了哪些启示？

4. 你认为哪些科学技术应当用在疫情的防控上？

(资料来源：根据360百科、《21世纪经济报道》的资料整理)

 案例解析6-6

东日本大地震及日本防灾理念

一、案例回放

1. 东日本9.0级大地震的发生

2011年3月11日，日本当地时间14时46分，日本东北部海域发生里氏9.0级地震并引发海啸，造成重大人员伤亡和财产损失。地震震中位于宫城县以东太平洋海域，震源深度约海下10公里。东京有强烈震感。地震引发的海啸影响到太平洋沿岸的大部分地区。地震造成日本福岛第一核电站1～4号机组发生核泄漏事故。4月1日，日本内阁会议决定将此次地震称为"东日本大地震"。据统计，自有记录以来，此次9.0级地震是世界第三高，1960年发生的智利9.5级地震和1964年发生的阿拉斯加9.2级地震分别排第一和第二。

日本气象厅随即发布了海啸警报，称地震将引发约6米高的海啸，后修正为10米。后续调查表明，海啸最高达到了24米。这次地震发生之前，科学界对这一地区地震预测的最大级别是8.3级，没有明确超过这一级别事件发生的可能性，没有任何针对小概率事件(极端事件)的防范措施。根据这一地震震级推算，这一地区发生地震海啸的高度约为6米左右。将6米海啸作为防御对象，防波堤修到10米高，似乎非常安全。正是基于这种认知，使得防波堤后聚集了大量人口，产生巨灾风险高暴露。东日本9.0级大地震形成的海啸远远超过10米的防波堤，造成了前所未有的巨大灾难。缺乏对极端事件的科学认知和防范措施，是这次大地震带来的惨痛教训。

2. 衍生危机的重创——地震造成福岛第一核电站发生核泄漏

3月12日，日本时事社援引东京电力公司的消息说，日本福岛县第一核电站1号机组15时6分爆炸后释放大量核辐射造成重大二次灾害。日本当局建议福岛核电站附近的居民迅速撤离，不要在撤离过程中吃喝任何东西，尽量不要让皮肤暴露在外。到达安全场地后要更换衣物。应该扩大疏散区域，如不能马上疏散，应提醒居民关闭门窗，关闭空调。

日本经济产业省原子能安全保安院12日宣布，福岛第一核电站1号机组周边检测出放射性物质铯和碘，铯和碘都是堆芯的燃料铀发生核分裂的产物，这表明反应堆堆芯燃料熔化进一步加剧。不过，1号机组的反应堆容器内的蒸汽已被释放，容器内的气压已经开始下降。

原子能安全保安院官员在当天的记者招待会上说："可以认为堆芯的燃料正在熔化。"堆芯的具体温度还不明确，但设计能够耐1200℃高温的燃料包壳已经熔解。这表明，自地震发生后核电站反应堆自动关闭约1天以来，放射性物质的扩散仍在持续，核电站事故已经造成非常严重的后果。

受11日大地震的影响，日本福岛第一核电站发生放射性物质泄漏，随后1号机组发生氢气爆炸。日本政府把福岛第一核电站的人员疏散范围由原来的方圆10公里上调至方圆20公里，把第二核电站附近的人员疏散范围由3公里提升至10公里。国际原子能机构说，日本正从两座核电站附近转移17万居民。

据日本共同社报道，日本东京电力公司福岛第一核电站 3 号机组当地时间 3 月 14 日 11 点过后发生氢气爆炸。据电视画面显示，现场冒出白烟。

3 月 14 日，据日本 NPH 电视台报道，日本女川核电站附近的核辐射已降至正常水平。

3 月 15 日早晨，2 号机组又传出爆炸声。负责核电站运营的东京电力开始撤离部分工作人员。据日本共同社报道，日本福岛第一核电站四号机组发生氢气爆炸后起火，火已经被扑灭。据称，4 号机组爆炸是与 1、2、3 号机组类似的氢气爆炸。

3. 大地震造成的损失

造成这次大地震损失巨大、长时期难以恢复的重要原因是地震海啸对基础设施的严重破坏。地震海啸摧毁了大量的交通设施、通信设施，导致全日本社会的紊乱。地震对日本的电力供应产生了灾难性的破坏。震后，东京电力辖区包括核电、火电和水电在内的 41 座发电站停止发电，发电量降为装机容量的 30%；东北电力辖区包括核电、地热和火电在内的 17 座发电站停止发电，发电量降为装机容量的 55%；日本关东及东北地区大面积停电。尽管 178 小时后电力逐步恢复，但供电量长时期得不到保障，不得不采取限电措施，居民生活和企业生产受到严重影响。基础设施破坏导致巨大损失与灾难的惨痛教训，使得日本各界高度关注巨灾中基础设施脆弱性问题。

这次大地震还暴露出老龄化社会的灾害脆弱性。震后统计，地震造成 60 岁以上老年人死亡超过 7241 人，占总死亡人数的比例超过 55%，是其他年龄组别的 3 倍以上。这种情况，与阪神地震时的情况非常类似。老龄化社会的巨灾脆弱性是社会发展面临的巨大挑战。

二、案例分析

日本是一个地震灾害频发的国家，全国每天约有 4 次有感地震。防灾减灾一直是日本公共危机管理的重点，这主要体现在三个方面。

(1) 法律方面，抗震防灾法制化。为及时有效地应对地震灾害，日本不断完善相关法律。1978 年 12 月开始实施《大规模地震对策特别措施法》。1979 年 6 月，总理大臣指定静冈县及其相邻地区 167 个市町村为"地震防灾对策强化地区"。1995 年 1 月阪神大地震发生后，为了健全地震调查研究体制，同年 7 月开始实施《地震防灾对策特别措施法》。

(2) 自救方面，避难场所分散化。日本城市公园的特点是整体数量多、单个面积小，人们可以就近紧急避难。城市在建设公园立项时，就考虑到在地震时作为避难场所。如果是数日或长期的室内场所，受灾民众就去附近学校、市民会馆或体育馆等。

(3) 教育方面，抗震教育普及化。9 月 1 日是日本的"防灾日"。每年这一天，日本社会各界都要举行防灾知识讲座、防灾演习、防灾新产品推介等丰富多彩的活动，各行各业为抗震救灾献计献策。日本商店大都销售"常备灾害应急物品袋"，袋中有饮用水、压缩食品、收音机、常用药品、常用器械、简易帐篷、便携马桶等。

(一)有效措施

由于地震灾害的频发，及其一直以来的重视，日本在此次应对中，采取了一系列有效的举措。

地震应对举措一：地震频发下，树立良好的国民意识

1. 民众秩序井然，从容应对

日本发生地震海啸后，又遭受核辐射危机，在如此重创袭击下，社会秩序仍保持极其稳定状态，给外界留下深刻印象。

(1) 市民上街避难主动让出主干路，楼道避难分坐两旁让出中间通道。教师最后一个离开教室并关闭电源，公共电视台使用多国语言播放震情和自救方法，学校、公园等避难场所迅速搭建起简易厕所等设施。

(2) 东京都内，虽然人们在超市门口排起长长的队伍，食品货架上也时常空空如也，但并没有出现哄抬物价的现象，所有的队伍都很安静、有序。一些超市对购买水和食物进行了限制，比如一个人最多只能买 5 瓶水，不能搬走太多面包或方便面等，但并没见到顾客争辩。大家都是安静地购物，按规矩办事。

(3) 尽管车站出现了人流密集现象，但没有出现混乱、拥挤情况。人们接受安排，没有抱怨。只要有工作人员向他们解释清楚情况，人们便会迅速地按照车站指示，等待或者离开。人群排成了蜿蜒的长龙，全部靠左，右边留出通行空间，没人指引和监督。

(4) 日本仍能保持良好社会秩序的主要原因是持之以恒的教育、防灾培训以及社区建设。日本人从幼儿园起，便接受灾害对策教育。日本小学生最到位的教育就是安全教育，把教育具体化而不是学科化，实际技能和训练非常多，当真正遇到地震时，他们就会表现出沉着的心态和科学的自救能力。

2. 相信政府，管好自己

日本人具有这样的共识：个人对他所从属的社会负有重大责任，事态越严峻，就越应该管好自己。在公共危机到来时，日本人更多地选择信任政府。国民与政府的良好互动与沟通正是这种信任的来源。

地震应对举措二：成熟的社会志愿服务

1. 日本企业积极救灾

在地震发生后的第二天，没有等政府的援助计划出台，一些企业就开始采取灵活的"救灾"方式救灾。企业运用自己的资源，在地震后的第一时间、第一现场发挥作用，这是抗震救灾最好的方式。

日本企业社会责任意识比较强，无论是对员工的关照还是对社会的关怀，在预防灾难和面对灾难的时候更加显现出来。一些成熟的大企业都设有专项救灾资金，也有专人运作这笔基金。很多大型企业每年都会发布社会责任报告，并把社会责任当作长期的责任来承担。一些大企业在新人报到时，会给员工发一个应急包，学校和大企业每年都会举行各种避灾演习。灾难发生后，如果受灾人找不到存折或储蓄卡，大部分银行允许客户仅凭身份证，就可借走 10 万日元。

2. 民间力量发挥救灾作用

为了给在日本的外国人提供帮助，截至 3 月 16 日下午，志愿者们把逃生手册翻译成31 种语言版本。这份逃生指南名为"日本地震：如何保护你自己"，内容包括逃生时随身携带的物品、如何应对紧急情况、避难时的注意事项、地震发生前的注意事项、急救电话和网站。志愿者还向缅甸、拉脱维亚等人数较少的在日本的外国人提供翻译服务。

日本社区和市民组织已足可担当凝聚社会基层内核、组织基层市民的作用，政府可在更宏观的层面配置调度资源，合理指挥救灾。

单纯依靠政府完成对所有层面的、情况复杂的建设，不仅难承其荷，也做不到资源的最好配置。日本的经验已经证明，大力培育社区和市民组织从事微观管理，是一个高效的办法。市民参与管理可以带来的另一个正面影响是，在责任感和主人翁意识主导下，人们会展现出人性最光辉的一面。

地震应对举措三：日本建筑抗震性强

1. 在地基及建筑选材上提高抗震能力

地狭人多的日本有很多高层建筑。为了抵御地震的破坏，日本的高层建筑普遍采用了一种地基地震隔绝的技术。这种技术就是在建筑物的底部安装弹性橡胶垫，或者摩擦滑动承重座缓冲装置来抵抗地震袭击。

此外，日本建筑在选材上也格外讲究，比如在中国及欧洲等国家经常被当作主要建筑材料的砖瓦，现在在日本建筑中几乎已经找不到踪影了。1923年的关东大地震证明砖结构房屋不抗震。砖结构建筑在日本几乎不再被使用，取而代之的是辅以轻型墙面材料的钢筋混凝土结构。

为了提高传统木结构建筑的抗震能力，日本普通的民宅采用了箱体设计方式。地震发生时，房屋整体翻滚，不至于损毁。专业技术人员还会定期对民房进行抗震加固等级评定，政府会酌情给予居民适当的补贴鼓励。

在经常下雪的日本东北地区，当地人在建造房屋时，房顶多采用铁板材料。用铁板作为屋顶，比使用瓦片的建筑物质量要轻许多。为了御寒，这个地区居民房间的门、窗井口幅度较小，这使房间更具有抗震性。

2. 不断完善的建筑法律

每一次日本发生特大地震后，国土交通部都会组织力量进行建筑抗震调查，根据调查结果提出对《建筑基准法》的修改意见。日本建筑师在设计建筑时，会严格按照《建筑基准法》的抗震要求来设计。这部法律每几年就会重新修订一次。

早在1995年修订的《建筑基准法》就规定，高层建筑必须能够抵御里氏7级以上的强烈地震。一项建筑工程，要从政府部门获得开工许可，除了要上交设计图纸、施工图纸等文件外，还必须提交建筑抗震报告书。抗震报告书的内容包括根据地震的不同强度，计算不同的建筑结构在地震中的受力大小，进而确定建筑的梁柱位置、承重，以及施工中钢筋、混凝土的规格和配比。

地震应对举措四：多方面、多角度应对

1. 临震预警中关键的"提前10秒预告"

日本所采取的"临震预警"和地震预测完全是两种概念。预警是指在地震发生时或发生后，利用离震源最近的地震台快速地确定地震的信息，在震波还未到达另一个地区时，告知当地人。

日本现在应用的"临震预警"系统，遵循的是"时间差原理"。地震发生时，一般是破坏力较小但速度较快的地震波(简称P波，速度为每秒5～7公里)先活动，继之以破坏力大但速度慢的地震波(简称S波，速度为每秒3～4公里)。两种震波之间存在几秒到几十秒的时间差。日本研究人员正是利用这个时间差，用仪器测出P波后，迅速向外围地区发出预警。

2. 日本媒体的积极作用

只要略有震感，很多日本人的自然反应便是打开电视机或收音机。通常在30秒内，地震速报就可以告诉人们何处发生了地震。随后大约两分钟内，更加详细的报告便会披露具体震源、震级、离地表距离和受灾地区破坏情形等。

广播在日本灾害报道中也发挥着巨大功用。救生包里除了水、手电、饼干、糖块外，最重要的东西就是收音机。被困的灾民可以不间断地收听救灾信息，躲避进一步的灾害，提前得知救援队伍的行程。

此外，网络媒体在地震后发挥了新的巨大作用。谷歌在震后立即开始提供各地避难所的地图，并且很快设置寻人与报平安的网页。政府部门也可利用网络发布信息。

3. 日本360多个城市同时接纳灾民

截至3月21日，因强震失去家园而无家可归的灾民达到30万人。日本政府虽然已经兴建了3万栋临时住宅，但依然满足不了灾民的居住需要。当时已有360多个城市的地方政府响应号召提出申请，拿出公营住宅，接纳失去家园的重灾区灾民，日本民间组织也在积极地提供便利条件。

4. 日用品的防灾设计

研究防灾的人士经常教人们怎样利用身边的日用品来保护自己。日本家庭一般都有地图，地图上一般都将避难场所详细标出，并尽可能地附加最快到达避难所的路线说明。

日本人还把电视机设计成了一个"可以报警"的装置。如果地震达到5级以上，电视机会自动开机发出预报，并播放很多应急措施。如果发生在夜里，还可以向睡梦中的人们报警，争取宝贵的逃难时间。

地震发生时，屋中的家具往往会倒下砸伤人，因此在日本到处都可以买到"家具固定薄膜"，这是一种粘力非常强的塑料膜，能将家具牢牢地粘在地板上。地板上铺的地毯、电暖桌上铺的毯子等，多数有既防火又防水的功能：平时当毯子用，地震来了可以披在身上逃离屋子，如果中途遇到火灾，可以用来包裹自己免受炙烤，逃出后还可以用来御寒。

地震救急包是每个家庭必备的东西，干粉灭火器也是家庭必备品，方便救火。很多家庭都在使用带提手的、水桶一样的垃圾桶，灾后可以用它来搬运东西。钥匙链是在链子下坠一个椭圆形的塑料小牌子。日本人将这个塑料小牌子做成可以吹的哨子，牌子中间还可以镶嵌进一张纸片。人们可以在纸片上写下自己的名字、电话、住址、血型等信息，这样方便自己遇险后自救与被救。

5. 信息公开

地震发生后，日本中央政府除了在电视台公布信息外，在政府各机构的网页也同时公布信息，一些政府机构也纷纷在SNS网站发出救灾倡议。同时，救援人员也积极登录Twitter(推特)，为那些不会讲日语的人们发布并提供各种信息。日本政府还首次设立了微博赈灾。

(二)不足之处

东日本大地震造成的影响之大、损失之惨重，也暴露出日本应对此次灾难的不足之处。

(1) 忽略了多种灾难并发带来的危机。和1995年日本阪神地震相比，这次地震出现了很多新的特点：波及面广，震级剧烈，还引发了海啸、核设施泄漏事故。日本东京到北海道之间，整个东北部地区基础设施包括海陆空等交通体系等都受到了破坏。伴随地震发生的海啸冲毁了备用电源，灾难发生后的应急保障失去了效用。

建立于20世纪70年代的国际灾备体系中也没有提到应对核辐射等灾难。APEC(亚太经济合作组织)的网站建有全世界各个区域灾难的记录，包括人类历史不同时期灾难发生的概况、教训和经验，但是整个记录都没有谈及核污染事故处置的经验、教训。日本这次多灾难并发的地震，给了世界各国一个经验教训，那就是要更系统全面地考虑不同灾难事故间的联系，细化预防工作。

(2) 地方政府与相关部门缺乏统一步调措施。起初过于乐观的心态，使日本政府想尽量缩小这一事件的影响，降低危害等级，对外宣称危害极小等，起到了适得其反的作用，引起了国民的强烈不满。

(3) 日本对核泄漏、核污染问题的不重视。此次地震直接导致了随之而来的海啸，海啸引发了福岛核电站有史以来规模最大的核泄漏事件。当时的核燃料已经沸腾，核反应堆即将有熔化的趋向，日本政府临时想到了用海水去冷却核燃料，虽核反应堆未熔化，但是这些注入的海水明显受到了核污染，福岛县的水产品出口由此受到严重的影响，福岛县居民被迫迁移，放弃了祖祖辈辈从事的渔业生产。

日本《每日新闻》2021年10月16日的消息报道，日本政府将会在10月27日正式决定是否将核污水排向太平洋。这一新闻受到了日本民主乃至全球的谴责，其实，每天日本东京电力公司都会产生150吨的核废水，据不完全统计，截至2020年9月，福岛核电站的核废水储量已经达到了惊人的123万吨，据日本一些专家的预测，2022年之后，福岛核电站将没有用来放置核废水储存罐的地方了。

东日本大地震2011年结束了，距今已10年，但核污染却仍在继续。

三、思考与讨论

1. 日本应对地震有哪些有效举措及不足之处？
2. 在应对自然灾害危机中，预警机制方面还需如何完善？
3. 从国际、国家层面考虑，应如何应对日本的核污染？

（资料来源：根据52国际在线相关资料整理）

 案例解析6-7

韩国世越号沉船事件

一、案例回放

韩国"世越号"(原译为"岁月号")沉船事故让全体韩国国民沉浸在悲痛之中。在事故原因的调查过程中，韩国社会的各种问题均被一一暴露，尤其是腐败问题再次引发关注。

韩国时间2014年4月16日上午8时58分许，韩国一艘载有476人的"世越号"客轮在全罗南道珍岛郡海域发生浸水事故，之后沉没。该事故已造成296人死亡，142人受伤，另有8人下落不明。

事故发生时，事故客轮上的44个救生筏只有两个自动充气上浮。但是，这样的救生筏却在韩国船级社的定期检查中被认定为合格。韩国船级社是韩国的非营利船舶技术检验机构，也是韩国唯一从事船舶入级检验业务的专业机构。此外，事故客轮上的货物严重超载，且原本应该固定好的货物并没有被一一固定好，但负责检查这些工作的韩国海运工会却在这种情况下同意了客轮出港。此外，韩国海警展开的海上救援工作也不尽如人意，以至于众多遇难者家属指责海警救援不力。

其实，该事故暴露出来的问题正是"官商勾结"。负责代理检查船只安全的韩国船级社与负责管理船只安全运航的海运工会的理事长都曾是韩国海洋水产部官员。这种"官"与"商"的关系导致了韩国政府对这些机构的监督形同虚设。

对此，时任韩国总统朴槿惠2014年5月19日在青瓦台就"世越号"沉船事故发表《对国民谈话》，她在谈话中就事故向国民道歉，并表示将解散韩国海洋警察。朴槿惠说，政府将彻查是否存在与清海镇海运公司勾结的势力，并严厉打击在社会各界蔓延的贪污腐败现象，确保国民生命和安全不再受到威胁。

1. 事故处理

2014年11月11日，韩国光州，沉没客轮"世越号"船长李某和船员们抵达法院，接受最终审判。韩国法院11日判处失事客轮"世越号"船长36年徒刑。

韩国检方此前曾在庭上要求法院判处"世越号"船长李某死刑，判处大副姜某、二副金某、轮机长朴某无期徒刑，判处其余船员15~30年有期徒刑。

2015年4月28日，韩国光州高等地方法院二审宣判"世越号"客轮船长李某杀人罪成立，判处其无期徒刑。

2015年11月12日，韩国大法院终审判决"世越号"船长杀人罪成立，判处其无期徒刑。

2020年1月17日，首尔中央地方法院判定，清海镇海运和前会长俞炳彦应负70%的责任，韩国国家应负25%的责任，其余5%的责任由负责船载货物捆绑事务的公司承担。

2. 事故历程

2014年4月15日20时，"世越号"客轮(6825吨)离开仁川港，踏上了驶往济州岛的旅程。

2014年4月16日7时55分左右，船体受到严重撞击发出巨响并摇晃。几秒钟内船体发生倾斜，开始快速下沉。船上广播开始告知人们危险，不要到处走动，船体突然向一侧翻倒。

2014年4月16日7时58分，客轮发出求救信号，称船体正在下沉，韩国海警前往救援。

2014年4月16日9时，客轮在全罗南道珍岛郡观梅岛附近海域发出求救信号，韩国总统朴槿惠表示韩国政府将会全力搜救，并且表示"一个人都不能放弃"。

2014年4月16日9点31分，"世越号"客轮在浸水后的两小时内，先发生侧翻，进而倾覆，而后船尾下浸、船首上扬，随后逐渐下沉，直至船头底部的球鼻艏完全消失，90%以上船体倾斜进水。

2014年4月16日9点40分，韩国木浦海警出动60名海警、7艘海军舰艇、两架直升机前往事故地点。另有7艘民间商船也参与了救援。

10时，韩国海警救出120余名乘客。

10时15分，韩国YTN电视台报道称，338名学生已经全部获救。

10时16分，乘客称救援直升机已抵达。

10时55分，韩国派遣"大祚荣号"驱逐舰等20余艘舰艇以及一架海上警戒直升机前往救援。韩国空军也紧急派遣一架C-130运输机运送46艘救生艇前往事故海域。

11时左右，船体已经底朝天并几乎全部沉没。

2014年4月16日上午11时，韩安全本部曾召开紧急记者会表示，客轮已完全沉没，全部乘客都已逃生。

11时14分，韩国海警证实一名女子在沉船事故中遇难。

11 时 15 分，韩媒报道船上共有 161 人获救，此前师生全员获救系误报。

12 时 10 分，事故造成两人遇难，最新一名遇难者为男性，因为伤势过重而死亡。

14 时 00 分，韩方通报船上人员共 459 人，已救出 164 人，两人遇难，295 人失踪。

15 时 23 分，美国两栖攻击舰赶赴韩国沉船事故海域参与搜救行动。

16 时 33 分，韩军方进入沉船内搜救，因缺乏装备暂时只搜浅海区。

16 时 59 分，韩国派遣 16 架直升机和 24 艘船只参与救援行动，附近渔船也赶赴现场参与救援。

18 时 42 分，事故遇难人数升至 4 人。

19 时 00 分，水下搜救行动因天气不佳暂停。

23 时 30 分，韩国官方确认客轮载有 462 人，174 人获救，4 人证实遇难，284 人失踪。

2014 年 4 月 17 日 1 时，水下搜救工作再度展开。

2014 年 4 月 17 日 7 时 30 分，韩方确认 174 人获救，6 人遇难，近 300 人下落不明。

2014 年 4 月 17 日 11 时 30 分，韩国海洋警察厅信息调查局局长向家属宣布，将通过注入空气的方法，将船体抬升，届时多位专家将到现场指挥救援，预计沉船最早 19 日打捞出水。

截至 2014 年 4 月 17 日 11 时 48 分，统计乘船人数 476 人、失踪 287 人、获救 179 人、死亡 10 人。

该轮下沉前，船内广播系统曾播放如下语句："我们的船正面临沉没危险，所有乘客应跳入大海。"

2014 年 4 月 18 日，据韩国方面最新消息，韩国"世越号"沉没事故死亡人数升至 28 人。

据韩国国际广播公司报道，截至 21 日早晨，韩国"世越号"客轮的遇难人数已升至 64 人，另有 238 人失踪，174 人获救。据报道，美国专家和水下无人摄影机已抵达，并于凌晨开始投入搜救行动。

2014 年 4 月 22 日，据韩国 KBS 电视台报道，"世越号"失事客轮遇难人数上升为 104 人，仍有 198 人失踪，遇难者中包括两名中国籍乘客。

截至 23 日晚，这次沉船事故的遇难者已增至 156 人，多数为学生，仍有 148 人下落不明。生还者只有 172 人。

3. 事故影响

娱乐界所有活动叫停。事故发生后，整个韩国舆论哗然，各界纷纷伸出援手积极进行施救，娱乐界的所有活动也被全部叫停，众多明星为失踪者祈祷，为遇难者哀悼。电影界各项活动全面叫停，电视台娱乐节目全线停播。16 日晚上韩国三大电视台 KBS、SBS、MBC 原定播出的电视剧和娱乐节目全部停播。韩国各大电视台的搞笑娱乐节目也全面停播。电视台相关人员表示，此次沉船事故导致很多年轻的生命陨落，百余人依然下落不明。在这种情况之下，娱乐节目不宜播出，我们应该集中报道事故消息。音乐界为沉船事件噤声，已经确定发片日期或是正在准备发片的歌手们，因为此次沉船事故也纷纷决定推迟歌曲发行日期。

4. 韩海军取消和多国海上联合演习

韩国军方人士 2014 年 4 月 17 日表示，韩国原计划派"仁川舰"和"文武大王舰"参加多国海上联合演习，因突发客轮沉没事故，韩国海军决定取消原定于本月下旬赴中国参加的海军论坛和多国海上联合演习，全力投入救援工作中。

经济受到冲击。韩国经济似乎也未能幸免，大小企业中断了市场营销活动，民众的消费和出游心理也备受压抑，内需无异于突然抛锚。18日至20日的3天周末期间，乐天百货本在进行春季促销，尽管商品优惠幅度非常大，但营业额较去年同期不升反降，所有分店营业额总体下降1.6%。

5. 韩国总理宣布辞职

据新华社电，韩国总理郑烘原27日因"世越号"客轮沉船事故引咎辞职。韩联社援引执政党相关人士的话说，郑烘原当天上午在首尔的政府大楼召开紧急记者会，表明辞职意向。

6. 朴槿惠再次道歉

据韩联社称，韩国总统朴槿惠于2014年5月19日上午发表对国民的电视讲话，再一次就韩国"世越号"沉船事故进行道歉。另据法新社报道，朴槿惠当日在电视讲话中表示，将解散因沉船事故而饱受指责的韩国海警部门。

据报道，朴槿惠表示，作为韩国总统有义务对韩国民众的生命和安全承担责任，她对因此次事故而遭受痛苦的民众表示道歉。

据韩国《东亚日报》4月29日消息，据一份调查显示，韩国"世越号"16日失事沉没后，韩国民众批评政府救援不力，韩国总统朴槿惠的支持率也跌破60%。

7. 韩国海警队解散

韩国总统朴槿惠在2014年5月19日上午发表的电视讲话中表示解散海警部门，主要是由于在沉船事故发生时，海警队回应求救电话超过了10分钟，而且没有进行救援指导，在第一批救援队到达事故现场时，由于不了解情况，应对迟缓；之后海警队又被爆出所拨经费用于救援工作的不到2%。

二、案例分析

1. 政府危机响应和救援机制不完善

在韩国"世越号"沉船事故中，韩国政府的处理能力受到了大众的质疑和指责。"世越号"16日8时58分发出求救信号，两三个小时后才完全倾覆。尽管救援人员9时30分前后就赶到现场施救，但仍有大半乘客遇难或失踪。正是由于韩政府初期救援不力，才酿成了惨剧。

(1) 救援指挥人员对事故的严重性存在误判，以致没有在救援的黄金时间救援出更多的乘客。4月16日上午7时58分，木浦海警接到客轮求救信号，9时30分，木浦海警123舰(110吨)最先抵达事发海域，海警的直升机随后到达，但是船上和飞机上没有搭载专业的救援队员和救援设备。海警方面称，直升机无法搭载重物，并且未曾想到客轮会沉没。

(2) 海警和海军也因初期救援不力引发公众质疑。其一是海军救援迟缓。两艘海难救助船在第二天凌晨才抵达现场，其理由是事发当时一艘船正在训练，另一艘正在整顿中。其二专业人员缺乏，在客轮沉没之前没有及时进入船舱救援。当日上午，海军派出了导弹快艇、"山猫"直升机和UH-60直升机前去救援，但是导弹快艇主要用于作战，"山猫"直升机用于监测潜水艇，UH-60直升机用于运送特殊人员，均不是专门的海上救援工具。

(3) 政府部门和相关救援部门之间缺乏沟通，以致获救人员信息统计和发布出现重大失误。事发当天下午，负责救灾工作的韩国中央灾难安全对策本部说，船上人员有 368 人获救。但一个小时后，这一部门又把获救人数更改为 180 人。韩政府不仅没有及时掌握乘客名单，连获救人数也随意公布，反复更改，给家属们造成了巨大的伤害，也造成一定程度的混乱。

(4) 专业的救援人员未能及时到达现场救援。上午 11 时 18 分，大部分船身已经沉入海底，下午 2 时，专业的救援人员才赶到现场，事故发生 9 小时后，救援人员才首次进入船舱。

由于韩政府在处理"世越号"沉船事故时的无力表现，韩政府执政党面临民众广泛的质疑，韩政府面临着又一次信任危机。韩国在野党要求内阁集体辞职为此事故负责，韩国总统朴槿惠的支持率也跌破 60%，韩总理于 4 月 27 日就"世越号"沉没事故代表政府向韩国国民道歉，同时宣布将辞去总理职务。

2. 船员应急能力差

在客轮面临沉没时，船长和船员作为当时船上最具有技术能力的人，应该最清楚当时的险要情形，也应该根据自己的专业技能组织大家有序逃生。但在"世越号"沉船事故发生时，船长和船员抛下乘客不管，只顾自己逃生，这不仅是职业道德的丧失，更应该从行业制度规范的角度来真正杜绝此类"人祸"再次发生。

据韩国检方调查，"世越号"船员在上岗前没有经过任何相关的职责培训，船务公司也没有给船员讲解过相关章程。韩国舆论认为，如果韩国海上运输管理部门和企业对船员进行职业化培训，定期组织弃船等应急演练，或许能挽救更多乘客的生命。

3. 学校安全教育及危机应对措施缺失

这艘失事客轮上搭载的大部分乘客是学生。此次沉船事件也引发了大家对学校教育的反思。在学校组织集体出游活动时，出发前没有对学生进行统一的安全教育，也没有制定相应的安全对策。在许多国家，乘客登船之前必须先接受安全教育，乘客上船后首先要注意观察船上的提示标志，了解船上救生衣的存放位置，并学会救生衣的穿着方法，还要熟悉船上的逃生路线。而一位学生在事故发生时拍摄的船内画面显示，当船内广播说船只可能有危险时，学生们丝毫没有危险意识，还在漫不经心地做着自己的事情。在沉船危机出现时，老师和学生都没有对相应危机进行处理，导致危及生命。

4. 学生面对自身生命危险的应对能力缺失

此次沉船事故后，公众对学生们"过于听话"进行了激烈的讨论。"世越号"沉没前，已经有不少船只在现场准备施救，只要有人跳船，就很容易获救，但几乎看不到人从"世越号"上跳船逃生。当船体已经大幅度倾斜时，学生们仍没有自救的意识，从而导致很多学生困于船体内。在长幼尊卑观念根深蒂固的韩国社会，来自上级和权威的要求往往不会遭到质疑或挑战，不少乘客完全服从船方指令，可能因此而失去逃生机会。

5. 沉船事故后对船舶管理的反思

在对"世越号"沉船事故调查过程中，事故的潜在起因被锁定在以下几个方面：船体设计漏洞；船体改造不合规；乘客信息管理系统老旧；突然转向操作不当；航海师无相应资格等。针对沉船事故的起因，我们有以下几点反思。

(1) 有效的轮船载货载客情况监管。对船舶上面的载货载客情况进行有效、细致、明确的记录，可以给救援人员提供更全面的信息；当出现沉船等重大危机事故时，救援人员可以根据现有的信息，作出及时正确的判断，更充分地利用好最初的"黄金救援"时间。

"世越号"船上集装箱由普通绳索捆绑固定，在安全检查报告书中也没有提及货物固定状况有异常。当船只突然改变航向时，船载货物就发生了移动，导致船体倾斜沉没。再者，韩国政府目前采用的客轮乘客信息管理系统停留在20年前的水平。"世越号"的安全报告书上"乘客人数"一栏标记着"无"，对乘客情况的记录极不规范。这直接导致救援人员对船上情况了解不清楚，对事态严重误判，延误了救援时间。

(2) 高标准的航海师资格。船长和船员的技术水平和经验能力是航海中至关重要的因素，尤其在遇到湍急水域或紧急情况时，有经验的驾驶船员可以及时作出相应的判断，将损失和伤害降到最低。目前，各个国家对船长和船员的考量，一般都是以航海资格证和航行时间为依据的。更高要求、更严格的航海师资格是保证船舶出海安全的必要手段。

根据韩国相关法律的规定，即使仅有一年驾驶经验的船员，也可以独自驾驶轮船在类似事发海域水流湍急的危险水道航行。韩国调查人员发现，"世越号"出事时掌舵的三副朴某，是第一次驾驶这艘大型客轮通过那条以水流湍急著称的水道。而船长李俊锡当时则离开操舵室回到寝室。经验不足很可能是导致此次沉船的主要原因。

(3) 更严格的船舶技术方面的规定。船舶本身的质量和技术，是乘客安全最重要的保障。政府应该对此有明确的严格的制度规定，以防个别船舶公司为谋私利，置乘客的生命安全于不顾。

韩国国内在引进二手船舶方面的规定较不明确。"世越号"于1994年由日本建造，曾在日本服役18年。该客轮属于滚装船的一种，在结构设计上，主要用于日本国内被陆地包围的风浪较小的水域。2012年被韩国船务公司收购，改装后继续使用，被强行延长了使用寿命。而在改装的过程中，埋下了重心偏移的安全隐患。调查显示，"世越号"一直未经过彻底检修。

事故发生时，"世越号"上的44个救生筏只有两个自动充气上浮。而13天后，又浮起4个。事故当天，在尚未沉没的客轮上，救援人员也没有打开可以手动开启的救生筏。救生筏的质量安全存在很大的问题。

6. 对政府危机响应和救援机制的反思

通过对"世越号"沉船事故的分析，对于政府的危机响应和救援机制，有以下几点值得反思。

(1) 海上救灾的准备工作。政府机构，如海警、海军等，应该在日常工作中就做好海上救灾的培训和准备，以避免当灾难发生时，对危机判断的失误、对救灾分工混乱而导致的时间延误。

(2) 对灾难的警示。政府在平时就应该有危机意识，对普通民众也应进行灾难警示教育，培养国民良好的危机意识。这样在面对灾难时，民众就可以配合救援，积极自救，从容应对。

(3) 在灾难发生时，政府各部门机构应该更密切地协同合作。当危机发生时，往往不是一个部门或一个单位就可以独立处理的，各部门的协同合作，可使危机处理过程更高效、有序，避免资源和时间的浪费。

(4) 在涉及公共安全的事项上，政府应该制定更严格的规章制度，充分发挥政府在公共管理上的监督作用，避免为追求小团体利益，而让民众利益冒险的行为出现。

（5）公共安全危机出现时，政府的应对一定要迅速。

（6）公共安全危机处理时，政府和民众沟通的及时、准确、有效，可以最大限度地安抚大众紧张的心态，建立政府在民众心中的信任感。

（7）在危机过后，政府应积极反思在危机处理过程中存在的问题和缺陷，完善政府相应的处理机制。

三、思考与讨论

1. 评价韩国"世越号"沉船事故的处理过程。

2. 政府在处理此类危机时应遵循哪些原则？

3. 韩国"世越号"沉船事故的教训对我国有哪些启示？

（资料来源：根据网络资料整理）

 案例解析 6-8

校园霸凌事件

一、案例回放

（1）2017 年 12 月 8 日晚，一篇题为《每对母子都是生死之交，我要陪他向校园霸凌说 NO！》的文章，开始在微信朋友圈等平台刷屏。文章作者自称是北京中关村一小四年级一名 10 岁男孩的妈妈。她在文中表示，孩子在学校被同学用厕所垃圾筐扣头后，出现失眠、厌食、恐惧上学等症状，后被医院诊断为急性应激反应。

（2）2017 年 12 月份，一个 15 岁的女孩被自己的三名舍友打成重伤。其手段的残忍程度令人发指："她们先打我的头，之后就用脚踢下部。让我抽烟，用皮带扇我，让我把衣服脱了，然后睡地上，舔地板，最后让我把头伸进马桶，就按那个马桶冲水。"

内蒙古某中学的一个男生因为长期遭受校园暴力，家长找到学校，校方给予的答复只是学生打闹，并声称被打的学生情绪已经稳定。结果，该男生上吊自杀。

安徽怀远县火星小学，13 岁的副班长因为拥有检查作业、监督背书的权力，就向其他孩子要钱。钱没给够，就逼迫他们喝尿。

延安吴起县的一所中学，六名高二的女生持刀威逼自己的学妹，她们脱光受害者的衣服，并拍照上传网上。

2016 年 3 月，一个高三女生在网上吐露被同班的三位男生下了"春药"，并威胁她如果敢告诉老师或者报警，就用"砒霜"毒死她。

2017 年，联合国教科文组织一份全球校园霸凌现状报告数据显示，每年约有 2.46 亿儿童和青少年——相当于每三名学生就有约一人，曾遭受校园霸凌。2019 年，联合国教科文组织再次公布数据，在全球范围内，有 32% 的学生近一个月内被校园霸凌至少一次。

二、案例分析

1. 校园霸凌的定义

霸凌是指霸凌者（一个或一群人）对被霸凌者进行重复的伤害行为。霸凌者拥有高于被霸凌者的力量，其力量包含社会权力、体力及过当的管教权。霸凌的范围从简单的一对一到复杂的团体霸凌，其中必然包括一个或一个以上的霸凌者，以及未必每起霸凌事件皆有的协助者。霸凌可以发生在任何人际互动的场所中，包括学校、教会、家庭、工作场所、社区等。霸凌行为可能透过言语、肢体、集体、网络、电话、文字等媒介之行为，使被霸凌者在身体、心理、社会适应中(一项或一项以上)受到伤害。国内的欺凌不叫欺凌而叫作"小孩子不懂事"。于是我们没发现欺凌就在身边。

欺凌系指一个学生长期重复地被一个或多个学生欺负或骚扰，或是学生被锁定为霸凌对象而成为受凌虐学生，导致其身心受到严重伤害的情形。欺凌具有欺侮行为；具有故意伤害的意图；造成生理或心理的伤害；双方势力(地位)不对等；其他经学校防止校园霸凌因应小组确认。

2. 表现形式

霸凌是一种有意图的攻击性行为，通常会发生在力量(生理力量、社交力量等)不对称的学生间。较常被接受霸凌的定义是挪威学者 Dan Olweus 的定义：一个学生长时间并重复地暴露于一个或多个学生主导的负面行为之下。

(1) 霸凌并非偶发事件，而是指长期性，且多次发生的事件。通常被霸凌的学生并不止一次地被欺负。

(2) 霸凌以多种形式存在。如：暴力霸凌(肉体上的欺凌行为)、言语霸凌(辱骂、嘲弄、恶意中伤)、社交霸凌(团体排挤、人际关系对立)、网络霸凌(以手机简讯、电子邮件、部落格、BBS 等媒介散播谣言、中伤等攻击行为)。

3. 特点

一般来说，霸凌具有下列特点。

男孩与女孩同样都会产生霸凌行为。从学生的自我报告研究中发现，男孩比较会进行霸凌行为。

一般而言，男孩大都只会被男孩霸凌，女孩则会被男孩及女孩霸凌。

言语霸凌是最常见的霸凌方式。

男孩比较会使用暴力霸凌，女孩则以散播谣言、社交霸凌为主。

被霸凌的时间长了，被霸凌者会产生心理障碍。

4. 成因

1) 家庭

校园霸凌缘自社会影响。首先，从家庭开始，父母对孩童的照顾若带有敌意、不负责任、冷漠，例如遗弃或施以家庭暴力，让孩童的社会互动处于负向状态，则孩童将来成为加害人的可能性会大幅增加。其次，孩童进入小学后，在学校里受教师的影响至深，因为此时孩童正处于模仿阶段。教师若选择错误的管教方式，霸凌的可能性也会增加。最后，若同学间发生霸凌行为，而教师不加以阻止，也可能造成其他同学的错误价值观。

孩童的人格养成与家庭生活有密切关系，家人尤其是父母，通常是孩童的第一个重要他人。这些重要他人对孩童的身心发展有举足轻重的影响，很少或从未给予孩童关怀的父母，其子女极可能成为霸凌加害人。因为霸凌是一种学习行为，霸凌者通常都有攻击前科，而攻击则从模仿而来，这种模仿得自父母对待孩童的态度，采取权威、斥责、惩罚和冷漠作为管教手段的父母，其子女会产生自卑心理。这些在家中得不到关怀甚至遭到虐待的孩童容易将痛苦加之于他人，借此宣泄情绪或获得关怀，而采取开明、关怀、宽容和温暖管教手段的父母，其子女有较多正向心理，也较不易产生行为偏差。

2）学校

在孩童入学后，学校对孩童的身心发展发挥着和家庭一样重要的作用，而教师又是其中与学生最密切的重要他人。教师因专业判断采取不同的管教方式，会导致"教育家"和"霸凌者"的差别。态度正向、行为积极的教师，和态度负面、行为消极的教师会教育出不同思维的学生，这些思维上的差异决定学生成为"好学生"还是"霸凌加害人"。关怀和监督并重的教育策略可以有效地降低霸凌事件的发生率，排斥、放任甚至体罚与霸凌发生率成正相关关系。

3）社会

初中生由于年龄尚轻，对社会上的"哥们"义气，会产生盲目崇拜，希望从中获得"存在感"与"成就感"，比如通过暴力手段能够实现个人目的，炫耀自己的能力，甚至借此勒索财物，从而产生欺凌他人的现象。

当看见校园暴力发生的时候，很多学生不是去制止、劝阻或报警，而是饶有兴趣地拿起手机拍摄，以一种娱乐的心态看待身边的暴力行为，并在网络中传播散发。这些麻木沉默的旁观者都会使校园暴力的影响更坏。而这种心理上的漠视，一部分就来自当前盛行的"网络暴力"。

4）校园霸凌法律体系不健全

校园霸凌不仅可能导致受霸凌者身体上受到伤害，还可能导致他们产生抑郁、焦虑、悲伤、孤独等负面情绪，甚至可能造成抑郁症等心理疾病或逃课、辍学等后果。

目前，我国处理校园霸凌的法律有《宪法》《教育法》《教师法》《未成年人保护法》《预防青少年犯罪法》《刑法》《民法》等法律，但是尚未针对校园霸凌设立专门的法律条文。

2017年11月，教育部等11个部门联合发布了《加强中小学生欺凌综合治理方案》。该方案出台后，全国各地陆续制定了相关预防措施，但总体而言，这些政策的内容还有改进和细化的空间。

校园霸凌作为一种社会问题，日本、韩国、英国等国也在立法、政策、具体措施等方面建立了较为完备的体系。日本《校园欺凌预防对策推进法》规定，学校需积极协助家长和地方居民，确保学校周边的良好风气；如果居民目睹有欺凌事件在校外发生，应及时告知学校。韩国多次出台预防和治理校园暴力对策方案，并开通举报校园暴力的24小时电话热线，在学校周围200米内设警察负责区。英国规定，如果学生家长发现老师在校园欺凌方面处理不当，可以向校长乃至地方教育当局申诉；学生若因欺凌等偏差行为被永久停学，或在一年内被定期停学两次以上，地方教育局或学校可向法院申请，对该学生的家长发出"教养令"，要求家长共同担负起改善学生偏差行为的责任。

2019年10月21日，就在《少年的你》上映前不久，我国《未成年人保护法(修订草案)》提请审议，草案首次将"辱骂、殴打他人，或者故意伤害他人身体"等校园欺凌等行为明确列为偏常行为，并对家庭监护责任、学校管教责任以及相关部门，尤其是公安机关的保护责任有了进一步规定。希望法律的不断完善，能让学校这个本该远离成人社会的无忧象牙塔，里面只有孩子们的欢声笑语。

三、思考与讨论

1. 如果你遭遇校园霸凌，你怎么应对？

2 如果你遇到同学遭遇校园霸凌，你会怎么做？

3. 学校、政府应当如何防止校园霸凌事件的出现？

(资料来源：根据凤凰网相关资料整理)

本 章 小 结

本章可分为个人危机综合案例解析、企业危机综合案例解析、公共危机综合案例解析三部分，每一部分都详细地描述了一些经典案例，并进行了全面客观的分析。本章作为全书的最后一部分，在树立危机意识、增强应对能力和更好地进行危机恢复这几方面给予了人们更多的思考和正确的指引。

附录　管理案例教学方法

　　案例教学法(Case Method)，又称苏格拉底式教学法(Socratic Method)，是一种开放式、互动式的新型教学方式。在管理学中，案例教学法是为了某种既定的教学目标，围绕一定的管理问题而对某一真实的管理情景所作的客观描述或介绍。在教学过程中，教师由传授者转化为促进者，由管理者转化为引导者，它使教学内容更具有实践性，教学过程更具有主动性，教学目标更加全面，教学活动更具有创造性。为了使读者在教学和学习的过程中能更好地运用本书，我们在此对管理案例教学的组织开展进行了较全面的论述，希望对大家有所助益。

一、案例教学法的发展沿革

　　在西方，案例教学法的产生，可以追溯到古代的希腊和罗马。希腊哲学家、教育家苏格拉底，在教学中曾采用过"问答式"教学法，此法可以被看作案例教学的雏形。这也是案例教学又被称为苏格拉底式教学的原因。苏格拉底的教学是围绕一定的问题，根据学生所学到的知识，结合他们所了解到的情况，以求教的口吻平等地进行讨论，引导对方得出结论。其主要目的是启发学生思考问题，发挥学生的主观能动性，通过学生自己的分析与讨论，找出问题的真正解决办法。之后，希腊哲学家柏拉图继承了苏格拉底的教育思想，将"问答"积累的内容编辑成书，在书中附加了许多日常生活的小例子，一个例子说明一个原理，那些日常生活的小故事就可被看作案例。

　　我国很早就有类似于案例教学的教育方式。早在春秋战国时期，诸子百家就大量地采用民间的故事，用通俗易懂的方式来阐述事物的内在规律。比如我们熟知的 "守株待兔"等一些寓言故事，直到现在都是被大家作为阐述道理的例证。用事例来阐述道理的方式，也大量地存在于我国的各类史料中，如《春秋》《战国策》《史记》《资治通鉴》等，都是以事议理的典型案例。

　　在现代管理学教育中，哈佛案例闻名遐迩。当哈佛商学院在 1908 年成立时，案例教学还只是学院第一任院长爱德温·F. 盖伊(Edwin F. Gay)的一种想法。盖伊想设计一种方法进行课堂教学，可以围绕商业管理中的现实问题进行讨论。他称这种方法为"问题方法"(Problem Method)。在盖伊的策划下，邀请了 15 位商人参加哈佛 "企业政策"一课，每位商人在上第一次课时，报告他们自己所遇到的问题，并解答学生们所提出的询问。在第二次上课时，每个学生必须携带分析这些问题及解决这些问题的书面报告。在第三次上课时，由商人和学生一同讨论这些报告。这些报告便是哈佛企业管理研究院最早的真实案例。1911年，阿奇·威尔金森·肖(Arch Wilkinson Shaw)开始教授"经营策略"这门课，在这门课里，他给学生提出了商业经理们所遇到的现实问题。这些尝试可以说是哈佛商学院历史上第一次案例教学。但早期哈佛商学院的案例教学由于缺乏可用的典型案例而在商业领域进展缓慢。

与此同时，哈佛法学院的案例教学推广得非常成功。1919 年，华莱士·B. 多纳姆 (Wallance B. Donham)出任哈佛企业管理研究院院长，他毕业于哈佛法学院，并敏锐地意识到了法律和商业管理教学之间的关联性，认识到商业教育需要自己的案例形式。他向企业管理界募集到 5000 美元，请马尔文·T. C. 欧普兰德(Malvin T.C. Opeland)教授从事收集和整理制作案例的工作，这是哈佛企业管理研究院第一次由专人从事案例开发工作。哈佛商学院在 1921 年出版了其第一本案例集——《通用鞋业公司》，由院长助理迪恩·克林顿 (Dean Clinton)编写。在欧普兰德教授的带领下，1920 年至 1925 年开发出大量的商业案例。

到 20 世纪 40 年代中期，哈佛开始大力向外推广案例法。在洛克菲勒基金会的赞助下，从 1946 年起连续 9 年，哈佛先后请来 287 位外校的高级学者参加他们的"人际关系"课的案例讨论，开始争鸣辩论。1954 年，编写出版了《哈佛商学院的案例教学法》一书，并出版了《哈佛案例目录总览》，建立了"校际案例交流中心"，对澄清有关概念、统一术语、对案例法的意义与功能达成共识起到了良好的作用。从 1955 年起，在福特基金会资助下，哈佛连续 11 年，每年举办为期 8 周的"访问教授暑期案例讲习班"，前后有 119 所院校的 227 位院长、系主任和资深教授参加，大大地促进了案例教学在美国管理院校的普及。由此可以看出，案例教学在美国普及经历了近半个世纪的艰苦历程。首先在少数院校"开花"，再向四周逐步扩散；在有战略远见的团体的大力支持下，通过出书、编案例集、建立交流所、举办研讨班等措施，尤其是首先提高院系领导的认识，最终瓜熟蒂落，水到渠成。

从 20 世纪 50 年代开始，案例教学法传出了美国，加拿大、英国、法国、德国、意大利、日本以及东南亚国家都引进了该教学法。20 年来，哈佛案例教学法被各所大学接受，闻名全球。它设立了"校际案例交换所"，从事国内以及世界各大学所制作的案例交换工作，每年投入巨额资金开发案例，同时案例的交流也使它每年获得了 2000 多万美元的收入。

我国于 20 世纪 80 年代开始引入管理学案例教学。1980 年，由美国商务部与中国教育部、经贸委合作，举办"袖珍 MBA"培训班，并将中美合作培养 MBA 的项目执行基地设在大连理工大学，称"中国工业科技管理大连培训中心"。由中美双方教师组成案例开发小组，考察了若干中国企业编写了首批用于教学的中国案例，并编写了《案例教学法介绍》一书和首批 83 篇自编的中国管理案例。此后数年，部分高校及管理干部培训机构开始陆续试用案例教学。1986 年春，在国家经委的支持下，大连培训中心首次举办了为期两周的案例培训班，这种新型教学方法与教学思想引起了几十位参加者的极大兴趣。在大家倡议及国家经委的支持下，同年年底在太原成立了第一个国内民间的专门学术团体 "管理案例研究会"，次年开始办起了"管理案例教学研究"的学术刊物，余凯成教授任会长和刊物主编，主持和出版了多部案例教学法的译著与专著。经过 30 多年的发展，案例教学法逐渐被人熟悉和运用，并收到了优良的效果。

二、管理案例教学的特点

1. 案例教学有更鲜明的目的性

通过一个或几个独特而又具有代表性的典型事件，在案例的阅读、思考、分析、讨论中，让学生验证、操习和运用管理的某些概念和方法，使学生能深刻领会、掌握、提高这些知识和技能，建立起一套适合自己的完整而又严密的逻辑思维方法和思考问题的方式，以增强学生分析问题、解决问题的能力，进而提高素质。

2. 有利于培养学生的综合素质

案例教学较之一般的举例内涵丰富，且案例的分析、解决过程也较为复杂。学生不仅需要具备基本的理论知识，而且需要具有审时度势、权衡应变、果断决策的能力。从学生综合素质的角度讲，案例教学更符合管理教学的最终目标——对未来管理者的综合能力的培养。未来管理者应具备学习能力，包括快速阅读、做笔记、抓重点、列提纲、查资料、演绎和归纳等；人际交往能力，包括口头表达和书面表达、陈述见解与听取意见、团队合作等；解决问题能力，包括发现和抓住问题、分清轻重主次、分析原因、拟定各种解决问题的措施等。在对案例的研读、学习、讨论、总结的过程中，综合地培养训练上述各项管理能力。从学科教育的角度来讲，管理专业的学生按其专业培养计划要求，要学习管理学课程、会计、统计、财务、金融、经济法学、经济学和哲学等课程。由于各种原因，在课程设计的时候，这些课程都是分门别类地独立学习的，学生总难把握各门课程之间的内在联系，因而难以形成自己的知识总体。知识的总体建立不起来，也就表明一个学生所获得知识还是零散的、死板的，是解决不了现实问题的。管理案例分析在帮助学生建立知识总体结构方面，具有特殊的功能。因为要对一个现实的、活生生的管理案例进行分析，势必要运用各学科的知识，使其相互渗透、融会贯通。正是在这种案例的分析说明中，可使分析者将零散的知识，逐渐形成了知识的总体，表现为分析和解决问题的一种能力。管理案例分析是理论学习的深入，这种学习致力于实际问题的分析和解决，培养学生的综合素质。

3. 案例教学更贴近现实真实场景

管理教学案例的侧重点是介绍真实的管理情形。教学中的案例是从实际管理工作中，经过专业的教研人员慎重筛选的具有典型性、代表性、非偶发性的事件。在案例设计中，其问题往往若隐若现，提供的信息并非一目了然，有关数据需要进行一定的计算、加工、推导，才能直接用案例进行分析。案例通过模拟显示社会经济生活纷繁复杂的情形，目的是训练学生通过对信息的搜集、加工和整理，最终获得符合实际的结论。

4. 管理学案例教学更具启发性

管理案例分析的独到之处在于，它的教学阵地大大地突破了课堂的狭小范围，并一改单纯由教师进行课堂讲授知识的传统形式，要求学生对一个个活生生的管理案例进行分析研究，并以高度的积极性和主动性在理论知识和实例的相互碰撞过程中受到启发，在把握事物内在的必然联系中萌生创意。管理学案例教学，在设计上，必须综合考虑，让学生在学习过程中能做到举一反三。案例一定要能启发学生的思考，发挥学生的主观能动性。在学习过程中，要以学生为主导，让学生自己积极去思考。案例提供的情况越是有虚有实，越能够诱人深入，从而给学生留下充分的思维空间，获得最佳的学习效果。在案例教学中，案例通常是没有标准答案的，案例讨论可以大胆假设，可以从多个方面寻找答案，这可以激发学生的学习兴趣。

5. 有利于教师素质的提高

案例教学对教师有很高的要求，不仅在案例挑选和设计过程中，需要教师综合考虑实际情况，选择那些既典型、有启发性，又能调动学生兴趣的案例；同时在授课的过程中，教师和学生要双向交流，由教师引导，学生作为主导对案例进行深入的研讨。

三、管理学教学案例的类型

(1) 按篇幅长短，管理学教学案例可分为短、中、长、超长四类。短篇案例，通常指2500字以下的；中篇案例指2500～5000字的；长篇案例指超过5000字不到一万字的；除此以外，将超过万字的案例称为超长型案例。

(2) 按传载形式，管理学教学案例可以分为书写案例、影像案例、情景仿真案例以及网络上使用的用于远程教育的案例或其他形式的案例。

(3) 按编写方式，管理学教学案例可分为自编、翻译、缩删、改编等类型。

(4) 按专业综合程度，管理学教学案例可分为单一职能性的与跨职能综合性的两类。所谓单一职能性的案例，是指单一侧重于一个方面的技能，比如生产、财务、营销等。所谓跨职能综合性的案例，是指在一个案例中容纳了多方面的综合知识。

(5) 按案例间关系，管理学教学案例可分为单篇独立型与连续系列型两类。应当指出，这些分类方法都不可能划分得很明确，其中必有些中间性混合过渡的情况。

(6) 按案例编写方式和学习功能的不同，管理案例可分为描述性管理案例和分析判断性管理案例。

描述性管理案例是指通过调研工商企业经营管理的整体问题或某一部分问题(包括成功的经历和经验与失败的过程和教训)，具体地、生动地加以归纳描述。这类案例的最大特点是运用管理实践的事实来印证管理基本理论与方法，人们通过这类案例的分析能够获得某种经验性的思维方式。现实中，人们常常把描述性案例与实例混为一谈。实际上，它们之间既有联系又有区别。案例必须是实例，不是实例就不是案例，但实例又不等于案例，而这之间的主要区别在于两方面：一是描述性管理案例是管理实践的全过程，而实例可以是管理实践过程中的某一个侧面或一个环节；二是描述性案例通常有解决某一问题(如决策、计划、组织等)的所有基本事实(如人、财、物、时间、环境、背景等)和分析过程，而实例往往仅是表达某一问题的解决方法和运用某种方式的效果。描述性案例更多的是写拟定好的方案，很少叙述执行结果，一般也不进行总结和评价，以便给学生留下更多的思考空间。很显然，描述性案例应属于管理教学案例法的范畴，而实例只能属于课堂讲授教学法的范畴。

分析判断性管理案例是国外案例教学的主流。这类案例是通过描述企业面临的问题(如人、财、物、时间、环境等)和提供必要的数据，把企业决策所面临的各种环境、因素问题及意义写成书面材料，使学生获得如身临其境般的体验。现在翻译出版的西方管理案例书中，许多都是这类判断性案例。这种案例的编写像录像机一样将企业面临的全部境况从不同侧面实录下来，然后整理成文字数据资料，搬到课堂，供学生分析研究，帮助企业作出决策。这类案例最接近企业实际，它往往是主次方面交叉，表面现象与实质问题混淆，数据不完整，环境不确定，人们观察与思考具有多维性。由于判断性案例存在着描述企业实际状况方面的非完整性、解决问题途径的多元性和环境因素模糊性以及对未来发展的不确定性等问题，因而给在传统学习模式熏陶下的学生分析研究和在传统教学思维惯性中的教师用管理理论方法来组织引导学生对案例进行分析讲解带来了较大困难。但是，如果我们跳出传统思维方式的"怪圈"，把案例教学作为培养学生的感觉能力、反应能力和思维能力，以及对案例中企业面临的问题或机遇的敏感程度，对企业内外环境因素所发生变化的对策思路，的确很有好处的，因为它能增强学生独立判断企业问题或机遇的能力。通过对这类案例的分析和讨论，还能增强教师和学生的思维、逻辑、组织和归纳能力，并摆脱对权威教科书理论或标准答案在心理上的依赖。而这一切对学生今后迈向真正的企业经营管理实践是大有裨益的。

四、管理案例的选取

案例的选取是整个案例教学中的基础，也是最重要的因素之一。在本书中，有大量的案例对应着各种理论知识，教师在授课的过程中，应综合考虑学生的情况、上课的情况、时间等，选取适当的案例来辅助教学。本书中的每一个案例都经过了审慎的编排和选择，建议读者在学习的过程中，认真分析思考每一个案例。我们在案例选取中主要考虑了以下四个要素。

(1) 案例所体现的问题。
(2) 学生使用该案例所需作的分析。
(3) 案例具有足够的数据，方便进行分析。
(4) 数据从哪里能够获得。

在案例的编写过程中，主要是问题驱动，比如当我们想通过一个案例来说明一个问题时，便需要找到一个公司的案例可以用来阐明强调所要阐述的问题。另一部分是通过公司/产业/管理者来驱动的，通过笔者所作的研究，如对公司的研究，或只是通过研究一些事与人，从中得到体会，认为这些故事可以成为一个有趣的案例，并激发学生们对管理学的兴趣和认识。正如哈佛大学的罗伯特(Robert)教授所述的"关键是从现实中找到一个片段可以引出所要研究探讨的核心问题"。而对案例我们也会经过简单的处理，让其更贴近我们的教学目的，更易于激发学生们对之进行思考和探讨，让案例在教学中的价值最大化。

五、案例教学的组织

案例教学组织的精髓在于，教师与学生自始至终都在进行交流互动，让学生的学习由被动型变为主动型。传统的教员灌输式教学法的弊端之一是学员没有什么学习压力，因为学员在课前预习与否无人问津，在课堂上是否注意听讲无法考量，除非学员在打瞌睡，否则，只要人坐在课堂里，即便是在"溜号"，也拿他没办法。久而久之，灌输式教学实际上培养了学员懒于学习和思考的惰性，尤其是在教员苦口婆心地"灌输"陈旧、过时、空洞理论的时候，更使课堂气氛显得沉闷和压抑，导致学员学而生倦、学而生厌。案例教学法很好地解决了这一问题。通过案例分析，不仅使课堂气氛变得活跃起来，激发了学员的学习兴趣，而且促使学员主动进行学习。在测评系统的设计上，学生的成绩可以由教师根据学生在课堂上对案例的理解能力和速度、毅力，案例辩论的技巧，发言的次数，提纯原理的能力以及案例综合分析过程等因素来确定。管理案例教学的组织和引导对发挥案例教学的优势有着重要的影响，是开展案例教学的重点和难点，它似一只看不见的手，对案例教学产生一种无形的推动作用，是教学成败的关键，作为实施管理案例教学的教师必须高度重视管理案例教学的组织引导。

在管理学案例教学中，还有很多工作需要教师和学生一起努力，在这一部分，我们从教师的角度阐述案例教学中的各项工作，在下面的内容中我们将重点讲述学生们在案例教学中，如何能让学习效益最大化。

(一)案例教学对教师的要求

案例教学与一般基础理论课相比，对教师有更高的要求。哈佛大学之所以能成功地推行案例教学模式，就是因为哈佛大学经过几十年的磨炼，培养了一批熟练掌握案例教学的教师。教师的作用虽然不同于直接授课，但要介绍分析框架或理论工具，引导学生的分析过程，对学生的不同观点及时进行分类梳理，对有些重要的理念给予提示。这些都要求教师熟悉案例，有广博的知识、较强的逻辑分析、要点概括和驾驭课堂的能力。所以说，案例教学的工夫在课堂之外，无论是教师还是学生。真是台上一分钟，台下十年功。

案例教学的效果取决于教师的水平，不同的教师，案例教学的效果也不同。什么样的案例教学的教师最受欢迎？好的案例教学教师通常是先给出一个有意义的分析构架，然后不把讲课的重点放在案例细节的问答上，而是着力分析事实背后的问题及其含义，最后给出若干带有普遍意义的论点。这样的教师一般都有广博的知识和极强的驾驭课堂的能力，这样的教师才是一名优秀的案例教学的教师。

(二)教师在案例教学中的角色

(1) 演员。一个好的案例教学教师，首先是一个激情飞扬的演员，他能把课堂变为舞台，投入全部的热情来讲课，这种热情也可以感染每一个学生。

(2) 导演。案例教学教师还是控制课堂的导演。案例的课堂讨论虽然以学生为主体，但这并不等于完全放任自流，它实际上一直处于教师紧密而又巧妙的监控与指导之下。教师就像那未曾出现在舞台或屏幕之上但却无所不在的导演一样，发挥着潜在的影响力。每一节课就如同一场电影，要在单位时间内完成教学的任务，还要让尽量多的学生发言，就要严格控制教学进度，热烈而不混乱，有序而不死板，对学生的提示如春风化雨，最后的总结如水到渠成。

(3) 主持人。在案例教学过程中，教师首要的任务是向学生明确教学的内容以及把握教学的程序，并在整个课堂教学的过程中维持课堂秩序。具体来说，在教学的开始阶段，教师要像主持人那样引导学生进入学习状态，帮助学生明确教学目的，了解学习的程序、规范和操作方法。同时，还要提出明确的教学要求，编制教学计划和进度表，使学生心中有数，尽早进入学习状态。没有课堂秩序，就不可能进行真正的案例讨论，因此，教师还必须发挥主持人的作用，在教学过程中，控制发言顺序和学习进度，使讨论总是围绕一个问题或一定范围的问题进行，使课堂的发言在每一时刻都只能由一人主讲，营造热烈而有秩序的讨论氛围。在讨论终结时，教师要发挥主持人的作用，无论对讨论的内容做不做评价，但有必要对讨论的全过程进行总结，使案例教学有头有尾，为学生的学习画上一个完满的句号。

(4) 发言人。如果说教师对教学有控制作用，那就是对教学程序和学习大方向的控制，这是通过发言人角色实现的。在教学的具体内容上，教师发挥一定的"控制"作用。但这种"控制"完全不同于课堂讲授上教师发挥的作用。在讲授中教师可以自己决定讲什么内容，讲多少内容，如何安排这些内容，不需要考虑学生的所思所想。而案例教学中教师的控制作用是通过发言人的角色发挥出来的。"发言人"是一个代表性人物，他的发言不能只代表自己，而是要代表一个群体。教师的发言，需要反映学生群体的整体要求，也就是既不能是教师自己的，也不能是学生中个别人的，而是包括全体学生集体的思想和意见。当然，发言人不能有言必发，原样照抄，也不能任意取舍，随意剪裁，而是对学生的思想"原料"进行加工简化，对学生的发言做简要的总结和整理归类，有时还要从意思到言语上稍加修正，以求更准确、更科学地反映学生的思想。当学生不能形成统一的意见和共识时，教师还要综合各种不同的看法和决策，向学生作一个既有共性又包含特性的结论性交代。能否扮好这个角色，取决于教师的综合分析能力，以及思想整合能力。

(5) 教学相长对象。案例教学的教师还应是教学相长对象，教师要有谦虚的态度和博大的胸怀，认真听取学生的发言，积极鼓励学生亮明不同的观点，耐心梳理大家的意见，勇于接纳批评和反驳，营造一种师生之间平等学习的良好的氛围。

(6) 催化剂。催化剂是化学反应中帮助和加速物质变化过程的中间媒介，它本身不发生变化，但在物质的变化过程中却又离不开它。案例课堂上的教师就像催化剂一样，能够促进学生的讨论学习过程，否则就难以深入，难以取得预期效果。教师催化剂角色的发挥，就是帮助、启发学生，通过一个又一个的提问向学生提出挑战，促使他们思考，将问题由表面引向纵深，一步步地朝着解决问题的方向发展。为达到这个目的，教师会不断地提出这类问题：这些方案的优点和缺点是什么？如果选择了这个方案将产生什么样的影响？会有什么反作用？有多大风险？必要时，教师还会主持一场表决，促使学生作出自己的决策。同时，教师催化剂角色的发挥，还体现在促进学生相互交流沟通过程中。在学生交流的过程中，教师要发挥桥梁和穿针引线的作用，使各种思想相互撞击和融合，丰富教学的内容。要发挥好催化剂的作用，是很不容易的，需要悉心体会，不断摸索，长期积累，才能功到自然成。

(7) 信息库。这不是教师的主要角色，但在某些情况下，特别是在进行"活案例"的教学过程中，这个角色的作用又是必不可少的，甚至是非常重要的。在许多情况下，教师需要向学生适当地补充一些必要的信息，充作"提问者"和"参考数据库"。在学生主动提出补充有关信息的要求时，教师就应该满足他们的要求。要扮演好这个角色，教师必须在备课时做好充分的材料和信息准备。

这里要强调的是，教师一定要尽量避免传统授课中的长篇大论及评头论足。高明的案例教学教师在课堂上往往少露面、少讲话，他们只铺路搭桥、穿针引线，最忌讳经常插话、长篇大论，形成喧宾夺主之势。教师也不要频繁地、急急忙忙地对学生的见解和活动横加指责和干涉，不要吹毛求疵、评头论足，只能适当地引导和提醒。教师应当精心地备课，对将要进行研讨的案例有深刻的认识,就案例中隐含问题的分析和处理对策有自己的见解。在课堂上,教师也应当在必要时为学生释疑解惑,以及在展开讨论的基础上适当地予以归纳、评论。这里所说的归纳和评论更多的是指引导性的,而不是替代,要引导学生多想、多说,以收到激发思考、集思广益之效。正如孟子说的"君子引而不发,跃如也",这对于成功的案例研讨是极为重要的。在教学过程中,当学生之间产生争论时,不要马上出来评判是非,充当裁判员,教师的见解不见得总是正确、全面的,不能总以"权威"自居,教师若妄下断语,实际上就终止了讨论。这也是哈佛案例教学中,通常都是开放式结尾的原因。案例的启示,都是学生之间讨论、探究的结果,没有死板的对与错。

(三)教学准备

根据上述分析,我们可以清楚地知道,案例教学虽然是以学生为主导,但实质上对教师的要求是非常高的,甚至高于传统的教学方式。所谓"台上一分钟,台下十年功",要想在课堂上充分发挥案例教学的作用,就必须做好充分准备。同一个案例,学生在课堂上可能发散性地提出多种问题,教师只有做好充分的准备,才能发挥引导作用。案例教学的准备,是在确定了案例之后,根据教学目标,对案例内容、重点及课堂实施的方法等问题进行准备和规划。

(1) 案例内容的准备。案例内容的准备首要的是教师对案例的了解。教师应对案例的事实和相关信息有清晰透彻的了解和分析。教师不仅对案例本身,也应该对案例涉及的公司、法案、其他背景等相关信息比较了解,争取对案例的内容有所扩展。在课堂上,要做到从容不迫,对所需要的信息都可以信手拈来。这就要求教师不仅要研读案例,同时,还要阅读报纸杂志上的相关资料,并通过与相关人员的谈话,积累丰富的教学经验。

(2) 教学重点、难点的准备。由于教师在案例教学过程中的主要职责之一是发挥引导作用,应尽量在有限的时间内,对案例中的重要议题做优先安排,根据教学的目标不同,教学重点也应有不同的侧重。案例教学特有的重点是对问题的识别与分析,对资料与数据进行分类与说明以及制定备选方案和决策。这种备选方案既可以是内容性的,也可以是过程性的,完全根据具体的需要进行选择和确定。在教学重点的准备过程中,必须考虑教学目标与学生特点等因素,避免凭教师的主观想象来确定教学重点,造成学生需要的没有作为重点,学生掌握不了的或已经掌握的,却被作为重点强调和发挥这样的局面。

(3) 教学实施方法的准备。根据教学目标和教学重点,教师通常需要制订教学实施计划,明确一系列方法步骤。比如:教师希望课堂上发生什么?如何使其发生?讨论按什么顺序进行?是先决策然后再分析,还是先分析再决策?案例的每一部分需要讨论多长时间?是对讨论进行控制,还是任其自由发展?以上所有问题都应在教学实施计划中作出回答。教学实施计划通常涉及预习思考题、课堂时间分配、板书计划及拟定提问学生名单等方面的问题。不同教师的课堂计划所包含的组成部分和具体内容不尽相同,其详细的程度也不一样,有的将其写在纸上,有的则存在脑子里。我们推荐教师在刚接触案例教学或对此方法还不熟悉的时候,将教学实施的方法罗列到纸上,方便随时查看。当教师有了丰富的案例教学经验之后,也不能放松对教学的准备。下面我们就以上几个方面的具体准备内容作一般性介绍。

(1) 预习作业的布置。由于案例教学的特殊形式和作用,在案例教学前将案例提前给学生阅读，让大家做课前预习是非常必要的。因此，给学生布置预习作业就成为案例教学的重要一环。我们建议，给学生的预习作业主要包括阅读案例及其参考资料和针对具体案例的思考题。教师可以先将学生分成若干小组，在预习的过程中，学生可以先分组讨论。教师也可以要求学生根据小组讨论的结果，写一份书面分析报告。预习作业中的思考题，通常要围绕教学重点和难点设置，这些对学生的分析起着导向的作用，是非常重要的一个环节，是值得认真琢磨和探讨的问题。案例教学中的预习，并不是必要的，教师可以灵活安排，随时调整。

(2) 课堂时间分配计划。案例教学鼓励学生发散性思维，但课堂的时间是有限的，为使教学时间得到有效利用，必须制订好有效的课堂时间分配计划。课堂时间的分配计划不仅规定课堂上各种活动各占多长时间，而且还包括将要讨论问题的顺序。要从时间规划上引导学生直击教学目标和教学的重点难点。

(3) 课件及板书计划。在实际操作中，教师往往容易忽略案例教学中的课件及板书，认为是可多可少、可有可无的事情。实际操作中，课件及板书，无疑对学生有着非常重要的提示和指导作用，教师根据教学的需要，可随时将这些"要点"展示在学生面前，学生从这些"要点"中受到启发，使其思考得以连贯，学到的概念得到进一步强化。现代大学课堂中，电子课件被广泛应用，课件的设计当然因人而异。在传统教学中，我们经常可以看到有些教师为了吸引学生的注意力，在课件制作上，加入了音乐、动画，或者将大量的内容堆积在版面上。在案例教学中，通常来讲，我们建议教师在课件的设计过程中，应尽量简洁明了，列出要点，让学生一目了然，可以跟着重点要点进行讨论。尽量避免大篇幅的文字和使用过于花哨的课件，以免分散学生的注意力。课件可以使用白色或浅色背景，黑色字，格外要强调的部分可以用红色或其他颜色标出，或加粗。当然，板书和课件的设计没有统一的标准，但我们建议教师在授课前，最好能够认真地对课件和板书进行计划，以便获得更好的教学效果。

(4) 考虑好发言人。在案例教学中，应尽可能调动每一个学生的主观能动性。案例教学把被动式学习变成主动式学习，有效地防止了出现滥竽充数现象。考虑发言人的准备一般可以包括如下一些思路：一是确保班上每一个人在课堂里至少有机会依次发言；二是找到那些与该案例特定情境有相关技能和经验的学生，并予以重点考虑；三是考虑发言顺序。我们经常会看到这样一种现象，当教师开始发起讨论时，课堂上一片寂静，没有人主动发言，这时教师可以考虑先让有经验的学生发言，抛砖引玉。结合我们之前讲到的，如果在上课之前，学生们以小组的形式进行了预习准备，就可以让每个小组轮流发言。通常，分小组教学中，学生们更有勇气发言，课堂气氛也会更活跃一些。考虑好发言人与鼓励学生积极发言并不矛盾，即使名单上列出了某个学生，教师仍希望他们自己举手发言。关于教师应否使用提问名单，可以根据教学需要，自行处理。

(5) 课题引入与结论。教师需要思考如何使学生在案例教学中快速进入正题，如何使学生在讨论结束后能将所学知识整合、吸收，这与课堂的开始和结束有很大的关系。好的教学需要找到合适的切入点，比如，如何引入案例，如何谈到所布置的阅读材料，如何就已布置给学生的思考题让其思考。可供切入的点有许多，关键是要做到自然巧妙，方能抓住学生的兴趣和注意力。同开始一样，一堂案例课的结束虽不是教学的主体，但却有独特的作用，是不可缺少的教学组成部分。形象一点儿理解，可将课堂教学的结束看作"点睛"

之笔，通过结束过程突出重点，使之显得更有生气。这在很大程度上取决于如何去"点睛"，有的教师会对学生的活动进行总结，同时指出课堂讨论的优缺点；有的教师会既不总结也不评论，而把总结的任务留给学生独立完成。很难说哪种方法好，应根据实际情况而定。

(6) 教室的布置。在实践中，教室的布置往往容易被忽略。其实，在现代教育学中，教室的布置和座位的排列是非常重要的准备环节之一。风靡全球的培训者培训(TOT)中有一门必修的课程就是教室的布置和座位的排列。座位的不同排列，会对学生和教师产生不同的心理暗示，能体现出不同的教学理念，产生不同的教学效果。比如，传统教学中，教师一人在台上面对大家，给人的心理暗示是他在报告所涉及的专业领域或实践中有一定的权威性，学生容易产生敬重和仰慕的心理。对于案例教学而言，理想的教室可以根据场地的形状、面积、学生人数和教学进度进行灵活调整。其总体原则一定要保证教师和学生间、学生和学生间可以毫无障碍地看到彼此展示的板书、课件、物品等，可以毫无障碍地听到彼此的发言内容。当教师将学生们分为小组的时候，一定要保证每个小组有足够的空间，让所有的学生一起讨论；也应该有足够的空间，让教师的行动应尽可能地不受限制，可以走到每一个学生的位置前进行对话和指导。

在设计上，如果条件允许，我们可以根据教学的进程选择座位的排列方式。在小组讨论阶段，可以设置"梅花形座位"，座位无主次之分，大家都是平等交流，机会均等。在全体学生一起讨论的时候，可以设置"O形座位"，这样的安排适合双向交流，教师可以站在中间，学生之间彼此都可以看到对方，教师可以随时转向发言的学生，也可以随时提问任何一个学生。到最后讨论结束的时候，可以设置"U形座位"进行成功交流、案例的总结点评。

(四)案例教学课堂的组织

案例教学课堂就是我们所说的台上五分钟的最重要的 show time，是案例教学成败的关键。在经过了前期的充分准备之后，案例教学课堂就需要教师通过协调课堂内的各种教学因素，有效地围绕预定的教学目标和重点，实现教学的过程。在案例教学课堂的组织中，有以下几个问题需要注意。

1. 教学目标的把握

由于案例教学的原则之一，就是让学生变被动式学习为主动式学习，鼓励学生自主发言，这样在课堂上，学生们可能你一言我一语，就有可能偏离预定的教学目标。把握教学目标，围绕重点难点，是案例课堂组织过程的重中之重。

2. 把握学习进度

即便是在同一个专业、同一个年级的学生，每个人都有自己的独特性。由于在经验、学习能力、接受能力等方面存在的差异，对同一事物的认识也是不一样的。教师需要在课堂上关注学生的学习进度，一旦发现学生走得太快，应及时引导，使其适当地放慢进度；对跟不上的学生，则应集中力量加以引导，使其加快步伐，同全班同学保持同步。

3. 把握课堂氛围

在案例教学的课堂中，我们鼓励适度的争论，这样可以让气氛更活跃，也可以鼓励学生参与讨论。但是，如果争论超出了一定的限度，就变成无意义的纠缠，既浪费课堂时间，同时也容易偏离教学目标。这时，通过澄清概念，可以把学生拉回到最初探讨问题的轨道，从紧张和对立的情绪中解脱出来。同时，在澄清概念的过程中，往往还可以发现许多共同点，进一步增进理解。

4. 做好开头和总结

在课堂中，好的开头，可以让学生们在讨论之前明确案例的重点和难点，同时也可以抛砖引玉。教师在开始陈述的时候，要简明扼要，一定要把握时间，不能过多地占用课堂时间。在教学过程中，也应该适当地穿插小结。当教学的一项内容或一个过程完成时，阶段性的小结方便教师更容易地掌握教课的节奏，使学生对知识的理解更加条理化、结构化。教学最后的总结，要再次突出案例的重点、难点分析，强调教学目标。这样环环相扣，可以让教学课堂结构清晰，教师可以更好地把握案例教学的大方向。这里要注意的是，不论是阶段性小结还是最后的总结，都应该是学生对问题分析和看法的归纳，尽量避免将教师的思路想法强加到学生的头上；也尽量避免教师自己长篇大论地侃侃而谈，要注意调动学生自身的学习主动性和积极性。

5. 进行课堂有效沟通

管理学的课堂教学，主要是强调水平沟通，是教师和学生、学生和学生之间思想的交流和互相学习的过程。有效的沟通往往可以决定案例教学的成功与否。对于学生的课堂表现和发言，应及时给予恰当的反馈，恰当的反馈是对学生学习的激励，也是对学生积极参与课堂讨论的肯定，同时也是教师对教学方向的有效把握。要想给出有价值的反馈，就要求教师认真细心地听取学生的发言和讨论。反馈的方式不应拘泥于语言表述，也可以把重点标记到板书上，或者课后与个别学生交流并给予适当指导。

6. 把握课堂发言

在案例讨论的各个阶段，教师都面临着掌握课堂发言节奏的问题。在课堂发言中，容易出现发言过少、发言过多、发言过当和发言过差的问题。

(1) 发言过少。发言过少可以分为两种表现。其一，在需要学生发表意见和看法的时候，课堂上没人发言，场上冷冷清清。当出现冷场时，教师能否采取灵活的方式方法，运用恰当的技能技巧，及时有效地启发引导，打破沉默，使课堂气氛热烈起来？通常来讲，解决冷场问题没有统一的方法，需要根据不同的原因，有针对性地采取不同的方法。比如，在教学开始阶段，很多学生都不愿先开口发言，这时的冷场可以通过点名的方式或顺序发言，让学生们开口讨论。有时，课堂上的发言由几个学生主导，当这几个学生不发言的时候，课堂也陷入冷场。这时，既要引导擅长发言的学生继续发言，又要引导不开口的学生对前面的发言谈看法，逐步让缺乏自信和羞怯心理较重的学生适应讨论和交流的环境。同时，教师应该尽量让讨论更贴近现实生活，避免话题的泛和空，这样过于抽象的问题，才不会使学生难以准确地把握其含义，而无从开口。其二，个人发言过少。有时由于课堂时间有限，并不是每一个学生都有发言的机会，但如果每次上课，都是同一批学生没有发言，就应该引起教师的注意。对于此类情况，教师要善于观察，这里不仅指发现那些很少发言的学生，也包括观察每个学生的个性特点，对症下药。对于腼腆内向的学生，可以用私下交流的方式，帮助学生战胜胆怯心理；对于跟不上大家讨论进度而不发言的学生，可以将问题简化，从"简答题"简化到"选择题"或"判断题"，引导、鼓励他们发言。总之，对于发言过少的学生，教师应给予足够的重视，仔细寻找问题的根源，根据不同的原因，采取相对应的策略。

(2) 发言过多。在讨论过程中，个别学生发言过多，也会影响到案例课堂的教学效果。最直接的影响就是发言过多的学生会主导课堂气氛，破坏集体讨论的氛围。同时也会影响到教师的授课计划，在有效的时间内，不能突出重点难点。因此，教师可以在必要的时候，限制每个人的发言时间，制定一个大家都需要遵守的规定，在这个规定的约束下，教师再进行协调，就比较容易，也不会打击学生们讨论的积极性。这里再次强调，案例教学重要的是集体共同讨论，是思想的碰撞。

(3) 发言过当。发言过当是指在学生们讨论的过程中，出现偏离主题的发言，教师应对这类发言进行及时引导和纠偏。在处理发言过当时，教师应先明确具体的讨论内容，使学生们专注于某一具体问题。这时，可以利用板书等，时刻提醒学生们讨论的核心。此外，可以适当地限制发言者的发言时间，请他找证据支持他的言论，或者把问题写在黑板上留存下来，当时间充裕的时候再进行讨论。

(4) 发言过差。我们通常认为发言过差的原因是学生跟不上教学进度。出现这种现象时，教师就应该调整教学方式，鼓励学生仔细预习功课，促使其认真地对待课堂讨论，必要时，可以就同一问题，进行多次讨论。教师应尽量将案例讨论限定在一个合理的高度，避免过多的低水平发言，以免使整个班级对案例的认识都趋于平庸。

在处理这些课堂发言的时候，并没有统一的标准，教师应该视情况而定。比如，一个从不发言的学生，即便首次发言内容比较空洞，也应该鼓励他，而不应按发言过当的方式来处理，以免打击了学生参与课堂讨论的积极性。

(五)案例教学的评分体制设计

案例教学方式不同于传统的教学方式，因此，用传统的考核模式，既不能达到考核的目的，也不能很好地激励学生的学习热情。案例教学的评分体制并没有统一的标准，教师可根据学生的实际情况自行设计。这里仅阐述一下案例教学评分体制设计的思路。评分系统在保证考核学生对教学目的、重难点的掌握前提下，要尽量激发学生们对知识的学习热情，积极加入到讨论和学习中。通常案例教学会以分析报告为整个案例学习的结尾，教师可以通过分析报告，了解学生们的情况，制定客观的评分标准。案例教学分析报告一般有字数的限制；形式上可以是口头阐述，也可以是书面撰写；可以是每个人都单独作出分析，也可以是以小组为单位。下面我们以笔者在加拿大的市场营销案例教学的学习经历为例，供大家参考。

加拿大的大学课程都是学生按照课程设计自由选择的，在满足条件的前提下，学生可以自行决定在什么时候选择上什么课程。通常，大一都是基础课，只有在上了特定的基础课后，才可以选择设计案例分析的课程，这样就可以保证学生在进行案例分析之前，已经具备一定的相关知识，保证了案例教学的质量。但同时，满足条件的学生可以自行决定上课的时间。所以，在课堂上，大二、大三、大四的学生都在选择同一门课的现象屡见不鲜。因此，在上课之初，学生们学习层次不同，彼此之间非常陌生。在这样的情况下，教师用

第一节课整节课的时间，彼此熟悉，并在上第一节课的时候，让学生们自由组合成 3 人一组的小组。小组成员定时开会，一起切磋琢磨，共同研究上课要讨论的实例，小组成员间就先进行了对案例理解等思想的碰撞，同时，上课发言胆怯的同学可以在这个小集体里先演习一遍。在学习紧张的时候，聚在一起的片刻，还可以收到减轻心理压力的效果。整个课程设计了五个案例，平时课堂上讨论四个案例，这四个案例各有不同的知识侧重点，最后一个案例是综合分析案例。在这种教学结构下，教师设计的评分体制如下：①平时课堂表现，包括课堂发言及小组合作，占总分的 20%；②平时的四个案例的分析报告，各占 15%；③综合案例的分析报告，占 20%。在这个评分体制下，学生们平时的表现，包括课堂的和小案例的报告，一共占比 80%，学生们如果想要在这门课的最终评分中拿到一个不错的成绩，就必须积极配合教师的课堂教学，认真完成每一次案例分析报告。

平时课堂表现是教师根据学生在课堂上对案例的破解能力和速度、毅力，案例辩论技巧，发言次数，提纯原理能力，案例综合分析过程及小组成员间互相评分等因素来确定的。任何人如果事先不认真阅读案例，不进行分析和思考，不在小组协作中做出贡献，在课堂上就会"露馅"，想蒙混过关是不可能的。

案例分析作业的评分标准如下所述。

不及格：①回答、分析与案例主题无关；②回答、分析与案例主题相关，但是缺乏自己的思路，且词不达意，逻辑混乱，结构有缺失。

及格：回答、分析关联案例主题，能够按照常识与常理进行回答、分析，并依此得出必要的结论；文辞达意，逻辑合理，无结构缺失。

及格＋：回答、分析关联案例主题，能够运用所学理论知识进行分析，并依此得出合理的结论；文辞达意，逻辑合理，无结构缺失。

良好：回答、分析关联案例主题，能够运用所学理论知识，将案例问题与实践相结合进行分析，并依此得出合理的结论；文辞达意，逻辑合理，无结构缺失。

良好＋：分析关联案例主题，能够运用所学理论知识。①能够针对案例中的问题进行分析，解答案例中的疑问，提炼出其中的有益思想、思路；②将案例问题与实践中的现象、问题，尤其是个人的实践相联系进行分析，依此得出可以指导个人实践的有益结论；文辞达意，逻辑合理，无结构缺失。

优秀：分析关联案例主题，能够运用所学知识，将案例问题与个人实践相结合，进而联系该问题研究的新进展或交叉知识进行分析，并依此得出可以指导个人实践的有益结论；文辞达意，逻辑合理，无结构缺失。

(六)案例教学的实例

1. 哈佛大学案例描述性管理案例学习实例——海尔案例

海尔集团作为中国家电行业的领军企业，是最早一批进入国际市场的中国品牌之一。1998 年，海尔集团以海尔文化使被兼并的企业扭亏为盈的成功实践，引起了美国工商管理界与学术界的极大关注。哈佛商学院搜集到有关信息后，认为"这简直是奇迹"，所以将海尔兼并青岛红星电器厂并迅速使其发展壮大的事例编写成案例，名为《海尔文化激活休克鱼》，写入哈佛商学院的案例教材中。1998 年 3 月 25 日，海尔集团总裁张瑞敏受邀到哈佛大学管理学院，参加了海尔案例学习的研讨课程。

这次研讨是佩恩教授主讲的课程，当天参加研讨的学生大都表示曾经到过中国大陆。上课前一周，佩恩教授已经将海尔的案例发给每位学生，并让学生们进行系统的预习，并对企业的文化背景、民族文化背景等进行研究。

当天，海尔总裁张瑞敏先生同佩恩教授一起来到研讨教室。由佩恩教授引导同学们开始进行案例讨论，首先，佩恩教授让大家回顾案例的情况："请大家发挥想象力，回到1984年，那时，海尔集团的情况是什么样的？总裁张瑞敏先生面临什么样的挑战？"

来自中国大陆的学生首先发言："当时中国很多人还是有铁饭碗的观念，没有把工作做好的压力和动力。"

来自中国台湾的学生立刻表示认同："每个人工作付出的努力多少，都不会影响他的收入，大家肯定愿意少干活，自己轻松，而收入一样。"

发言一个接一个，学生们通过各自的思想观点从多个角度对中国当时的大环境和海尔所处的大背景进行描述。

当讨论到一定程度时，佩恩教授及时把讨论引向深入："请大家把讨论推进一步，什么是海尔成功的因素？你若是处在张先生的位置，你会怎么决策？"

"张先生注重管理，抓了质量与服务，他认为人最重要，他用不同的方法来建立危机感，砸毁了不合格的库存品，我可能不会做得这么好。"一位美国学生的发言使大家笑了。

"张先生在中国长大，他却能引用西方先进的管理技巧，并改变职工的思想。这是他成功的原因。"另一位美国学生说。

发言从一开始就十分激烈，一个人话音刚落，一片手臂便齐刷刷地举起来，有的学生连举几次手也没有得到教授的点名，急得直挥手。在大家讨论白热化的时候，佩恩教授抓住时机，将讨论课堂推向了高潮："我们荣幸地邀请到了海尔总裁张瑞敏先生。现在，由他来亲自为我们大家讲解案例中的具体情况并回答大家的问题。"

张瑞敏总裁走上讲台。

"作为一个管理者看哈佛，哈佛是神秘的。今天听了案例的讨论，我的感觉不像是上课，而是在海尔召开一次干部会议。"学生们听了这风趣的语言都开心地笑了。来自中国的这位企业家也像西方人一样幽默，他们被张瑞敏吸引了，"大家能在不同的文化背景下对海尔的决策有这样的理解，我认为很深刻，要把一条休克鱼激活，在中国的环境下，关键是要给每一个人提供一个可以发挥个人能力的舞台。这样，就永远能在市场上比对手快一步……"

学生们开始提问，从两个公司文化如何融合到两个品牌定位的融合，从市场效应到竞争对手的情况等。

学生们问得尖锐，张瑞敏总裁答得精彩，以至于下课时间到了，教授不得不让学生停止提问，并做总结发言："我非常高兴地通知张瑞敏总裁海尔的案例将录入我们学院的案例库。定稿后，由我来签字认可，把案例交到学校案例库，海尔这个案例今天第一次进入课堂讨论后，我们将要做进一步修订、核对，然后放进教材出版。哈佛的案例教材是全美商学院通用的。美国以外的国家选用哈佛的案例做教材也相当多，因为哈佛始终是以严谨的治学态度对待每一个案例的编采、写作。这样，将会有更多的MBA学生和经理们看到海尔的文化，我相信他们一定会从中受益的。"

以上是海尔案例在哈佛大学的教学过程的描述。海尔的案例属于我们上面讲的描述性管理案例，不仅有对企业情况的描述，同时也包括了张瑞敏总裁在课堂上分享的海尔集团当时成功的经历和经验。我们不难发现，该案例学习之所以成功，有两个很重要的原因：第一，学生们提前对案例的学习和背景的研究。正是由于学生们之前有对中国、对海尔、对案例所讨论的兼并事件有所了解和思考，所以课堂上的讨论氛围才可以那么活跃，学生之间、学生和老师之间、学生和张瑞敏总裁之间才能产生思想的碰撞，彼此才都能从课堂研讨中获得收获，达到案例教学的目的；第二，佩恩教授在案例研讨中有至关重要的引导作用。在研讨的组织过程中，佩恩教授围绕教学的目的，引导讨论，在适当的时候，控制研讨的氛围，掌握时间，合理安排教学过程中的每个节点。佩恩教授在研讨中充当了导演、演员、主持人、发言人及讨论催化剂，他对研讨课程全程的把控，也是课堂案例讨论成功不可或缺的关键。

2. 案例讨论实例

笔者在加拿大交流学习的时候，第一次接触了真正意义上的案例教学。我们以工商管理专业下设的广告管理的一堂课为例。

首先，简单介绍一下这门课的上课背景。广告管理属于中级管理课程，在选择这门课程之前，学生必须修完指定的管理学基础课才可以选择这门课。因此，注册广告管理的学生主要集中在大学三年级和四年级。在上课之初，教师已经通过对学生之前上学情况和学生背景的了解，将学生分为3～4人一组的小组，共6组。鉴于广告有比较强的地域性，教师将我和另外两个亚洲学生分为了一组，方便我们更好地讨论。这门课的最终成绩由平时成绩(75%)和最终的案例分析展示(25%)共同评定。平时成绩综合考核课堂发言情况，小组合作情况和平时小作业的完成情况；案例分析展示是以小组为单位，对指定的案例进行演讲分析，教师以演讲的情况及演讲结束后的问答情况为每个学生打分。

其次，我们从学生的角度，分享一下小组合作的情况。在第一堂课前一周，教师已经用邮件的形式，将案例发给每个学生，要求学生分组进行讨论，就列出的问题进行逐一回答，准备在课堂上讨论的内容，并要求在课后，以小组为单位递交案例分析报告。在上课前，我们小组，已经在一起见面讨论了四次。在小组讨论前，每个组员先各自认真阅读案例，并大致罗列自己的想法。第一次小组讨论，我们相互分享了自己的想法，并对课上演讲和案例分析报告的相关学习工作进行分工。第二次小组讨论，我们主要将各自分别找到的资料彼此分享，探讨哪些是对案例有帮助的；同时，将自己负责的初稿或提纲，与组员一起讨论。第三次小组讨论，我们将每个人分别准备的东西整合到一起，成为一个承接流畅的完整分析报告。第四次小组讨论，主要是对课上演讲的演练。同时，因为我们的小组全是亚洲学生，英语不是我们的母语，我们在第四次讨论中格外注重英语表述等语言方面的事项。

第一节课上，教师并没有要求我们直接讨论，而是利用有限的1小时，进行了课程设置的介绍，案例教学的介绍，并承上启下地引入了我们的第一个案例。教师给我们简单介绍了一下案例教学的基本情况，以及对学生们的要求，并给我们看了一个案例教学实录的VCR。在视频中，小组的成员们都胸有成竹，介绍他们建议的方案，并用投影仪放幻灯片给大家看，上面全是支持他们观点的数据演算和分析。接着教师将话题转到了我们的案例上。在她的PPT演讲稿上，列出了这节课或者说这个案例所要注意的几个问题，即这个案例的重点。接着简单地阐述了一下这个案例的情况，在这里，教师的讨论没有加入自己的观念，只是陈述事实本身。

在第一节课结束后，我们不再对案例教学一无所知，而是有了宏观概念。在之后的小组讨论中，我们根据第一节课教师的启示，发现之前准备工作中的不足和偏差，进行了几次小组讨论，并再次修改了小组发言稿。当第二节课真正进入到小组讨论的环节时，每个小组都有特别充分的准备，课堂上的讨论既激烈又贴合教师给出的重点。在每个小组演讲结束后，老师都会让其他人去点评他们的观点。在课后，我们准备案例分析报告的时候，就有明显的体会，感觉自己文思泉涌，规定的3000字篇幅完全不够用似的。在这个基础上，不断精简，最后形成一篇没有假大空废话的精练分析报告。

从这个案例中，我们可以看到为了能有一个成功的案例教学，教师和学生们的努力都是不可或缺的。教师需要做足充分的准备：在课前充分了解学生们的背景，按照课程的地域性将学生们分组；为让案例教学效果最大化，准备了相关视频给学生以启示；在课堂上，先适当点明了案例的重点，给学生们的讨论指明一个方向；仔细地设计了评分系统，促使每个学生都积极参与到案例讨论中。学生也需要做充分的准备：学生们在课前要做好预习，仔细研读案例；在小组中，要积极参与讨论，认真完成自己负责的部分；在课上，要认真听取别人的观点并给予客观评论。

六、管理学案例的学习

案例教学的主要特征就是让学生对待学习的态度由被动变成主动，更加强调学生的参与性和主体性。下面我们从学生的角度简单介绍一下学生们如何才能在案例教学中获得最大的效益。

(一)课前预习准备

在案例教学的学习过程中，学生的课前预习是非常重要的。预习主要包括课前阅读和课前分析。接下来我们逐一详细讲解一下这两个问题。

1. 课前阅读

在案例教学中，一定会给学生们一个案例的文字介绍。有时，案例的篇幅很长，涵盖的信息量很大；有时，案例很精短。如果没有高质量的课前阅读，是很难作出好的案例分析的。阅读是将纸上的情况转变为学生们的思想的过程。

学生在上课前，最好留出充足的时间，进行案例阅读。囫囵吞枣、应付了事肯定是不行的，案例一般只是陈述事实，不花工夫是很难分析和理解案例带给我们的启示的。在阅读案例的时候，可以先粗读，对案例的整体情况有一个泛泛的了解，再精读。粗读一般用的时间比较少，主要是了解案例的背景，了解案例所阐述的事情。这里我们提示，粗读的重点是背景介绍、案例中的小标题、案例附图表及案例的结果。

在粗读之后，就可以从容地从头到尾仔细阅读案例了。在精读的过程中，可以适当地使用眉批、备注或其他标注，记下阅读体会、发现、心得，并标注案例的重点内容。对于附加在案例后面的图表，一定要在对应的地方仔细翻看。在精读案例的时候，要一直怀有一个问号。对案例中的问题、处理方式及结论等都要多问一个为什么，也要问问自己碰到这样的问题会怎么处理，同时要想想有没有其他类似案例，在其他案例中是如何处理的。

2. 课前分析

课前分析是案例学习的关键。只有每个学生都做好了分析准备，才能使自己对案例知识有所思考，并且可以将全班讨论带入更高的水平。

学生自己对案例分析时，也是有一定技巧可寻的。

首先，我们要设定分析的方向，明确分析的角度。最直观的就是在案例分析中以当事人的角度分析，设身处地地去体验思考，这样才能更好地体会当事人为什么这么做。好的学习者也应该从领导或负责人的角度，再次进行由上至下的思考；当案例涉及其他成员，如下属或其他相关组织部门时，也应该站在他们的角度去思考。总而言之，案例分析的角度应该是全方位的。综合能力也是管理学培养的核心之一。

其次，确定核心问题。最有效的学习是有的放矢。在预习的过程中，找准核心问题是相当关键的。有时，教师在给出案例时，也会提出若干思考题。通常，这类思考题是围绕着教师选定的案例目标及重难点提出的。学生们可以把这些思考题当作提纲，理出一条思路。有的教师在布置案例作业时，没有单独列出思考题，而是希望学生自己去综合思考。这时，学生可以先给自己提几个问题：案例的矛盾点一共有几个？主要矛盾是什么？次要矛盾是什么？为什么教师在此时用了这个案例？案例与课程有哪些关系？这些问题应该综合考虑，而不是将每个问题孤立出来。在精读的时候，就要仔细琢磨，寻求最好的答案。

再次，我们介绍一下案例分析的一般步骤。在了解了案例的梗概、弄清事情的来龙去脉，并明确了关键问题后，我们可以通过分析内外情势，提出解决方案，最终作出决策。在进行外部环境分析时，一般可以包括宏观经济状况等经济背景的分析、行业发展趋势的分析、市场变化趋势和竞争对手的状况等。内部分析一般有内部资源条件的分析、企业核心竞争力是什么、前期战略决策与市场行为和公司的优劣情况等。解决方案最好不要局限于一种，面对不同的形势和条件，可以有不同的选择，也可以在课堂上跟其他学生有更好的讨论。在案例分析的过程中，要一直将理论知识铭记于心，用理论与实践，共同来支持自己的观点和决策。

最后，我们来强调一下案例分析的表达。案例分析的表达往往在准备过程中被大家忽略，实际上，只有用严谨的逻辑、清晰有条理地表达出自己的观点，才能使自己的分析真正转变为成果，与大家在课堂上分享。同时，表达也是管理人必备的专业技能之一。在表达时，要设法把抽象的东西形象化、直观化，有时，可利用图表、决策树等直观地列出来。在讨论前，也可以列一个提纲，把要点罗列在上面，也可以在听取了他人发言后，随时删减更改自己的发言要点。

(二)参与小组讨论

在案例教学的过程中，教师有可能会以学习小组的形式，组织学生们分组进行讨论。在小组讨论中，每个人的观点进行了小范围的碰撞和探讨，往往能让案例教学更有成效。同时，一些不善于在大课堂上发言的学生，可以先在小组中进行锻炼，能保证每个学生的参与度。

案例小组的建立，应该综合考虑每个组员的学习工作经历：有类似背景的组员，在讨论中可能更能得出统一结论，但可能互补性又会有些欠缺，所以在建组时应该根据课程的要求，综合考虑。组员间的互容性：在案例讨论中，组员间应该营造良好的沟通氛围，若组员间脾气不相投，沟通往往会变得没有效果，但若一味地追求一致，在讨论中没有观点的交锋，也不利于学习。最佳的小组应该是能持平和、平等的态度阐述各自的观点，进行思想的碰撞。同时，也一定要考虑到组员的时间：小组讨论多数都是占用课外时间，由于每个组员的时间安排不一样，能够协调到统一的时间地点，对小组讨论来说也是特别重要的。

在小组学习的过程中，有以下几个注意事项：①在小组成立之初，就应该共同商量，制定出明确的小组制度。可以规定小组开会前，每个人至少把案例通读一遍，或做好预先分工的任务；规定每个组员都每会必到；每个组员都必须做出贡献，每个组员都得完成自己的任务；也可以规定每个人必须发言等。②小组的每次讨论都要尽量做到高效、开门见山、节省时间。过于拖沓的讨论，往往会打击大家参与的积极性。③小组内要有公平的、明确的分工。由于案例各不相同，若每次小组能根据案例的具体特点酌情分工，会更有利于出成果。小组分工要公平，否则做得少的组员，既得不到锻炼的机会，也会让其他组员生厌，不利于小组的整体氛围。④某些组员对小组工作毫无贡献，或者不服从小组规定，屡屡缺席的，就不能让他分享集体成果。在组员间的评分中，应该公平地按照每个人的贡献评分，对严重不配合小组集体决定的成员可以让其退组。

小组若能满足适当的构成条件，又制定合理的工作程序与规范，就能有效地分工合作，并有可能发展到精神上的合作默契成熟阶段。这样小组的成果就更多、水平更高、学习兴趣更浓，组员们也就更满意。

(三)参与课堂讨论

学生在个人准备和小组准备中所做的工作要靠课堂讨论体现出来，所以课堂讨论是整个案例学习的重头戏。学生在课堂上有以下几个要注意的问题。

1. 注意聆听他人发言

在讨论的过程中，人们往往更注重的是"说"，其实"听"也同样重要。课堂讨论的好坏取决于全班的整体表现。聆听，不仅是对他人学习成果的尊重，也可以在听的过程中再次思考自己的观点，补充、完善、修正自己之前的结论。教师的讲话也需要认真聆听，我们往往可以看到这样一种现象，就是在刚开始上课，教师讲开场白时，很多同学在紧张地翻看案例或笔记，或在思考自己的发言提纲。其实，如我们上面关于教师准备工作中讲到的，教师的开场白不是随意的、无关紧要的，通常是经过教师缜密设计的，是定方向、搭架子的时候，学生在这个时候必须注意听教师讲的是什么，讨论的方向是什么，再看自己有什么要评论或补充的。

2. 积极参与讨论

我们反复强调，在案例教学中应以学生为主导，变学生被动学习为主动学习。积极参与课堂讨论是主动学习的形式之一。前面已经阐述了案例教学的一个显著特点就是案例中没有一个固定的结论，结论是大家讨论出来的，每个人的发言对案例的分析极为重要。在案例教学中你所取得的收获怎么样，在很大程度上取决于你在课堂讨论中收获到多少知识，这就需要学生有一种积极参与、主动进取的精神。在讨论的过程中，要尽量将自己课前准备的、分析的都呈现给大家，一起讨论，要用积极健康的态度接受别人的意见和建议。切不要为了面子而强辩，争论要基于事实和道理。吸取了别人优秀的观点，才会使自己的论点更全面，经得起考验。

在课堂上，很多同学担心自己的发言不正确，怕丢面子，所以不敢在课堂上参与讨论。这是完全不应该有的想法。想要做到对任何事情都毫无差错，基本是不可能的，无论分析推理还是提出意见，总难免有错，犯错并不可怕，在错误中学习是最有效的学习方式。每个人都有犯错的可能，根本不用担心自己说错会被其他人看不起。有同学可能会反驳，虽然每个人都会犯错，但有人错误少，总是很优秀，有人错误就很多，所以会担心再次说错。那我想问一下，什么是优秀的管理者？你可以把犯错当作一种危机，能够承担风险，具有解决问题的能力，才能成为一名优秀的管理者。在案例讨论中，说错了，并诚恳认识到，纠正了错误，就是好的表现；无所作为才是真正的成绩不佳，表现不佳。

3. 做好课堂笔记

为了计学习效益最大化，我们建议学生们在参加案例课堂讨论的时候就做好笔记，将学习过程中的心得体会和一些自己原来未想到的问题等记录下来。做笔记也要讲究方法，正确做法是在认真听的基础上记录重点和有价值的信息。记录要准确、简明，要有所取舍。不能因为记录笔记而错过了讨论。

(四)撰写报告，做好总结

通常教师会在案例教学中要求学生撰写书面分析报告，或口头演示等其他形式的报告作为总结。总而言之，案例教学结束前，需要一定形式的总结。即便教师没有布置相关作业，学生也应该自己进行总结，这是对学习成果最好的巩固。口头演示总结时，要注意控制时间，重点突出而明确，同时也要注意选取吸引观众注意力的演讲形式。书面报告比起口头报告篇幅要更长些，内容要更复杂些。我们以书面案例报告为例，提出以下几个容易被忽略的问题。

1. 做好撰写安排

案例分析报告可能是以个人身份完成，也可能是小组统一撰写一份报告。不论是哪种形式，都要有一个合理的安排。若以小组为单位，就一定要提前商量好见面讨论的时间、地点及明确分工。小组合作的报告，一定要在第一次撰写报告的讨论中统一思想，找出主题，明确每个人的分工。因为每个人的写作方式、文章结构等都各有不同，分工合作时一定要在交报告前留出足够的时间，将每个人完成的内容组合起来并磨合，让报告通篇具有连贯性和统一性。

2. 注重书面报告的写作

书面报告可以让教师掌握学生的分析水平及对案例的理解和掌握程度。教师也会根据报告给学生评分。学生要注意如何把思想转化为文字，让教师更全面地了解自己对案例的看法和学到的知识。由于受篇幅字数的限制,案例报告一定要一针见血、干净利落,把学生自己的主要简介和分析论据写得一目了然,要对不重要的或不相关的内容进行合理取舍。在报告的组织上,形式是多种多样的。我们以其一为例,可以先以结论为起点,明确表述自己的观点,再附加支持这一观点的各种分析。在分析中,要点明为什么选取这个观点,其他方案为什么不行,支持你观点的证据是什么。报告一定要中心明确,要有完整性,不能虎头蛇尾。

3. 图形表格的准备

图形表格更加直观,也是案例分析报告中常用的一种形式。如果可以使图表和正文合理地配合在一起,更容易让读者抓住重点。图表也应该清晰明了,每个图表应该有明确的标题、标号,同时也可以有简要的介绍。这样方便读者将图表和正文联系起来,互相参阅,即使不读正文,也可以知道图表所表明的事情。

4. 案例分析报告的校对

在报告定稿后,要进行认真的校对,尽量避免错别字、漏句、漏字等现象。教师批阅后的报告,也要再读一遍,记下写作方面的问题,以便下次对此有所改进。

参 考 文 献

[1] 张永理等. 公共危机管理[M]. 武昌：武汉大学出版社，2010.

[2] 迈克尔·A. 希特. 战略管理：竞争与全球化(概念)[M]. 吕巍，等，译. 北京：机械工业出版社，2010.

[3] 白宝光. 质量管理——理论与案例[M]. 北京：高等教育出版社，2012.

[4] 符亚南. 市场营销教程[M]. 北京：机械工业出版社，2011.

[5] 丁友刚. 中国企业重组案例[M]. 大连：东北财经大学出版社，2010.

[6] 吴晓波. 大败局[M]. 杭州：浙江人民出版社，2010.

[7] 李杰卿. 不可不知的世界 5000 年灾难记录[M]. 武汉：武汉出版社，2010.

[8] 孙玉红，王永，周卫民. 直面危机：世界经典案例剖析[M]. 北京：中信出版社，2010.

[9] 菲利普·科特勒. 营销管理[M]. 王虹，等，译. 北京：清华大学出版社，2010.

[10] 朱瑞博. 危机管理案例[M]. 北京：人民出版社，2010.

[11] 张成福，唐钧，谢一帆. 公共危机管理理论与实务[M]. 北京：中国人民大学出版社，2009.

[12] 董媛媛，戴鑫，卢虹. 危机管理案例研究[M]. 北京：科学出版社，2018.

[13] 卓立筑. 危机管理[M]. 北京：中共中央党校出版社，2011.

[14] 罗伯特·希斯. 危机管理[M]. 王成，等，译. 北京：中信出版社，2004.

[15] 刘霞，向良云. 公共危机治理[M]. 上海：上海交通大学出版社，2010.

[16] 艾学蛟. 危机[M] 北京：中国长安出版社，2011.

[17] 迈克尔·K. 林德尔，卡拉·普拉特，罗纳德·W. 佩里. 公共危机与应急管理概论[M]. 北京：中国人民大学出版社，2016.

[18] 王宏伟. 应急管理导论[M]. 北京：中国人民大学出版社，2011.

[19] 程惠霞. 危机管理：从应急迈向前置[M]. 北京：清华大学出版社，2016.

[20] 曹蓉，张小宁. 应急管理中的心理危机干预[M]. 北京：北京大学出版社，2013.

[21] 唐钧. 应急管理与危机公关：突发事件处置、媒体舆情应对和信任危机管理[M]. 北京：中国人民大学出版社，2012.

[22] 杨月巧. 应急管理概论[M]. 北京：清华大学出版社，2016.

[23] 曹闻民，李喜童. 政府应急管理概论[M]. 兰州：兰州大学出版社，2012.

[24] 中国安全生产科学研究院. 应急管理、法律法规汇编[M]. 北京：中国劳动社会保障出版社，2018.

[25] 方丹辉. 公共安全与应急管理：案例与启示[M]. 北京：人民出版社，2016.

[26] 曹海峰. 新时代公共安全与应急管理[M]. 北京：社会科学文献出版社，2019.

[27] 范维澄. 公共安全与应急管理[M]. 北京：科学出版社，2017.

[28] 李雪峰. 应急管理通论[M]. 北京：中国人民大学出版社，2018.

[29] 钟开斌. 风险治理与政府应急管理流程优化[M]. 北京：北京大学出版社，2011.

[30] 容志. 城市应急管理：流程、机制和方法[M]. 上海：复旦大学出版社，2019.

[31] 郭雪松，朱正威. 中国应急管理中的组织协调与联动机制研究[M]. 北京：中国社会科学出版社，2016.

[32] 闪淳昌，薛澜. 应急管理概论——理论与实践[M]. 北京：高等教育出版社，2010.

[33] 宋英华，申世飞，文学国，庄越. 武汉理工大学中国应急管理研究中心应急管理蓝皮书：中国应急管理报告(2018)[M]. 北京：社会科学文献出版社，2018.

[34] 李尧远. 应急预案管理[M]. 北京：北京大学出版社，2013.

[35] 曹杰，朱莉. 现代应急管理[M]. 北京：科学出版社，2020.

[36] 中共中央党校(国家行政学院)应急管理培训中心. 应急管理典型案例研究报告(2019)[M]. 北京：社会科学文献出版社，2019.

[37] 冯俏彬，贾康. 应急管理与公共财政[M]. 上海：立信会计出版社，2015.

[38] 段华明. 应急管理体制机制研究[M]. 北京：社会科学文献出版社，2017.

[39] 王宏伟. 公共危机与应急管理：原理与案例[M]. 北京：中国人民大学出版社，2015.

[40] 唐钧. 新媒体时代的应急管理与危机公关[M]. 北京：中国人民大学出版社，2018.

[41] 国家行政学院应急管理案例研究中心. 应急管理典型案例研究报告(2017)[M]. 北京：社会科学文献出版社，2017.

[42] Bruce W. Dayton，李雪峰，Wendy L. Wicker. 美国应急管理案例研究：研究框架、典型案例与综合分析[M]. 北京：国家行政学院出版社，2015.

[43] 闪淳昌，薛澜，张秀兰. 应急管理案例集(2008)[M]. 北京：化学工业出版社，2012.

[44] 沈远平，周云帆. 应急管理案例选编[M]. 广州：暨南大学出版社，2011.

[45] 周文光，李尧运. 应急管理案例分析[M]. 北京：北京大学出版社，2013.

[46] 北京市突发公共事件应急委员会办公室，中国人民大学公共管理学院联合课题组. 突发事件典型案例汇编[M]. 中国人民大学出版社，2009.

[47] 李辉. 突发事件应急管理案例启示[M]. 天津：兵器工业出版社，2014.